新文科建设年度发展报告(2022)

全国新文科教育研究中心　编

山东大学出版社
·济南·

图书在版编目(CIP)数据

新文科建设年度发展报告 . 2022/全国新文科教育研究中心编. —济南:山东大学出版社,2022. 12
ISBN 978-7-5607-7799-3

Ⅰ. ①新… Ⅱ. ①全… Ⅲ. ①高等学校-文科(教育)-课程建设-研究报告 Ⅳ. ①G642. 4

中国国家版本馆 CIP 数据核字(2023)第 032126 号

责任编辑 李 淼
封面设计 午 云

新文科建设年度发展报告(2022)
XINWENKE JIANSHE NIANDU FAZHANBAOGAO(2022)

出版发行 山东大学出版社
社　　址 山东省济南市山大南路 20 号
邮政编码 250100
发行热线 (0531)88363008
经　　销 新华书店
印　　刷 山东新华印务有限公司
规　　格 787 毫米×1092 毫米 1/16
　　　　 23. 75 印张 372 千字
版　　次 2022 年 12 月第 1 版
印　　次 2022 年 12 月第 1 次印刷
定　　价 72. 00 元

前言

习近平总书记在党的二十大报告中深刻指出，“教育、科技、人才是全面建设社会主义现代化国家的基础性、战略性支撑”，要“坚持为党育人、为国育才，全面提高人才自主培养质量，着力造就拔尖创新人才”。2022 年 4 月 25 日，习近平总书记在中国人民大学考察时强调，“要坚持党的领导，传承红色基因，扎根中国大地，走出一条建设中国特色世界一流大学新路”，提出“加快构建中国特色哲学社会科学，归根结底是建构中国自主的知识体系”的重要论断。习近平总书记的系列重要讲话，为进一步加快高等文科教育改革创新发展提供了根本遵循，指明了前进方向。

为深入贯彻习近平总书记重要指示批示精神，高等文科教育领域瞄准国家急需和关键领域，层层递进、环环相扣、久久为功，大力推进新文科建设，持续深化思想认识、扎实开展理论研究、积极探索实践路径，取得新突破，创出新亮点。作为全国新文科建设工作的“秘书处”“参谋部”“后勤部”，全国新文科教育研究中心积极发挥智库平台作用，建立新文科建设年度发展报告制度，发布《新文科建设年度发展报告》蓝皮书，目前已出版 2020、2021 两册。《新文科建设年度发展报告（2022）》内容主要包含教育部领导的相关重要文章，2022 年全国新文科理论与实践发展报告和文科专业建设分析报告，知名专家学者观点以及省级教育行政部门、高校、教指委开展新文科建设的典型案例等。期待本《报告》对文科乃至其他学科领域的教育工作者、研究者以及感兴趣的读者提供有价值的参考和借鉴，对全国高等文科教育的创新发展发挥重要启示作用。

全国新文科教育研究中心

2022 年 12 月 31 日

目录

领航之声

专题报告

| 专家观点 |

典型案例

领航之声

不断推动高校思想政治工作高质量发展

怀进鹏*

育才造士，为国之本。2016 年 12 月 7 日，习近平总书记出席全国高校思想政治工作会议并发表重要讲话，科学回答了高校思想政治工作一系列方向性、根本性问题，是指导做好新时代高校思想政治工作的纲领性文献，是五年来高校思想政治工作发生格局性变化、取得历史性成就的根本指引。

一、做好高校思想政治工作的根本遵循

习近平总书记在全国高校思想政治工作会议上发表的重要讲话，为高校思想政治工作提供了根本遵循、指明了前进方向。

高校思想政治工作关系到高校培养什么样的人、如何培养人以及为谁培养人这个根本问题，事关党和人民事业后继有人这个根本大计。习近平总书记强调："要坚持把立德树人作为中心环节，把思想政治工作贯穿教育教学全过程。"这对于加强党对高校的领导、办好中国特色社会主义大学和世界一流大学，对于加强党的建设和意识形态工作、推动党和国家事业发展，起到了巨大推动作用，具有重大而深远的意义。

习近平总书记指出："我们对高等教育的需要比以往任何时候都更加迫切，对科学知识和卓越人才的渴求比以往任何时候都更加强烈。"高等教育要为人民服务，为中国共产党治国理政服务，为巩固和发展中国特色社会主义制度服务，为改革开放和社会主义现代化建设服务。要教育引导广大学生正确认识世界和中国发展大势，正确认识中国特色和国际比较，正确认识时代责任和历史使命，正确认识远大抱负和脚踏实地。

习近平总书记在全国高校思想政治工作会议上深刻阐明了高校思想政治

---

* 怀进鹏，教育部党组书记、部长。

工作的基本思路、关键环节和科学方法，在全国教育大会上对德智体美劳全面发展提出了明确要求，强调“思想政治工作是学校各项工作的生命线”。这些重要论述，深刻阐明了立德树人在思想道德教育、文化知识教育、社会实践教育各环节中的基础性地位和引领性作用，我们必须深入贯彻落实。

二、推动高校思想政治工作不断迈上新台阶

五年来，各地各高校推动高校思想政治工作在实践中加强、在创新中发展。

举旗帜，强化思想引领。始终坚持用习近平新时代中国特色社会主义思想铸魂育人这一主线。及时发布通知要求，推动各地各高校学习宣传贯彻习近平总书记关于教育的重要论述和考察高校系列重要讲话、致信回信重要精神等，持续掀起学习实践热潮。发挥课堂主渠道作用，37 家重点马院开设“习近平新时代中国特色社会主义思想概论”必修课，各地各高校陆续开设选择性必修课。深化习近平新时代中国特色社会主义思想研究阐释。

建体系，做实制度支撑。把习近平总书记关于高校思想政治工作的重要论述贯穿高等教育各体系各环节各方面。教育部等八部门印发《关于加快构建高校思想政治工作体系的意见》，围绕理论武装等七方面明确任务要求，台账式推进落实。开展“三全育人”综合改革试点，形成一批可复制可推广的经验做法。在新修订的《中国共产党普通高等学校基层组织工作条例》中对思政工作专门强调部署。

解难题，力求精准施策。围绕破解思政工作堵点难点的目标导向，持续提升思政工作的针对性实效性。先后印发《高等学校学生心理健康教育指导纲要》《关于加强学生心理健康管理工作的通知》，召开全国高校学生心理健康教育工作推进会。深化高校学生会（研究生会）、学生社团改革，把党对高校学生组织的具体领导落到实处。结合教育评价改革，将党建和思政工作作为“双一流”建设、学科专业等评估重要指标，作为各类巡视督查、干部考核重要内容。

转方式，突出改革创新。持续推动高校思政工作因事而化、因时而进、因势而新。创新实践育人模式，组织开展“小我融入大我，青春献给祖国”

等活动，每年数百万师生在社会大课堂中受教育、长才干。用好用活新媒体新技术，增强与提升易班网、中国大学生在线和全国高校思政网的引领性和辐射度，重点建设200个高校思政类公众号。深化学生社区综合管理模式改革，遴选31所高校开展“一站式”建设试点，带动全国高校党建和思政力量沉到一线、走近青年。

增实效，推进队伍建设。推进马克思主义理论学科人才一体化培养，实施思政课教师后备人才专项计划，推动思政课教师、辅导员队伍数量大幅提升、结构不断优化。发挥部、省、校三级培训体系作用。推动落实辅导员“双线”晋升，提升优化高端培训、访学研修、在职深造“三大专项”。选树宣传一批最美高校辅导员等先进人物。

三、高校思想政治工作要牢记“国之大者”

五年来的实践证明，高校思想政治工作必须牢记“国之大者”，紧盯目标导向、问题导向、需求导向、效果导向，不断提高政治判断力、政治领悟力、政治执行力。

始终把坚定捍卫“两个确立”、坚决做到“两个维护”作为政治准绳。高校思政工作五年来的格局性变化，根本在于有以习近平同志为核心的党中央领航掌舵，有习近平总书记关于高校思政工作的重要论述的科学指引。要把坚定捍卫“两个确立”内化于心、外化于行，增强“四个意识”、坚定“四个自信”、做到“两个维护”。切实学懂弄通做实习近平新时代中国特色社会主义思想，全面贯彻落实习近平总书记重要讲话和重要指示批示精神，自觉在思想上政治上行动上同以习近平同志为核心的党中央保持高度一致，始终按照习近平总书记指引的方向笃定前行。

始终把加强党的全面领导、坚持正确办学方向作为根本前提。中国共产党领导是中国特色社会主义最本质的特征，是中国特色社会主义制度的最大优势。要充分发挥高校党委把方向、管大局、作决策、抓班子、带队伍、保落实的领导作用，增强党组织政治功能和组织力，打通基层党建“最后一公里”，落实好立德树人根本任务。

始终把遵循基本规律、推进改革创新作为活力源泉。思想政治工作从根本上说是做人的工作，要不断提升认识、把握、运用规律的能力本领，把显性教育与隐性教育、解决思想问题与解决实际问题、广泛覆盖与分类指导相结合。要及时回应师生需求，丰富载体手段，使新时代高校思政工作始终保持生机活力。

始终把思政工作融入大体系、贯通全过程作为质量保证。思想政治工作必须与高校各项工作结合起来，必须融入高校教书育人全过程。要统筹办学治校各领域、教育教学各环节、人才培养各方面的力量和资源，推动思政工作与整个高等教育事业深度融合，凝心聚力开启高校思想政治工作新气象新局面。

四、努力开创高校思想政治工作新局面

今天，我们踏上了实现第二个百年奋斗目标新的赶考之路。教育系统要始终坚持以习近平新时代中国特色社会主义思想为指导，深入学习贯彻党的十九届六中全会精神，深化党史学习教育，学思践悟、勇毅前行，不断推进高校思想政治工作高质量发展，以优异成绩迎接党的二十大胜利召开。

深入推进党的创新理论入脑入心。坚持用习近平新时代中国特色社会主义思想铸魂育人，持续推进党的创新理论进教材、进课堂、进头脑。大力办好思政课这一关键课程，不断增强课堂教学亲和力与吸引力。全面推进课程思政建设，坚持知识传授与价值引领相统一，使各类课程与思想政治理论课同向同行。加快构建中国特色哲学社会科学，加强对党的创新理论学术性研究、学理性阐释。注重发挥互联网的重要作用，做好“互动”这篇大文章。

着力完善推动落实的机制办法。在育人资源供给上，更加注重全域开发和高效利用，切实善用“大思政课”。在育人途径拓展上，更加突出互动共享，打造高校与党政军企优质实践资源深度融通的双循环。在育人方式改革上，进一步推广“一站式”学生社区综合管理模式创新，积极推进大数据技术赋能精准思政工作。在育人效果评价上，进一步优化成效评价标准和评估方式，确保立德树人根本任务落地落实。

全面构建面向第二个百年奋斗目标的育人新格局。围绕抓好后继有人这

个根本大计，全面实施时代新人培育工程，建立各类发挥重大牵引功能的平台基地，为高校培育时代新人提供优质资源供给和丰富实践载体，同时推动全社会把立德树人作为共同责任，构建面向第二个百年奋斗目标的落实立德树人根本任务新格局，切实为培养一批又一批堪当民族复兴大任的时代新人提供坚强保障。

（原载《人民日报》2021 年 12 月 10 日）

深入学习贯彻党的十九届六中全会精神 不断开创教育强国建设新局面

怀进鹏

党的十九届六中全会通过的《中共中央关于党的百年奋斗重大成就和历史经验的决议》(以下简称《决议》),全面总结了党的百年奋斗重大成就和历史经验,是一部光辉的马克思主义纲领性文献,是以史为鉴、开创未来,实现中华民族伟大复兴的行动指南。习近平总书记的重要讲话,充满了对党的光荣历史的高度自信,体现了对党和国家事业发展的深邃思考,彰显了领航新征程的强烈历史担当,为我们走好新的赶考之路指明了前进方向、提供了根本遵循。全会做出"两个确立"的重大历史论断,是党的十八大以来最大的政治成果、最重要的历史经验,反映了全党全军全国各族人民的共同心愿。当前和今后一个时期,学习好、贯彻好习近平总书记的重要讲话精神和全会精神是教育系统首要的重大政治任务。我们要永远铭记、倍加珍惜党在百年奋斗中创造的伟大历史成就,矢志继承、大力弘扬党在百年奋斗中形成的伟大精神和光荣传统,进一步提高政治判断力、政治领悟力、政治执行力,从政治上看教育、从民生上抓教育、从规律上办教育,知重负重、履职尽责,加快建设教育强国。

一、坚决做到"两个维护"、捍卫"两个确立",把教育领域建设成为坚持党的领导的坚强阵地

百年党史表明,坚强的领导核心和科学的理论指导,是关乎党和国家前途命运、党和人民事业成败的根本性问题。《决议》强调,"党确立习近平同志党中央的核心、全党的核心地位,确立习近平新时代中国特色社会主义思想的指导地位",具有充分的实践依据和理论依据,对新时代党和国家事业发

展、对推进中华民族伟大复兴历史进程具有决定性意义。党的十八大以来，习近平总书记高度重视教育工作，就教育改革发展提出一系列新理念、新思想、新观点，形成了习近平总书记关于教育的重要论述。《决议》全面回顾总结中国特色社会主义新时代教育取得的历史性成就、发生的历史性变革：全面贯彻党的教育方针，优先发展教育事业，明确教育的根本任务是立德树人，培养德智体美劳全面发展的社会主义建设者和接班人，深化教育教学改革创新，促进公平和提高质量，推进义务教育均衡发展和城乡一体化，全面推行国家通用语言文字教育教学，规范校外培训机构，积极发展职业教育，推动高等教育内涵式发展，推进教育强国建设，办好人民满意的教育。这些成就的取得，根本在于以习近平同志为核心的党中央坚强领导，根本在于习近平新时代中国特色社会主义思想的科学指引。

新的赶考路上，我们要深刻领悟“两个确立”的重大政治意义、理论意义、实践意义，不断增强对“两个确立”的政治认同、思想认同、情感认同，衷心拥护“两个确立”，坚决捍卫“两个确立”，不断增强“四个意识”、坚定“四个自信”、做到“两个维护”。要把学习贯彻习近平总书记关于教育的“九个坚持”重要论述纳入教育部党组工作顶层设计，把习近平总书记有关重要指示批示文件作为政治要件，作为部党组会“第一议题”，严格对标对表，狠抓工作落实。始终心怀“国之大者”，时刻关注习近平总书记和党中央在关心什么、强调什么，深刻领会什么是党和国家最重要的利益、什么是最需要坚定维护的立场，把握历史方位，洞察发展大势，坚定不移走中国特色社会主义教育发展道路。坚持和加强党对教育工作的全面领导，落实新修订的《中国共产党普通高等学校基层组织工作条例》，健全高校党委领导下的校长负责制，建立中小学校党组织领导的校长负责制，加强民办学校、高职院校等领域的党建工作，健全党的领导纵到底、横到边、全覆盖工作格局。始终把政治建设摆在首位，坚持马克思主义在意识形态领域指导地位的根本制度，用历史成就和经验滋养党性修养，持续强化“让党中央放心、让人民群众满意的模范机关创建”，鼓起干部师生奋进新时代的精气神。始终坚持严的主基调，扛好“两个责任”，一体推进不敢腐、不能腐、不想腐，深入整治形式主义、官僚主义，推动中央八项规定及其实施细则精神落地生根，进一步形成严的氛围。

二、认真落实后继有人这个根本大计，培养德智体美劳全面发展的社会主义建设者和接班人

《决议》指出，党和人民事业发展需要一代代中国共产党人接续奋斗，必须抓好后继有人这个根本大计，培养造就大批堪当时代重任的接班人。教育肩负着培养担当民族复兴大任时代新人的重要职责。习近平总书记指出：“我国是中国共产党领导的社会主义国家，这就决定了我们的教育必须把培养社会主义建设者和接班人作为根本任务，培养一代又一代拥护中国共产党领导和我国社会主义制度、立志为中国特色社会主义奋斗终身的有用人才。”今天的学生是实现中华民族伟大复兴的主力军。青少年阶段是人生的“拔节孕穗期”，最需要精心引导和栽培，人生的第一粒扣子一定要扣好。党的十八大以来，教育系统坚持把立德树人作为根本任务，推动学校思想政治工作改革创新，加快构建“三全育人”大格局，将立德树人落实在各科课堂教学之中、渗透在校园生活各环节、延伸到学生发展各方面，不断完善德智体美劳全面培养的育人体系。

新的赶考路上，要不忘立德树人的初心，牢记为党育人、为国育才的使命，全面贯彻党的教育方针，谋划实施好时代新人培育工程，加强“大思政课”建设，用好习近平新时代中国特色社会主义思想大中小学五册学生读本，建好以习近平新时代中国特色社会主义思想为核心内容的课程群，深化理论研究阐释，持续推进习近平新时代中国特色社会主义思想进学术、进学科、进课程、进培训、进读本。把党的百年奋斗重大成就和历史经验作为育人重要资源，扎实开展“四史”学习教育，引导学生深刻领悟中国共产党为什么能、马克思主义为什么行、中国特色社会主义为什么好。加强和改进学校思想政治工作，统筹思政课一体化建设，在全国所有高校、所有专业推进课程思政建设。加快构建中国特色高质量教材体系，更好发挥教材培根铸魂、启智增慧的作用。研究制定《新时代马工程重点教材建设规划》推进方案，对照《决议》启动相关教材编写和修订工作，推动全会精神进教材、进课堂、进头脑。铸牢青少年中华民族共同体意识，提升国家通用语言文字普及水平和质量。实施学校体育和体教融合改革发展行动计划，完善大中小学相衔接

的美育课程体系，毫不松懈抓好儿童青少年近视综合防控，深入开展劳动教育，促进学生身心健康全面发展。

三、始终坚持人民至上，推动办好人民满意的教育迈出更大步伐

江山就是人民，人民就是江山。坚持人民至上，是全会总结的党的百年奋斗历史经验之一。习近平总书记指出，要“坚持以人民为中心发展教育”，强调“教育公平是社会公平的重要基础，要不断促进教育发展成果更多更公平惠及全体人民，以教育公平促进社会公平正义”。我国有近 2.9 亿在校学生，教育关系千家万户，是重大的民生工程、德政工程。党的十八大以来，我们坚持把教育公平作为国家基本教育政策，加快缩小区域、城乡、校际、群体间教育发展差距，全面打赢教育脱贫攻坚战，义务教育阶段辍学问题得到历史性解决，基本实现“不让一个学生因家庭经济困难而失学”，人民受教育权得到切实保障，群众教育获得感明显增强。

新的赶考路上，要始终以人民满意作为重要检验标尺，坚守教育公益性原则，进一步促进教育公平，不断满足人民对更好教育的期待，助力共同富裕。把“双减”作为“一号工程”，校外治理与校内提质联动，制度建设和监督检查并进，确保中央决策落地见效。推进义务教育城乡一体化发展，优化义务教育结构，完善随迁子女入学政策。着力补齐农村地区和城市新增人口集中地区学前教育资源短板。全面加强县域普通高中建设。构建家校社协同育人体系，形成育人合力。加大倾斜力度，巩固拓展教育脱贫攻坚成果同乡村振兴有效衔接，办好特殊教育，加快发展民族教育，依托“互联网+”促进优质教育资源共享。在“有学上”基础上加快构建满足人民“上好学”愿望的教育体系，努力让教育资源全程伴随每个人、让教育成果平等面向每个人、让教育过程全面发展每个人、让教育效能深度助力每个人，让每个孩子都享有人生出彩的机会。

四、坚持把服务中华民族伟大复兴作为重要使命，更好发挥教育人才和智力支撑作用

党的十九届六中全会号召，全党全军全国各族人民要为实现第二个百年

奋斗目标、实现中华民族伟大复兴的中国梦而不懈奋斗。习近平总书记强调：“教育是民族振兴、社会进步的重要基石，是功在当代、利在千秋的德政工程，对提高人民综合素质、促进人的全面发展、增强中华民族创新创造活力、实现中华民族伟大复兴具有决定性意义。”党的十八大以来，广大教育战线始终坚持“四个服务”，职业教育体系逐步健全，高等教育内涵式发展，科研能力不断提升，为经济转型升级培养输送了大批高素质人才、供给了大批科技创新成果，做出了重要贡献。

新的赶考路上，要始终把教育放在“两个大局”中考量，立足新发展阶段，完整、准确、全面贯彻新发展理念，围绕构建新发展格局和实现高质量发展，着力把思想变思路、方向变方法、举措变效果，抓住问题，找准路径，压实责任，真抓实干。要扬起高等教育龙头、挺起职业教育腰杆、夯实基础教育基础，推进不同教育阶段差异化发展、分类发展，为高质量教育体系夯基垒台。深入推进“双一流”建设，加快调整优化学科专业结构，加大对基础学科、交叉学科和急需、冷门学科专业的支持力度。持续深化人才培养模式改革，探索建立急需紧缺人才选拔和超常规培养机制，加大高素质技术技能人才供给，提升人才培养质量。加快高校国家战略科技力量建设，聚焦关键领域核心技术集中攻关，更好服务国家科技自立自强。实施新时代振兴中西部高等教育攻坚行动，推动区域高等教育战略布局优化调整。全面深化改革创新，加快新时代教育评价改革，破除“五唯”顽瘴痼疾，深化依法治教，强化督导权威，提升教育治理水平。把绿色低碳要求融入国民教育体系，实施碳中和科技创新行动。把教育信息化作为教育现代化的有力支撑，推动新型基础设施建设，提质升级国家教育资源公共平台，探索教育大资源建设与应用。坚持引进来、走出去相结合，优化教育对外开放全球布局，不断开拓合作空间，使更多全球智慧资源、创新要素为我所用。

五、始终把教师队伍建设作为基础工作，培养打造中华民族“梦之队”的筑梦人

教师是立教之本、兴教之源。《决议》指出，要源源不断培养造就爱国奉献、勇于创新的优秀人才，真心爱才、悉心育才、精心用才，把各方面优秀

人才集聚到党和人民的伟大奋斗中来。教育系统的近1800万位教师，是党和国家的重要人才队伍，也是新时代教育改革发展的中坚力量。习近平总书记指出："没有高水平的师资队伍，就很难培养出高水平的创新人才，也很难产生高水平的创新成果。"党的十八大以来，我们坚持强化师德师风建设，提升教师队伍思想政治素质，明确新时代大中小幼教师职业行为十项准则。倡导尊师重教，努力破解制约教师发展的关键性问题，提升教师地位待遇，涌现出一大批优秀教师和高层次人才。2019年，面对突如其来的新冠疫情，广大教师守护亿万学生身心健康，以最快速度适应线上教学节奏，实现"停课不停学"，用行动诠释师者担当，创造了历史壮举。

新的赶考路上，要进一步弘扬尊师重教社会风尚，继续把师德师风第一标准落实到教师管理各环节，健全教师思想政治工作体制机制。进一步完善违规问题查处和公开通报等措施，发挥震慑作用。保障教师工资待遇，继续确保义务教育教师平均工资收入水平不低于当地公务员，健全调整联动机制，吸引优秀人才乐教从教。加快完善开放灵活的教师培养格局，健全中国特色教师教育体系。创新教师管理体制机制，优化教师队伍资源统筹配置，构建科学的教师评价制度。实施新时代"强师计划""优师计划"，加强基础教育师资培养。以"双师"为重点，加快补齐职业教育专任教师数量、提升技术技能素质。聚力培养一批活跃在国际学术前沿、满足国家重大战略需求的一流科学家、学科领军人物、优秀青年人才和创新团队，造就更多战略科学家，引导教师成为"大先生"。

教育是国之大计、党之大计。加快建设教育强国，使命光荣、责任重大。我们要更加紧密地团结在以习近平同志为核心的党中央周围，坚持以习近平新时代中国特色社会主义思想为指导，以史为鉴、开创未来，埋头苦干、勇毅前行，努力交出教育的优异答卷，为党和人民争取更大荣光。

（原载《党建》2022年第1期）

为加快建设世界重要人才中心和创新高地贡献力量

怀进鹏

千秋基业，人才为本。党的十八大以来，习近平总书记围绕人才工作做出一系列重要论述，深刻回答了新时代人才事业发展的重大理论和实践问题。习近平总书记在中央人才工作会议上的重要讲话，对我国人才事业发展做出了顶层设计和战略谋划，向全党全国发出了深入实施新时代人才强国战略、加快建设世界重要人才中心和创新高地的动员令，为做好新时代人才工作指明了前进方向、提供了根本遵循。教育兴则国家兴，人才强则国家强。教育系统要深入贯彻落实习近平总书记重要讲话精神，抓住机遇、超前布局，加快推进教育现代化，建设教育强国，办好人民满意的教育，为实现高水平科技自立自强、加快建设世界重要人才中心和创新高地提供有力支撑。

一、坚定自信，充分发挥教育在人才培养中的基础性作用

习近平总书记指出："我国拥有世界上规模最大的高等教育体系，有各项事业发展的广阔舞台，完全能够源源不断培养造就大批优秀人才，完全能够培养出大师。我们要有这样的决心、这样的自信！"加快建设世界重要人才中心和创新高地，必须把握战略主动，做好顶层设计和战略谋划。在中央人才工作会议上，习近平总书记着眼 2025 年、2030 年、2035 年三个重要时间节点，提出了明确的世界重要人才中心和创新高地建设目标。我们要按照这一"时间表""路线图"，坚持中国特色社会主义教育发展道路，坚定不移走好人才自主培养之路。

全面贯彻党的教育方针。牢记为党育人、为国育才，加强党对教育工作的全面领导，全面贯彻党的教育方针，坚持社会主义办学方向，落实立德树

人根本任务，全面提高教育为人民服务、为中国共产党治国理政服务、为巩固和发展中国特色社会主义制度服务、为改革开放和社会主义现代化建设服务的能力和水平。全面加强教育系统党的建设，牢牢掌握意识形态工作领导权，牢固树立正确人才观，使教育领域成为坚持党的领导的坚强阵地，让党旗始终在育人一线高高飘扬。把思想政治工作贯穿学校教育管理全过程，推进大中小学思政课一体化建设，增强思政课的亲和力和感染力、针对性和实效性，推动专业教育与思政课同向同行，加快健全全员、全过程、全方位育人工作格局，培养德智体美劳全面发展的社会主义建设者和接班人。

全面提高人才培养质量。突出服务国家战略需求，推动高等教育内涵式发展，大力振兴中西部高等教育，加快“双一流”建设，引导高校瞄准科技前沿和关键领域，高起点布局支撑国家原始创新能力和可持续发展能力的基础学科专业。深化学科体系、教学体系、教材体系、管理体系改革，推进新工科、新医科、新农科、新文科建设，布局交叉学科专业，发展应用型学科专业。加大创新实践能力培养力度，强化科教协同和产教融合育人，加快培养急需紧缺人才，着重培养创新型、复合型、应用型人才。积极发展职业教育，增强职业教育适应性，加快构建现代职业教育体系。聚焦世界科技前沿和国内薄弱、空白、紧缺学科专业，同世界一流资源开展高水平合作办学，主动走出去、积极引进来，有效拓展多元化的人才培养渠道。系统谋划构建服务全民终身学习的教育体系，发挥在线教育优势，为每个人完善自身、成长成才提供充分的学习资源和便利条件，全面挖掘和释放人才红利。

着力加强基础研究人才培养。基础研究是科技创新的源头。要全方位谋划基础学科人才培养，支持高校特别是“双一流”大学发挥培养基础研究人才主力军作用。强化长周期培养和稳定性支持，加大“强基计划”、基础学科拔尖学生培养计划实施力度，建设一批基础学科人才培养基地。多渠道选拔对基础学科有志趣、有天赋、有潜力的青年英才，深入推进基础学科招生培养改革，不断扩大基础学科专业招生规模，保持基础学科人才培养整体规模稳中有升，吸引最优秀的学生立志投身基础研究。创新育人模式，突破常规培养，更加重视科学精神、创新能力、批判性思维的培养教育，深化书院制、导师制、学分制改革，推进小班化、个性化教学，让具有发展潜力的拔尖学生成长成才。

二、聚焦高水平科技自立自强，积极参与国家战略人才力量建设

战略人才是支撑我国高水平科技自立自强的重要力量。习近平总书记强调，“大力培养使用战略科学家”，“打造大批一流科技领军人才和创新团队”，“造就规模宏大的青年科技人才队伍”，“培养大批卓越工程师”。加快提升自主创新能力，实现高水平科技自立自强，要充分发挥高校特别是高水平研究型大学在人才集聚中的重要作用，健全新型举国体制，把加强高层次人才队伍建设作为重中之重抓好抓实。

培养造就更多战略科学家和大先生。没有高水平的师资队伍，就很难培养出高水平的创新人才，也很难产生高水平的创新成果。要大力发现和培养一批站在科学技术发展最前沿，能够进行方向性、全局性、前瞻性思考，具有卓越科技组织领导才能的战略科学家，支持他们在引领重大原始创新、参与教育和科技战略顶层设计、推动学科交叉融合和创新发展、突破关键核心技术等方面发挥帅才作用。聚焦立德树人根本任务，按照“四有”好老师要求，加强教师思想政治工作，健全师德师风建设长效机制，引导教师潜心教书育人，做具有大学问、大情怀、大格局、大境界的大先生，厚植高层次人才队伍建设的坚实基础。

支持培育一大批学科领军人才和高水平团队。高校是科技创新体系的重要组成部分，要瞄准国家重大战略需求和关键“卡脖子”问题，加快在优势高校布局建设前沿科学中心和关键核心技术集成攻关大平台，强化有组织的科研攻关，给予人才充分支持和信任，让更多人才从国家科技创新主战场上涌现出来，从高校科技创新主力军中成长起来。立足建设具有中国特色、中国风格、中国气派的哲学社会科学，着力培养造就具有深厚马克思主义理论素养、学贯中西的思想家和理论家，理论功底扎实、勇于开拓创新的学科带头人，年富力强、锐意进取的中青年学术骨干，支持他们聚焦中国问题、阐释中国理论、讲好中国故事。深化国际学术交流合作，搭建国际化创新平台，聚天下英才而用之，努力使更多全球智慧资源、创新要素为我所用。

加大对青年人才的支持力度。青年人才是国家战略人才力量的源头活水，培养青年人才就是奠基未来。要引导高校加强高层次人才队伍梯队建设，把政策重心和工作重点放在培育青年科技人才上，完善优秀青年人才全链条培养制度，加强高校优秀毕业生接续培养。做好国家重大人才工程实施工作，扩大青年人才项目支持规模，优化支持方式。鼓励科研项目团队吸纳更多青年人才参与，放手让他们到科研一线的重要岗位上锻炼，支持他们挑大梁、当主角。制定实施基础研究人才专项，长期稳定支持一批在自然科学领域取得突出成绩、具有创新潜力的青年人才，促使他们快速成长、早担大任。有针对性地解决青年人才面临的实际困难，让青年人才安身、安心、安业。

培养更多卓越工程师。立足战略性新兴产业发展需要，加快布局建设新型高水平理工科大学，加大理工科人才培养力度。深入实施卓越工程师教育培养计划，增强学生爱党报国、敬业奉献的精神，提高学生的技术创新能力和解决复杂工程问题能力。推进产学研合作教育，完善校企联合培养机制，重点建设一批工程领域硕士点、博士点，将学生完成企业特定研究课题和项目作为学业重要内容。深化工程教育改革，鼓励校企共同设计培养目标、制定培养方案、实施培养过程，实行校企“双导师制”，探索实行高校和企业联合培养高素质复合型工科人才的有效机制。

三、深化体制机制改革，充分激发学校和人才生机活力

习近平总书记强调，要深化人才发展体制机制改革，“向用人主体授权”，“积极为人才松绑”，“完善人才评价体系”。人才工作是一项系统工程，要准确把握教育规律、人才成长规律和人才工作规律，坚持党管人才原则，坚持系统思维，以完善体制机制为重点、营造良好氛围为关键，全面做好各项工作，为人才心无旁骛钻研业务创造良好条件。

健全教育人才工作领导机制。各级教育行政部门和高校要牢固树立人才引领发展的理念，把人才资源开发放在最优先位置，切实推动完善党对人才工作全面领导的体制机制和政策体系，加大人才发展投入，优化教育系统人才表彰奖励制度，加快建立人才资源竞争优势。把做好人才思想政治工作作为高校党建工作和人才工作的重要内容，引导广大人才深入学习习近平新时

代中国特色社会主义思想，始终听党话、跟党走。落实好领导干部联系服务专家制度，密切思想联系和感情交流，把党内和党外、国内和国外等各方面优秀人才都吸引过来、凝聚起来。

加大授权松绑力度。以激发活力为核心，根据需要和实际向学校充分授权，切实发挥好学校在人才培养、引进、使用中的积极作用。指导高校深入落实科研经费管理改革政策，确保科研经费既“用好”又“好用”，用到该用的地方、用到刀刃上，落实让经费为人的创造性活动服务的理念。统筹督查检查评比考核事项、社会事务进校园等，尽量减少对学校和人才不必要的干扰。推动学校发挥主观能动性，增强对人才的服务意识和保障能力，建立有效的自我约束和外部监督机制，确保下放的权限接得住、用得好。

完善人才评价、激励、流动机制。抓好《深化新时代教育评价改革总体方案》落实落地，加快破除唯分数、唯升学、唯文凭、唯论文、唯帽子的顽瘴痼疾，加快建立以创新价值、能力、贡献为导向的人才评价体系，推动人才称号回归学术性、荣誉性本质。引导高校完善评价标准，改革评价方式，科学设置人才评价周期，坚持开展分类评价。推动重大项目立项和组织管理方式改革，建立健全责任制和“军令状”制度，实行“揭榜挂帅”，让人才把才华和能量充分释放出来。坚持正确导向，促进高校高层次人才合理有序流动。

大力弘扬科学家精神。科学家精神是科技工作者在长期科学实践中积累的宝贵精神财富。要大力弘扬科学家精神，引导广大人才胸怀祖国、服务人民，勇攀高峰、敢为人先，追求真理、严谨治学，淡泊名利、潜心研究，集智攻关、团结协作，甘为人梯、奖掖后学，身怀爱国之心，砥砺爱国之志。选课题、做研究、写论文都从国家急迫需要和长远需求出发，着力解决国家最重大、最关键、最急需的科学技术问题，努力为国尽责担责。强化学术道德、科研诚信、科研伦理建设，破除论资排辈、圈子文化。严格人才计划评审纪律，营造风清气正的评审环境。大力宣传教育系统人才先进典型，开展科普宣传教育，推动在全社会形成尊重人才、崇尚科学的风尚，让更多的青少年心怀科学梦想、树立创新志向。

（原载《人民日报》2022 年 1 月 26 日）

胸怀国之大者　建设教育强国
推动教育事业发生格局性变化

怀进鹏

建设教育强国是中华民族伟大复兴的基础工程，凝结着一代代教育人的梦想和夙愿。党的十八大以来，习近平总书记高度重视教育工作，出席全国教育大会等会议并发表重要讲话，主持审议教育重要文件，到大中小学考察视察，给师生致信回信，做出重要指示批示，提出一系列新理念、新思想、新战略，形成习近平总书记关于教育的重要论述，为教育工作提供了根本遵循和行动指南。以习近平同志为核心的党中央，把教育作为国之大计、党之大计，坚持优先发展教育事业，擘画到2035年建成教育强国的宏伟蓝图并做出战略部署。在党中央、国务院坚强领导下，教育系统自信自强、守正创新，加快推进教育现代化进程，推动我国教育事业取得历史性成就、发生历史性变革，中国特色社会主义教育制度体系主体框架基本确立，教育总体发展水平跃居世界中上行列，教育面貌正在发生格局性变化。

十年来，教育事业的中国特色更加鲜明。进入新时代，我国教育在领导体制、动力机制、保障制度、育人观念、目标内容、培养方式等方面，越来越焕发和彰显出鲜明特色。党对教育的领导不断加强，从中央到地方成立教育工作领导小组，高校党委领导下的校长负责制得到严格执行，中小学校党组织领导的校长负责制从试点推向全国，民办学校、中外合作办学等机构中的党组织不断健全、党的工作不断加强，党的领导纵到底、横到边、全覆盖的工作格局基本形成，党旗始终高高飘扬在育人一线，教育领域成为坚持党的领导的坚强阵地。始终扎根中国大地，坚持社会主义办学方向，坚守教育公益性原则。马克思主义的指导地位不断得到巩固和加强，思想政治工作生命线被牢牢抓在手上，立德树人落实机制不断健全。素质教育蓬勃开展，修订教育法将“劳”纳入党的教育方针，培养德智体美劳全面发展的社会主义建设者和接班人的要求切实落实到课堂教学、渗透到校园生活。育人成效不断提升，广大师生衷心拥护以习近平同志为核心的党中央，对国家前途充满信心。在庆祝建党百年重大活动中，广大学生发出“请党放心、强国有我”的时代强音，展现出昂扬向上的精神风貌和听党话、跟党走的坚定决心。

十年来，教育普及水平实现历史性跨越。到2021年年底，我国学前教育毛入学率88.1%，比2012年提高了23.6个百分点；义务教育阶段巩固率95.4%，提高了3.6个百分点；高中阶段教育毛入学率91.4%，提高了6.4个百分点；高等教育毛入学率57.8%，提高了27.8个百分点。各级教育普及程度达到或超过中高收入国家平均水平，其中义务教育普及程度达到世界高收入国家平均水平，高等教育进入世界公认的普及化阶段。劳动年龄人口平均受教育年限达10.9年，新增劳动力平均受教育年限达13.8年。一个服务14亿多人口，面向每个人、适合每个人、更加开放灵活的教育体系日渐完善。教育的快速发展，带来国民素质和社会文明程度的提升，给予人们更多完善自我、人生出彩的机会，深刻改变着国家和民族的精神面貌。

十年来，教育服务科技与经济社会发展能力显著增强。教育是经济社会发展的“果”，也是经济社会发展的“因”。十年来，教育与党和国家事业发展同频共振，支撑引领作用愈益凸显。大中专院校向经济社会主战场输送上亿名毕业生，继续教育每年为各行各业培训上亿人次。当前，我国新增劳动力的53.3%接受过高等教育。现代制造业、战略性新兴产业和现代服务业新增从业人员有70%以上来自职业院校。开展两轮“双一流”建设，147所高校被纳入建设范围。增设网络空间安全、物联网、非通用语种、儿科、养老、托幼、家政等国家战略性新兴产业和改善民生急需专业，加快培养基础学科、人工智能、集成电路、理工农医等紧缺人才，学科专业体系与产业结构布局对接更加紧密、协调联动更加通畅。全国60%以上的基础研究、80%以上的国家自然科学基金项目由高校承担。从“嫦娥探月”“羲和号”“天眼”到“奋斗者潜海”、极深地下实验室，从“神威·太湖之光”超级计算机到“九章”量子计算机，从高温气冷堆核电站示范工程到碳化硅材料关键技术，从人类表型组国际大科学计划到首款新冠中和抗体药物上市，高校参与破解了一大批关键核心技术“卡脖子”问题，成为国家自主创新生力军。高层次人才的培养输送、高水平科研成果源源不断的产出，为经济高质量发展提供了强大智力支撑，为民族复兴注入了强劲动力。

十年来，教育发展环境更加优化。教育优先发展战略地位有效落实，国家财政性教育经费投入占 GDP 比例连续十年不低于 4%，教育成为财政一般公共预算第一大支出，一批重大教育工程得以顺利实施，极大改善了学校办学条件。义务教育教师平均工资收入水平不低于当地公务员平均工资收入水平基本实现。广大教师忠诚敬业担当，涌现出黄大年、张桂梅等一大批优秀教师。面对突如其来的新冠疫情，广大教师迎难而上，奋战在抗击疫情和“停课不停教”两条战线上，彰显了新时代教师的大爱。“双减”加快落地，校外培训机构野蛮生长态势得到遏制，学校育人主阵地作用不断强化，家校社协同育人合力持续增强。全面从严治党纵深推进，“严”的主基调和氛围不断强化。教育政治生态的持续向好，引领教风学风的持续改善，赢得人民群众对教育更多理解、关心和支持，全社会尊师重教氛围更加浓厚。

十年来，教育国际影响力持续提升。更全方位、更多层次、更宽领域、更加主动的教育国际交流与合作新格局正加快形成。我国已与 188 个国家和地区、40 多个重要国际组织建立教育合作交流关系，成为亚洲最大、世界第三留学目的地国，“留学中国”品牌知名度不断提升。中外人文交流不断深化，76 个国家将中文纳入国民教育体系，中国以外累计学习使用中文的人数达 2 亿。我国医学教育标准和认证体系实现国际实质等效，工程教育加入《华盛顿协议》实现国际多边互认，学历学位互认覆盖 56 个国家和地区。积极参与全球教育治理，举办首届国际人工智能与教育大会并达成《北京共识》，发起成立世界慕课联盟，我国教材教法、教育理念等开始走向并影响世界。连续举办七届中国国际“互联网+”大学生创新创业大赛，累计吸引 121 个国家和地区 603 万个团队、2533 万名学生参赛，中国教育越来越吸引全世界的关注。

这些成就的取得，根本在于习近平总书记的高度重视和亲切关怀，在于习近平新时代中国特色社会主义思想的科学指引，在于社会各界的大力支持和共同努力，在于广大教育工作者一心向党、奋进拼搏。党的十八大以来，全国教育系统始终牢记习近平总书记殷殷嘱托，踔厉奋发、砥砺前行，主要做了以下几方面工作。

一是落实立德树人根本任务，完善德智体美劳全面发展的育人体系。立德树人，关系党的事业后继有人、关系国家前途命运、关系民族复兴进程。教育系统始终坚持从政治上看教育，不忘立德树人初心，勇担为党育人、为国育才使命。推进党的创新理论进教材、进课程、进头脑，编制《习近平新时代中国特色社会主义思想进课程教材指南》，编写使用大中小学学习近平新时代中国特色社会主义思想读本 5 册，用马克思主义中国化最新成果铸魂育人。深化新时代学校思想政治理论课程改革创新，统筹推进大中小学思政课一体化建设，善用新中国成立 70 周年庆祝活动、建党 100 周年庆祝活动、抗疫斗争伟大实践、新时代历史性成就等讲好“大思政课”，深入开展理想信念教育、爱国主义教育，系统开展“四史”特别是党史学习教育，设立中共党史党建一级学科，中小学推进德育主题教育活动，将社会主义核心价值观融入教育全过程。深化“三全育人”综合改革试点，健全一体化思想政治工作体系，全面推进课程思政建设，加强思政课教师队伍建设。全面落实教材建设国家事权，成立国家教材委员会，普通中小学三科教材统编统审统用，民族地区义务教育阶段学校三科统编教材预期使用目标全面实现。加强国家通用语言文字教育教学，铸牢学生中华民族共同体意识教育。全面加强体育美育和心理健康教育，毫不松懈抓好儿童青少年近视综合防控。推进课程、教材、基地建设，构建劳动教育体系，劳动教育在大中小学蓬勃开展。

二是完整准确全面贯彻新发展理念，推动各级各类教育迈上高质量发展之路。聚焦制约教育高质量发展的主要矛盾和突出问题，不断探索发展新路径，拓展发展新境界。深化教育评价改革，出台教育评价改革纲领性文件，“破五唯”开始破题。创新人才培养模式，基础教育掀起课堂革命，职业教育强化产教融合，高等教育注重创新创业教育，创新人才自主培养能力稳步提升。21 个省份启动高考综合改革。确立职业教育类型定位，加快完善现代职业教育体系，“学历证书+若干职业技能等级证书”（1+X 证书）制度试点有序推进，本科层次职业教育试点实现破局。深化“放管服”改革，落实和扩大学校办学自主权，激发学校办学活力。深化教育督导体制机制改革，强化教育督导“长牙齿”效应。完成教育法、高等教育法、民办教育促进法、职业教育法等的修订，加强教育行政执法，全面推进依法治校，强化青少年宪法法治教育，法治保障更加有力。促进教育对外开放提质增效，深入实施共建“一带一路”教育行动，进一步调整优化对外开放布局，规范来华留学高等教育质量管理，持续深化港澳台教育交流合作。实施国家教育数字化战略行动，建设“国家中小学智慧教育平台”，学校网络基础环境基本全覆盖，疫情期间大规模线上教学史所罕见、世所罕见。

三是践行以人民为中心的发展思想，办好人民满意的教育。坚持从民生上办教育，把教育公平作为国家基本教育政策，加快缩小区域、城乡、校际、群体间差距，促进教育机会公平、过程公平、结果公平。打赢教育脱贫攻坚战，20万名义务教育阶段建档立卡辍学学生实现动态清零，推进发展教育脱贫一批，探索阻断贫困代际传递的有效途径。聚焦城镇挤、乡村弱等难题，推进城乡学校“四统一”，实施“全面薄改”、薄弱环节改善与能力提升等项目，建好农村两类学校，办学条件合乎“20条”底线要求的学校达99.8%，城镇“大班额”基本消除，形成城乡义务教育均衡和一体化发展新局面。实施学前教育三期行动计划，开展城镇小区配套幼儿园专项整治，扩大普惠性学前教育资源供给，越来越多的儿童能在家门口上便宜安全的幼儿园。学生资助政策体系实现培养单位、教育层次、公办民办、所有区域全覆盖，营养改善计划受益学生3700多万人。义务教育免试就近入学、公民同招入学全面实行，90.9%的随迁子女在公办学校就读或享受政府购买学位。实施特殊教育提升计划，30万以上人口县均设有特殊教育学校，残疾儿童义务教育入学率达95%以上。实施重点高校招收农村和贫困地区学生专项计划，83万余名学子走出贫困地区，走进重点大学。实施新时代振兴中西部高等教育攻坚行动，在人、财、物等领域精准支援，激发中西部高校发展内生动力。创新部省合建“四方联动”机制，提升合建高校综合实力。

四是对标人才强国、创新驱动发展等重大战略，更好服务构建新发展格局。加快构建新发展格局，是党中央着眼我国长远发展和长治久安做出的重大战略部署，是教育聚焦国家战略需求、服务中华民族伟大复兴的应有之义。围绕世界重要人才中心和创新高地建设，系统谋划并推进科教融合、产教融合，深化高校人才培养与有组织科研等工作。鼓励支持高校培育引进战略科技人才和领军人才、组织大团队，培养汇聚一大批具有国际竞争力的优秀青年人才、国家急需的高层次紧缺人才。加强和改进工程教育，校企共同设计培养目标、制定培养方案、实施过程管理，积极推动产学联合培养卓越工程师和高素质复合型工科人才。完善高质量基础学科人才培养体系，加大“强基计划”实施力度，建设288个基础学科拔尖学生培养基地，探索拔尖创新人才早期发现和选拔培养机制。实施“高等学校基础研究珠峰计划”，推动国家重点实验室重组、国家工程研究中心建设，强化集成攻关大平台、重大科技创新平台建设，形成布局完善、层次合理的创新平台体系。推进产学研深度融合，探索新型科研组织方式，强化协同创新，提高科技成果转移转化能力。实施《面向2035高校哲学社会科学高质量发展行动计划》，提升高校哲学社会科学育人水平、研究质量和社会服务能力，推进智库建设。围绕“四点一线一面”，推动形成与国家区域发展战略、生产力布局和城镇化要求相适应的多层次、多样化教育发展新高地，更好服务和融入新发展格局。

五是坚持师德师风第一标准，不断提高教师思想政治素质和业务水平。教师是办好教育的根本依靠。有高质量的教师，才会有高质量的教育。我们始终把教师队伍建设作为基础工作，培养和汇聚打造中华民族“梦之队”的筑梦人。新时代教师职业行为十项准则划定基本底线，依法依规严肃处理教师中的“害群之马”，健全荣誉表彰制度，选树宣传教书育人典型。实施教师教育振兴行动计划，完善师范生公费教育政策。增设中小学正高级职称，突破教师职业成长“天花板”。推进教育人才组团式援疆援藏。持续整治形式主义、官僚主义，扎实推进中小学教师减负，为高校教师减负松绑、破除“四唯”束缚，让教师有更多时间精力安心教学科研。把乡村教师队伍建设摆在重要位置，实施乡村教师支持计划、“优师计划”、“特岗计划”等，培养补充一大批“下得去、留得住、教得好”的乡村教师。优秀人才争相从教、教师人人尽展其才、好教师不断涌现的良好局面正在形成，一支师德高尚、业务精湛、结构合理、充满活力的专业化高素质教师队伍加快锻造，有力支撑了教育强国建设。

新时代新征程，教育的先导性、基础性、全局性地位作用更加凸显。新的赶考路上，教育系统要更加紧密地团结在以习近平同志为核心的党中央周围，以习近平新时代中国特色社会主义思想为指导，深刻领会“两个确立”的决定性意义，增强“四个意识”、坚定“四个自信”、做到“两个维护”，弘扬伟大建党精神，推动教育高质量发展，加快推进教育现代化、建设教育强国、办好人民满意的教育，以实际行动迎接党的二十大胜利召开，为实现中华民族伟大复兴做出新的更大贡献。

（原载《学习时报》2022 年 5 月 6 日）

深化“四新”建设
走好人才自主培养之路

吴　岩*

2021年4月19日，习近平总书记在视察清华大学的讲话中第一次提出了要瞄准世界科技前沿和国家战略需求，“推进新工科、新医科、新农科、新文科建设，加快培养紧缺人才”。这是走好中国高等教育卓越拔尖人才自主培养之路的战略一招、关键一招，也是创新一招。同年9月27日，习近平总书记在中央人才工作会议上指出，创新是发展的第一动力，人才是创新的第一资源，人才竞争首先是人才培养的竞争。人才培养竞争是教育特别是高等教育的责任，这就把高等教育推到了最前沿。培养人才是国家和民族长远发展的大计，习近平总书记在全国教育大会上讲，教育是国之大计，是党之大计。我们要提高人才供给自主可控能力，要源源不断地培养和造就大批优秀人才，要培养出大师，还要培养出可以解决复杂工程问题的卓越工程师、战略科学家、各行各业的领军人才和优秀的青年后备人才。我们要面向世界科技前沿，面向国家经济主战场，面向国家重大需求，面向人民生命健康，走好人才自主培养之路，第一责任就是建设高等教育。2021年年底，中国共产党第十九届六中全会公报提出要推动高等教育内涵式发展，推进教育强国建设。

十几年前我曾经写过一本书叫《高等教育强国梦》，在对世界科技和高等教育的发展历史进行梳理以后，特别是对中国各个区域的高等教育进行梳理后，我在这本书的扉页上写了一句话：“历史证明，当一个国家处于生死存亡的动荡时期，教育不能救国；现实证明，当一个国家处于和平建设的发展时期，教育能够兴国；未来证明，当一个国家处于伟大复兴的跃升时期，高等教育可以强国。”“强国”既可以被视为名词，也可以变成动词，即强盛国家。

---

* 吴岩，时任教育部高等教育司司长，现任教育部党组成员、副部长。

没有哪一个国家战略重器可以与高等教育的分量相提并论。一个国家，兴也大学，衰也大学；强也大学，弱也大学；稳也大学，乱也大学。高等教育在一个国家扮演着越来越重要的角色，它不仅是塔基，还是动力源、火车头。高等教育担负着这种历史使命和责任，既光荣神圣，又异常艰巨。从事高等教育事业的我们处在这样一个历史时期，一定要做出与这个时代相匹配的贡献。结合这件事，我讲三点：第一看得准，第二谋得深，第三干得实。

一、看得准：中国高等教育进入世界第一方阵

怎么判断我们的历史方位？怎样谋划才能让“四新”成为引领中国高等教育改革创新的一个标志性、引领性战略？

把“四新”建设好，首先要明确中国高等教育已经整体进入世界高等教育发展的第一方阵。这个战略判断决定了我们如何摆正自己，如何在这个发展中定位。习近平总书记在清华大学的讲话中说，我们的办学规模、培养质量、服务能力实现了历史性跃升。特别是党的十八大以来，我国高等教育与祖国共进、与时代同行，创造了举世瞩目的发展成就，教育已经开始发生格局意义的变化。所以我们要知道，我们不是大而不强、将强未强，而是处于向世界一流强国迈进的阶段。2021 年 5 月 11 日，孙春兰副总理出席直属高校咨询会时第一次做出了这样一个判断：中国高等教育已经进入世界高等教育的第一方阵。这个定位是我们对中国高等教育的一个整体判断，这个判断基于两个维度：一个是数量指标，另一个是品质指标。指标都用事实和数据回答：中国高等教育方位怎么看、目标是什么、路径怎么走？中国高等教育现在在哪儿、将要去哪儿、怎么去得了？

（一）数量指标

1. 绝对量指标：中国高等教育在学人数世界第一，且优势明显稳定

世界上高等教育在学总人数超过 100 万的国家有 35 个，超过 1000 万的有 3 个，即美国、印度和中国。在这 3 个国家中，中国 4000 多万（4183 万），印度 3000 多万（3515 万），美国不到 2000 万（1894 万）。在这 40 多年（1978—2020）的发展中，中国高等教育的平均增长率居世界第一（在学总人数年均增长率为 7.2%）。我们综合了人口基数、经济实力、发展需求等对这

个绝对量进行研判，中国高等教育规模第一的优势将会继续保持到21世纪中叶之前。

2. 相对量指标：中国高等教育进入了普及化发展阶段，但毛入学率与发达国家差距明显

教育社会学家马丁·特罗（Martin Trow）提出，世界高等教育发展分三个阶段，即精英化、大众化和普及化阶段。我们现在在哪个阶段？

我认为，我们现在在这三个阶段的最高级——普及化阶段。2020年我国的高等教育毛入学率是54.4%，2021年的毛入学率现在还没有公布，大概在这个基础上还要增加两个百分点。目前有70个经济体的高等教育毛入学率超过50%，即有超过1/3的国家迈入了普及化阶段。虽然我们的总量大，但是我们的毛入学率并不算高。如果把高等教育普及化再分成初级、中级和高级三个阶段的话，我们大体在初级阶段。从图1可以看出，俄罗斯、美国、澳大利亚的高等教育毛入学率都超过了80%。在这70个国家中，从经济性、国民性、国际性角度看，中国高等教育毛入学率与很多国家相比仍有明显差距。因此，在相当长一个时期内，中国高等教育毛入学率必须保持一个较快的增长速度。

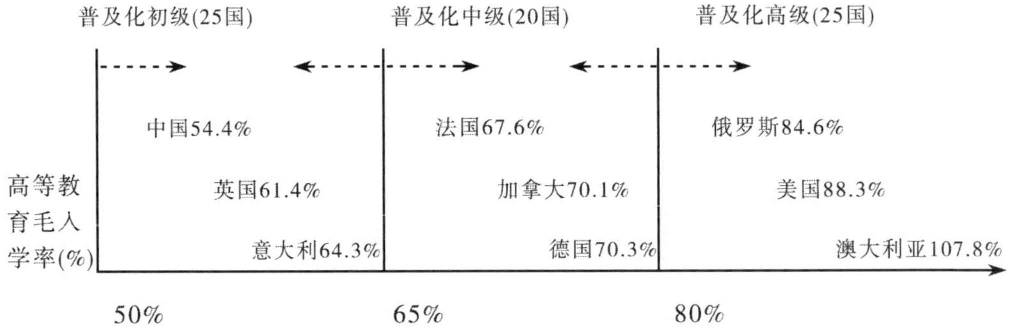

图1 各国高等教育进入普及化阶段情况

（二）品质指标

1. 通用性指标：中国高等教育整体发展实力进入世界先进水平行列，一些领域进入世界一流水平行列

世界上约有197个国家的3.5万所正规高等学校。如果要进入世界第一方

阵，那就要处于世界前10%，即进入前20名国家行列，这就是世界先进水平；如果能够进入前5%，即进入前10名国家行列，就处在世界先进水平的前列；再往前，如果能进入前2%—3%，也就是在全世界进入前5—6名，那就是世界一流。当然，如果我们进入前1%，那就是超级水平。

表1反映了中国高等教育的情况。从排名来看，无论是总体情况还是分工科、理科、农科、医科、文科来看，9项指标我们大多处于世界前1%—2%或1%—3%，个别的在前4%，有的在前7%—8%。总体上中国高等教育整体发展实力已进入世界先进水平行列，一些发展领域进入了世界一流水平行列。

表1 中国高等教育的整体发展实力

9项具体指标	世界排名	世界前500名上榜高校数（以QS为例）	相对位置
高水平大学群体实力	第3位	美国87所、英国49所、中国26所	世界前2%
高等教育整体水平	第8位（亚洲第1位）	—	世界前4%
高等理科教育水平	第3位	美国102所、英国37所、中国35所	世界前2%
高等工科教育水平	第2位	美国90所、中国37所	世界前1%
高等农学教育水平	第2位	美国140所、中国54所（软科）	世界前1%
高等医学教育水平	第4位	美国127所、英国37所、德国34所、中国27所	世界前2%
高等文科教育水平	第3位	美国95所、英国51所、中国21所	世界前2%
高等教育创新贡献率	第14位	全球创新指数53.28	世界前7%
人力资源开发水平	第1位	大学文化程度人口2.1亿人，R&D人员全时当量509万人年	世界前1%

从这个排名结果来看，我们对中国高等教育的实力不是高估了，而是低估了。就泰晤士、QS、美国新闻（U. S. News）这三个大家比较看重的排名来看，大体上都是这样：第一，这几个排行榜都是以母语为英语的国家推出的排名，它们所看到的论著大体上都是英文发表的，对中国、俄罗斯、法国、德国、日本的实力是低估了；第二，排名的依据更多是科研指标，而且是能够拿到的公开数据，但人才培养的一些关键数据拿不到，所以对学校的人才培养情况有忽略，而这对我们大学的人才培养可能有误导，这正是我们所要反对的。尽管如此，我们仍然在这些排名里处在那样的位置，所以说中国高

等教育已经进入世界高等教育第一方阵。

有两点思考：第一，要保持战略定力，母语为英语的国家开发的排行榜对中国大学的实力低估了；第二，要保持清醒头脑，以科研成果、论文等为主要指标的评价方式对人才培养工作可能有误导。

2. 引领性指标：中国高等教育在四个方面实现领跑

从引领性指标来看，我们在四个方面处于领跑地位：第一，以推动学科专业改革为代表的新教改。这是中国首次在世界高等教育改革创新领域主动设置的中国话题。第二，以发展在线教育教学为代表的新形态。也就是我们所说的“停课不停学”“停课不停教”，我们在全世界跑在最前面。第三，以培养创新创业能力为代表的新质量。就是把我能行、我会干变成我敢闯、我会创，标志就是我们组织全球 121 个国家参加的大学生创新创业大会。2021 年中国国际“互联网+”大学生创新创业大会，世界上前 100 强大学中最好的大学，包括哈佛、牛津、剑桥、耶鲁等大学的团队都在大赛里边，与我们同场竞争。第四，以建立质量国际互认体系为代表的新保障。我们的专业认证、审核评估、数据质量监测和学校内部保障体系，不输于世界上其他任何国家和地区。我曾经带队到过俄罗斯，对其 7 所国立大学的 13 个从本科到博士的专业进行过评估。这是中国高等教育评估的一小步，却是中国高等教育发展的一大步，我们现在已经用中国标准在衡量世界其他国家，假以时日，以我们的国力和这种举国体制，我们将会在新教改、新形态、新质量和新保障四个方面跑得非常快。

因此我们得出以下结论：第一，中国高等教育已经进入世界高等教育第一方阵，而且有的方面我们已经处在第一方阵排头兵位置，在部分重要领域处于领跑地位；第二，“四新”探索是高等教育领域的新教改、新质量、新体系、新文化。为什么要讲这个？是因为我们制定高等教育高质量发展战略要有基础条件和基本判断，这就是我们的基本判断。要走好人才自主培养之路，我们得有自信，得有底气，这就是我们的自信所在和底气之源。

二、谋得深：“四新”建设引领高等教育改革创新

习近平总书记去年在清华大学视察时强调：“要用好学科交叉融合的‘催

化剂’，加强基础学科培养能力，打破学科专业壁垒，对现有学科专业体系进行调整升级，瞄准科技前沿和关键领域，推进新工科、新医科、新农科、新文科建设，加快培养紧缺人才。”现代产业学院、未来技术学院、示范性软件学院、储能学院、高水平公共卫生学院都得打破学科专业壁垒，而不是只对现有学科专业体系进行调整升级。

（一）层层递进、环环相扣、久久为功

瞄准科技前沿和关键领域，推进新工科、新医科、新农科、新文科建设，加快培养紧缺人才和国家战略需要的高端人才。要理解习近平总书记的这句话，就要首先回顾一下“四新”5 年发展的历程，我们可以看到一条非常清晰的脉络：2017 年首次提出建设新工科、新医科、新农科、新文科；2018 年全国教育大会召开之前不到一个月，中央发文正式写入发展新工科、新医科、新农科、新文科；2019 年 4 月 29 日，我们在天津大学召开了“六卓越一拔尖”计划 2.0 启动大会，正式启动了新工科、新医科、新农科、新文科建设；同年 10 月，我们以“高教质量 22 条”的形式，把“四新”建设与学科专业调整优化和内涵提升联系起来，出台了《关于深化本科教育教学改革全面提高人才培养质量的意见》；2021 年习近平总书记视察清华大学时发表“四新”讲话。整个过程层层递进，环环相扣，久久为功。今天，“四新”已经成为全国所有高校高质量发展、下好发展先手棋、抢占创新制高点的主要抓手。

（二）教育应答、时代应答、主动应答、中国应答

从 2017 年首次提出“四新”建设一直到现在，总有人问：“四新”是怎么回事？在北大新工科建设国际论坛上，我曾经讲过四个“应答”：教育应答、时代应答、主动应答、中国应答。“四新”建设是从教育思想、发展理念、质量标准、技术方法、培养方式等方面对高等教育进行的全方位改革。这个“四新”建设不仅仅是一种理念，也不仅仅是一种思想、标准或技术，更多的是集思想、理念、标准、技术、评价于一体的新的高等教育发展范式。范式是从形而上到形而下都有的，模式是形而下的。“四新”，一是对新一轮世界范围内科技革命和产业变革浪潮奔腾而至的中国高等教育的教育应答，二是对中国高等教育超前识变、积极应变、主动求变的时代应答，三是高等教育跳出自身发展的小逻

辑服从服务于国家经济社会发展大逻辑的主动应答，四是中国高等教育面临21世纪国际高等教育改革创新发展给出的中国应答、中国方案。新工科、新医科、新农科、新文科正逐步改变中国高等教育的样貌，原先更多的是人家制定规则标准，我们跟着人家走，我们是跟随者，再好都是二流。这一次是中国提出的中国议题，是要引领世界发展。现在，世界很关注我们的“四新”发展。这是我们在高等教育改革中全面领跑的一次战略行动，要提高中国的感召力、影响力、塑造力。假以时日，“四新”建设将改变中国高等教育的面貌，也改变我们的位势，增强我们的信心和实力。我们要做的就是这个教育应答、时代应答、主动应答和中国应答。这主要是站在教育的更高位，即经济社会发展的大逻辑给出的高等教育改革的方向和战略。

（三）“四新”提升“四力”

推进“四新”工作，瞄准的是国家发展的“四力”：新工科提升国家硬实力，新文科提升文化软实力，新农科提升生态成长力，新医科提升全民健康力。总体上，“四新”是新时代的新教改，是新时代中国高等教育的新质量，是新时代高等教育的新体系，是新时代大学新的质量文化，是一项质量革命工程。国家发展需要硬实力，需要软实力，需要健康力，需要生态成长力，还需要锐实力和巧实力。现代产业学院，特别是我们的未来技术学院，就是要把国家的锐实力，即“卡脖子”的事情做好。“卡脖子”有战略“卡脖子”的，有战术“卡脖子”的，未来技术学院就是要解决战略“卡脖子”问题。新工科、新医科、新农科、新文科建设都是这三点——新专业、专业的新要求、交叉融合再出新，这是我们的“新”之所在。首先要有一批新专业出来，原先的老专业不能覆盖未来的发展；所有的专业都有新要求，哪怕机械和材料专业，都不是原先的机械和材料专业；专业要交叉融合再出新，工文、工理、农工等结合。我们的医科，如果不跟工科结合起来，发展是非常困难的。我们的农业，特别是很多生物育种资源，都在外国人特别是美国人手里。假如有一天从芯片“卡脖子”变成了对医药动手、对农业动手，那就不是一个仅仅难受的问题了，而是危及我们的国家安全、危及老百姓的衣食住行的问题。如果不解决这些问题，高等教育没有这样迫切的责任感、使命感，一旦国际形势更加凶险，我们怎么办？所以我们要把问题提到这个高度来认识。

1. 全面深化新工科建设

在新工科建设方面，着重抓五件事：抓理论、抓专业、抓课程、抓结构、抓融合。刚开始要在理念、思想上有认识，再从基本单元（专业）往下走，要抓到深处，改到痛处。光改课程不行，还要变结构，重新组织结构，要对高校内部的二级结构进行外科手术式的改造。不能再以老师为中心来设置二级学院，要以学生发展为中心来设计二级学院。未来技术学院、现代产业学院都不是老师擅长什么就干什么，而是要着眼国家未来，着眼明天、后天的产业和技术需求。这就要打破老师会什么就教什么的一贯做法，根据国家未来需要培养人才。办教育要政产学研结合，产学深度融合，这是办好高等教育、提高质量的必由之路。

第一，抓理论。两批新工科研究与实践项目，更多的是要在理念上换脑筋。第二，建专业。优化、升级、新建“金专”，要在专业课程方面扎扎实实地推进。从现在的情况来看，工科的1/4以上都是战略紧缺的新专业。2021年我们撤销了251个工科专业点，新增工科专业点794个。新增的那些工科专业，都是在“互联网+”“智能+”的基础上国家未来发展所需要的。第三，变结构。我们做的几项工作都是有时间跨度的，现代产业学院瞄准的是5年以后产业的变化，培养高端应用型人才和高素质经营型人才。特色化软件学院、示范性微电子学院等是瞄准10年以后产业的变化培养人才，根据10年以后可能的变化，必须产教融合，把头部企业的人才引进来教课。未来技术学院要瞄准15—20年以后的科学变化，培养战略领军人才和战略科学家，就像爱因斯坦、牛顿这样影响了世界进程的科学家，包括社会科学家、医学科学家和自然科学家等。这些都需要布局，也都在布局。我们做这些工作都在动员产教融合，不仅仅是科学界的，技术界、产业界、教育界的人都要联合起来，才有可能做好。仅靠学校是完全不能够培养出未来技术学院所需要的战略科学家和领军人才的，一定是产学研全面结合、深度融合。第四，改课程。建“金课”、教材资源库，探索课程资源建设新形态，人工智能、重型燃气轮机、病毒学、国土空间规划等教学资源建设，都需要数字资源的不断迭代，每一年都要迭代课程和教材。第五，促融合。新工科、新医科、新农科、新文科都需要有智能基座，我们做的工作就是建立这样的智能基座，因为这样的智能基座才是新学科发展的基础。

新工科发展的未来愿景：第一是新理念，创新型、综合化、全周期，不断探讨，符合需要，迭代更新。第二是新结构，就是新工科怎么办的问题。工科的新要求怎么达到？习近平总书记在中央人才工作会议上强调，中国要有解决复杂工程问题的卓越工程师。我们要培养这样的卓越工程师，就要提出新要求，要不断地深化、迭代，不断交叉、融合、裂变。第三是新模式，以组织模式带动深层次变革，交叉、融合再出新，就是不仅要发生物理反应，还要产生化学变化，形成新模式。第四是新标准，我们不仅要跟世界高等教育实质等效，还要提出高等工程教育国际认证的中国方案，要不断把中国方案、中国标准变成世界标准。第五是新体系，即建成中国特色、世界水平的工程教育体系。第六是新人才，最终我们要培养出能引领社会发展的新型工程人才，即以卓越工程师为代表的工程技术人才。

2. 全面推进新医科建设

我们把医学教育定位为“大国计”“大民生”“大学科”“大专业”（新定位），就是把医学教育从治病这一块向前、向后移，即从原先的治疗为主，变成预防、治疗、康养三位一体，从治疗为主到生命全周期、健康全过程（新理念）。强化医学生培养，原先叫救死扶伤、大爱无疆，这些都对，但是太虚，我们把它变成抓五术培养：道术、仁术、学术、技术和艺术（新内涵）。统领医学发展的新要求、新的医学专业、医学与多学科深度交叉融合，核心是创新发展。在医学教育发展中，要不断谋划预防科学，比方说公共卫生学院。高水平公共卫生学院我们实行“一拖一”，要建立中国高水平的公共卫生学院，还要在中西部拖一所高水平公共卫生学院。在新医科建设方面，比如全科医生培养，医工结合培养医学科学家采取“5+3”的八年制培养方式”，这个八年制怎么办、中医怎么办等，要做出战略安排，现在已经有了非常系统的安排（新医科）。

2021 年，国务院办公厅下发了《关于加快医学教育创新发展的指导意见》。搞医学教育一定要把这个文件吃透，那些措施都是中央十几个部门反复打磨以后提出来的，干货满满。2020 年，我国临床医学专业认证工作委员会正式获得世界医学教育联合会（WFME）医学教育认证机构认定，得到“无瑕疵”的评价。我们拿到了一张入场券，得到了一个通行证，也有了一个新标准，在世界医学教育里响起了中国新声音。这是中国医学教育的里程碑事件，跟工程教育加入《华盛顿协议》一样，是在医学方面的重要突破，增强了我们发展医学教育的信心。

2021 年我们举办了中国大学生医学技术技能大赛，宗旨是“尚德精术，中西并重，医护同行，医防结合”，参赛高校达到 211 所，占全部医学高校的 91%；参赛人数达到 9000 人，共有 497 支代表队；观赛规模达到 7400 万人次，仅冠军总决赛就有 3200 万人次观看。我们又启动了高水平公共卫生学院建设的新方案，通过扩容、提质、创新，建成若干所具有中国特色世界一流水平的公共卫生学院，在东部、中部、西部布局，形成高水平公共卫生学院的战略支点。这些战略支点建好以后，我们还要“一拖一”再建一个附属支点，最终形成适应现代化公共卫生体系建设要求的高质量教育发展体系。这些高水平公共卫生学院将在重大疫情的预防、诊治、组织等方面发挥重要作用。这次抗疫就初步显现了医学教育的成果，我们培养了 800 万名医学人才，包括 300 万名医生和 400 万名护士，他们的表现真的了不起。最先到武汉去的大部分都是高等学校附属医院的医护人员，这些学校附属医院都是中国最好的医院。高等医学教育怎么发展，在国务院文件里有体现。大学的校长、书记和老师要会看文件，要从这些文件里读出味道，读出招来，读出“真金白银”来。

3. 全面推进新农科建设

新农科建设以立德树人为根本，以强农兴农为己任。大家都知道新农科建设“三部曲”——“安吉共识”“北大仓行动”“北京指南”做的工作，习近平总书记还专门给我们回了信。现在来看，改革实践落地生根，我们已经从“试验田”到“大田耕作”了。新农科建设 407 个项目以新理念引领创新发展、以新目标驱动项目实施、以新成果深化改革实践，都是从“试验田”到“大田耕作”环节必须做的。

2021 年我们提出要做五个“一”工程，研制发布《关于加快新农科建设推进高等农林教育创新发展的意见》。10 月 19 日，我们在吉林召开了全国新农科建设工作推进会，研制了《加强和改进涉农高校耕读教育工作方案》，习近平总书记专门签阅。我们还要发布《新农科人才培养引导性专业设置指南》，并有一个指导性的工作方案，以加快推进新农科研究与改革实践试点项目落地显效。《关于加快新农科建设推进高等农林教育创新发展的意见》有十大举措，包括全面加强耕读教育、推进农林类紧缺专业人才培养、构建高质量多类型农林人才培养体系、提升农林专业生源质量、深化课程教学改革、多途径建设实践教学平台、着力构建高水平师资队伍、强化农科教协同育人、深化对外开放合作和创新评价机制，就是要把新农科建设深化、实化、细化。全国新农科建设工作推进会面向新农业、新乡村、新农民、新生态，推动新农科建设再深化、再提高，为推进乡村全面振兴提质赋能。我们要答好四张试卷：农业农村现代化卷、国家粮食安全卷、生态文明建设卷和世界发展贡献卷。涉农高校是强农兴农的国之重器，建设新农科是振兴高等农林教育的重大战略。我们要把农业院校或者农林类院校的校园文化建设、教材建设、教学实践场所放到耕读教育工作方案里，将培养德智体美劳全面发展的人才与耕读传家的传统结合起来，弘扬优秀传统文化，发挥树德、增智、强体、育美等育人功能。

新农科发展的未来愿景，就是要着力提升知农爱农新型人才培养能力，着力提升农业科技创新水平，着力提升服务“三农”贡献度，着力提升农林教育国际竞争力。我们现在的高等农林教育水平应该是很高的，三强里面必有中国。怎么在国际上更有话语权，更有规则制定权，全面提高人才培养质量，开创农林教育创新发展的新局面，这是我们今后要做的工作。

4. 全面推进新文科建设

一个国家光有硬实力还不行，还得有软实力、巧实力，哲学社会科学就是一个国家的软实力和巧实力。我们要构建哲学社会科学的中国学派，要创造光耀时代、光耀世界的中华文化，必须大力培养具有自信心、自豪感、自主性的新时代哲学社会科学人才。

现在人文教育和社会教育里有一个很尴尬的现象，就是我们在跟人家交流的时候，你讲你的，我讲我的，各说各话，谁也说服不了谁。我们要把新闻宣传语言变成学术话语、学术体系，让人家真正能够听懂、认可。举个例子，西方学者问中国的改革开放为什么能取得今天这样的成绩，为什么外资投资老是全世界第一？如果你跟西方学者讲，我们有中国共产党的领导。对不对呀？当然对。但是他们可能听不懂也不认可。在他们的思想里，恒产非常重要。私人财产不可侵犯，他们认为这是保障一个社会健康发展的根基。但是中国这 40 多年的发展，按照这样的发展速度，包括外资在中国投资，这么多财产和投资怎么能得到保障呢？我们现在在法律体系完善上继续下功夫，但我们可以告诉他，一个国家的发展，除了有法律保障，还要有特别稳定的社会保障。一个国家的执政党长期稳定而有权威地执政，让人民有信心，让投资者有信心，让财产得到了跟法律保护同样有效的社会保障，这是世界发展的一种新模式，中国正是这种模式的成功践行者。如果把这些讲清楚，想必外国学者也同样会认同。

我们的知识分子不仅要传播中国的好做法、好经验，还要把中国的这些好做法、好经验变成外国人能够理解的学术语言，这是中国哲学社会科学的使命。我们应该做的工作就是要使我们有学术感召力、影响力和塑造力。中国学派不是一句话，中国气派、中国风格、中国特色等这些东西都要做好。有了这样的东西，我们的新文科建设才不仅是中国的，还是世界的；不仅在中国发展中有引领作用，还要在世界发展中有中国学派、中国声音，有中国的感召力、影响力和塑造力；不仅要传承传统中国的优秀文化，还要创造光耀时代、光耀世界的现当代中华文化。所以新文科建设在“四新”建设里有独特的作用，我们一定要做好这项工作。2020 年年底我们召开了新文科建设工作会，发布了《新文科建设宣言》，成立了“全国新文科教育研究中心”，从那以后新文科建设的速度是非常快的。在某种意义上，从理念、专业、模式、队伍、文化方面来说，后期的发展是非常迅猛的。特别是中国系列大讲堂全面启动，取得了非常好的成效。无论在教育界还是实务界，在政法实务大讲堂、经济大讲堂、新闻传播大讲堂、艺术大讲堂等开讲的这些课都是中国最好的。新闻传播大讲堂不仅要在新闻传播类学校讲授，还要让全国所有新闻从业人员来学。中国记协学习网站的头条，就是我们新闻大讲堂的课。

文科人特别讲究学理，讲理论，看论著。按照这样一个习惯，我们发布了《新文科建设年度发展报告（2020）》。目前有两个中宣部批准的新文科研究刊物：一个是中南财经政法大学主办的《新文科教育研究》，另一个是山东大学主办的《新文科理论与实践》。此外，我们还有一个“全国新文科”微信公众号。这些都是为了让哲学社会科学、人文社会科学领域的大专家、大老师、大先生们有言可发，有感能发。

关于涉外法治人才培养，教育部印发了《关于加快高校涉外法治人才培养的实施意见》。我们在涉外法治人才方面不是缺乏，而是极度匮乏。全国企业和公司有 46 万家是涉外的，有 96 万家合资企业或者外资企业在中国，不断地有法律纠纷出现。我们在联合国交的会费金额数一数二（维和第一，法律第二），但是在联合国组织里只有 1.2%的工作人员是中国人，而且大多是中下层事务性人员，中层的很少，高层更是寥寥无几。究其原因，一是语言不行，二是法律不行，只懂得书本上的东西是不够的。所以我们的涉外法治人才要多语言培养，不仅要懂海洋法、大陆法体系，还要懂国别法。在这些国际组织中，我们要有跟大国地位相匹配的法治人才。

新文科要提升文化软实力，建设文化中国、法治中国、和谐中国、繁荣中国，塑造国家美形象，让世界看到我们不仅可敬、可畏，而且可亲、可爱，这是新文科建设的重大使命和责任。为此，新文科建设要真正抓到点上，要将中国发展的经验、做法变成理论，变成学术体系，能够传播出去；会讲中国故事，讲懂中国故事，讲好中国故事，提升中国文化的影响力、感召力和塑造力。

三、干得实：全力抓好高校人才培养“新基建”

从 2022 年开始，我们前五年的工作要转段了。一项很重要的工作，就是高教司要召开各省（区、市）高校厅长、处长会，重点讲从原来的“如何选”变成今后五年“如何建”。“四新”建设工作总体上要从谋篇布局变成落地落实。2022 年开始的重要工作有这样几项：一项工程——全面实施新时代高等教育育人质量工程；一个计划——深入实施卓越拔尖人才培养计划；一个专项——实施新时代振兴中西部高等教育攻坚行动专项；“三会一赛”——“419 讲话”一周年座谈会、第 31 次教育部直属高校咨询会、新时代振兴中西部高等教育工作推进会、第八届“互联网+”大赛。我们要落实落实再落实，以抓落实推动高等教育高质量发展。

高等教育育人质量工程已经被纳入教育部全教会工作要点，研制《关于实施新时代高等教育育人质量工程的意见》中的三项工作（优化学科专业结构、系统构建课程体系、重塑教育教学内容）都是围绕这个要点，抓好下面要讲的学科、专业、课程、教材、教师等教育教学几个方面的工作，以发挥高等教育的基础性、综合性、引领性作用，带动人才培养质量的全面提升。

卓越拔尖人才培养计划要坚持四个面向，培养四类人才。习近平总书记要求面向科技前沿、经济主战场、国家重大需求、人民生命健康，培养战略科学家、科技领军人才、青年科技人才和卓越工程师，全方位谋划基础学科人才培养，全方位推进系列卓越人才培养，把卓越拔尖人才培养作为高等教育关键目标，探索形成卓越拔尖人才培养的中国方案和中国范式。

在基础学科和高水平技术人才方面要做好卓越拔尖计划。我们已经跟中央的13个部委联合工作，由“单兵作战”转向“集体发力”，产教融合、科教结合、医教协同，推进一流专业“双万计划”和一流课程“双万计划”。我们将会有约1.1万个国家一流专业建设点、1.6万门国家一流课程，已经公布了20个类别、77所高校、288个拔尖基地。这些工作都落地了，落地之后就是“怎么建”的问题。概括起来说，就是要搞好“新基建”。这个“新基建”不是工程里的基建，在教育教学领域，“新基建”就是抓专业、抓课程、抓教材、抓技术、抓教师。

（一）专业建设

大家都知道，专业是人才培养的基本单元，教学改革改到要处是专业。专业建设直接关系高校人才培养质量，关系高等教育服务经济社会发展水平，关系高校能否真正成为推动国家创新发展的引领力量。所有的集合点都在专业上，我们要做的工作就是把专业真正地建强建优。我们共有6.1万个本科专业点，“十三五”期间撤销或停招了6000多个，新增了1万个，“双万计划”前两批8031个，加上这一次大体上是1.1万个。如何建呢？做好“四抓”：第一，抓标准，修订本科专业类质量标准，质量为王、标准先行；第二，抓示范，实施一流本科专业建设“双万计划”；第三，抓认证，实施三级专业认证；第四，抓机制，研制《高等教育学科专业设置调整优化改革方案》。我们要做好15%的国家点，再做强省级一流专业建设点，让中国高等教育这20%的专业带动整个专业水平的提高。专业不建好，我们就没有人才培养的基本单元，所以我们要做好这项工作。

（二）课程建设

课程是人才培养的核心要素，教学改革改到深处是课程。学科带头人、专业领军人物要勇于自我革命，课程改革不仅是讲他们会的，还要讲他们不会的。

这一点我们的老教师在经验上有长处，而在知识的先进度上是有短板的。所以，真正的教改改到深处是课程改革，教师要自我革命。课程改革我们抓这几件事情：抓内容体系、抓课程思政、抓实践教学、抓示范引领。今年要在课程方面做好这几项工作，让我们的“金课”在学校里随处可见，让“水课”无处藏身。

“水课”对学生最没有良心。“水师”可能不好听，但确确实实有“水师”。我们说的“金课”要有高阶性、创新性，有挑战度，也就是要具备“两性一度”，这种课要越来越多。“课比天大”，这是一个合格老师的必备素质。一个学校如果“课不比天大”，这个学校所讲以生为本、立德树人就仅是说说而已。我们曾经邀请日本比较教育协会的会长大塚丰先生来我国进行评估，他是日本“大牛”的老师。邀请是在评估开始三个月前发出的，但他说这件事情他可能没有把握，因为不知是否能够请假，那一天他有一门本科生的课。直到离评估还剩四五天时间他打电话来了，说他把这个假请下来了。这就是一流的大牌教授、国际顶级专家对一门本科生课程的态度。说“课比天大”就是说真得要讲好课，因为每一个学生都是通过一门一门的课程掌握知识，提高素质和能力，培养人生观、世界观和价值观的。

课程是教育最微观的东西，但解决的是教育最根本的问题。课程是中国大学带有普遍性的短板、瓶颈、关键问题，是体现“以学生发展为中心”理念的“最后一公里”，是落实“立德树人成效”根本标准的具体化、操作化。

（三）教材建设

剧本是一剧之本。人才培养的主要“剧本”是教材，教学改革改到实处是教材。现在的教材除了世界观、价值观、政治这些方面必须严格把关外，还要在先进性上把关。我们现在正在做“十四五”国家规划教材计划，其中一个主要问题就是要解决先进性问题，要不断迭代。

2021 年 12 月 31 日，教育部部长怀进鹏出席在北大召开的计算机科学本科生培养“101 计划”，就是要在计算机基础学科拔尖人才培养方案里选出 10 门核心课程，让世界上一流的专家来编教材。我们邀请了计算机领域的最高奖——图灵奖获得者，还有中国计算机教育领域最权威的院士，一起来编 10 门计算机科学专业核心课程的教材。如果这件事做成了，我们就会推广到所有专业，每个专业都要选出 10 门左右的课程，多的可能 14—15 门，少的可能 7—8 门。把这样的核心课程变成中国最好的课程，编写最好的教材。这些教材不是原先那种由一个好老师编的，而是好多好老师一起编的、经得起推敲的好教材，这个教材还要不断迭代。把教材做好了，人才培养的剧本就有了。培根、铸魂、启智、润心就是对好教材的要求，这样的教材不仅要在知识方面行，在能力素质、价值观方面都要行，尤其是社会科学、人文学科方面的教材。教材是传播知识的主要载体，是学校教育教学的根本依据，是老师教学、学生学习的重要工具，体现着一个国家、一个民族的价值观，直接关系党的教育方针的贯彻落实。

“六抓”教材建设：（1）强育人——培根、铸魂、启智、润心；（2）抓管理——完善高校教材分级管理、质量监控制度；（3）推创新——把学科发展的前沿理论成果、实践成果融入教材；（4）拓形态——探索新形态和新领域教材建设；（5）树标杆——开展首届全国优秀教材奖评选（高等教育类 399 项）；（6）建规划——建好“十四五”规划教材（分批遴选、重点推进）。

（四）技术水平

新冠疫情让我们感到，技术是高等教育学习革命的关键突破，教学改革改到难处是技术。

“停课不停学，停课不停教”，曾经让一些老师有怨言。刚开始这些抱怨主要来自那些年龄较大的老师，他们认为自己驾驭不了这个。但是几个月以后，这些老师比较好地掌握了这门技术。现在疫情稍微严重的地区，老师们随时可以开展在线教学，很容易就改进了教学技术，在线教学已经不是原先的辅助手段，而变成了教育教学的新常态，成为时时、处处、人人皆可学的高等教育的新形态。我们必须把这件事做好，技术是新的教育生产力，是信息时代的“黑板、粉笔、作业本”。高等学校要推动信息技术与教育教学的深度融合，提升教师应用信息技术教和学生通过信息技术学的能力。大家已经可以看到很多虚拟仿真课，做得非常好。我们在基础学科拔尖人才培养中特别提倡线上书院，一个学校的好老师总是有限的，办一个基础学科的线上书院，这个学科的好老师就是无限的，让上万位中国顶级的老师培养一个人，而不是一个老师培养几百人。我们要有虚拟教研室，基层教学组织就是虚拟教研室；我们还要成立跨界的虚拟教研室，是几十人、几百人、几千人、上万人都可以用的教研室。这样的教研室就会让我们的基层教学组织丰富化、开放化。2022 年，我们要隆重召开世界慕课与在线教育大会。在 2020 年疫情最严重的时候，我们首先召开了世界慕课大会，并且把世界慕课与在线教育联盟的秘书处留在了中国。我们就是要在这里变轨超车，占领制高点，享有话语权。原先在高等教育的重要领域我们都是给人家当学生，现在在这个领域我们要当先生。

“五抓”推技术：（1）抓经验推广，从新鲜感到新常态，凝练宣传典型经验；（2）抓环境建设，包括虚拟仿真实验项目（728 个）、线上书院（1.6 万人）等；（3）抓资源应用，加强资源平台体系建设，服务师生需求；（4）抓组织建设，如虚拟教研室（400 个试点）等基层教学组织；（5）抓交流合作，召开 2022 年世界慕课与在线教育大会，持续推动国际合作。

（五）教师队伍

教师是人才培养的关键所在，教学改革改到痛处是教师。

我的导师潘懋元先生是中国高等教育学学科创始人，2022 年 102 岁了，仍然在教书，也获得过“全国教书育人楷模”称号。他说：“假如有来生，我还要当老师。”他对学生的影响是一辈子的。还有三位在第一届、第二届、第三届教学大师奖中获奖的：第一位是姚期智先生，第二位是张伯礼院士，第三位是新结构经济学创始人林毅夫先生。他们都给本科生、研究生上了几十年的课，是教书育人的大先生、中国的“金师”。

好老师就像医生一样，得有道术、学术、技术、艺术和仁术。教学不仅是科学，还是艺术；教学不仅要传播知识，还要教人做人。所以我们常说经师易得、人师难求。我们要把这些大老师树起来，全力推出大先生，有了一批大老师、大先生，中国高等教育培养人的队伍就有了扎实的基础，有了资本。

“四新”是新时代的新教改、新质量、新体系、新文化，也是世界高等教育创新发展的中国方案，是走好人才自主培养之路的中国探索。让我们一起努力，把“四新”工作做深、做透、做实、做高，推动中国高等教育在世界高等教育发展中从跟跑到并跑再到领跑，实现历史性的跨越。

（原载《重庆高教研究》2022 年第 3 期）

历史性成就　格局性变化

——高等教育十年改革发展成效

吴　岩

党的十八大以来，在以习近平同志为核心的党中央坚强领导下，我国高等教育与时代同行，建成世界规模最大的高等教育体系，培育了一大批高素质专门人才，为民族振兴、经济建设、社会发展、科技进步发挥了极端重要作用，高等教育事业取得历史性成就，发生格局性变化。

一、高等教育重要地位和作用前所未有

党中央、国务院高度重视高等教育事业，习近平总书记指出："我们对高等教育的需要比以往任何时候都更加迫切，对科学知识和卓越人才的渴求比以往任何时候都更加强烈。"这一重要论述，深刻阐释了新时代高等教育的重要战略地位和作用。

十年来，习近平总书记先后20余次到高校视察并发表重要讲话，20余次给高教领域师生回信，彰显了习近平总书记对高等教育事业的关心、重视，更为高等教育改革发展指明了前进方向，提供了根本遵循。

十年来，党中央、国务院对高等教育事业做出全面系统重要部署，党的十八大提出"推动高等教育内涵式发展"，党的十九大报告提出"实现高等教育内涵式发展"。中办、国办先后印发《关于新时代振兴中西部高等教育的意见》《关于加强基础学科人才培养的意见》《关于加快医学教育创新发展的指导意见》等重要文件，教育部先后召开新时代全国高等学校本科教育工作会议、全国研究生教育会议、全国职业教育大会，人才培养"连续剧"接续全面展开，充分证明了党中央对建设高等教育强国的极端重视。

二、高等教育事业发展成效显著

十年来，在以习近平同志为核心的党中央坚强领导下，我国高等教育与时代同行，创造了举世瞩目的发展成就，主要体现在以下五个方面。

（一）高等教育规模大起来了

我国建成了世界最大规模高等教育体系，在学总人数超过4430万人，高等教育毛入学率从2012年的30%提高至2021年的57.8%，提高了27.8个百分点，实现了历史性跨越，高等教育进入世界公认的普及化阶段。

我国接受高等教育的人口达到2.4亿，新增劳动力平均受教育年限达13.8年，劳动力素质结构发生了重大变化，全民族素质得到稳步提高。高等教育在育人方式、办学模式、管理体制、保障机制等方面不断创新，为建设世界重要人才中心和创新高地提供了有力支撑。

（二）高等教育实力强起来了

通过“211工程”“985工程”和“双一流”建设计划，一批大学和一大批学科已经跻身世界先进水平，中国高等教育整体水平进入世界第一方阵。

形成了慕课与在线教育发展的中国范式。先后举办中国慕课大会、世界慕课大会，形成了一整套包括理念、技术、标准、方法、评价等在内的慕课发展的中国范式。截至2022年2月底，我国上线慕课数量超过5.25万门，注册用户达3.7亿人次，已有超过3.3亿人次在校大学生获得慕课学分，慕课数量和应用规模世界第一。建成“国家高等教育智慧教育平台”，发起成立世界慕课与在线教育联盟，成为主动引领世界高等教育未来发展“变轨超车”战略一招、关键一招。

创新创业教育领跑世界。持续深化高校创新创业教育改革，全国高校开设创新创业教育专门课程3万余门、在线开放课程1.1万余门，聘请17.4万名行业优秀人才担任创新创业专兼职教师，超过1000所高校的139万名大学生参加“国家级大学生创新创业训练计划”。成功举办7届中国国际“互联网+”大学生创新创业大赛，累计吸引五大洲120多个国家和地区的603万个团队、2533万名大学生参赛，大赛累计直接创造就业岗位75万个，间接提供就业岗位516万个，推动形成了新的人才培养观和质量观。

高等教育服务国家能力显著提升。高等教育主动将自身发展小逻辑服务服从于国家经济社会发展大逻辑，高校服务国家重大战略能力持续增强，获得了60%以上的国家科技三大奖励，全国60%以上的基础研究、80%以上的国家自然科学基金项目由高校承担，高校为高铁、核电、生物育种、疫苗研发、国防军工等重点领域提供了关键技术，参与研制超级计算机、“北斗”卫星导航系统、“神舟”系列飞船等国家利器，支撑引领文化强国、人才强国、体育强国、健康中国、美丽中国、平安中国建设。

（三）高等教育培养质量高起来了

“以本为本”“四个回归”深入人心，“学生忙起来、教师强起来、制度硬起来、质量高起来”成为战线普遍共识和努力方向。以一流专业和一流课程建设“双万计划”为牵引，共认定8031个国家级、8632个省级一流专业建设点，遴选认定首批3559门国家级一流课程；连续三年评选教学大师奖、杰出教学奖、创新创业英才奖，评选出姚期智、张伯礼、林毅夫等一大批在高校一线做出杰出贡献的“大先生”，有效激励、引导广大教师提升教学能力、潜心教书育人。

层层递进、环环相扣、久久为功推进“四新”建设，从教育思想、发展理念、质量标准、技术方法、质量评价等人才培养范式进行全方位改革。面对新一轮科技革命和产业变革，面对社会主义现代化建设，面对世界高等教育发展做出了教育应答、时代应答、主动应答、中国应答。

深化新工科建设，全面推进组织模式创新、理论研究创新、内容方式创新和实践体系创新，累计实施1457项新工科项目，探索构建产学研用多要素融合、多主体协同的育人机制，累计支持1100多所本科院校与近800家企业合作立项3.7万项，企业提供经费及软硬件支持约112亿元。以院系组织模式创新为抓手，推进建设28个示范性微电子学院、11个一流网络安全学院、50个现代产业学院、33个特色化示范性软件学院、首批12个未来技术学院，推动工程教育深层次变革。

深化新医科建设，定位“大国计”“大民生”“大学科”“大专业”，强化医学生培养的道术、仁术、学术、技术和艺术，统领医学教育创新发展。医教协同构建以“5+3”为主体的临床医学人才培养国家制度，加快复合型高层次医学拔尖创新人才培养，连续举办10届中国大学生医学技术技能大赛，支持11所高校开展八年制临床医学教育，推动“医学+X”复合型人才培养改革试点。将师承教育融入中医药人才培养全过程，基本建成符合中医药特色的人才培养体系。通过世界医学教育联合会认定，建成了具有中国特色、国际实质等效的医学教育专业认证制度。

深化新农科建设，从宏观、中观、微观层面构建起新农科建设完整体系，设立首批407个新农科实践项目。全面加强涉农高校耕读教育，推出“大国三农”系列在线开放课程，建成36门耕读教育相关国家级一流课程，编写出版了《耕读教育十讲》首部新农科新形态教材，打造建设了184个耕读教育实践基地。持续加强种业领域专门人才培养，支持48所高校开设种子科学与工程本科专业，高质量培养种业创新人才，有力支撑引领新农业、新农村、新农民和新生态建设。

深化新文科建设，明确构建世界水平、中国特色文科人才培养体系总体目标。面向6大选题领域，22个选题方向设立1011项新文科项目，适应经济社会需求，新增3000余个文理、文工等学科交叉融合专业点。布局关键领域人才培养，在29所高校设立70个文科类基础学科拔尖人才培养基地，加快涉外法治、国际传播、国际组织等相关人才培养。全面推出中国政法实务、新闻传播、经济、艺术四大讲堂，打造“中国金课”，推进文科教育与社会实务紧密结合。

全面启动基础学科拔尖计划2.0，在77所高校布局建设288个学生培养基地，探索基础学科拔尖人才培养“中国范式”，累计吸引1万余名优秀学生投身基础学科，形成了基础学科拔尖人才的“梯队网络”，为走好自主人才培养之路，为建设世界重要人才中心和创新高地筑牢基础。

（四）高等教育结构优起来了

中国特色的高校学位授予体系、专业目录体系和管理制度不断完善。积极主动融入国家战略和行业发展，对接新发展格局调整优化学科专业布局，针对解决现实问题推进学科交叉融合。党的十八大以来，共有265种新专业纳入本科专业目录，目前目录内专业771种；新增本科专业布点1.7万个，撤销或停招1万个。人才培养对新技术、新产业、新业态的适应度明显增强。

中西部高等教育振兴发展深入推进。围绕“四点一线一面”战略布局，振兴中西部高等教育，会同相关部委启动中西部高校基础能力建设工程，夯实办学基础，“十三五”期间，累计安排中央预算内投资107亿元，实施“一省一校”和“一校一案”，“十二五”“十三五”期间，每年每校由中央财政支持约1亿元。深化对口支援工作，119所部属和东部高水平大学参加支援103所中西部高校，实现西部12个省（区、市）和新疆生产建设兵团全覆盖。

高校共建工作成效显著。与相关部委、大型企业、地方政府新增共建高校151所。依托共建机制，首批“双一流”共建各地政府投入建设资金总计超660亿元，省部共建地方高校在“十三五”期间获得经费总计超1000亿元，有效提升了共建高校整体办学水平、服务国家和区域重大战略能力。

（五）党对高校的全面领导硬起来了

党对高校的全面领导更加坚实，中共中央修订印发《中国共产党普通高等学校基层组织工作条例》，为加强高校党的工作提供了重要制度保障。高教战线以党的政治建设为统领，引领带动党的建设质量全面提高，党委领导下的校长负责制更加完善，学校党建与事业发展深度融合，推进全面从严治党向纵深发展、向基层延伸。特别是将持续做好中央巡视整改作为推动学校改革发展的重要契机，深刻把握学校在新时期的新任务，推动高质量发展，取得了明显成效。

思政体系建设全面推进，牢牢把握用习近平新时代中国特色社会主义思想铸魂育人这一主线，按照习近平总书记“各门课都要守好一段渠、种好责任田”的重要指示，推动各类课程与思想政治理论课同向同行，形成协同效应，将价值塑造、知识传授和能力培养融为一体。推出课程思政示范课程699门、课程思政教学名师和团队699个、教学研究示范中心30个，研制普通本科专业类课程思政教学指南，培训文理工农医不同学科专业教师67万人。

高校已经成为坚持党的领导的坚强阵地，各高校根据我国独特的历史、独特的文化、独特的国情，按照中国特色、世界一流大学的“价值要求”，走出了一条建设中国特色、世界一流大学的新路。广大师生听党话、跟党走的信念更加坚定，在实现中华民族伟大复兴的时代洪流中踔厉奋发、勇毅前进，切实把增强“四个意识”、坚定“四个自信”、做到“两个维护”落实到扎根中国大地办大学行动上，高等学校成为坚持党的全面领导的坚强阵地。

三、高等教育新时代发展目标

党的十八大以来，高等教育战线以高质量为统领，注重由要素发展观转向整体发展观，不断探索建立与国情相适应、具有中国特色的教育理念与模式，在世界高等教育范围内发出了中国声音，提供了中国经验，贡献了中国智慧。

面向新征程，我们将坚持以习近平新时代中国特色社会主义思想为指导，立足中华民族伟大复兴战略全局和世界百年未有之大变局，心怀“国之大者”，为服务国家富强、民族复兴、人民幸福贡献力量。

一是坚持高水平落实立德树人根本任务，全力提升高等教育的根本质量；二是坚持人民主体地位和共同富裕方向，全力提升高等教育的整体质量；三是坚持落实“四个服务”，强化服务国家重大战略需求能力，全力提升高等教育的服务质量；四是坚持中国特色社会主义发展道路，扎根中国大地办大学，全力打造高等教育中国范式。

（原载《中国高等教育》2022 年第 11 期）

国际共识　中国创新

——准确把握新时代高等教育发展的着力点

吴　岩

习近平总书记在中国人民大学考察时强调，要坚持党的领导，传承红色基因，扎根中国大地，走出一条建设中国特色、世界一流大学新路。① 贯彻落实习近平总书记的重要指示，深入推进世界一流大学建设，必须准确把握未来十年高等教育发展的国际共识是什么，中国创新的着力点是什么。

一、国际共识

在跨世纪的 24 年里，联合国教科文组织共举办了三届世界高等教育大会。

（一）第一届世界高等教育大会

第一届世界高等教育大会于 1998 年在法国巴黎召开。会议发布了《21 世纪的高等教育：愿景和行动》（“World Declaration on Higher Education for the Twenty-First Century：Vision and Action”）宣言，宣言指出：“21 世纪将是更加注重质量（Quality）的世纪。由数量向质量的转移，标志着一个时代的结束和另一个时代的开始。”② 大会的主题是“质量”，谁重视质量，谁将胜出；谁轻视质量，谁将被淘汰出局。重视质量成为世界高等教育的时代命题。

（二）第二届世界高等教育大会

第二届世界高等教育大会于 2009 年再次在法国巴黎召开。会议发布了

① 参见《习近平在中国人民大学考察时强调　坚持党的领导传承红色基因扎根中国大地　走出一条建设中国特色世界一流大学新路》，《人民日报》2022 年 4 月 26 日。

② “World Declaration on Higher Education for the Twenty-First Century：Vision and Action”（1998）[EB/OL]，2022-06-08. https://www.ohchr.org/en/resources/educators/human-rights-education-training/16-world-declaration-higher-education-twenty-first-century-vision-and-action-1998.

《高等教育与研究在促进社会变革和发展方面的新活力》（“The New Dynamics of Higher Education and Research for Societal Change and Development”）公报，指出“在当代高等教育中，质量保障（quality assurance）至关重要，必须包括所有利益相关者。要建立质量保障体系（quality assurance system），形成多种评价模式（patterns of evaluation），形成一种质量文化（quality culture）”①。大会的主题是“质量保障”，要求建立高等教育质量保障体系，在高等教育机构即大学里形成一种质量文化。

（三）第三届世界高等教育大会

第三届世界高等教育大会于 2022 年 5 月在西班牙巴塞罗那召开。大会发布了《超越极限：重塑高等教育的新路径》（“Beyond Limits：New Ways to Reinvent Higher Education”），指出：“面对日益复杂和充满挑战的全球局势，我们需要迈出大步（take a quantum leap）重塑（reinvent）高等教育，为世界高等教育未来的可持续发展绘制蓝图。”② 大会的主题是“重塑高等教育，实现可持续未来”。

1. 高等教育未来发展的六大基本原则

大会提出了高等教育未来发展的六大基本原则：一是包容、公平和多元化，主题词是“公平”，公平是第一原则。二是学术自由和所有利益攸关方参与，主题词是“利益攸关方”。所有的利益攸关方不仅包括大学内部的师生、管理者，而且包括社会、政府、企业，还有雇主和用人单位。三是培养探究式、批判性思维和创造力，主题词是“创造力”，也就是高等教育的质量标准从原来的“我会干我能行”变成“我敢闯我会创”。四是诚信和道德，主题词是“道德”，也就是学生不仅要成才而且还要成人。五是对可持续和社会责任的承诺，关键词是“社会责任”，即高等教育发展的小逻辑要服从服务社会经济发展的大逻辑。六是通过合作而非竞争实现卓越，主题

---

① DELAFUENTEJR. “The New Dynamics of Higher Education and Research for Societal Change and Development”, *Universidades*, 2009（42）：3-5.

② UNESCO. “Beyond Limits：New Ways to Reinvent Higher Education”[EB/OL],2022-06-08. https://cdn. eventscase. com/www. whec2022. org/uploads/users/699058/uploads/69c2df623079c3845e236c56ba2d7a8aa21b3d75489e28c7910226f24f7989aec7aae05a23f31fae4587aeb4be088f99dccd. 6282b2a95281d. pdf.

词是“合作”。这是未来社会发展需要的，也是高等教育发展需要的，要通过合作实现卓越。

2. 高等教育未来发展的六大变革方向

大会还提出了高等教育未来发展的六大变革方向：一是公平和可持续地享有高等教育。二是为学生提供更全面的学习体验，强调以学生为中心，特别是以学生的学习发展为中心，而不是以教师为中心。三是推动跨学科、超学科的开放和交流。这与我国高等教育新工科、新医科、新农科、新文科建设提出的“交叉融合再出新”十分契合。四是提供满足青年和成年人终身学习需求的途径，提出了终身学习。我国高等教育进入普及化阶段，要向适龄的青年和所有成年人提供终身学习机会。五是构建内容多样、方法灵活的综合学习体系，关键词是“多样化”。高等教育要满足不同人的不同需要，要推动多样化发展。六是技术赋能高效的教、学和研究，关键词是“技术”，高等教育数字化要为教、学和研究提供有效支撑。

第三届世界高等教育大会的三个关键词是超越极限、新路径、重塑。“超越极限”就是要超越高等教育的“围墙”，打破学科专业间的、高校间的、高校与社会间的壁垒。“新路径”是打破原来高等教育的路径障碍，强调探索和创新。“重塑”是要建立高等教育发展的新范式。这三个关键词归结起来就是创新发展，就是创新、创新、再创新。当前，我国高等教育发展所强调的根本动力与世界高等教育大会的主题高度契合、同频共振，也是创新发展，也是创新、创新、再创新。

二、中国创新

党的十八大以来，在以习近平同志为核心的党中央坚强领导下，我国高等教育与时代同行、创新发展，建成了世界规模最大的高等教育体系，培育了一大批高素质专门人才，为经济建设、社会发展、科技进步发挥了重要作用。

（一）深化“四新”建设

面对新一轮科技革命和产业革命，面对社会主义现代化建设，面对世界高等教育发展，从 2017 年起，我国相继推进新工科、新医科、新农科、新文科建设，对人才培养范式进行了全方位改革。

1. 深化新工科建设

新工科建设着力于理论研究创新、内容方式创新、组织模式创新、实践体系创新，具体从五个方面加以推进：一是抓理论，累计实施 1457 项新工科研究与实践项目①，通过项目研究形成建设共识。二是建专业，包括改造老专业、建设新专业，如 2021 年撤销工科相关专业点 251 个、新增专业点 794 个。三是改课程，建设了 3000 余条新形态教学资源。四是变结构，成立 12 个未来技术学院、50 个现代产业学院、33 个特色化示范性软件学院。五是促融合，探索构建产学研用多要素融合、多主体协同的育人机制。建设 11 个产教融合创新平台，设立产学协同育人项目 7.9 万个，建设 72 个教育部—华为“智能基座”协同育人基地。

2. 深化新医科建设

新医科建设定位于“大国计”“大民生”“大学科”“大专业”，强化培养医学生的道术、仁术、学术、技术和艺术，统领医学教育创新发展。② 具体开展了以下四个方面的工作：一是召开医学教育专家座谈会。2022 年 6 月 15 日，教育部举行医学教育专家座谈会，听取有关专家意见建议，加强医学教育战略谋划，研究推进新医科建设，推动新时代医学教育创新发展。二是建设中国特色世界一流高水平公共卫生学院。计划经过 10 年左右时间，建成若干所具有中国特色世界一流水平的公共卫生学院，形成适应现代化公共卫生体系建设的高质量教育发展体系。三是开展医学技术技能大赛。为了创新医学实践教学体系，全面提升医学生综合素质和技术技能水平，教育部连续 10 年举办“中国大学生医学技术技能大赛”，在临床医学、中医、护理、公共卫生、医学技术方面让所有学生不仅从书本上学到知识，而且有更多的动手机会，未来成为优秀的好医生。四是建设临床教学案例库。学生不能仅从书本、黑板上学习临床医学知识，更需要从案例中学习。利用临床教学案例库，可用案例培养值得信赖的好医生。

---

① 参见马陆亭：《新工科、新医科、新农科、新文科——从教育理念到范式变革》，《中国高等教育》2022 年第 12 期。

② 参见《教育这十年 1+1 系列发布会第二场：介绍党的十八大以来我国高等教育改革发展成效》，2022-05-17，http://www.moe.gov.cn/fbh/live/2022/54453/。

3. 深化新农科建设

新农科建设要面向新农业、新农村、新农民、新生态，要面向山、水、林、田、湖、草、沙。为了培养未来的新农科人才，具体从以下五个方面进行了建设：一是抓创新，教育部研制《关于加快新农科建设推进高等农林教育创新发展的意见》。二是抓专业，教育部研制《新农科人才培养引导性专业设置指南》。三是抓交流，召开了全国新农科建设工作推进会。习近平总书记给全国涉农高校的书记校长和专家代表回信，勉励大家面向新农业、新农村、新农民、新生态培养好人才。四是抓研究，实施了 407 个新农科研究实践项目。五是抓基地，建成了 184 个耕读教育实践基地。

4. 深化新文科建设

新文科建设旨在培养新时代文科人才，构建世界哲学社会科学的中国学派，具体开展了以下五个方面的工作：召开新文科建设会议，发布《新文科建设宣言》，成立全国新文科教育研究中心，实施首批 1011 个新文科实践项目，推出中国政法实务大讲堂、中国新闻传播大讲堂、中国经济大讲堂、中国艺术大讲堂。新文科建设要在高起点上培养一批知中国、爱中国、懂中国，会讲中国故事、能够讲好中国故事的时代新人。

总之，“四新”建设是包括教育思想、发展理念、质量标准、技术方法、评价等在内的人才培养范式的中国方案，是对新一轮科技革命和产业变革的教育应答，是高等教育超前识变、积极应变、主动求变的时代应答，是高等教育自身发展的小逻辑要服务服从于国家经济社会发展大逻辑的主动应答，是中国高等教育对国际高等教育改革创新发展给出的中国应答。从 2017 年提出“四新”建设以来，新工科、新医科、新农科、新文科建设正在逐渐改变中国高等教育的样貌。

（二）实施“卓越人才培养计划”2.0

为了解决关键技术问题，我国实施了“卓越人才培养计划”2.0，具体包括卓越工程师计划 2.0、卓越法治人才计划 2.0、卓越新闻传播人才计划 2.0、卓越医生计划 2.0、卓越农林人才计划 2.0、卓越教师计划 2.0。目前，教育部正联合中央 14 个部委推动这项工作，从原先的“单兵作战”到“集体发力”，已取得一定的成效。

2022年4月19日，教育部召开学习贯彻习近平总书记考察清华大学时重要讲话精神一周年座谈会，就加强卓越人才培养做部署。具体工作中，卓越工程师培养方面，印发《加强碳达峰碳中和高等教育人才培养体系建设工作方案》，举办全国大学生工程实践与创新能力大赛，提升大学生工程创新意识、实践能力和团队合作精神；卓越法治人才培养方面，研制《关于加强高校关键语言人才培养的工作方案》，加强外语非通用语种、涉外法治、国际组织、翻译等关键领域涉外人才培养，持续推进高校与法治实务部门人员互聘；卓越新闻传播人才培养方面，深化共建新闻学院，研制新闻学专业类教学要点，开展“马克思主义新闻观”主题培训，8期共培训1100余人；卓越医生培养方面，开展五年制临床医学人才培养模式改革试点，培育“医学+X”专业，建设74家高校附属医院为国家临床教学培训示范中心；卓越农林人才培养方面，开展卓越农林人才教育培养计划改革试点项目，建好生物育种科学、种子科学与工程、农业智能装备工程等紧缺专业；卓越教师培养方面，举办全国高校教师教学创新大赛，以虚拟教研室建设推动形成教师教学发展共同体和质量文化，提升高校教师教学研究与实践能力。

（三）实施“基础学科拔尖学生培养计划”2.0

为解决“卡脑子”问题，2009年，我国启动了“基础学科拔尖学生培养计划”1.0。2018年，我国实施了“基础学科拔尖学生培养计划”2.0。后者与前者的区别主要表现为拓围、增量、提质、创新。“拓围”指从原来的5个学科拓展到20个学科，从原来的基础理科拓展到基础理科、基础医科和基础文科。“增量”指从原来的20所学校、80个基地增加到77所学校、288个基地，从原来的“千人计划”到“万人计划”。“提质”指“基础学科拔尖学生培养计划”2.0定位于为中国和世界培养未来的杰出自然科学家、杰出医学科学家、杰出哲学社会科学家。“创新”指“基础学科拔尖学生培养计划”2.0从入口选拔开始，在招生、培养、使用、保障、评价等方面实现创新，培养人类未来发展的探路者、中华民族复兴大业的“清道夫”。

高校已在实施“基础学科拔尖学生培养计划”2.0方面取得积极进展。一是北京大学牵头实施了计算机领域本科教育教学改革试点工作计划（也称“101计划”），所有“101计划”的33所大学共同努力打造一流核心课程、打造一流核心教材体系、汇聚一流核心导师团队、建设一流核心实践项目。用一流的课程、一流的教材、一流的师资团队、一流的实践项目培养拔尖人才。二是创建全国线上书院，以前学校自主推进改革，现在用线上书院把288个基地、77所学校联合起来通力合作。三是组织学生自主探究活动，以前主要培养学生解决问题的能力，现在通过“提问与猜想”等活动培养学生提问题的能力。

（四）推进中西部高等教育振兴

2021年9月，中央印发的新时代振兴中西部高等教育文件指出，要有力支撑中西部经济振兴、文化振兴、教育振兴、人才振兴。要“布一个大局”，以西安、兰州、重庆、成都为战略支点，打造高校集群发展的“西三角”，使其成为西北高教发展的新引擎、西南高教开放的新高地。要“推一组大招”，积极推动人才西进，布局重大平台，强化条件保障，引导学生建功立业，加强信息化建设，推动国际交流合作和东中西部高校协作。要“下一盘大棋”，完善人才培养、学科专业调整、产教融合、科技创新与成果转化、应用型发展等五项机制。

推动中西部高等教育振兴工作已取得一定成效。目前，已有119所东部高校对口支援103所西部高校。国家已向中西部高校单独划拨定向博士生招生指标4972个、硕士生招生指标1642个，为受援高校教师提高学历水平开通绿色通道。已实行农村订单定向医学生免费培养制度，为中西部3万个乡镇卫生院培养了7万余名全科医学人才，极大提高了中西部基层群众生命健康“守门人”的质量和水平。

（五）实施数字化战略，建设智慧高教平台

2022年3月，国家高等教育智慧教育平台正式上线。它包括十大板块：课程、教材、教师教研、研究生教育、课外成长、专题、院士讲堂、慕课西部行等，是一个德智体美劳“五育”并举、课内和课外教育横向联通、本科研究生纵向贯通的中国国家高等教育智慧平台。这个平台具有以下五个特点：

第一，资源种类全、服务类型多、应用规模大。国家高等教育智慧教育平台覆盖高等教育14个学科门类、92个专业类，提供了2.7万门优质慕课、6.5万条教材和课件等资源信息。平台不仅提供全流程教学服务，如慕课作

业、课堂讨论、考核测评等，而且提供个性化支持服务，如虚拟教研室、心理健康咨询等。目前，平台已有注册用户3亿，访问总量180亿次，其中，国际用户达到1300万，覆盖146个国家和地区。假以时日，这个平台将成为中国在线教育领跑世界的关键载体。

第二，汇聚好大学、好老师、好资源。平台的课程主要由北京大学、清华大学、西安交通大学等高水平大学的名师大家、院士学者主讲。平台从5万门慕课中选出了2.7万门优质课程，其中包括1800余门国家一流课程。

第三，高效便捷，实现全网好课一站搜索。国家高等教育智慧教育平台搜索方式多，可以通过课程名称、学科专业名称、高校名称、平台名称等多种方式搜索。搜索速度快，运用智能搜索引擎，实现了一键在手、全网好课尽在眼前的效果。

第四，提供国际化、多语种课程服务。国家高等教育智慧教育平台设有2个子平台，即爱课程国际平台、学堂在线国际版。平台拥有14种语言资源，如英语、法语、西班牙语和俄语等。平台提供936门国际课程及配套服务。

第五，智能管理，实现平台管平台。利用平台实时采集课程建设和应用数据，进行大数据分析，为在线教学的建设、使用、学习和管理提供服务。利用平台对学分课程教学行为开展监测，防止学生刷课、刷考等行为。

另外，国家高等教育智慧教育平台在优质资源共享、教师虚拟教研室、慕课领跑等方面都做出了非常好的探索。平台致力于打造一个永远在线的“中国金课堂”，实现时时可学、处处可学、人人可学的教育愿景。

新时代中国高等教育定位是什么？答案是更中国、更国际、更创新。“更中国”就是扎根中国大地办大学，“更国际”就是要有国际发展共识，“更创新”是这次世界高等教育大会给出的关键词。新时代中国高等教育发展的重要任务是什么？就是走好中国人才自主培养之路；新时代中国高等教育发展的主要目标是什么？就是建设世界重要人才中心和创新高地。

（原载《中国高教研究》2022年第8期）

中国式现代化与高等教育改革创新发展

吴　岩

党的二十大是在世情处于激荡严峻复杂局面，国情迈上实现中华民族伟大复兴新征程的关键时刻召开的一次十分重要的大会。党的二十大报告主题鲜明、意蕴深远，是百年大党总结过去、开辟未来，踏上新征程、实现新使命的宣言书。

一、永不停歇的奋斗精神、永无止境的创新精神

作为一名教育工作者，党的二十大报告给我的最强烈感受有两个：奋斗、创新！

（一）二十大报告通篇充满了永不停歇的奋斗精神

报告开篇就开宗明义要求全党同志做到“三个务必”：“全党同志务必不忘初心、牢记使命，务必谦虚谨慎、艰苦奋斗，务必敢于斗争、善于斗争，坚定历史自信，增强历史主动。”归纳起来就是奋斗！报告中篇在全面总结十年所取得的伟大成就后，强调指出之所以取得如此成就最重要、最关键的是“三个出来”：“新时代的伟大成就是党和人民一道拼出来、干出来、奋斗出来的。”归纳起来也是奋斗！在最后结语中，报告再一次提出“三个牢记”：“牢记空谈误国、实干兴邦，坚定信心、同心同德，埋头苦干、奋勇前进。”归纳起来还是奋斗！过去的成就是奋斗出来的，今后的胜利同样还要靠奋斗！正像小平同志所讲，世界上的事情都是干出来的，不干，半点马克思主义都没有！

（二）二十大报告全面体现了永无止境的创新精神

报告全面体现了思想创新、理论创新、行动创新、报告体例结构创新、报告语言文字清新。一是从党和国家全局的角度来看。首先，报告提出过去

十年伟大成就的16条新结论。[①] 包括党的理论创新、党的领导作用、经济建设、战略部署、国际比较、国家治理、对外开放、民主政治建设、文化建设、民生建设、生态建设、安全建设、军队建设、港澳台工作、外交工作、从严治党工作等。其次，报告提出新时代新征程的使命任务，就是以中国式现代化全面推进中华民族伟大复兴。提出中国式现代化的五大主要特征、九大本质要求、两步走战略安排、四种思想准备、五项重大原则。二是从教育事业的角度来看。首先，报告把教育、科技、人才单列成为一个新板块，这是全面落实教育是国之大计、党之大计，教育具有基础性、先导性、全局性地位和作用的认识定位。报告这种体例结构的创新反映了教育在党和国家全局工作中战略摆布的一种新升华，强调教育不仅是民生，还是国计，教育事关全局、影响全局，一定程度上决定全局。报告这样的体例结构创新，让中国教育发展的精神为之一振，面貌焕然一新。其次，在实现中国式现代化新征程中，高等教育作为科技第一生产力、人才第一资源、创新第一动力的重要结合点，角色不可替代、作用不可或缺，必须加快改革创新发展，全面提高人才自主培养质量，着力造就拔尖创新人才，以高质量发展全面服务支撑中国式现代化。

二、实现中国式现代化是新时代的国家命题

（一）全面把握中国式现代化主要特征和核心要义

报告把以中国式现代化全面推进中华民族伟大复兴作为新时代新征程中国共产党的使命任务，全面系统阐述了中国式现代化的深刻内涵、主要特征、本质要求、战略安排、世界意义。

1. 把握中国式现代化的主要特征

一是人口规模巨大。目前发达国家的全部人口加起来不超过10亿人，而我国有14亿多人口。实现中国式现代化覆盖的人口相当于3个欧盟的人口、4个美国的人口、10个俄罗斯的人口，是人类历史上从未有过的人口大国的现代化。二是全体人民共同富裕。共同富裕是社会主义的本质要求，中国式

---

① 参见习近平：《高举中国特色社会主义伟大旗帜 为全面建设社会主义现代化国家而团结奋斗》，2022-10-25，http://www.news.cn/politics/cpc20/2022-10/25/c_1129079429.htm。

现代化是全体人民共同走向现代化。三是物质文明和精神文明相协调。中国式现代化追求的不仅是物质上的富足，还有精神上的富有，是物质与精神相协调的现代化。四是人与自然和谐共生。中国式现代化采取的是环境友好、资源节约、绿色低碳的新型发展模式，要建设的是人与自然和谐共生的现代化。五是走和平发展道路。西方国家的现代化是通过战争武力殖民瓜分世界、掠夺资源、打压牺牲别国发展的非和平道路，而中国式现代化走的是既发展自身又造福世界的现代化之路。

2. 把握中国式现代化的核心要义

一是中国式现代化既要有国际可比性，也要有中国制度特色、文化特点、价值特性。中国式现代化要有各国现代化的共同特征，也就是要有国际可比性，中国式现代化要能和发达国家经济、科技、文化、教育发展水平具有硬指标的可比性，不能有意忽视、弱化、虚化这些重要的可比性标准。中国式现代化要坚持中国特色社会主义的制度特色、坚持中华民族源远流长的文化特点、弘扬社会主义核心价值观的价值特性。二是中国式现代化既要服务于中华民族伟大复兴，也要为创造人类文明新形态做出中国贡献。当前，我国的经济总量稳居世界第二，制造业规模、外汇储备稳居世界第一，一些关键核心技术实现突破，进入了创新型国家行列。我们的自信心、自豪感、自主性越来越强，我们更加成熟、更加从容、更加淡定，我们不仅有能力把中国的事情办好，还可以更加积极主动为世界贡献中国经验、中国方案，可以为人类文明提供现代化的新范式，让发展中国家在发展中更多分享实现现代化的新选择。三是中国式现代化既是一个目标，也是一个过程，会随着时代的发展而不断迭代。随着经济发展和科技进步，现代化的定义会不断发展，内容会不断丰富，标准会不断提高，目标会不断迭代。如 20 世纪 50 年代“楼上楼下、电灯电话”就是现代化，10 多年前 2G、3G 技术是最先进的，而现在 5G 在中国已经得到了广泛使用，10 年后 6G 或 6G+的使用也会再一次改变我们的生活。四是中国式现代化是需要我们这一代人和下一代人接续奋斗的国家命题。报告提出现代化强国建设的两步走战略安排：到 2035 年基本实现现代化；到 21 世纪中叶建成现代化强国。我国已经踏上实现第二个百年奋斗目标的赶考之路，以中国式现代化全面推进中华民族伟大复兴是历史之选、时代之选和人民之选，从任务上讲，这是一个国家命题；从时间上讲，需要两代人的接续奋斗。

（二）实现中国式现代化必须率先实现中国式教育现代化

习近平总书记强调指出，教育是国之大计、党之大计，具有基础性、先导性、决定性地位和作用。今天，没有哪一项事业像教育这样，影响甚至决定着接班人问题，影响甚至决定着国家长治久安，影响甚至决定着民族复兴和国家崛起。党的二十大报告开辟“实施科教兴国战略，强化现代化建设人才支撑”的独立板块，强调要坚持教育优先发展、科技自立自强、人才引领驱动，加快建设教育强国、科技强国、人才强国，坚持为党育人、为国育才，全面提高人才自主培养质量，着力造就拔尖创新人才，聚天下英才而用之。这正是全面贯彻落实习近平总书记关于教育、科技、人才重要论述的具体体现。

建设教育强国是中华民族伟大复兴的基础工程，必须把教育事业放在优先位置。《中国教育现代化 2035》明确提出到 2035 年我国将迈入教育强国行列，这个时间安排比本世纪中叶建成社会主义现代化强国早了 15 年左右。这充分表明：一教育现代化是中国式现代化的重要组成部分；二优先发展教育，率先实现教育现代化是实现中国式现代化的基础支撑和动力引领。也就是说，要实现中国式现代化必须率先实现中国式教育现代化。这也决定了建设中国式现代化，中国教育必须给予全面应答，基础教育、职业教育、高等教育都要承担起相应的责任，学科专业、教育教学、课程教材、评价体系等都要做出相应的调整。教育发展要按照教育规律办事，同时教育自身发展的小逻辑要主动服务服从于国家经济社会发展的大逻辑。

（三）实现中国式教育现代化高等教育要发挥龙头作用

习近平总书记强调指出，高等教育发展水平是一个国家发展水平和发展潜力的重要标志。我们对高等教育的需求比以往任何时候都更加迫切，我们对科学知识和卓越人才的渴求比以往任何时候都更加强烈。高等教育是整个教育体系的高端和龙头。高等教育发展高度在某种程度上代表着、决定着国家发展的高度。高等学校承载着人才培养、科学研究、社会服务、文化传承创新、国际交流合作等重要功能，是国之战略重器。强大的高等教育是一个国家经济硬实力、文化软实力、影响巧实力、技术锐实力、科学元实力的关键推动力、主要贡献者和重要发源地。没有哪一个国之重器可以与高等教育的战略分量相提并论。中国高等教育在实现中国式现代化中扮演着不可替代的战略角色，发挥着举足轻重的战略作用。

三、加快新时代高等教育改革创新发展

党的二十大报告对教育、科技、人才工作的最新摆布、最新部署，为进一步加快高等教育改革创新发展提供了前所未有的政策支持和难得的历史机遇。要抓住历史新机遇，做出历史新贡献，打开高等教育发展的新天地，关键是高等教育要练好内功，把高等教育自身的工作做好做到位。当前和今后一段时期，我们要做好三项基本工作：一是全面把握高等教育发展的基本形势；二是准确做出高等教育发展的基本判断；三是高质量完成高等教育发展的基本任务。

（一）全面把握高等教育发展的基本形势

1. 全球高等教育规模扩张速度进一步加快

从1980年至2020年，世界高等教育规模从5000万人增加到2.4亿人，40年间增加了3.8倍。尤其是2000年到2020年，世界高等教育规模从1亿人增加到2.4亿人，增加了1.4亿人，远超1980—2000年的增速，全球高等教育在学规模扩张速度进一步加快。

从1980年至2020年，中国高等教育规模从114.4万人增加到4183万人，40年间增加了近36倍，是世界平均速度的9.5倍。从占比上来看，1980年中国高等教育仅占世界高等教育总规模的2.3%，2020年占比已经提升至17.4%，40年间中国高等教育在世界占比提高了6.6倍。

没有一定数量的质量是没有意义的质量。中国高等教育规模的快速增长，为中国发展带来了一系列重大改变。一是改变了中国劳动者的整体素质。中国新增劳动力受教育年限达到13.8年，新增劳动力接受高等教育比例达到50.9%。二是改变了中华民族的民族素质。中国接受高等教育的人口达到2.18亿，极大改变了国民文化素质、科技素质、文明素养。三是夯实了中国从人口大国到人力资源强国的基础。中国人力资源开发水平居世界第一。四

是提升了中国高等教育在世界上的影响力和话语权。中国高等教育在学总规模达到4430万人，高等学校共计3012所。巨大体量和办学水平、培养质量的快速提高，中国高等教育在世界高等教育发展中的影响力和话语权越来越大。

2. 世界高等教育格局开始发生深刻变化

进入21世纪的前20年，以北美和欧洲区域为主导的世界高等教育发展格局在悄悄发生变化。[①] 首先表现在区域高等教育规模的位次和占比已经发生格局性的变化。2000—2020年，北美和欧洲占世界高等教育规模的比重从40%下降到21%。同期，东亚和东南亚地区高等教育占世界高等教育规模的比重从24%上升到33%，开始成为全球高等教育在学规模第一大区域。泰晤士高等教育2023年世界大学排名显示，东亚的日本上榜大学117所，中国上榜100所（包括香港5所），合计217所，已经开始具有可以抗衡美国（177所）和英国（103所）上榜合计280所的能力，开始成为世界高等教育第一梯队国家。世界高等教育规模的中心已经转移到亚洲，高等教育水平的绝对中心地位也开始发生动摇，亚洲开始成为重要中心之一，而且这种向东亚发展的势头还在继续强化。按照世界高等教育中心的转移将带来世界科技中心的转移，世界科技中心的转移将带来世界经济中心的转移的发展规律，21世纪中叶前将一定会迎来“亚洲时代”。

3. 世界高等教育向普及化深入发展

从毛入学率看，世界高等教育毛入学率从2000年的19.1%增长到2020年的40.2%，增长了1.1倍，显著高于1980—2000年的增幅54%。同期，中国高等教育毛入学率由12.5%增至54.4%，增长3.35倍，增速是世界平均速度的3倍多。2019年，中国高等教育毛入学率达到51.6%，正式迈入高等教育普及化发展阶段。2021年，毛入学率又进一步提升到57.8%。高等教育普及化并非简单地表现为规模数量的提高，更为重要的是高等教育的形态、性质、内涵、标准、作用等方面都会产生一系列质性变化。

4. 重塑世界高等教育发展新路径正在成为国际共识

在跨世纪的24年里，联合国教科文组织共举办了三届世界高等教育大

---

① 参见别敦荣、易梦春：《普及化趋势与世界高等教育发展格局——基于联合国教科文组织统计研究所相关数据的分析》，《教育研究》2018年第4期。

会，成为世界高等教育改革创新发展的重要风向标。1998 年在巴黎召开了第一届世界高等教育大会。会议发布了《21 世纪的高等教育：愿景和行动》宣言，指出“21 世纪将是更加注重质量（Quality）的世纪”。重视质量成为 21 世纪世界高等教育的时代命题。2009 年在巴黎召开了第二届世界高等教育大会。会议发布了《高等教育与研究在促进社会变革和发展方面的新活力》公报，大会的主题是“质量保障”，要求建立高等教育质量保障体系，在大学里形成一种质量文化。2022 年 5 月在巴塞罗那召开了第三届世界高等教育大会。大会发布了《超越极限：重塑高等教育的新路径》，大会的主题是“重塑高等教育，实现可持续未来”①。

第三届世界高等教育大会聚焦三个关键词：超越极限（Beyond Limits）、新路径（New Ways）、重塑（Reinvent）。“超越极限”就是要跳出教育看教育，就是高等教育发展自身的小逻辑要服务服从于国家经济社会发展的大逻辑，要超越高等教育的“围墙”，打破区域间、学校间、学科专业间、教育形态间的壁垒。“新路径”就是要打破原有的路径依赖，强调探索和创新。中国高等教育这几年正在推进的数字化战略、“四新”建设、创新创业教育改革等，就是打破这种路径依赖和固有发展模式的很好的例子。“重塑”就是要建立高等教育发展的新范式。这三个关键词归结起来就是创新发展。改革创新是中国高等教育高质量发展的根本动力和第一要务，也与第三届世界高等教育大会的主题高度契合。

结合我国的情况来看，1998 年第一届世界高等教育大会提出注重质量是时代命题时，当时我国高等教育仍然处于高等教育初级阶段——精英化阶段，扩大规模是当时中国高等教育发展的头等大事，距世界高等教育发展主题差距较大。2009 年第二届世界高等教育大会提出质量保障主题时，我国制定了“五位一体”高等教育质量保障体系，全方位开展合格评估、审核评估、专业认证和国际实质等效的质量互认，已经赶上了世界高等教育发展脚步，与世界大会倡导的主题开始同频共振。2022 年第三届世界高等教育大会提出重塑高等教育发展新路径时，中国高等教育不仅实现了全面并跑，并且在一些新

---

① 吴岩：《国际共识　中国创新——准确把握新时代高等教育发展的着力点》，《中国高教研究》2022 年第 8 期。

领域和重要工作中开始在世界上领跑。

5. 中国高等教育进入普及化发展阶段

1978—2020年，我国高等教育在学总人数年均增长率达到7.2%，居世界第一。2021年，中国高等教育在学人数达到4430万，位居世界第一，高等教育毛入学率达到57.8%，进入了世界公认的普及化发展阶段。我国高等教育的普及化具有以下四方面特征。

一是多样化。进入普及化发展阶段后，高等教育的质量标准、发展类型要从原先的高度同质化、同构化发展转向多样化，衡量学校水平高低、培养质量的标准也不再是统一的一个标准，而是多样化标准。也就是说，我们不能用一把尺子、一个标准衡量所有学校和所有学生。要鼓励办学主体、办学类型、办学模式的多样化，培养创新型、复合型、应用型和技能型多种类型人才，实现人才培养从同质化向多样化转变，把“金字塔”变成“五指山”，把一个高峰变成多个高峰。

二是个性化。在精英化阶段，高等教育培养的人才具有高度同构化的特点，主要培养技术方面的师、管理方面的长。进入大众化特别是进入普及化阶段，高等教育的服务面向、服务层级、服务领域进一步扩大拓展，个性化教育将成为高等教育特别重要的特征。现在的在校大学生中“00后”开始成为主体，这样的青年一代见证了祖国的快速发展，经历着国家的繁荣富强，展现出前所未有的自信、自立与自豪，是可以平视世界的一代。因此，要尊重学生个体的独特性，帮助每一个学生成长成人成才，真正做到因材施教。

三是学习化。当一个国家的高等教育进入普及化阶段，这个国家就有了进入学习型社会（Life-long Learning Society）的教育基础，终身学习将成为常态。特别是“互联网+教育”蓬勃兴起，改变了教师的教、学生的学、学校的管和教育形态，“人人皆学、处处能学、时时可学”的新型高等教育正在深入发展演进。

四是现代化。进入普及化阶段，高等教育的规模成倍增加，每一所高等学校都从原先的小舢板、小轮船变成了现在的巨型航空母舰。高等教育和高等学校的管理工作不再是“业余”和“兼职”，必须把高等教育和高等学校管理作为一门高深的学问，努力钻研，不断提高治理能力和治理水平的现代化。大学的书记校长要努力成为政治思想素质过硬、教育管理业务能力精湛的政治家和教育家。

（二）准确做出高等教育发展的基本判断

1. 中国高等教育发展取得了历史性成就

2021 年 4 月 19 日，习近平总书记在清华大学考察讲话中指出，新中国成立以来，我国高等教育办学规模、培养质量、服务能力实现历史性跃升。特别是党的十八大以来，我国高等教育与祖国共进、与时代同行，创造了举世瞩目的发展成就。这一历史性成就归结起来主要有五个方面：一是规模大起来了。我们建成了世界最大规模的高等教育体系，2021 年在学总人数达到 4430 万人，高等教育的毛入学率从 2012 年的 30%提高至 2021 年的 57. 8%，提高了 27. 8 个百分点，实现了历史性跨越，高等教育进入了普及化发展阶段。二是实力强起来了。通过“211 工程”“985 工程”和“双一流”建设，一批大学和一大批学科已经跻身世界先进水平，高等教育服务国家能力显著提升，高校服务国家重大战略能力持续增强，获得了 60%以上的国家科技三大奖励，全国 60%以上的基础研究、80%以上的国家自然科学基金项目由高校承担。三是培养质量高起来了。“以本为本”“四个回归”深入人心，“学生忙起来了、教师严起来了、毕业难起来了、质量高起来了”成为高校战线普遍的共识和努力的方向。四是结构优起来了。中国特色的高校学位授予体系、专业目录体系和管理制度不断完善。主动融入国家战略和行业发展，对接新发展格局调整优化学科专业布局，针对解决现实问题推进学科交叉融合。党的十八大以来，共有 265 种新专业纳入本科专业目录，目前目录内专业 771 种；新增本科专业点 1. 7 万个，撤销或停招 1 万个，人才培养对新技术、新产业、新业态的适应度明显增强。五是党的全面领导硬起来了。党对高校的全面领导更加坚实，高校战线以党的政治建设为统领，引领带动党的建设质量全面提高，党委领导下的校长负责制更加完善。思政体系建设全面推进，牢牢把握用习近平新时代中国特色社会主义思想铸魂育人这一主线，推动各类课程与思想政治理论课同向同行，形成协同效应。高校已经成为坚持党的领导的坚强阵地。高校广大师生听党话、跟党走，对中国特色社会主义发展道路的认同达到空前高度。[①]

2. 中国高等教育整体水平进入世界第一方阵

目前，世界上有197个国家，共有高校3.5万多所。如果一个国家的高等教育整体实力水平居于世界前10%（前20名），那么这个国家的高等教育就进入了世界高等教育发展的第一方阵。如果居于世界前5%（前10名），则进入了第一方阵的中间位置；如果居于世界前2%—3%（前6名），则进入了第一方阵的领跑位置。据此划分，第一方阵代表着世界先进水平，第一方阵的领跑位置代表着世界一流水平。

从通用性指标来看，中国高等教育多项指标位居世界前5%，甚至进入2%—3%以内。根据QS、泰晤士、美国新闻（U. S. News）、软科四项排行榜来看，我国高水平大学群体实力、高等理科教育水平、高等工科教育水平、高等农学教育水平、高等文科教育水平、人力资源开发水平均位列世界前三，位居世界前2%；此外，高等医学教育水平位居世界第四，高等教育整体水平位居世界第八。以上数据表明，中国高等教育已经稳稳进入世界先进水平，一些发展领域进入了世界一流水平。

3. 中国高等教育在部分领域开始实现领跑

近年来，中国高等教育不断深化改革，推动了以“四新”建设为代表的新教改，以发展在线教育教学为代表的新形态，以培养创新创业能力为代表的新质量，取得了显著成效。

“四新”建设。“新工科、新医科、新农科、新文科”这“四新”，从2017年提出理念，到一步步变成党中央国务院的文件部署，变成国家教育“十四五”规划的重要内容。近年来，中国高等教育发展以“四新”作为突破口，从思想到战略、从战略到目标、从目标到举措，层层递进、环环相扣、久久为功，已成为中国高等教育面向未来体系化设计安排的教育教学改革，“四新”建设正在逐步改变中国高等教育的整体样貌，成为高等教育发展的中国范式。

以新工科建设为例，2018年工科在校本科生551万、工科本科毕业生占

---

① 参见吴岩：《历史性成就　格局性变化——高等教育十年改革发展成效》，《中国高等教育》2022年第1期。

世界总数的38%，支撑我国建成全球唯一拥有全部工业门类的国家（“完整的工业体系”：全世界唯一拥有联合国产业分类中全部工业门类的国家，41个工业大类、207个工业中类、666个工业小类），成为“第一制造大国”（2018年，我国制造业增加值占全世界的份额达到28%以上，在世界500多种主要工业产品当中，中国有220多种工业产品的产量居全球第一）。为主动应对新一轮科技革命和产业变革挑战，2017年教育部启动了新工科建设。统筹考虑“新的工科专业、工科专业的新要求”，更加注重产业需求导向，更加注重跨界交叉融合，更加注重支撑引领，改造升级传统工科专业，发展新兴工科专业，主动布局未来战略必争领域人才培养，引起了国内外工程教育界、产业界的高度关注，产生了极大影响。

在线教育教学。慕课最早于2012年在美国提出，2013年中国高校开始行动。2019年召开了中国慕课大会，发布了《中国慕课行动宣言》；2020年召开首届世界慕课大会，发布《慕课发展北京宣言》，发起成立“世界慕课联盟”，广泛传播中国在线教育主张，推动学习革命与高等教育变革。截至2022年2月底，我国上线慕课数量超过5.25万门，注册用户达3.7亿，已经有超过3.3亿人次在校大学生获得慕课学分，中国高等教育慕课数量和应用规模均居世界第一，推进了一场领跑高等教育新形态和数字化教育的学习革命。

创新创业教育。中国大学生创新创业教育走在了世界高等教育的最前列，中国高校毕业生创业率已超过3%，比发达国家平均水平高一倍以上。2022年，国外共有来自107个国家和地区的1340所大学、7944个项目、25260人报名参加第八届中国国际“互联网+”大学生创新创业大赛，哈佛大学、麻省理工学院、牛津大学、剑桥大学、帝国理工学院等世界百强大学报名项目2873个，较上届增加86.1%，大赛已成为世界青年大学生高度关注、广泛参与的全球最大的双创盛会，“敢闯会创”已经成为中国高校人才培养的新质量、新标准。

4. 中国高等教育正在成为新增劳动人口的“基础教育”

“公平和可持续地享有高等教育”是第三届世界高等教育大会提出的高等教育六大变革方向之一。为了促进受高等教育机会的公平，世界各国普遍采取了扩大高等教育机会供给的举措。根据世界银行2021年9月的数据，全球已有 75 个国家和经济体的高等教育毛入学率超过 50%。

一个国家的高等教育进入普及化阶段，意味着接受高等教育成为其国民的普遍需要，高等教育成为多数人职业生涯的“基础教育”。当前，我国新增劳动力接受过高等教育的比例达到 50.9%，意味着超过一半的新增劳动力进入岗位前已经接受过高等教育。国务院印发的《“十四五”就业促进规划》指出，到 2025 年新增劳动力受过高等教育的比例将达到 55%，将进一步提升我国劳动力人口素质水平。以上数据表明，接受高等教育成为我国国民普遍的需要和可能。

5. 高等教育推动我国人力资源开发水平世界领先

根据美国社会学家艾利克斯·英格尔斯（Alex Inkeles）的观点，先进的科学技术、工业管理方法、教育制度以至全部课程内容都可以引进，但如果这个国家的人民自身没有从心理、思想、态度和行为方式上经历现代化的转变，再完美的现代制度、管理方式、先进工艺，也会变成废纸一堆。一个国家的国民人口素质是无法引进的，必须依靠现代化的国民教育，平均受教育年限越长，对国家的推动力也就越大。经过多年的发展，当前我国受过高等教育的人口数达到 2.18 亿，新增劳动力平均受教育年限达到 13.8 年，新增劳动力受教育的水平已经进入高等教育阶段。全球化智库（CCG）与中国教育学会联合发布的《2018 人力资源强国报告——人力资源竞争力指数》指出，中国人力资源开发规模世界第一，开发能力持续提升，开发质量不断提高，开发贡献举世瞩目，接近迈过人力资源强国门槛。

近 10 年我国出生人口数从 2012 年的 1635 万下降到了 2021 年的 1062 万，下降了 35%，出生人口下降的趋势短期内难以逆转。联合国经济和社会事务部发布的《世界人口展望 2022》预测，2023 年印度人口将会超过中国（不含港澳台），成为世界人口最多的国家和地区。[①] 因此，我国必须尽快推动形成质量型人口红利。相比于数量型人口红利，质量型人口红利更加契合我国产业升级的需要，更加契合高技术岗位对劳动者的需要，质量型人口红利对经济社会发展的推动作用更加值得期待。高等教育是推动质量型人口红利的最关键力量，要积极建设高质量高等教育，使之成为充分开发创造人口质量红

---

① 参见刘宗义：《淡看印度人口将超过中国》，《光明日报》2022 年 7 月 21 日。

利的动力源泉。

6. 中国高等教育存在“均值高、方差小”的战略短板

当经济主要靠模仿和改进时，培养的人才均值高就能够满足需求。2019年，中国人均国民收入超过 1 万美元，接近高收入国家的水平。党的二十大报告宣告我国进入了创新型国家行列，今后中国经济的发展更多需要依靠科技创新来推动，对拔尖创新人才的需求更加迫切。

事实上，我国高等教育人才培养上呈现“均值高、方差小”的统计特征，创新型人才缺乏是战略短板。一方面，我们大规模的基础知识和技能传授的培养方式，使得学生基础知识训练较为扎实，整体水平较高，形成了中国高等教育的“高原”，也即“均值高”。不仅和发展中国家相比，就是与发达国家相比，中国高等教育人才培养质量的整体均值也不低。另一方面，中国高等教育存在人才培养模式相对陈旧、评价标准相对单一、学生培养同构化发展、创新创造能力不足等较为严重的问题和短板，一等一最顶尖学生少，也即“方差小”。

目前，芯片、种业、尖端医学设备等工业、农业、健康关键领域的核心技术，绝大部分掌握在欧美国家手中，中国面临着极高的发展风险。习近平总书记多次强调，技术和粮食一样，靠别人靠不住，要端自己的饭碗，自立才能自强。这要求中国高等教育必须以时不我待的紧迫感，进一步加大改革创新发展力度，在提高人才自主培养质量，造就拔尖创新人才方面做出更大的贡献，特别是能够培养出具有国际顶尖竞争力、能够决定国际竞争胜负关键的“掰手腕”的人才。

以上六点是制定高等教育高质量发展战略的基础条件和基本判断，是走好人才自主培养之路的自信所在和主攻方向。

（三）高质量完成高等教育改革创新发展的基本任务

习近平总书记指出，加快建设世界重要人才中心和创新高地，必须把握战略主动。未来 15 年，是我国实现第二个百年奋斗目标的关键期，我们要在新一轮快节奏、高频率、大变革的全球竞争中抢占制高点，成为世界重要人才中心和创新高地，必须加快推进高等教育高质量发展，走好人才自主培养之路，加快建设高等教育强国。要以高质量发展为主题，切实提高高等教育

支撑高水平自立自强的创新力、推动经济社会发展的服务力、塑造国际合作优势的竞争力、推动自身发展的持续力、人民群众的满意率。具体地讲，就是要提高三个质量、打造一个范式。

1. 抓好根本质量：聚焦人才培养

提高质量是21世纪世界高等教育发展的时代命题，无论是世界高等教育大会提出的目标愿景，还是主要发达国家的高等教育战略规划，都将人才培养质量放在关键位置。2018年，我国召开了新中国成立以来的首次全国本科教育工作会议，提出了以本为本、四个回归；2020年，召开了新中国成立以来首次全国研究生教育会议，对提高研究生培养质量做了部署；2021年，召开了新中国成立以来首次全国职业教育大会，明确提出要提高职业教育人才培养的适应性。三次大会的召开唱响了人才培养的主旋律，确定了提高质量的主基调。

提高人才培养质量关键在于夯实教育教学新基建，即“四金一化”：建好金专、金课、金师、金教材，建设质量文化。

建好金专。专业是人才培养的基本单元，直接关系高校人才培养质量、高等教育服务经济社会发展水平以及能否真正成为推动国家创新发展的引领力量。2019年，启动了一流本科专业建设“双万计划”。2019—2021年，共遴选出11761个国家级一流本科专业建设点和15727个省级建设点，以此为带动，持续推动专业结构调整优化，“十三五”期间，累计新增1万个专业、撤销或停招6000个专业，推进了一场数量多、力度大、频度高的专业改革。

建好金课。课程是人才培养的核心要素，是教育最微观的问题，也是落实“立德树人成效”根本标准的具体化、操作化。2019年，启动了一流本科课程建设“双万计划”，目前共遴选出5118个国家级一流课程。此外，还要重构课程体系，创新课程建设模式，把最新研究成果引入教学内容，加强课程系统化。

建好金师。教师是人才培养的决定力量，要具备道术、学术、技术、艺术、仁术五个方面的素养。道术就是要求教师要有大境界、大胸怀、大格局，心中有国家和民族，肩头担起使命和责任；学术方面要求教师有扎实的学术功底、深厚的知识储备和开阔的学术视野，既能着眼学术前沿和国家需求解决理论与实际问题，又善于学习新知识、新技术、新理论，努力成为科研高手；技术就是要求教师的育人水平要高超、方法技术要娴熟。方法技术是做合格教师必备的“看家本领”，要花时间花精力打磨。艺术方面要求教师授课要有滋有味、有情有义，既要有生动性，也要有针对性，还要有互动性。爱是教育的灵魂，没有爱就没有教育。仁术就是要求教师要以爱育爱、激发爱、传播爱，通过真情、真心、真诚拉近与学生的距离，滋润学生的心田，以情动人、以情育人、以情化人，塑造灵魂、塑造生命、塑造新人。

建好金教材。教材是人才培养的主要剧本、育人育才的重要依托，建设什么样的教材体系，体现着一个国家、一个民族的价值观体系，直接关系党的教育方针的贯彻落实。一方面要提升教材建设的时代性和前瞻性，将最新研究成果、最新理论、实践成果引入教材；另一方面要通过全国教材建设奖选树优秀教材，立足强导向、建机制、促建设，充分调动各方面的积极性，带动教材建设质量整体提升。

建设质量文化。文化是最柔软、最无形的，但又是最持久、最深厚、最有穿透力的力量，是自觉、自省、自律的根本性保障。质量文化是人才培养的坚实保证。大学一旦形成具有价值认同的质量文化，这个大学就是有灵魂的卓越，就是真正的一流，就会从成熟走向出色。

2. 抓好整体质量：振兴中西部高等教育

中西部高等教育占据我国高等教育的半壁江山，普通高校数、本专科生数分别占到全国总数的53%、54%，直接关系到我国高等教育整体水平和高质量发展。由于受中西部经济社会发展和我国高等教育布局的影响，中西部高等教育发展的基础和条件与东部地区相比存在一定的差距，是我国高等教育高质量发展的弱点与短板。总体来看，中西部高等教育面临发展基础、发展路径、发展模式、政策支持等方面的难题，亟须完成由扶贫助弱“输血”向增强自身机能“造血”、眼睛向东向上看向眼睛向西向下看、省域向区域个体发展向集群发展四个方面的转变，应当主动对接全国主体功能区规划，适度打破行政区划，推动行政区划与经济、地理和文化区划相结合，形成区域特色鲜明、类型多样互补、引领作用强劲的中西部高等教育发展格局。

2021年9月，中央印发《关于新时代振兴中西部高等教育的意见》，要深入贯彻落实文件精神，要“布一个大局”——以西安、兰州、重庆、成都为战略支点，打造高校集群发展的“西三角”，使其成为西北高教发展的新引擎、西南高教开放的新高地。“推一组大招”——积极推动人才西进，布局重大平台，强化条件保障，引导学生建功立业，加强信息化建设，推动国际交流合作和东中西部高校协作，全面支持中西部高等教育发展。“下一盘大棋”——完善人才培养、学科专业调整、产教融合、科技创新与成果转化、应用型发展等机制，全力打造有利于中西部高等教育跨越式发展的新生态，以中西部高等教育振兴支撑中西部经济振兴、文化振兴、教育振兴、人才振兴。

3. 抓好服务质量：破解“卡脖子”“卡脑子”“卡嗓子”问题

“卡脖子”指的是我们的关键技术存在被掐断的风险，“卡脑子”指的是我们的基础学科拔尖人才缺乏，“卡嗓子”指的是人文社会科学失声失语。我国高等教育要从以下三个方面做出应答。

推进新工科、新医科、新农科建设，提升国家硬实力，解决“卡脖子”问题。新工科方面，把握“新的工科专业、工科专业的新要求、交叉融合再出新”的内涵，推进理论研究、内容方式、组织模式及实践体系创新，以未来技术学院、现代产业学院、产教融合创新平台建设为抓手，探索构建产学研用多要素融合、多主体协同的育人机制，推动工程教育深层次变革，着力培养能够解决复杂工程问题的卓越工程师。新医科方面，坚持“大国计”“大民生”“大学科”“大专业”的定位，深化具有中国特色、国际实质等效的医学教育专业认证制度，统领医学教育创新发展，加快复合型高层次医学拔尖创新人才培养。新农科方面，坚持“新农业、新农村、新农民、新生态”理念，面向山、水、林、田、湖、草、沙，努力培养未来的新农科人才。

实施基础学科拔尖人才培养计划，提升国家元实力，解决“卡脑子”问题。基础学科是科技创新的母机、战略安全的底牌、国家富强的血脉。要深入实施“基础学科拔尖学生培养计划”2.0，在77所大学建好288个基础学科拔尖人才培养基地，实施基础学科教育教学改革试点工作计划（也称“101计划”），建好核心课程、核心教材、核心师资、核心实践项目，在招生、培养、使用、保障、评价五大方面实行全链条全方位制度设计和政策创新，着力培养一批未来在世界上有重要影响力的杰出自然科学家、医学科学家、社会科学家。

推进新文科建设，提升国家软实力，解决“卡嗓子”问题。如果一个国家没有哲学社会科学的兴盛与人才辈出，没有思想理论文化上的塑造力、影响力、感召力，这个国家就不是一个真正的大国，更不是一个真正的强国。没有人文社科的繁荣，中华民族伟大复兴就不是真正的复兴。必须加快推进新文科建设，建构自主的知识体系、思想体系与理论体系，培养具有自信心、自豪感、自主性的新时代哲学社会科学人才，培养一批知中国、爱中国、懂中国，会讲中国故事、能够讲好中国故事的时代新人，构建世界哲学社会科学领域的中国学派，向世界展现可信、可爱、可敬的中国形象。

4. 打造高等教育发展的“中国范式”

看一个国家是不是高等教育强国，除了要有国际可比的硬指标，还要看它有没有构建起一套自主、成熟的发展范式。这个发展范式既包括形而上的高等教育思想、理论、体制和机制，也包括形而下的标准、技术、方法、评价、保障。目前，我国高等教育已经形成以“四新”建设、创新创业教育、高等教育数字化、基础学科拔尖人才培养为代表的人才培养中国范式。“四新”体现中国高等教育思想理论的创新发展，创新创业大赛体现中国高等教育质量标准的创新发展，数字化战略体现中国高等教育形态的创新发展，基础学科计划体现中国高等教育拔尖人才培养的自主之路。

深入推进新工科、新医科、新农科、新文科建设。“四新”是中国高等教育面对新一轮科技革命与产业变革、世界高等教育改革发展、实现中国式现代化做出的教育应答、时代应答、主动应答和中国应答，正逐步改变中国高等教育的样貌，也得到了世界高等教育的广泛关注。要瞄准科技前沿和关键领域，深入推进“四新”建设，从教育思想、发展理念、质量标准、技术方法、评价等对人才培养范式进行全方位改革，引领高等教育创新发展。

办好中国国际“互联网+”大学生创新创业大赛。2015 年以来，已经成功举办七届中国国际“互联网+”大学生创新创业大赛。第八届大赛吸引了 111 个国家地区、340 万个项目、1450 万名学生报名参赛，真正实现“百国千校万人”参赛，搭起全球创新创业教育最大的交流平台，推动形成了新的人才培养观和新的质量观，“敢闯会创”成为新时代培养优秀卓越人才的核心要素。要进一步突出育人理念，坚持“敢闯会创”的质量标准，持续办好大赛，带动育人理念、质量标准、体制机制、质量文化等全面改革。

全面实施高等教育数字化战略。高等教育数字化不是一般的策略问题，而是决定高等教育高质量发展的战略问题，是实现高等教育从学习革命到质量革命再到高质量发展的突破口和创新路径。2022 年 3 月 28 日，国家高等教育智慧教育平台正式上线，汇聚了 7.6 万名名师名家、2.7 万门优质课程、1800 门国家一流课程。截至 2022 年 7 月，注册用户超 3 亿，其中国际用户 1300 万，覆盖 146 个国家和地区。上线三个月访问量便超 180 亿人次，打造了一个永远在线的“中国金课堂”，改变了教师的教、学生的学、学校的管和教育的形态。要高水平举办世界慕课与在线教育大会，精心研制发布《世界高等教育数字化发展报告》，充分发挥世界慕课与在线教育联盟的引领作用，让中国高等教育在世界高等教育数字化战略发展中下出先手棋，当好领头羊。

推进中国式现代化迫切需要中国高等教育改革创新发展，率先建成高等教育强国。我们要时刻保持清醒头脑，建设高等教育强国必须把握好中国特色、世界一流两个维度，缺一不可、不可偏废。一方面，世界一流是指必须把握国际共性，体现国际可比性，也就是说，中国高等教育是否达到世界一流不是自说自话，而是要按照国际公认的标准指标共识进行比较得出。另一方面，中国特色强调的是中国高等教育绝不能把以美国为代表的西方高等教育的发展模式奉为圭臬，要扎根中国大地、解决中国问题，体现中国自主、走好中国道路，坚持自己的制度特色、文化特点和价值特性，不断推动中国高等教育走向成熟成型，走向卓越出色；不断提高中国高等教育对国家经济社会科技文化的服务力、支撑力、引领力；不断扩大中国高等教育的国际影响力、感召力、塑造力；在不断开辟发展新领域新赛道，塑造发展新动能新优势方面提供更多的基础性、战略性支撑，做出更大的全局性、先导性的贡献。

（原载《高教研究》2022 年第 11 期）

专题报告

2022年新文科理论与实践研究综述

韩萌　蒯正明*

新文科建设是在中国式现代化新场景下，全面提高人才自主培养质量、强化现代化建设人才支撑，建构中国自主知识体系、繁荣发展中国特色哲学社会科学的一个重大理论与实践问题。2022年，全国高等教育战线坚持以习近平新时代中国特色社会主义思想为指引，深入学习贯彻党的二十大精神，认真贯彻落实习近平总书记关于教育的重要论述，深刻理解中国高等教育发展新趋势，围绕新文科建设进行了深入思考和积极实践，形成了一系列具有中国特色的重要研究成果，推动全国新文科建设走深走实、行稳致远。站在新的历史节点，新文科建设研究应进一步聆听时代声音，回应时代关切，切实提升问题意识，加强学科建设，持续推进实践总结和案例分析，特别是应秉承“引领”替代“适应”的理念，由“被动满足”需求转为“主动引领”发展，不断迭代更新，回答新文科之“新”何在，如何打造“新”文科等问题，以理论指引实践发展，为中国式现代化提供强有力的人才支撑。

一、新文科建设理论研究进展

（一）新文科研究的总体情况

2022年4月，习近平总书记在中国人民大学考察时指出，“要发挥哲学社会科学在融通中外文化、增进文明交流中的独特作用”。这为新文科建设的理论研究和实践探索提供了根本遵循。同年10月，党的二十大报告提出“加快构建中国特色哲学社会科学学科体系、学术体系、话语体系”等要求，新文科建设应致力于回应这一重大命题，以跨学科视野、跨文化视角加强研究创新。

---

* 韩萌，山东大学马克思主义学院教授、博士生导师；蒯正明，山东大学马克思主义学院教授、博士生导师。

通过中国知网（CNKI）进行文献检索，设置“新文科”为检索主题，截至2022年12月31日，共检索到3880篇以“新文科”为主题的文献，其中2022年发文2059篇，包括学术期刊1646篇、特色期刊300篇、学位论文26篇、会议57篇、报纸30篇，2022年发文量占总发文量比重高达53.1%，比上一年有较大突破。各年份发文量占比如图1所示。

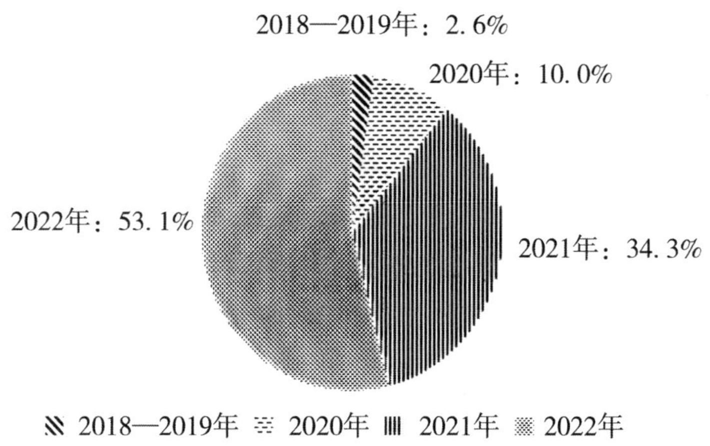

图1　各年份新文科发文量占比

“新文科”这一概念在国内是2018年下半年提出的，因此2018年和2019年的发文量较少，仅占比2.6%。此后，随着“六卓越一拔尖”计划2.0的实施和全国新文科建设工作会议的召开，各高校创造性地开展了一系列新文科建设的相关研究，2020年和2021年发文数量显著提升。2022年是国内新文科建设的第五年，由于2021年教育部首批1011个“新文科研究与改革实践项目”的促进，研究成果呈井喷之势，较2021年多出725篇，是2020年相关研究成果的5.3倍，是2018—2019年相关研究成果的20.6倍。

以下部分运用文献计量学方法对新文科研究进行分析，主要将2020年至2022年中国知网收录的以“新文科”为主题的文献作为研究对象，对其学科领域、主要作者、研究机构等进行分析，呈现国内新文科研究现状，挖掘研究热点。

从学科分布来看，高等教育学科总发文量达2402篇，这表明新文科建设在很大程度上是通过高等教育改革来推进的，我们应以新文科建设为契机，形成中国特色文科教育的理论体系、学科体系、教学体系。同时，除语言学、新闻传播、艺术类、经济类等传统文科领域外，新文科相关研究在计算机等学科分布也较为广泛，这表明交叉学科日益成为新文科的研究重点，跨学科融合是“新文科”建设的目标。其发文量前十的学科分布情况见表 1。

表 1　发文量前十的学科分布

排序	文献数（篇）	学科分布
1	2402	高等教育
2	403	外国语言文学
3	328	中国语言文学
4	288	新闻与传媒
5	204	文艺理论
6	202	计算机软件与计算机应用
7	180	美术书法雕塑与摄影
8	149	教育理论与教育管理
9	145	贸易经济
10	125	图书情报与数字图书馆

（数据来源：中国知网）

从发文作者和发文量来看，北京师范大学的周星（18 篇）位列榜首，其次是华东交通大学的唐衍军（9 篇），教育部的吴岩（8 篇）位列第三，北京师范大学的张燕和云南师范大学的张贝贝（7 篇）并列第四，上海交通大学的王宁、南方科技大学的李凤亮以 5 篇的发文量紧随其后，山东大学的樊丽明、上海交通大学的叶舒宪发文量均为 4 篇。总体来看，发文量大于等于 3 篇的作者共有 21 位，发文量为 2 篇的作者共有 9 位，研究方向涉及教育学科、艺术学科、英语学科、比较文学等领域。此外，从作者之间的合作强度来看，作者合作发表的论文占总发文量比重为 38. 34%，这表明在新文科研究领域作者合作较为密切，可能是由于相关研究多需要进行跨学科交叉融合和协作研究。部分高发文量的作者见表 2。

表2 新文科发文量多的作者及代表性文献

排序	发文量（篇）	作者	代表性文献
1	18	周星	《新文科建设背景下艺术学科综合性发展的思考》
2	9	唐衍军	《跨界融合：新时代新文科人才培养的新进路》
3	8	吴岩	《积势蓄势谋势 识变应变求变——全面推进新文科建设》
4	7	张燕	《新文科建设背景下“戏剧与影视学”三种课程的圈层建设》
4	7	张贝贝	《新文科建设下大学英语教师专业发展路径探究》
6	5	王宁	《新文科视野下的外语学科建设》
6	5	李凤亮	《新文科：定义·定位·定向》
8	4	樊丽明	《“新文科”：时代需求与建设重点》
8	4	叶舒宪	《变：作为新文科探索先驱的中国比较文学》

（数据来源：中国知网）

从文献引用量来看，樊丽明发表在《中国大学教学》2020年第5期的《“新文科”：时代需求与建设重点》以216次的引用量位居榜首，黄启兵和田晓明发表在《苏州大学学报》（教育科学版）2020年第2期的《“新文科”的来源、特性及建设路径》以164次的引用量位居第二，马费成和李志元发表在《中国图书馆学报》2020年第6期的《新文科背景下我国图书学科的发展前景》以118次的引用量位列第三。通过研究可以发现高引用文章的共性，即多从顶层设计关注新文科发展的总体规划和未来发展。

表3 新文科领域的高引用文献

排序	作者	文献名称	引用量	下载量
1	樊丽明	《“新文科”：时代需求与建设重点》	216	7202
2	黄启兵、田晓明	《“新文科”的来源、特性及建设路径》	164	8218
3	马费成、李志元	《新文科背景下我国图书学科的发展前景》	118	5724
4	段禹、崔延强	《新文科建设的理论内涵与实践路向》	93	5599
5	陈凡、何俊	《新文科：本质、内涵和建设思路》	86	4092

（数据来源：中国知网）

从文献下载量来看，戴炜栋等发表在《外语界》2020年第4期的《新文科背景下的语言学跨学科发展》以 10523 次的下载量位居文献下载量榜首，黄启兵和田晓明发表在《苏州大学学报》（教育科学版）2020 年第 2 期的《“新文科”的来源、特性及建设路径》以 8218 次的下载量位居第二，樊丽明发表在《中国大学教学》2020 年第 5 期的《“新文科”：时代需求与建设重点》以 7202 次的下载量位列第三。

表 4 新文科领域的高下载量文献

排序	作者	文献名称	引用量	下载量
1	戴炜栋等	《新文科背景下的语言学跨学科发展》	49	10523
2	黄启兵、田晓明	《“新文科”的来源、特性及建设路径》	164	8218
3	樊丽明	《“新文科”：时代需求与建设重点》	216	7202
4	马费成、李志元	《新文科背景下我国图书情报学科的发展前景》	118	5724
5	权培培等	《文科之“新”与文科之“道”——关于新文科建设的思考》	75	5645

（数据来源：中国知网）

从发文机构来看，北京师范大学发文量达到 70 篇，是新文科建设研究领域的先行者，其中有一半以上的文章来自艺术与传媒学院，这说明艺术传媒类学科在新文科发展中的改革力度更大、创新力度更强、与其他学科交叉发展的意愿更为迫切。中国人民大学和山东大学分别以 51 篇和 50 篇的发文量位列第二和第三，这表明传统的文科类强校在新文科建设中仍然处于中坚地位。南京大学以 43 篇的发文量位列第四，中国传媒大学以 39 篇的发文量位列第五。前五名发文机构的发文量共计 253 篇。从高发文机构的前十名来看，师范类院校和传统意义上的文科强校仍然是新文科建设和发展的主力军（见表 5）。

表 5 新文科相关文献的高发文机构

排序	发文量（篇）	发文机构	排序	发文量（篇）	发文机构
1	70	北京师范大学	3	50	山东大学
2	51	中国人民大学	4	43	南京大学

续表

排序	发文量（篇）	发文机构	排序	发文量（篇）	发文机构
5	39	中国传媒大学	9	31	武汉大学
6	36	上海外国语大学	11	30	北京大学
7	33	上海交通大学	11	30	南京艺术学院
8	32	苏州大学	13	29	吉林大学
9	31	华东师范大学	14	27	安徽大学

（数据来源：中国知网）

同时，研究通过 CiteSpace 识别出新文科领域的发文机构之间的合作关系，得到 160 个节点和 130 条连接，网络密度为 0.0240，这表明发文机构之间存在联系但不密集，多数大学仍然以独立单位研究为主，具体发文机构的可视化图谱见图 2。在可视化图谱中，节点和字号越大，表示该机构发文量越高；连线越粗，表示两个机构之间的联系越紧密。从图 2 可以看到，北京师范大学在其节点上出现了许多连接，如西安外国语大学、北京电影学院等高校，表明北京师范大学与以上几所高校存在较强的合作关系。

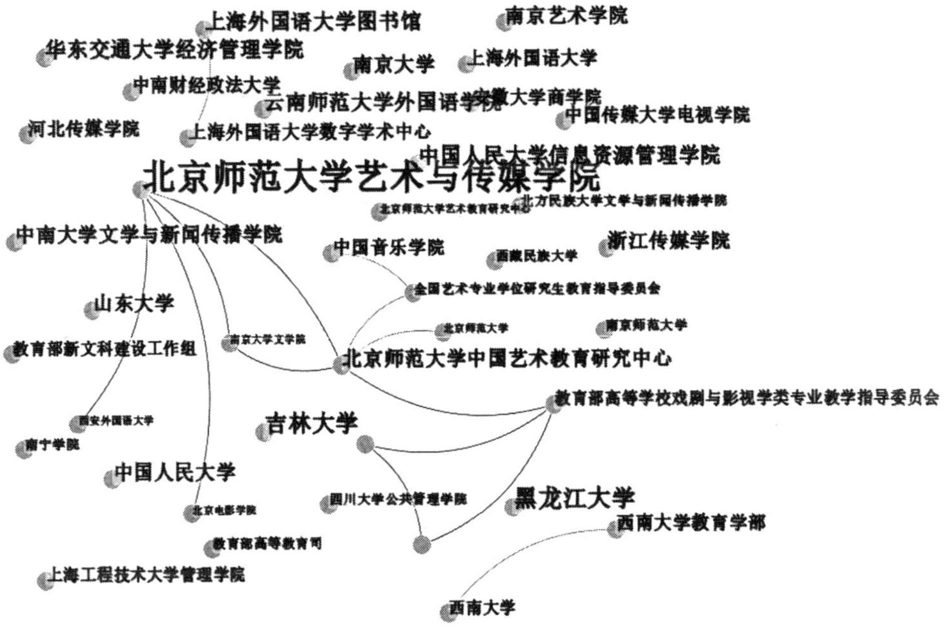

图 2　新文科相关文献的作者可视化图谱（以发文数量统计）

（二）新文科研究热点

1. 分析工具和数据来源

高质量的期刊文章能更好地反映出近年来新文科发展的研究热点和关注领域，本部分将以中国知网收录的 CSSCI 来源的期刊文献为研究对象，利用 CiteSpace 软件进行数据分析。我们以“新文科”作为检索主题，共检索到 629 篇发表在 2020 年至 2022 年的 CSSCI 来源的期刊文献。① 通过对检索结果进行整理，剔除综述、会议论文、发刊词、报纸等，最终得到 596 篇文献。

2. 高频关键词

关键词是从论文中摘取出来的用以表示全文主题内容的词语，是对文章的高度概括和总结。通过探讨某一领域学术成果关键词出现的频率以及其相互之间的关联程度，能够在一定程度上揭示该领域的关注热点和未来发展态势。通过对样本文献的分析，最终得到高频关键词如表 6 所示。

表 6　新文科相关文献的高频关键词

排序	频次（次）	关键词	排序	频次（次）	关键词
1	286	新文科	8	7	戏剧与影视学
2	82	文科建设	8	7	外语专业
3	34	人才培养	8	7	图书馆学
4	25	学科建设	8	7	艺术学理论
5	9	数字人文	12	6	新闻传播
6	8	新闻传播学	12	6	课程思政
6	8	新时代	12	6	人工智能

（数据来源：中国知网）

从表 6 可知，“新文科”作为关键词出现的频次最高（286 次），与其他关键词出现的频次相比呈断层领先的状态。“文科建设”“人才培养”“学科建设”作为关键词分别出现了 82 次、34 次、25 次，在样本文献中占比为 13.8%、5.7%和 4.2%。此外，“数字人文”“新闻传播学”“新时代”等词语

① 检索日期：2022 年 12 月 31 日。

作为关键词出现的频率也相对较高，反映出2020年至2022年新文科研究热点领域。

通过应用CiteSpace软件对样本文献进行关键词分析，得到了203个节点，网络密度为0.0115，关键词可视化图谱如图3所示。节点越大说明该关键词在样本文献中出现的频次越高，该领域的研究热度越高，未来研究潜力越大。我们可以看到，“新文科”是样本文献中最重要的关键词，由此延伸出“文科建设”“人才培养”“学科建设”等一些次相关节点，以及“数字人文”“学科交叉”等三级节点，这些领域既是新文科研究的重点和难点，同时也与新时代建设高等教育强国的战略发展要求相吻合。

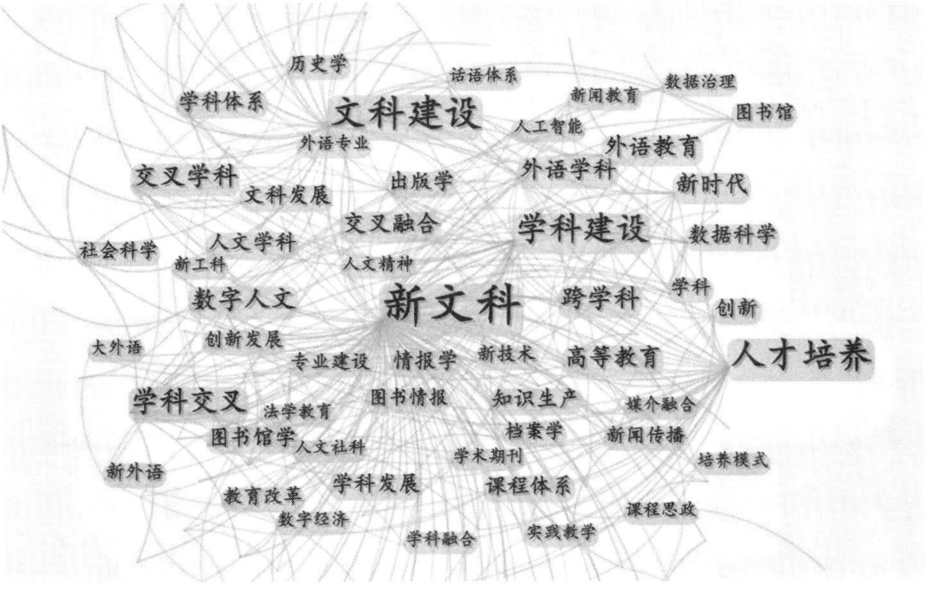

图3 新文科相关文献的关键词可视化图谱

3. 研究热点：关键词聚类分析

根据样本文献的关键词情况，我们主要分析出现频次大于等于4的关键词（共48个，不包含会议综述等）。通过对相关文献的梳理，把48个关键词划分为8个聚类，如表7所示。

表 7　新文科相关文献的高频关键词聚类表

序号	聚类名称	关键词
1	新文科建设的基本阐释与人才培养	新文科、人才培养、价值引领
2	新文科建设的学科定位	交叉学科、跨学科、人文学科、文科发展、学科融合、社会科学、学科
3	新文科的学科建设	文科建设、学科建设、学科交叉、交叉融合、专业建设、课程体系、课程思政、学科发展、通识教育、教学改革、课程建设、实践教学、新工科
4	新文科建设技术背景	数字人文、数据科学、人工智能、新技术
5	新文科背景下的知识生产	高等教育、图书馆学、知识生产、档案学、历史学、情报学、出版学
6	新时代背景下的外语学科发展	外语学科、外语教育、新外语、大外语
7	新文科与艺术传媒	新闻传播、美术教育、美育、媒体融合、传媒教育
8	新文科与新时代	新时代、创新、创新发展、中国特色、大变局

（数据来源：中国知网）

研究发现，新文科发展可以分成三个阶段：第一部分是由聚类 4 和 8 形成的背景阶段，第二部分是由聚类 1 形成的基本问题阐释，第三部分是由聚类 2、3、5、6、7 形成的建设路径问题。我们按照各聚类之间的内在逻辑绘制主题逻辑框架图（见图 4），并进行深入分析，发现当前新文科发展的重点热点问题主要聚焦于以下几个方面。

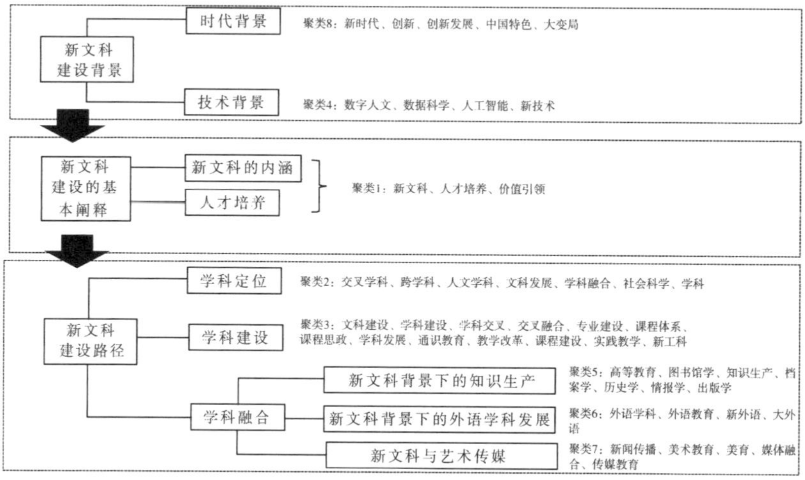

图 4　新文科相关研究主题逻辑框架图

第一，新文科建设的理念。新文科是对文科学科内涵定位以及人才培养模式的全新设想①，是紧扣新时代中国发展要求，在学科体系、学术体系上创新并落实到立德树人根本任务上的教育模式②，是走好中国高等教育卓越拔尖人才自主培养之路的关键一招和创新一招。新文科不仅要在中国式现代化建设中发挥作用，还要在世界发展中有中国学派、中国声音，有中国的感召力、影响力和塑造力③，新文科背景下的专业人才培养，应在顶层目标设计、学科专业整合、课程体系建设、方式方法变革等方面进行系统谋划，打破专业学科壁垒，破除人才培养障碍，培养适应新时代要求的应用型、创新型、复合型文科人才④，进一步推动中华优秀传统文化创造性转化、创新性发展，构建中国特色哲学社会科学自主知识体系，构建具有世界水平、中国特色的人才自主培养体系⑤。

第二，新文科建设下的学科定位。传统的文理分科和文科各专业之间的划分限制了学科之间的交流与沟通，这种单打独斗型的学术研究不符合时代发展的要求。⑥ 随着新知识生产方式的出现，不同专业领域开始走向融合。新文科是跨学科的知识协同与整合，目的在于突破传统文科教育的时代局限，推动文科人才培养的转型创新发展⑦，破除学科专业长久以来形成的体系化、秩序化的知识结构及其带来的专业壁垒，从宏观层面进行学科之间整体的深度交叉融合，建构超学科体系⑧，将学科共同体、学术共同体以外的资源整合

---

① 参见安丰存、王铭玉：《新文科建设的本质、地位及体系》，《学术交流》2019 年第 11 期。

② 参见王建伟、马金福：《新文科内涵、建设路径和实施策略——以北方民族大学为例》，《北方民族大学学报》2022 年第 2 期。

③ 参见吴岩：《深化“四新”建设　走好人才自主培养之路》，《重庆高教研究》2022 年第 10 期。

④ 参见冶进海：《培养适应新时代要求的文科人才》，《中国高等教育》2022 年第 Z1 期。

⑤ 参见樊丽明：《中国新文科建设的使命、成就及前瞻》，《中国高等教育》2022 年第 12 期。

⑥ 参见段禹、崔延强：《新文科建设的理论内涵与实践路向》，《云南师范大学学报》（哲学社会科学版）2020 年第 2 期。

⑦ 参见田贤鹏、姜淑杰：《新文科背景下的跨学科协同育人：内涵特征、逻辑演变与路径选择》，《教育发展研究》2022 年第 21 期。

⑧ 参见马璨婧、马吟秋：《新文科学科交叉融合的体系建设与路径探索》，《南京社会科学》2022 年第 9 期。

进来，为科学研究与社会实践搭建起知识流动与碰撞的桥梁①。新文科建设不仅要求学科之间交叉融合，更倡导学科与非学科之间的交叉，甚至包括专业内学者与“专业外”各行各业人士的跨界合作②，超越学科局限的现实问题解释框架，实现交叉学科的研究者与社会利益相关者的对话研究，打破内部科学共同体的桎梏③。随着知识生产方式的革新，重交叉、深融合、铸特色、入主流④成为未来学科整合的趋势，只有通过优化与业界协同的组织合作模式，驱动研究理论、技术、实践三方联动耦合机制，才能促进学科交叉之间的集群融合⑤，实现文文、文理、文工、文医、文农的交叉融合⑥。

第三，新文科的跨学科整合。新文科的整合之新，一是新在强调组织化的跨学科合作，围绕重大问题，不同学科、学院、团队要从功能分化走向机制整合，通过聚集、组合、协作等方式攻克问题⑦；二是新在要充分意识到新文科建设面临着科技与产业革命、文化传承与创新发展、中国特色社会主义进入新时代以及中国参与全球治理等多重要求，需要从院校规划、资源共享、人才支撑与培养体系、学科建设与评价等多方面改善制度供给⑧；三是新在强调文科在保持自身学科特色的同时，主动与自然学科相融合⑨。新文科深植于传统文科的发展脉络之中，是传统文科发展到某一阶段的自我更新与自我调

---

① 参见李立国、赵阔：《从学科交叉到交叉学科：“四新”建设的知识逻辑与实践路径》2022年第3期。

② 参见赵奎英：《“新文科”“超学科”与“共同体”——面向解决生活世界复杂问题的研究与教育》，《南京社会科学》2020年第7期。

③ 参见马骁、李雪、孙晓东：《新文科建设：瓶颈问题与破解之策》，《中国大学教学》2021年第1—2期。

④ 参见郭小平、史雨：《固本强基 多元交叉 知识融合 融入主流——新文科背景下新闻传播学科建设的思考》，《中国广播电视学刊》2022年第9期。

⑤ 参见马瓌婧、马吟秋：《新文科学科交叉融合的体系建设与路径探索》，《南京社会科学》2022年第9期。

⑥ 参见马瓌婧、马吟秋：《新文科学科交叉融合的体系建设与路径探索》，《南京社会科学》2022年第9期。

⑦ 参见季卫东：《新文科的学术范式与集群化》，《上海交通大学学报》（哲学社会科学版）2020年第1期；王学典：《何谓“新文科”?》，《中华读书报》2020年6月3日。

⑧ 参见樊丽明：《“新文科”：时代需求与建设重点》，《中国大学教学》2020年第5期。

⑨ 参见刘曙光：《新文科与思维方式、学术创新》，《上海交通大学学报》（哲学社会科学版）2020年第2期。

整。[①] 开展新文科建设，就是要推进多学科交叉融合，强调不同学科之间的综合和融通，特别是要融合理、工、农、医等其他学科元素[②]，重构传统文科的组织方式，推动跨学科机构的培养方式转变与办学资源整合[③]。要推进文科课程体系的深度改革，在整合传统文科先进理论与思想精髓的基础上，借鉴吸收其他学科领域的优势，围绕国家战略和自身优势特色，坚持问题导向和需求导向，践行“传统文科+”的发展模式，重构知识生产与再生产方式，助力传统文科转型升级。[④]

第四，以数字技术推动新文科建设。大数据时代，不同学科之间的互动与交往频次逐渐上升，学科知识实现交融，一些交叉学科相继出现。[⑤] 新技术的发展拓宽了人类实践活动的边界，也催生了新的生产关系、新的问题领域，譬如法律、经济、政治、社会等社会科学研究伴随着学科领域的交叉融合、不断深入而延展自身的研究边界。新文科的提出，既是为前瞻性地解决上述问题做人才和智力储备，也是为新理论的构建做思想准备。[⑥] 中国“新文科”概念的提出与新一代信息技术的发展密切相关，在互联网、人工智能、数字化等技术深入渗透到各个学科的背景下，“新文科”特别强调新技术。[⑦] 新技术的不断发展为新文科建设提供了全新的、必不可少的技术手段，打破了传统教学的时间和空间障碍，使高质量、个性化、终身化、即时性的学习活动成为可能。[⑧] 同时，新文科建设也依赖于前沿的人工智能技术，人工智能促进

① 参见权培培、段禹、崔延强：《文科之“新”与文科之“道”——关于新文科建设的思考》，《重庆大学学报》（社会科学版）2021 年第 1 期。

② 参见郁建兴：《以系统思维推进新文科建设》，《探索与争鸣》2021 年第 4 期。

③ 参见田贤鹏、姜淑杰：《新文科背景下的跨学科协同育人：内涵特征、逻辑演变与路径选择》，《教育发展研究》2022 年第 21 期。

④ 参见权培培、段禹、崔延强：《文科之“新”与文科之“道”——关于新文科建设的思考》，《重庆大学学报》（社会科学版）2021 年第 1 期。

⑤ 参见卢盈：《大数据时代教育研究的机遇、挑战与应对》，《高教发展与评估》2021 年第 4 期。

⑥ 参见刘坤、李龙：《重构与推进：新文科背景下的高校哲学社会科学变革》，《学位与研究生教育》2022 年第 1 期。

⑦ 参见黄启兵、田晓明：《“新文科”的来源、特性及建设路径》《苏州大学学报》（教育科学版）2020 年第 2 期。

⑧ 参见于杨、尚莉丽：《新技术革命背景下新文科建设的价值指向与路径探索》，《教育理论与实践》2021 年第 21 期。

文科学科的生成、改变文科学生培养目标、改变文科教学方式，新文科借助人工智能技术打造更加科学与合理的“教”与“学”的评价体系。[①]《新文科建设宣言》也指出，新文科建设的重点工作之一在于促进专业优化，积极推动现代信息技术与文科专业深入融合，积极发展文科类新兴专业，促进原有文科专业改造升级。因此，“新文科”的建设离不开前沿科技，只有融合科技，“新文科”才能更好地实现提升学生原始创新能力的目标。[②]

第五，新文科背景下知识生产模式的转变。新文科通过新技术和多学科交融等手段促进知识生产，强调知识在不同情境中的应用[③]，在“传统文科”的基础上，打破“过分专业化”的学科组织建制，以全新的知识生产和再生产建制取而代之，让不同思想、不同知识、不同学科碰撞，不同学者合作，发展出新思想、新学术、新学科[④]。新文科背景下，知识生产已经逐渐由传统的“模式 1”向以异质性为主的“模式 2”转进，未来应着力推动以现实问题为中心的跨学科、交叉学科领域研究，生产新的知识，推动哲学社会科学知识生产方式变革。[⑤] 新文科是高等教育改革与创新实践的直接体现，从高等教育与社会的互动中能记录更为全景化的“中国体验”。[⑥]“新文科”建设背景下，作为“交叉学科”甚至作为“超学科”的高等教育学学科，所构建的是一种具有整体性、全景化与中国特色的知识网或知识系统。[⑦]

第六，新文科背景下外语学科的建设与发展。外语学科是最“善变”的

---

① 参见高思超、么加利：《人工智能时代的新文科建设——基于新时代教育评价改革背景分析》，《重庆大学学报》（社会科学版）2022 年第 5 期。

② 参见李尧、张宏峰：《“两创”融入“新文科”的内生逻辑与创生路径》，《西南民族大学学报》（人文社会科学版）2022 年第 10 期。

③ 参见操太圣：《知识、生活与教育的辩证：关于新文科建设之内在逻辑的思考》，《南京社会科学》2020 年第 2 期。

④ 参见肖坤雪：《新时代文科建设探究》，《学校党建与思想教育》2022 年第 19 期。

⑤ 参见刘坤、李龙：《重构与推进：新文科背景下的高校哲学社会科学变革》，《学位与研究生教育》2022 年第 1 期。

⑥ 参见李海龙：《从“中国模式”到“中国体验”：高等教育学发展的范式重构》，《复旦教育论坛》2021 年第 4 期。

⑦ 参见李婧芸、段世飞：《“新文科”建设背景下高等教育学学科的知识生产》，《高教探索》2022 年第 4 期。

学科之一。[①] 在新的时代背景下，传统的外语学科建设面临着危机和挑战[②]，新文科的提出为外语学科发展带来了新的机遇[③]。在新文科背景下，外语学科应进一步明确学科发展目标任务，实行区域化和差异化的建设模式[④]，不断拓宽研究宽度[⑤]，重点加强国别区域研究[⑥]，推动学科交叉和文理交叉建设[⑦]，做强一流专业、打造一流师资队伍、建设一流课程[⑧]，大力完善“语言+”的人才培养模式，培养服务于国家经济社会发展的“一精多会”“一专多能”的高素质国际化复合型人才[⑨]。

第七，新文科背景下艺术传媒学科的建设与发展。一方面，融媒体时代的到来让世界变成了真正的“地球村”，在媒介融合的背景下，人文科学如仍停留于“孤岛”故步自封，那么只会在学科格局的重组中被边缘化，应将人文逻辑与科学逻辑深度结合，在人文学科格局重塑中寻找“有用之用”的新生密码。[⑩] 面对世界新一轮科技革命与产业变革，以学科交叉融合为典型特征的新文科建设在数字经济时代应运而生。[⑪] 融媒体的快速发展对新文科提出了新要求：从宏观层面要以观照整个社会发展和人类命运为宗旨，从中观层面要融会贯通各个学科思维方式和研究方式，从微观层面要观照媒介内容生产

---

① 参见袁筱一：《“新文科”视域下的外语学科建设：挑战、构想与路径》，《外语教学理论与实践》2022 年第 3 期。

② 参见郭英剑：《对“新文科、大外语”时代外语教育几个重大问题的思考》，《中国外语》2020 年第 1 期。

③ 参见王宁：《新文科视野下的外语学科建设》，《中国外语》2020 年第 3 期。

④ 参见安丰存、王铭玉：《新文科视阈下的大外语观及学科建设内涵》，《外语研究》2022 年第 5 期。

⑤ 参见袁筱一：《“新文科”视域下的外语学科建设：挑战、构想与路径》，《外语教学理论与实践》2022 年第 3 期。

⑥ 参见刘利：《新文科专业建设的思考与实践：以北京语言大学为例》，《云南师范大学学报》（哲学社会科学版）2020 年第 2 期。

⑦ 参见安丰存、王铭玉：《新文科视阈下的大外语观及学科建设内涵》，《外语研究》2022 年第 5 期。

⑧ 参见王军哲：《新文科背景下外语类院校一流本科建设探索与实践》，《外语教学》2020 年第 1 期。

⑨ 参见韩媛：《高校英语专业学科建设与人才培养研究》，《中国高等教育》2022 年第 Z1 期。

⑩ 参见陈跃红：《新文科：智能时代的人文处境与历史机遇》，《探索与争鸣》2020 年第 1 期。

⑪ 参见刘志新、庄岩、刘洋：《新文科背景下创新创业教育体系构建与实践》，《北京航空航天大学学报》（社会科学版）2022 年第 5 期。

全流程，把握媒介技术发展和媒介用户使用行为。[1] 特别是对新文科背景下的新闻学科和传媒教育提出了新的要求，因为新闻学科在高校属于文科的范畴，但它又异于其他人文社会科学，具有政治性、时代性、实践性的特点。[2] 诸多人文社会科学新问题的解决，离不开融媒体空间中的解决方案。[3] 另一方面，艺术是人文学科非常重要的组成部分，是整个文科中对“人的要素”最为坚守的学科，肩负着创造想象、满足人类心理情感需求的责任。[4] 新文科建设背景下，艺术教育应注重“学术共同体”建设促生高等艺术教育学科深化拓展、“时代新变”趋势下以“学科跨界”创生高等艺术教育新学理、以“科教融合”助推高等艺术教育可持续化发展、走向“自为”建构“一体三维”的中国高等艺术教育信仰空间。[5]

第八，新文科与新时代。中国特色社会主义进入新时代，呼唤新思想、新理论、新方法、新学科，亟需建立中国特色的学科体系、话语体系。[6] 首先，世界正处于百年未有之大变局之中，我们要认清大势、顺势而为，主动识变、应变、求变，通过多学科交叉融合和系统化、集成式创新突破传统文科思维模式，为新文科建设注入新动能[7]，要以国家战略需求为导向，以引领经济社会发展为目标，通过关注、研究、探讨社会前沿问题，回答并解决社会发展中的重大战略问题[8]。其次，新文科建设要立足中国实际，解决中国问题，提出中国方案，深入推动学科融合与知识交叉，大力推进知识创新、理论创新、方法创新、实践创新。[9] 最后，要坚持推动中华优秀传统文化创造性转化和创新性发展，建设具有民族传统特色和中国特色的新文科。坚持立足

---

① 参见白寅、帅才:《基于融媒体发展的新文科专业内涵及其人才培养规格》,《中国编辑》2022 年第 Z1 期。

② 参见姜圣瑜:《新文科与“新新闻”》,《当代传播》2022 年第 2 期。

③ 参见白寅:《论融媒体素养对新文科人才培养的意义》,《中国编辑》2021 年第 6 期。

④ 参见周星、任晟姝:《新文科建设背景下艺术学科综合性发展的思考》,《南京师范大学学报》(社会科学版) 2020 年第 3 期。

⑤ 参见张振东:《新文科背景下艺术教育的现代转型与发展研究》,《中国大学教育》2022 年第 10 期。

⑥ 参见郁建兴:《以系统思维推进新文科建设》,《探索与争鸣》2021 年第 4 期。

⑦ 参见郁建兴:《以系统思维推进新文科建设》,《探索与争鸣》2021 年第 4 期。

⑧ 参见肖坤雪:《新时代文科建设探究》,《学校党建与思想教育》2022 年第 19 期。

⑨ 参见樊丽明:《中国新文科建设的使命、成就及前瞻》,《中国高等教育》2022 年第 12 期。

中国国情，从传统文化中汲取养分，打造“中国特色”的理论体系、学科体系、教学体系。[①]

二、新文科建设的成就、挑战和高质量发展路径

（一）新文科建设的成就

新文科建设的“山大模式”。作为新文科建设组长单位，山东大学深入贯彻落实习近平总书记关于教育的重要指示批示精神，积极对接国家战略需求和经济社会发展需要，全面落实立德树人根本任务，深入推进新文科建设，在全国率先研制首个高校新文科建设方案《山东大学新文科建设工作方案（2019—2021）》和系列配套方案，聚焦文科基础学科拔尖和国家急需高层次“两类人才”培养任务，全面深化文科教育教学改革，着力推进新专业、新课程、新模式、新实践、新技术、新理论六大建设，不断健全资源配置机制、协同共建机制、能力提升机制、考核评价机制、质量保障机制五大保障机制，形成了以“聚焦重点、六大改革、机制保障”为特色、可复制可推广的“1265”新文科育人体系，持续推动新文科实践创新；开展有组织科研，不断深化理论研究，以全国新文科教育研究中心为平台，聘任来自清华大学、中国人民大学、山东大学等高校，涵盖文科八大学科领域的专家，建立小核心与大团队协同发力的“中心—学校—全国”三圈层研究队伍，不断推动理论创新；面向全国创新性提供“一刊一报告、一会一论坛、一号一平台”“六个一”服务，形成了“实践探索+理论创新+智库支撑”的“山大新文科建设模式”，构建了山大文科人才自主培养体系，引领全国新文科建设。

北京大学着力构建具有中国特色、北大风格的新文科人才培养体系。第一，构建课程思政建设大格局。制定《北京大学深化推进课程思政建设实施方案》，明确提出课程思政建设指导思想和建设目标，推进课程思政示范专业建设、示范课程建设、教材建设、教师队伍建设、第二课堂运用、课程思政研究等，建立完善的教学评价体系和监督检查机制，引导院系和教师积极投入课程思政建设。第二，建设以“经典阅读与研讨式教学”为特征、以专业

---

① 参见张亮、郭明姬：《新文科背景下中华优秀传统文化通识课程建设的思考》，《广西社会科学》2022 年第 8 期。

水准为要求、以问题意识为导向的“人类文明及其传统”“现代社会及其问题”“人文与艺术”“数学、自然与技术”四个系列的通识课程群。第三，建立多层次跨学科人才培养项目。2018 年以来，新设七个跨学科人才培养专业方向和项目，包括“国际政治（国际组织与国际公共政策）”专业方向、“政治、法律与社会”项目、“社会科学基础人才培养”项目、“多语种国际化卓越外语人才拔尖学生培养实验班”项目、“计算艺术”项目、“教育与文明发展”项目、“汉语国际教育”项目，侧重学科交叉融合，推动对于重大问题的跨学科研究和综合教学模式改革。例如，“政治、法律与社会”项目横跨政治学、法学和社会学，通过组织跨学科一流导师团队，开设特色课程，开展小班教学。第四，着力培养国际化复合人才。立足“一带一路”公共外国语言与文化教育项目、多语种国际化人才培养项目，培养了一批具备出色的专业能力、管理能力，熟练掌握外语能力，能够满足国际组织任职要求和国家“一带一路”倡议需要的高素质、国际化、复合型人才。第五，实施人文社科重大专项计划。先后成立了北京大学区域与国别研究院、敦煌学研究中心、北京大学社会学人类学研究所、铸牢中华民族共同体意识协同创新研究基地、尼山世界儒学中心联合研究生院等科学研究机构，致力于打造北大人文学科发展新增长点。①

中国人民大学打造信息资源管理交叉学科“课程立方体”建设模式。中国人民大学信息资源管理学院归纳了传统课程群“一维课程链”和“二维课程组”的两种建设模式，发现其中存在课程系统性和协同性欠佳的共性问题，提出打造信息资源管理交叉学科“课程立方体”建设模式。在“课程立方体”中，单门课程仍然存在，但其新的角色仅是装载知识模块和教学任务的“容器”。在“课程立方体”内部，课程之间的边界逐渐虚化，传统课程群中泾渭分明、边界清晰的“组成模块”逐渐被打破。②

南开大学打造“双层教学”模式。新时代旅游业发展对旅游人才提出了新要求。旅游管理专业的应用性和实践性特征使得传统教学模式中存在四个

---

① 参见《优化布局重特色　培养新时代文科拔尖人才——北京大学深入推进新文科建设改革实践》，《新文科理论与实践》2022 年第 1 期。

② 参见傅予、卢小宾、牛力、刘力超：《新文科背景下信息资源管理交叉学科“课程立方体”设计研究——以中国人民大学为例》，《图书情报工作》2022 年第 11 期。

“痛点”，分别是知识点所涉及的角色代入问题、损益感知问题、角色交互问题和综合应用问题。为了解决这些问题，南开大学旅游与服务学院进行了旅游管理虚拟仿真教学的改革创新，并形成了“双层教学”模式。第一层次为日常仿真实验教学的游戏化。将旅游管理中的情景和问题抽象为游戏组合，在虚拟仿真实验系统中集成研发各经典博弈模型，借助人工智能系统，实现人机对战和学生日常训练，并在各大旅游高校虚拟仿真实验教学中推广使用，提升了虚拟仿真教学的策略性交互、损益性考量，激发学生趣味性思考。第二层次为以赛促学、以赛促教。积极响应全国酒店管理模拟大赛组委会的号召，参与主办全国“尖烽时刻”酒店管理模拟大赛等各项专业赛事，通过赛事拓宽学生视野，提升专业素养，巩固所学知识，检验和提高学生理解分析、沟通应变、团队协作等综合运用能力。2016—2022 年，全国“尖烽时刻”酒店管理模拟大赛已成功举办七届，已经成为全国高校旅游管理学科实验实践教学创新的重要品牌项目和学生学习交流的重要平台。[①]

北京师范大学影视专业在影视史论、影视创作、影视批评、文化传播和数字媒体艺术等多个领域深耕细作，打造了全方位、立体化、交叉式的影视艺术教育体系。第一，在机构架设方面，以学科为基础依托，成立了中国文化国际传播研究院、首都文化创新与文化传播工程研究院实体机构，获批教育部中国话剧优秀传统文化传承基地、国家文化和旅游研究基地，设立了纪录片中心、传媒发展研究中心、影像认知与发展研创中心、亚洲与华语电影研究中心、新媒体影像研究中心等校级中心机构。第二，在教学与科研成果方面，经过多年探索，打造出中国电影艺术史、电视学概论、戏剧影视学导论、中国电影经典影片鉴赏、“千古明月”等一批国家级示范精品课、视频公开课程和一流线上课程，承担国家社科基金规划项目、全国艺术科学规划项目与教育部、国家广播电视总局、北京市课题 40 余项，横向课题等百余项，出版著作百余部。第三，在人才培养方面，毕业生拍摄作品获美国奥斯卡电影节最佳短片奖提名、入围美国奥斯卡电影节最佳真人短片竞赛单元，在读学生作品入选阿姆斯特丹国际纪录片电影节、韩国釜山国际儿童电影节、北

① 参见薛涛、李晓义、黄青：《旅游管理虚拟仿真实验教学：新文科建设下的“双层教学”模式改革与创新》，《旅游学刊》2022 年第 8 期。

京电影学院国际学生影视作品展等各类影展，并多次斩获大奖。第四，在文化传承创新方面，北京大学生电影节至2021年已连续举办28届，成为戏剧与影视学科牵头并与其他学科密切互动的优质学生实践平台。“看中国·外国青年影像计划”至2021年已连续进行十年，共计有来自五大洲91个国家77所海外高校的804名外国青年完成了779部纪录短片。①

北京语言大学从传统专业转型“复合化”、新设专业建设“特色化”、培养方案设计“立体化”、课堂教学“智能化”四个方面探索新文科建设路径。在传统专业转型“复合化”方面，完善“语言+”培养模式，扶持国别与区域专业；在新设专业“特色化”方面，设立有特色的新专业和“语言+智能”跨学科专业，同时搭建平台，进行跨学科人才培养；在培养方案“立体化”方面，调整通识教育课程结构及学时学分，增加思政和实践类课程的比重；在课堂教学“智能化”方面，提升硬件设施水平，重视信息技术与课堂教学的融合。②

（二）新文科建设面临的挑战

第一，新文科建设实现“学术中国化”面临挑战。由于近代历史的缘由，中国的哲学社会科学发展一直在学习和接受西方的科学知识和思想体系，受西方哲学社会科学研究范式的影响而处于学徒和模仿地位。③ 党的十八大以来，新文科建设再次开启“学术中国化”之旅，如何摆脱西方学术话语桎梏，摆脱对于外来学术的“学徒状态”，如何批判性地脱离自身以外的权威，成长为一种自律的“自我授权”的学术体系？这是当代中国新文科建设面临肩负的重要任务，也是新文科建设面临的“学徒困境”。④

第二，教师教育理念、知识结构与新文科建设要求不匹配。培养新时代文科人才的关键在教师。要想培养出具有家国情怀、人文素养和创新精神的

① 参见王韵、王娅姝：《新文科背景下影视艺术教育的历史、现状与展望——以北京师范大学为例》，《艺术教育》2022年第3期。

② 参见刘利：《新文科专业建设的思考与实践：以北京语言大学为例》，《云南师范大学学报》（哲学社会科学版）2020年第2期。

③ 参见韩喜平：《中国哲学社会科学自主知识体系建构的历史必然与路径探索》，《马克思主义研究》2022年第9期。

④ 参见陈先红：《返回中国性：提升中国学术国际话语权的新文科建设路径》，《人民论坛·学术前沿》2022年第2期。

高素质人才，就要有一支既精于传道授业解惑又润己泽人的“经师”与“人师”相统一的教师队伍。目前，很多教师还存在新文科建设理念认识不清、转变不彻底，学科归属专一、交叉学科知识缺乏，理论性知识有余、实践性知识欠缺等问题，目前关于新文科建设的研究较少将聚焦点落实在教师身上，如何转变教师理念、拓展教师知识结构，是在新文科建设中应引起重视的枢纽问题。[①]

第三，新文科教育资源供给不足。我国当前的学科体制是在现代以来科学研究、高等教育的持续分化下形成的，但从总体上看，分科治学依然支配着我国高校的研究制度和规则，很多学科还是以自我控制的方式运作。[②] 高校各门各类专业仍占据招生门类的绝大部分比例，仅有少数院校开设交叉学科课程，且数量不多，呈现传统的文理科界限分明状态。此外，跨学科师资力量紧缺，课程缺少相应的教学人才。[③] 无论是学科体制的单一，还是跨学科教师数量的匮乏，都说明目前新文科建设存在教育资源供给不足的问题，是新文科建设面临的重要挑战。

第四，新文科建设评价体系亟待更新。新文科建设评价是一项系统工程，不能简单地将评价理解为对新文科背景下教师教学评价、学生学习评价抑或是专业建设质量评价等单方面的改革，而需要对新文科评价的基本构成要件进行整体统筹和把握。传统的以数量（高校数量特别是原“985 工程”和“211 工程”建设高校数量或“双一流”建设高校数量、教师数量、学生数量、人才数量、重点学科数量、学位授权点数量、经费数量、科研成果数量等）定水平的评价指标体系，已不适应新时代高等教育评价要求。[④] 推动新文科建设深入发展，亟须更新既有评价体系，建构符合新文科发展规律的科学体系。[⑤]

---

① 参见周星、任晟姝：《新文科拓展观念的重要认知——“道”“术”之辨与“事”“人”关系》，《新文科理论与实践》2022 年第 1 期。

② 参见阮倩：《基于学科发展逻辑的新文科建设理念与路径》，《学术论坛》2022 年第 6 期。

③ 参见张雷生：《高校新文科建设：响鼓还需重锤敲》，《中国社会科学报》2022 年 3 月 15 日。

④ 参见高思超、么加利：《人工智能时代的新文科建设——基于新时代教育评价改革背景分析》，《重庆大学学报》（社会科学版）2022 年第 5 期。

⑤ 参见宋继伟、刘颖：《新文科建设背景下人文社会科学科研转型提升之路径探索》，《贵州师范大学学报》（社会科学版）2022 年第 2 期。

（三）新文科建设高质量发展路径

第一，转变旧理念，确立新理念。推进新文科建设，必须坚守教育的初心使命，摒弃错误的或不适应新时代高校高质量发展的办学理念，确立和强化守正创新、兼容开放的办学理念，为党育人、为国育才，以人才培养质量为第一要务，提质增量、长短结合，全面实现新文科人才培养目标。①

第二，树立新文科建设科学思维。一是树立整体思维，从宏观、中观和微观三重维度，深刻把握新文科建设高质量发展与经济社会发展、新科技革命和产业变革的互动规律，以建构自主知识体系、形成新研究范式和解决现实突出问题为目标，形成新时代新文科建设高质量发展的整体格局。二是树立精准思维，以文史哲、经管法、教育学、艺术学等学科专业为重点，精准发力、分类推进、特色发展，切实增强新时代新文科建设高质量发展的针对性、准确性。三是树立战略思维，胸怀全局、把握关键，从教育教学改革、学科专业建设、教师队伍建设、治理制度创新等方面发力，引领新时代新文科建设高质量发展。②

第三，推动文科评价改革，建立新文科评价机制。新文科评价准则和机制需要打破学科壁垒，坚持问题导向、需求导向、知识融合导向，强化科学前沿引领和现实问题解决。③ 要以《深化新时代教育评价改革总体方案》为准绳，结合新文科建设的实际情况和需要，制定相关的实施细则。一是拓宽研究“成果”的范畴，不能只看论文、著作、获奖等，“咨询报告”“解决方案”以及能够证明研究者实际贡献的其他成果形式也应该得到同等尊重。二是不过于注重数量，而是注重标志性成果、代表作，看这些成果是否真正解决了国民经济社会发展过程中的实际问题。三是探索跨学科科研成果的评价认定方法。传统的科研评价一般是在单一学科范围内进行，而新文科注重学科交叉融合，其科研成果突破了单一学科，需要以全新的视野制定科研评价

---

① 参见金祥荣、朱一鸿：《新文科建设：背景、内涵与路径》，《宁波大学学报》（教育科学版）2022 年第 1 期。

② 参见张政文、王维国：《新文科建设高质量发展研究》，《新文科理论与实践》2022 年第 2 期。

③ 参见宋继伟、刘颖：《新文科建设背景下人文社会科学科研转型提升之路径探索》，《贵州师范大学学报》（社会科学版）2022 年第 2 期。

办法。[①]

第四，推动“数智”科技赋能新文科建设高质量发展。“数智”科技是“数字智慧化”与“智慧数字化”两个方向的综合。有学者提出以融合“数智”科技推动新文科建设高质量发展的目标与使命、内涵与特征、方向与重点、学科治理、教学创新、学术创新以及新文科教育共同体等七个研究议题。在此基础上，从“道、法、术、器、势”五个层面提出融合“数智”科技推动新文科建设七大议题的概念模型。对于七大议题，一是需要从实践和理论出发，重视和完善理论底层逻辑及其演进；二是开展跨学科、跨领域、多视角的合作交流和交叉融合，采用新的研究范式揭示“数智”科技环境下新文科的建设与发展规律；三是要尊重新文科建设的一般性，立足中国实践，扎根时代，回应新时代的社会现实问题和国家战略需求，弘扬中华优秀传统文化，以全球视野和共同体思维构建“体现继承性与民族性、原创性与时代性、系统性与专业性”的中国特色哲学社会科学。[②]

第五，推动跨学科人才培养。就新文科育人导向而言，就是要下大力气扭转人才培养的单纯学科专业观点和供给决定思维，心怀“国之大者”，坚持“四个面向”，立足国家2035年基本实现社会主义现代化、2050年全面建成社会主义现代化强国目标，落实科教强国、文化强国战略任务，以回应时代需求为己任，以满足国家需求为导向，深入研究新时代文科人才培养规律，坚持一流标准，大力实施人才培养的供给侧结构性改革，切实增强文科教育服务创新发展的能力和水平，努力培养担当民族复兴大任的时代新人。[③] 新文科建设的新需求要求文科在人才培养、社会服务方面追求创新与卓越。[④] 新文科建设一方面要拓展传统文科的知识边界，促进文科与理科、文科与其他学科之间的交叉融合，另一方面要重构传统文科的组织方式，推动跨学科机构的培养方式整合与办学资源整合。在育人理念层面，要扭转传统文理分科的知

① 参见冯淑娟、阎亚军：《“新文科”建设赋能高校智库高质量发展》，《中国社会科学报》2022年8月4日。

② 参见胡志华、李姚娜、黄有方：《融合“数智”科技推动新文科建设的七大议题》，《山东大学学报》（哲学社会科学版）2022年第6期。

③ 参见樊丽明：《关于育人的新文科观》，《新文科理论与实践》2022年第1期。

④ 参见邓心强：《新文科视野下中文学科的困境与变革》，《上海交通大学学报》（哲学社会科学版）2022年第3期。

识割裂思维，拓展学科知识的多维边界，促进知识的系统化重组。在育人实践层面，要以问题为导向，推动育人资源的创新整合，促进问题导向的新文科课程体系优化。在育人保障层面，要回应传统单科式人才培养的模式弊端，构建多元参与的协同育人新机制。①

第六，打造学术共同体，凝聚发展合力。在现代社会，任何学科的发展都离不开学术共同体的建设。学术共同体不仅能够将不同地域、不同机构的学人联结起来，向学人提供学术舞台，而且通过相互交流，扩展信息量，可以促进学人思想创新。②“学术共同体”担任着知识发现、学术共享的主体角色，更为重要的是它创设了一个知识发展、思维创生、灵感迸发的情境孕育场。③ 这种共同体的建构，是非功利的、开放的、以学术问题为导向的，而非圈地跑马似的、趋于现实功利考量的。④ 新文科建设是多方行动者缔造教育命运共同体的价值共创过程，应是一个具有持续生命力的生态循环系统，需要多方行动者之间不断地进行物质、能量交换，为更新教学内容、优化评价体系、强化意识教育注入新动力。⑤

三、新文科建设与建构中国自主的知识体系

所谓中国自主的知识体系，就是引导中国取得举世瞩目成就的理论，在马克思主义指导下用中国文化、中国经验提炼总结出来的具有中国特色、中国气派、中国风格的哲学社会科学体系。⑥ 加快构建中国特色哲学社会科学，建构中国自主的知识体系，是党的十八大以来以习近平同志为核心的党中央提出的坚持和发展中国特色社会主义的一项重要任务。构建中国特色哲学社

---

① 参见田贤鹏、姜淑杰：《新文科背景下的跨学科协同育人：内涵特征、逻辑演变与路径选择》，《教育发展研究》2022 年第 21 期。

② 参见章恩友、翟中东：《新文科框架下监狱学学科的回顾、推进与展望》，《新文科教育研究》2022 年第 2 期。

③ 参见张振东：《新文科背景下艺术教育的现代转型与发展研究》，《中国大学教学》2022 年第 10 期。

④ 参见何国梅：《新文科背景下新闻传播学术话语体系建构》，《中国出版》2022 年第 7 期。

⑤ 参见王进、周坤：《从价值分割到价值共创：新文科教育命运共同体建构研究》，《高等农业教育》2022 年第 4 期。

⑥ 参见张雷声等：《建构中国特色哲学社会科学自主知识体系》，《马克思主义理论学科研究》2022 年第 8 期。

会科学，建构中国自主的知识体系，新文科建设担负着责无旁贷的历史任务和时代使命。①

（一）建构中国自主的知识体系的价值意义

第一，建构中国自主的知识体系是“中国所需”“时代所需”“世界所需”。当今正处于我国建设社会主义现代化强国和世界格局深刻演变的时代，近代以来西方哲学社会科学面对各种问题已明显乏力，后劲不足，时代迫切呼唤一种崭新的、科学的理论对现有问题进行破解。在这一背景下，建构中国自主的知识体系是建设社会主义现代化强国的应有之义，是总结中国特色社会主义成功经验所需、社会主义新征程中破解问题所需、提升中国国际话语权所需，也是实现中华民族伟大复兴战略全局所需、应对世界百年未有之大变局所需，更是回答“世界怎么了”的需要和探求“人类向何处去”的需要。②

第二，建构中国自主知识体系是繁荣发展中国特色哲学社会科学的必然要求。建构中国自主的知识体系是体现哲学社会科学中国特色、中国风格、中国气派的必然要求，是坚定“四个自信”的必然要求，是回答中国之问、世界之问、人民之问、时代之问的必然要求，是使中国特色哲学社会科学真正屹立于世界学术之林的必然要求。③

第三，建构中国自主的知识体系是对西方近代知识体系的反思和重构。近代以来为促进工业经济和资本主义发展所形成的西方近代知识体系过度重视对于自然的改造，而轻视了人与自然和谐统一，导致了知识体系的过度分化，催生了不少人与人之间社会结构性的弊端，在国家治理领域体现出“分权发展导向型”的特质，不仅体现在立法、行政、司法三大机构的分立制衡，而且体现在政府、市场与社会的分立，甚至表现为社会对国家的反制，无以形成以人的全面自由发展为导向的整体发展合力。与此相反，中国共产党领导下的社会现代化发展的根本立足点是实现人的全面自由发展这一终极目标，

① 参见樊丽明：《中国新文科建设的使命、成就与前瞻》，《中国高等教育》2022 年第 12 期。

② 参见韩喜平：《中国哲学社会科学自主知识体系建构的历史必然与路径探索》，《马克思主义研究》2022 年第 9 期。

③ 参见《建构中国自主的知识体系——全国政协经济委员会副主任谢伏瞻访谈》，《宁波经济》（财经视点）2022 年第 10 期。

形成一种复合性多领域统筹化发展观，进而体现出“合力发展导向型”的特质。由此形成的均衡化、系统化、整体化的知识体系，恰好可以克服西方近代知识体系的缺陷和不足，可以实现对其重构和升级再造，完成人类现代知识体系的建构。①

（二）建构中国自主的知识体系的实践进路

第一，建构中国自主的知识体系要坚持马克思主义的理论领航。马克思主义是关于自然界、人类社会、人类思维规律的科学理论体系，纵观人类思想史，还未有任何一种思想理论能够像马克思主义这样集理论的科学性和实践的影响力于一身，直接推动了人类现代文明进程。我们要深刻把握马克思主义为哲学社会科学提供的世界观、方法论，将其运用到哲学社会科学实践之中；坚持以人民为中心的研究导向，使具有中国自主的知识体系的哲学社会科学充分满足人民精神文化需求，也经得起实践、历史的检验。② 还有学者认为，在建构中国自主的知识体系过程中坚持以马克思主义为指导，主要体现在坚持马克思主义的世界观和方法论、充分反映马克思主义在各个知识领域的重要地位和指导作用、坚持以马克思主义在当代中国发展的最新成果即习近平新时代中国特色社会主义思想为指导等三个方面。③ 习近平新时代中国特色社会主义思想是当代中国马克思主义、21 世纪马克思主义，建构中国特色自主知识体系必须深刻把握习近平新时代中国特色社会主义思想的世界观和方法论。④

第二，建构中国自主的知识体系必须坚持党的领导。党的领导是建构中国自主知识体系的根本保障。中国自主知识体系的形成，源于中国共产党从广大民众的实际需求与实践的发展变化等出发，坚持群众路线，通过与客观社会环境的有机互动，不断对中国发展和全球治理与世界秩序重构等重大问题进行引领性回答，从而奠定了知识范式自主性建构的实践基础。因此，建

---

① 参见杨东、徐信予：《建构中国自主知识体系论纲》，《中国人民大学学报》2022 年第 3 期。

② 参见韩喜平：《中国哲学社会科学自主知识体系建构的历史必然与路径探索》，《马克思主义研究》2022 年第 9 期。

③ 参见《马克思主义理论视阈下中国自主的知识体系建构——访中国人民大学马克思主义学院郝立新教授》，《马克思主义研究》2022 年第 8 期。

④ 参见辛向阳：《建构中国特色自主知识体系必须深刻把握习近平新时代中国特色社会主义思想的世界观和方法论》，《公共管理与政策评论》2022 年第 6 期。

构中国自主的知识体系必须坚持党的科学领导。①

第三，建构中国自主知识体系必须以原创为灵魂。“创新是科学研究的本质，也是建构中国特色哲学社会科学自主知识体系的关键。”② 没有原创性，就没有自己的主体性，构建具有自身特质的学科体系、学术体系、话语体系也就无从谈起。只有紧紧扭住原创性这个“牛鼻子”，不断推进知识创新、理论创新、方法创新，我们才能提炼出有学术含量的新理论，提炼出具有标识性的新概念，提炼出哲学社会科学的中国范式。③

第四，建构中国自主知识体系要摆脱照搬模仿西方知识范式的学徒思维。“西学”看似好像是普适的、放之四海而皆准的理论，其实中间有很多问题，我们要清晰地了解，而不能盲目照搬。④ 在哲学社会科学领域，如果我们摆脱不了“学徒”的状态或依附的地位，如果我们在知识体系的建构上停留在简单“模仿”“盲从”国外的知识体系，而没有在批判地吸收或借鉴基础上的超越、深刻反思基础上的创新的话，就不可能建构起中国特色哲学社会科学的学科体系、学术体系和话语体系，就不可能有自主自立的当代中国文化和中国精神。⑤ 还有学者认为，“建构中国自主知识体系一方面不能把国外的某一种理论观点和学术成果当作唯一准则，另一方面也不能在运用国外的理论及方法分析中国问题时得出与国外相同的结论”⑥。

第五，建构中国自主知识体系要实现中华优秀传统文化创造性转化和创新性发展。中国的独特文化是我们构建中国自主知识体系的“根”。建构中国自主知识体系要充分继承并利用好中华优秀传统文化资源，不能简单延续我国历史文化的母版，也不能简单套用其他国家或地区发展模式的再版或翻版，

---

① 参见杨东、徐信予：《建构中国自主知识体系论纲》，《中国人民大学学报》2022 年第 3 期。

② 张雷声等：《建构中国特色哲学社会科学自主知识体系》，《马克思主义理论学科研究》2022 年第 8 期。

③ 参见王学典：《中国知识体系建构：从“特色”到“自主”》，《新文科理论与实践》2022 年第 2 期。

④ 参见王绍光：《自觉、自信、自主：关于知识体系与概念建构的思考》，《公共管理与政策评论》2022 年第 6 期。

⑤ 参见《马克思主义理论视阈下中国自主的知识体系建构——访中国人民大学马克思主义学院郝立新教授》，《马克思主义研究》2022 年第 8 期。

⑥ 张雷声等：《建构中国特色哲学社会科学自主知识体系》，《马克思主义理论学科研究》2022 年第 8 期。

而是要充分反映时代特点，体现创新性和原创性。[①]

第六，建构中国自主知识体系应加快建设中国哲学社会科学“三大体系”。建构中国特色哲学社会科学的知识体系，离不开建构中国特色哲学社会科学学科体系、学术体系和话语体系这“三大体系”。[②] 近年来，我国哲学社会科学“三大体系”建设取得积极进展。同时也应看到，目前我国哲学社会科学仍存在知识分散化、碎片化的突出问题，尚未建构起系统化、自主化的知识体系。综合来看，建构中国自主的知识体系应以“三大体系”建设为理论基础和支撑，“三大体系”建设应以建构中国自主的知识体系为中心内容。[③] 只有把中国自主的知识体系作为“三大体系”构建的坚实基础和思想理论前提，才能使“三大体系”建设实现重大突破。[④]

第七，建构中国自主知识体系必须坚持立足中国实际和面向世界的统一。中国日益成为人类文明新形态的引领者，基于中国独特的新型举国体制、海量数据、丰富场景等优势所形成的数字经济、数字社会及其制度体系等是建构中国自主知识体系的沃土。[⑤] 我们必须把主要精力和研究旨趣转移到中国问题上来，转移到中国经验上来；从中国经验出发，以回答中国问题为目的；最大限度地尊重中国特点、中国文化、中国材料、中国数据、中国案例。我们的最终目标就是构建一套自主的、本土化的、准确反映中国经验的知识体系。[⑥]

（三）建构中国自主的新文科知识体系

第一，建构中国自主的新文科知识体系的重大意义。面对新一轮科技革命和产业变革所带来的新知识需求，中国如何能够迎头赶上，在文科知识生

---

① 参见张雷声等：《建构中国特色哲学社会科学自主知识体系》，《马克思主义理论学科研究》2022 年第 8 期。

② 参见张雷声等：《建构中国特色哲学社会科学自主知识体系》，《马克思主义理论学科研究》2022 年第 8 期。

③ 参见《建构中国自主的知识体系——全国政协经济委员会副主任谢伏瞻访谈》，《宁波经济》（财经视点）2022 年第 10 期。

④ 参见《马克思主义理论视阈下中国自主的知识体系建构——访中国人民大学马克思主义学院郝立新教授》，《马克思主义研究》2022 年第 8 期。

⑤ 参见杨东、徐信予：《建构中国自主知识体系论纲》，《中国人民大学学报》2022 年第 3 期。

⑥ 参见王学典：《中国知识体系建构：从“特色”到“自主”》，《新文科理论与实践》2022 年第 2 期。

产中实现由跟跑、并跑到领跑的转变，归根到底要建构中国自主的新文科知识体系。[①] 新文科建设要聚焦建构中国自主的知识体系，系统性整体性推进学科建设、学术研究、专业设置、教学改革、平台搭建、人才培养、社会服务、质量评价等方面的制度改革创新，以中国自主的新文科知识体系科学回答中国之问、世界之问、人民之问、时代之问。[②]

第二，建构中国自主的新文科知识体系重点在于打造原创性知识体系。新文科建设要结合中国特色社会主义伟大实践，着力打造融通中外的新概念、新范畴、新表述、新理论，着力凝练体现中国立场、中国智慧、中国价值的理念、主张、方案。[③] 立足于自主知识体系的构建，创立新的研究对象、新的知识边界、新的知识命题、新的知识概念、新的研究范畴、新的知识方法与新的建设路径，推进新的知识体系向新的人才培养体系的转化，培养新时代文科人才。[④]

第三，新文科建设要有新的研究范式。建构中国自主的新文科知识体系是一个大工程，需要各个专业分头并进，既要分类研究也要打破学科壁垒进行综合研究。[⑤] 传统的文科研究范式局限于文献整理、资料分析、经验总结、概念抽象、逻辑演绎等，这些研究范式所推动的知识生产，越来越难以满足当下解决复杂问题的需要。新文科建设要主动拥抱现代科学技术，充分利用自然科学的工具属性，借鉴自然科学的研究范式，尝试将大数据分析、人工智能、认知科学、社会仿真实验等方法转换到新文科研究当中，探索具有中国特色的新文科研究范式，为新文科的可持续高质量发展提供内在支撑。[⑥]

第四，以问题逻辑建构中国自主的新文科知识体系。实现知识的系统化重组并非多学科知识的简单混合，以何种逻辑推动知识重组、实现学科重塑

---

① 参见李合亮：《关于建构中国自主的新文科知识体系的几点思考》，《新文科理论与实践》2022 年第 2 期。

② 参见李合亮：《关于建构中国自主的新文科知识体系的几点思考》，《新文科理论与实践》2022 年第 2 期。

③ 参见樊丽明：《中国新文科建设的使命、成就及前瞻》，《中国高等教育》2022 年第 12 期。

④ 参见张政文、王维国：《新文科建设高质量发展研究》，《新文科理论与实践》2022 年第 2 期。

⑤ 参见周洪宇、陈诗：《新文科建设的宗旨、任务及前景》，《高等教育评论》2022 年第 1 期。

⑥ 参见李合亮：《关于建构中国自主的新文科知识体系的几点思考》，《新文科理论与实践》2022 年第 2 期。

至关重要。学科逻辑强调学科内部知识理论的关系，但却割裂了不同学科之间的内在联系。问题逻辑则超越学科层面，以实践问题解决需求为导向推动不同学科知识以其显性或隐性的联系实现合理聚合。要以问题逻辑重构跨学科知识体系，从“发现问题”出发，到“解决问题”结束，凸显文科知识的实践应用性、现实观照性特点，以有效解决传统文科在当代社会务虚而式微的滑坡问题，满足新时代社会对文科人才的需求。①

① 参见田贤鹏、姜淑杰：《新文科背景下的跨学科协同育人：内涵特征、逻辑演变与路径选择》，《教育发展研究》2022 年第 21 期。

文科专业设置与调整的分析报告

张天舒　张潇月　崔向洁*

专业是人才培养的基本单元，直接关系高校人才培养质量、高等教育服务经济社会发展水平以及能否真正成为推动国家创新发展的引领力量。① 习近平总书记在清华大学考察时强调，“要用好学科交叉融合的‘催化剂’，加强基础学科培养能力，打破学科专业壁垒，对现有学科专业体系进行调整升级，瞄准科技前沿和关键领域，推进新工科、新医科、新农科、新文科建设，加快培养紧缺人才”②。2022 年 1 月，《教育部　财政部　国家发展改革委关于深入推进世界一流大学和一流学科建设的若干意见》印发，明确指出要“服务新发展格局，优化学科专业布局”③。近年来，尤其是新文科建设提出后，各高校立足自身优势特色，主动适应国家战略和经济社会发展需要，大力推进专业建设，积极发展新兴专业，推动专业交叉融合，促进专业转型升级，取得了阶段性成效。为进一步推进文科专业建设，本文对我国文科专业设置与调整进行了深入研究。

一、国家专业设置与调整的政策变迁

专业设置是指高校依据国家需要和学校自身条件，在大的学科门类下设置若干专业。专业调整是指高校对其所设置的专业进行优化改造的过程。

* 张天舒，山东大学政治学与公共管理学院教授；张潇月，山东大学本科生院全国新文科教育研究中心办公室科员；崔向洁，山东大学政治学与公共管理学院博士生。

① 参见吴岩：《中国式现代化与高等教育改革创新发展》，《中国高教研究》2022 年第 11 期。

② 《习近平在清华大学考察：坚持中国特色世界一流大学建设目标方向　为服务国家富强民族复兴人民幸福贡献力量》，2021－04－19，http://www.gov.cn/xinwen/2021－04/19/content_5600661.htm。

③ 《教育部　财政部　国家发展改革委关于深入推进世界一流大学和一流学科建设的若干意见》，2022-01-29，http://www.moe.gov.cn/srcsite/A22/s7065/202202/t20220211_598706.html。

1952 年，教育部发布《全国高等学校调整计划（草案）》，将“大学行政组织取消院一级，以系为教学行政单位”。自此，我国高校建立了以专业为中心、按照统一的教学计划开展教学活动的教学制度，高校招生也由按系招生改为按专业招生。至 1953 年初，我国普通高校专业设置数量共计 215 种，涉及工科、农科、林科、医药、师范、文科、理科、财经、政法、体育、艺术等门类。1954 年，在原有专业设置的基础上，我国制定了第一个专业目录草案《高等学校专业目录分类设置（草案）》，该目录草案以 11 个行业部门来划分专业门类，未将学科基础性问题纳入专业设置考虑的范畴。1963 年，经国务院批准，我国正式发布《高等学校通用专业目录》，这是我国第一个正式由国家统一制定的高等学校专业目录，该目录修正了原目录草案中仅以行业划分专业的不足，将学科基础性问题与行业部门相结合进行了专业划分。1994 年，第二次修订的专业目录颁布实施，该目录摒弃了学科基础性问题与行业部门相结合的专业分类方法，改为以学科划分专业门类，并确定了十个学科门类。1998 年，第三次修订的专业目录颁布实施，相比上一版目录，学科门类有所增加，专业数量有所调减，不再过分强调“专业对口”式教育。1999 年，《中华人民共和国高等教育法》正式施行，其中第三十三条明确提出“高等学校依法自主设置和调整学科、专业”，保障了高校设置调整专业的权利。

步入 21 世纪，我国在坚持以学科划分专业门类的基础上，对专业进行了进一步的优化调整。2010 年，教育部办公厅发布《关于战略性新兴产业相关专业申报和审批工作的通知》，经评议，同意设置新媒体与信息网络、数字电影技术、物联网工程、新能源科学与工程等 25 个专业作为战略性新兴产业相关专业，支持和鼓励有条件的高校积极培养战略性新兴产业相关专业的人才，满足国家战略性新兴产业发展对高素质人才的迫切需求。2012 年，第四次修订的专业目录颁布实施，将专业划分为基本专业和特设专业，并确定国家控制布点专业，学科门类也有所增加。2019 年 4 月，为推动“四新”建设，做强一流本科、建设一流专业、培养一流人才，提高高校人才培养能力，教育部启动实施了一流本科专业建设“双万计划”。2019—2021 年，教育部共遴选出 11761 个国家级一流本科专业建设点和

15727 个省级建设点，以此推动专业结构调整优化，推进了一场数量多、力度大、频度高的专业改革。①

二、高校专业设置的基本情况

（一）学科门类调整情况

学科门类由国务院学位委员会和教育部共同制定，是对具有一定关联学科的归类，是授予学位的学科类别，也是国家进行学位授权审核与学科管理、学位授予单位开展学位授予与人才培养工作的基本依据。1994 年，国家改变了传统以行业划分的方法，改之以学科划分专业门类，确定了哲学、经济学、法学、教育学、文学、历史学、理学、工学、农学、医学共 10 个学科门类。1998 年，国家新增管理学学科门类，本科人才培养的学科门类达到 11 个。2012 年，国家新增了艺术学学科门类，未设军事学学科门类，但预留其门类代码 11，我国本科人才培养的学科门类达到 12 个。2020 年，国务院学位委员会批准设置了“交叉学科”门类（门类代码 14）。截至目前，我国共有 14 个学科门类，分别为哲学、经济学、法学、教育学、文学、历史学、理学、工学、农学、医学、军事学、管理学、艺术学、交叉学科。因军事学和交叉学科这两个门类暂未设本科专业，未被列入目前颁布实施的普通高等学校本科专业目录中，所以不在本次分析范围内。

（二）各学科门类下的专业数量情况

《普通高等学校本科专业目录（2022 年版）》中包括 12 个学科门类，92 个专业类（从 2011 年以来一直未变），771 种专业（比 2012 年增加 265 种）（见表 1）。其中，文科包含的学科门类数最多，哲学、经济学、法学、教育学、文学、历史学、管理学、艺术学都属于文科的范畴。按照不同学科门类来看，专业类及专业种数最多的学科门类是工学，有 31 个专业类，260 种专业。除工学外，专业类数量位居前列的学科门类分别是理学、医学、管理学、农学、法学，专业种数位居前列的学科门类分别是文学、管理学、医学、艺术学、法学，哲学专业类数量和专业种数都最少（见图 1）。

① 参见吴岩：《中国式现代化与高等教育改革创新发展》，《中国高教研究》2022 年第 11 期。

表 1　各学科门类下的专业类数量及专业种数

门类代码	学科门类	专业类	专业类数量	专业种数
01	哲学	哲学类	1	4
02	经济学	经济学类、财政学类、金融学类、经济与贸易类	4	25
03	法学	法学类、政治学类、社会学类、民族学类、马克思主义理论类、公安学类	6	49
04	教育学	教育学类、体育学类	2	27
05	文学	中国语言文学类、外国语言文学类、新闻传播学类	3	123
06	历史学	历史学类	1	9
07	理学	数学类、物理学类、化学类、天文学类、地理科学类、大气科学类、海洋科学类、地球物理学类、地质学类、生物科学类、心理学类、统计学类	12	46
08	工学	力学类、机械类、仪器类、材料类、能源动力类、电气类、电子信息类、自动化类、计算机类、土木类、水利类、测绘类、化工与制药类、地质类、矿业类、纺织类、轻工类、交通运输类、海洋工程类、航空航天类、兵器类、核工程类、农业工程类、林业工程类、环境科学与工程类、生物医学工程类、食品科学与工程类、建筑类、安全科学与工程类、生物工程类、公安技术类	31	260
09	农学	植物生产类、自然保护与环境生态类、动物生产类、动物医学类、林学类、水产类、草学类	7	46
10	医学	基础医学类、临床医学类、口腔医学类、公共卫生与预防医学类、中医学类、中西医结合类、药学类、中药学类、法医学类、医学技术类、护理学类	11	61
12	管理学	管理科学与工程类、工商管理类、农业经济管理类、公共管理类、图书情报与档案管理类、物流管理与工程类、工业工程类、电子商务类、旅游管理类	9	65
13	艺术学	艺术学理论类、音乐与舞蹈学类、戏剧与影视学类、美术学类、设计学类	5	56

（数据来源：教育部公布的普通本科专业目录）

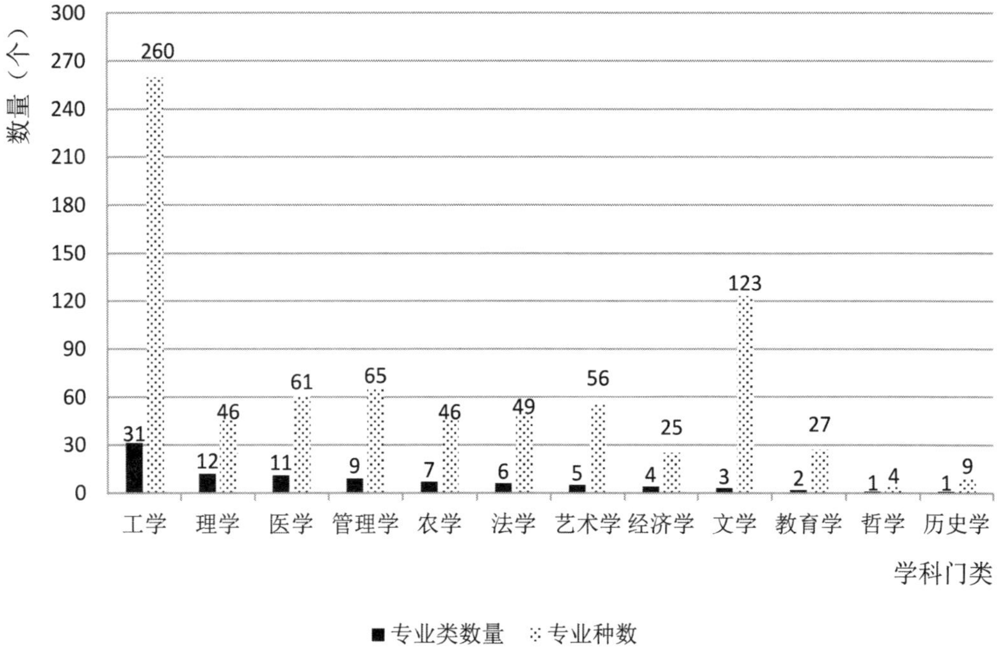

图 1　各学科门类下的专业类数量与专业种数统计图

（数据来源：教育部公布的普通本科专业目录）

三、高校专业调整的规模与结构

（一）高校专业调整的规模

本文主要分析党的十八大以来我国高校专业调整情况。出于数据可得性和数据统计口径一致性的考虑，本文分析时间范围为 2013—2021 年。2013—2021 年，全国高校专业调整总体情况如图 2 所示，其中专业点调整总数为新增专业点数与撤销专业点数之和。

从专业点调整总数上来看。2013 年全国高校专业点调整总数达 1900 个，随后在 2014 年降低至 1748 个，成为这 9 年中专业点调整总数的最低值；2015—2018 年全国高校专业点调整总数波动幅度较小，呈平稳发展趋势；2019 年，专业点调整总数再次出现明显下降，但在 2020 年又迅速回升至 2741 个；2021 年全国高校专业点调整总数达到 2765 个，成为 9 年来专业点调整总数的最高值。整体来看，党的十八大以来我国高校专业点调整总数基本处于波动上升趋势（见图 2）。

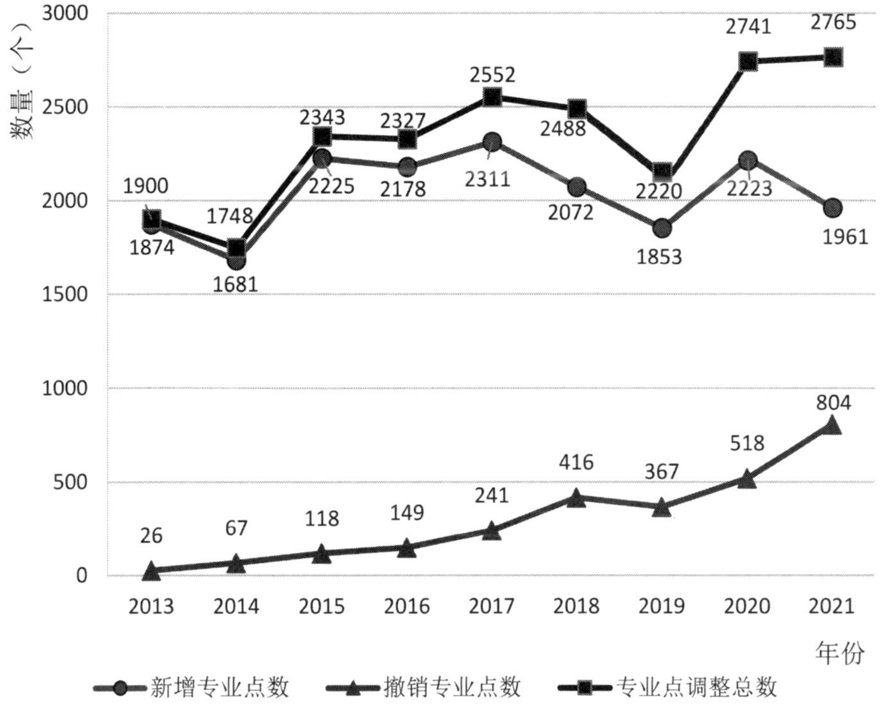

图 2　2013—2021 年全国高校专业调整情况

（数据来源：教育部历年公布的普通高等学校本科专业备案和审批结果）

从新增专业点数上来看。2013—2014 年新增专业点数呈下降趋势，2014 年新增专业点数最少，为 1681 个；2015 年新增专业点数骤增；2016 年新增专业点数基本与 2015 年持平；2017 年新增专业点数达到 9 年内峰值 2311 个；2017—2019 年新增专业点数逐年下降，2019 年仅有 1853 个；2020 年新增专业点数大幅回升至 2223 个；2021 年全国高校新增专业点数再次下降至 2000 以下。总的来看，2013—2021 年全国高校新增专业点数波动幅度较大，在 2015 年、2020 年出现两次显著增加。此外，与撤销专业点数相比，全国高校每年的新增专业点数都远超撤销专业点数。

从撤销专业点数上来看。2013 年撤销专业点数最少，仅为 26 个；随后撤销专业点数逐年增加，2018 年撤销专业点数达到 416 个，是 2013—2018 年撤销专业点数的最高值；2019 年撤销专业点数出现短暂下降，但很快又恢复了增长趋势；2021 年，全国高校撤销专业点数为 804 个，达到了 9 年以来的最高值，约为 2013 年撤销专业点数的 30 倍。总的来看，2013—2021 年，全国高校撤销专业点数量整体呈增加趋势。其中 2018 年撤销专业点数与上一年相比有明显增加，可能是由于 2017 年第四轮学科评估结果公布后，高校考虑到优化专业布局、提升育人能力、提高学校声誉等诸多因素，对一批评估结果不理想的专业进行了集中撤销处理。撤销专业点数量的不断增加说明了高校在专业设置上逐渐回归理性，主动适应知识创新、科技进步及学科发展需要，围绕办学特色、办学定位、办学条件进行专业设置和调整，不断优化学科专业结构，也反映出我国高等教育不断由规模扩张的外延式发展向质量提升的内涵式发展转变。

（二）高校专业调整的结构

不同学科门类专业调整的规模与结构不同。从专业调整规模来看，2013—2021 年，新增专业点数量和撤销专业点数量最多的是工学类，与其他学科门类拉开较大差距。除工学外，新增专业点数量居前列的是管理学、艺术学、理学门类，撤销专业点数量位居前列的是理学、管理学、艺术学门类，专业点调整总数位居前列的是管理学、艺术学、理学门类。哲学门类新增专业点数、撤销专业点数和专业点调整总数均最少（见图 3）。

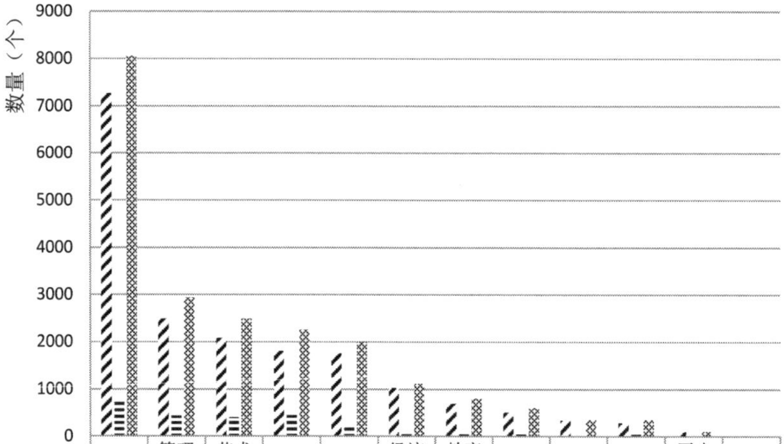

	工学	管理学	艺术学	理学	文学	经济学	教育学	法学	医学	农学	历史学	哲学
新增专业点数	7270	2489	2082	1806	1759	1032	697	506	337	285	100	15
撤销专业点数	791	441	407	449	241	83	112	100	11	62	5	4
专业点调整总数	8061	2930	2489	2255	2000	1115	809	606	348	347	105	19

学科门类

新增专业点数　撤销专业点数　专业点调整总数

图 3　各学科门类专业调整情况

（数据来源：教育部历年公布的普通高等学校本科专业备案和审批结果）

从专业点调整数量变化情况来看，2013—2021 年，工学类新增专业点数量变化较大，而管理学、艺术学、理学、文学的新增专业点数量变化情况不大（见图 4）。与新增专业点数量变化情况不同，2013—2021 年 12 个学科门类撤销专业点数整体呈上升趋势，并在 2015 年后逐渐拉开差距，工学类专业点撤销数量远远高于其他学科门类（见图 5）。工学类专业在回应国家战略、科技创新和产业转型升级的需求方面发挥着重要作用，因此一直都受到广泛关注，学科建设活力持续迸发。

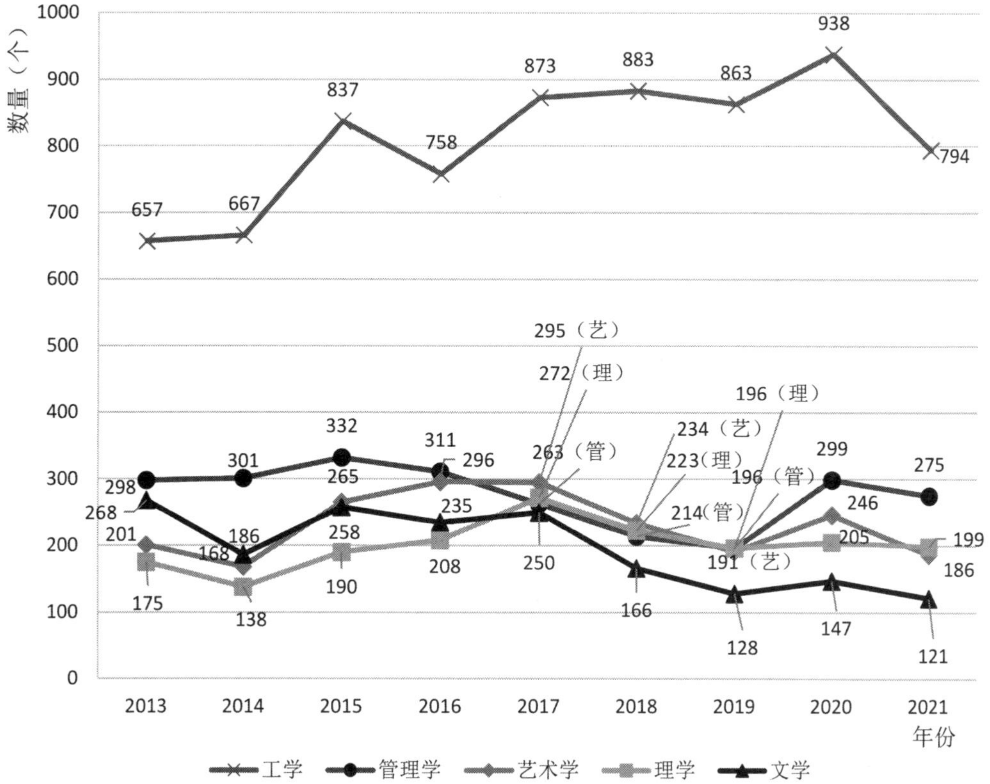

图 4　新增专业点数排名前五位的学科门类年度变化情况

（数据来源：教育部历年公布的普通高等学校本科专业备案和审批结果）

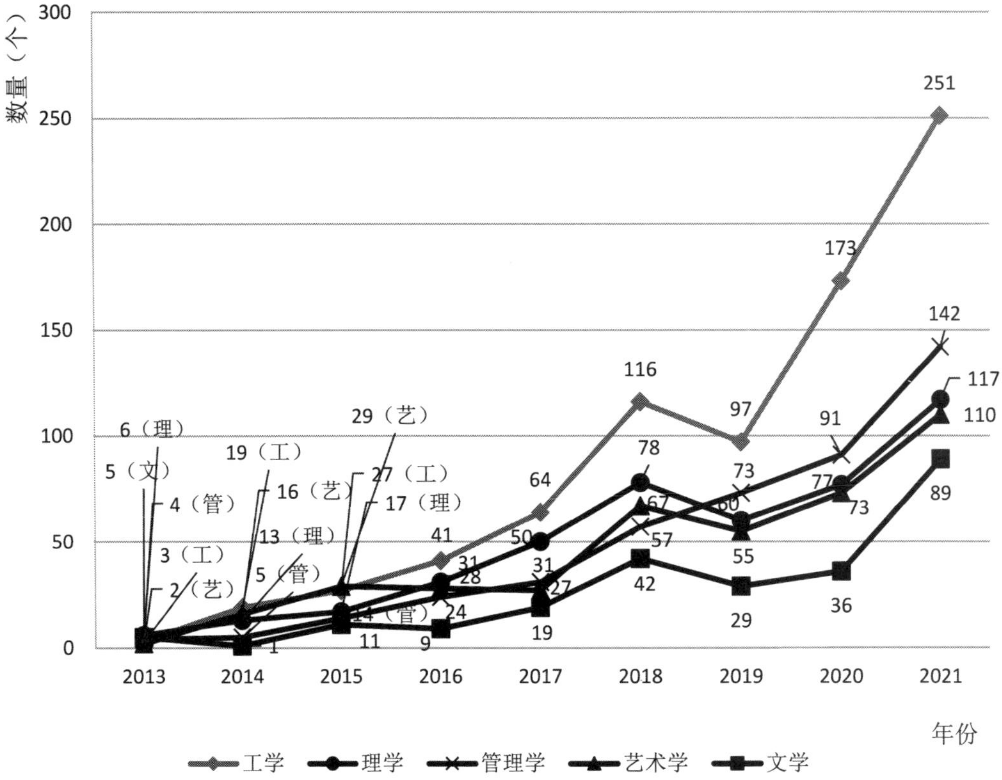

图 5　撤销专业点数排名前五位的学科门类年度变化情况

（数据来源：教育部历年公布的普通高等学校本科专业备案和审批结果）

四、文科专业设置的基本情况

（一）文科学科门类调整情况

1994 年国家公布的新专业目录，改变了传统以行业划分的方法，代之以学科划分科类，确定了 10 个学科门类，其中文科包括哲学、经济学、法学、教育学、文学、历史学 6 个学科门类。1998 年的本科专业目录修订增加了管理学门类。2012 年，教育部开展新一轮大规模的本科专业目录修订和专业设置调整工作，增设了艺术学门类，高等教育人才培养结构进一步优化。目前，我国本科人才培养的文科门类达到 8 个，分别是哲学、经济学、法学、教育学、文学、历史学、管理学和艺术学。

（二）文科学科门类下的专业数量情况

根据教育部2022年最新公布的本科专业目录，我国普通高等学校本科共有771种专业，其中文科专业有358种，文科专业种数约占整个本科专业目录的46.43%。在八大文科门类中，管理学的专业类数量在所有文科门类中最多。文学的专业种数最多，高达123种，占总文科专业种数的34.36%（见表2）。管理学专业种数为65，仅次于文学。历史学门类和哲学门类不仅都只有1个专业类，专业种数也较少，分别只有9个和4个。

表2 文科学科门类下的专业种数

门类代码	学科门类	专业类	专业类数量	专业种数	该学科门类专业种数占全部文科学科门类专业种数的比重
01	哲学	哲学类	1	4	1.12%
02	经济学	经济学类、财政学类、金融学类、经济与贸易类	4	25	6.98%
03	法学	法学类、政治学类、社会学类、民族学类、马克思主义理论类、公安学类	6	49	13.69%
04	教育学	教育学类、体育学类	2	27	7.54%
05	文学	中国语言文学类、外国语言文学类、新闻传播学类	3	123	34.36%
06	历史学	历史学类	1	9	2.51%
12	管理学	管理科学与工程类、工商管理类、农业经济管理类、公共管理类、图书情报与档案管理类、物流管理与工程类、工业工程类、电子商务类、旅游管理类	9	65	18.16%
13	艺术学	艺术学理论类、音乐与舞蹈学类、戏剧与影视学类、美术学类、设计学类	5	56	15.64%

（数据来源：教育部公布的普通本科专业目录）

五、文科专业调整的规模与结构

（一）文科专业调整的规模

2013—2021 年，全国高校文科专业调整总体情况如图 6 所示，其中专业点调整总数是新增专业点数与撤销专业点数之和。

从专业点调整总数来看，2013—2021 年文科专业点调整总数在 2014 年、2019 年短暂下滑后迅速回升，整体呈现波动上升趋势。从新增专业点数来看，2014 年、2019 年新增专业点数出现明显下降，但随后都迅速回升，与专业点调整总数的走向基本一致。从撤销专业点数来看，2013—2021 年，文科撤销专业点数总体呈现不断增长的趋势，2021 年撤销专业点数高达 418 个，同比上年增长 63.92%。同时，历年新增专业点数虽仍高于撤销专业点数，但 2018 年以后两者差距在逐渐减小，也就是说文科专业建设正在由以前的以新增专业为主逐渐向新增、撤销两侧同时调整转变。可以看出，“新文科”建设的提出给文科专业发展带来了新契机，注入了新活力，同时也促进了文科专业的结构性调整和优化。

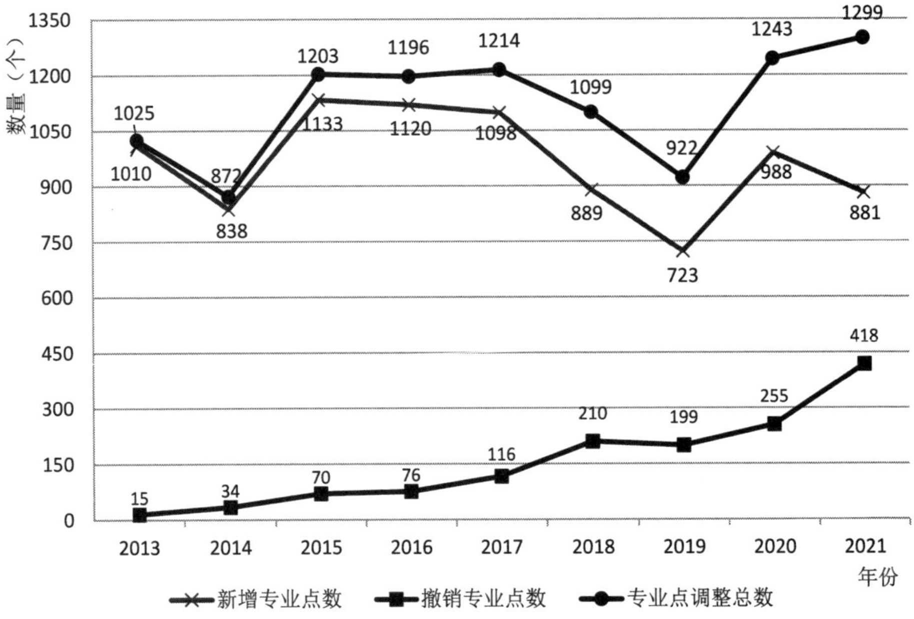

图 6　2013—2021 年全国文科专业调整总体情况

（数据来源：教育部历年公布的普通高等学校本科专业备案和审批结果）

（二）文科专业调整的结构

1. 文科学科门类下的专业点调整数量情况

不同学科门类专业调整的数量情况不同，从新增专业点总数来看，2013—2021年，管理学、艺术学、文学新增专业点数位居前三，分别占文科新增专业点数的28.68%、23.99%、20.26%。而哲学、历史学新增专业点数仅占文科新增专业点数的0.17%、1.15%。从历年的新增专业点数上看，2014年起，法学新增专业点数总体上呈现增长趋势，在每年文科新增专业点数中所占比重从2015年的2.91%提升到2021年的7.95%。而文学虽然新增专业点数较多，但从纵向的时间维度上看，文学新增专业点数在当年文科新增专业点数中所占比重却从2013年的26.53%降低到2021年的13.73%（见表3）。综上可知，文科中的管理学、艺术学专业增设热度较高且持续不减，文学专业增设热度有所下降，法学专业增设热度有所上升。

表3 2013—2021年文科学科门类下的新增专业点数

	2013	2014	2015	2016	2017	2018	2019	2020	2021	合计	该学科门类新增专业点数占全部文科学科门类新增专业点数的比重
法学	48	32	33	54	57	71	55	86	70	506	5.83%
管理学	298	301	332	311	263	214	196	299	275	2489	28.68%
教育学	61	46	85	71	85	106	67	85	91	697	8.03%
经济学	119	99	150	136	127	91	74	116	120	1032	11.89%
历史学	13	6	9	17	17	6	9	8	15	100	1.15%
文学	268	186	258	235	250	166	128	147	121	1759	20.26%
艺术学	201	168	265	296	295	234	191	246	186	2082	23.99%
哲学	2	0	1	0	4	1	3	1	3	15	0.17%
总计	1010	838	1133	1120	1098	889	723	988	881	8680	—

（数据来源：教育部历年公布的普通高等学校本科专业备案和审批结果）

从撤销专业点数来看，2013—2021 年，管理学、艺术学、文学专业点撤销总数位居前三，分别占文科专业撤销点数的 31.66%、29.22%、17.30%。而哲学、历史学专业撤销点数仅占文科专业撤销点数的 0.28%、0.36%。从历年的撤销专业点数上看，2013 年起，教育学、文学撤销专业点数总体上呈现增长趋势，但是其在当年文科撤销专业点数的所占比重却呈现下降趋势，教育学从 2013 年的占比 26.67%降低到 2021 年的占比 3.59%；文学从 2013 年的占比 33.33%降低到 2021 年的占比 21.29%。与之相反的是，管理学每年的撤销专业点数在每年文科撤销专业点数的所占比重从 2013 年的 26.70%提高到 2021 年的 33.97%；艺术学每年的撤销专业点数在每年文科撤销专业点数的所占比重从 2013 年的 13.33%提高到 2021 年的 26.32%（见表 4）。综上可知，管理学、艺术学、教育学、文学每年专业调整幅度较大，管理学、艺术学撤销力度较大且持续不减，教育学、文学专业撤销力度相对有所减小。

表 4　2013—2021 年文科学科门类下的撤销专业点数

	2013	2014	2015	2016	2017	2018	2019	2020	2021	合计	该学科门类撤销专业点数占全部文科学科门类撤销专业点数的比重
法学	0	3	5	4	15	13	11	16	33	100	7.18%
管理学	4	5	14	24	31	57	73	91	142	441	31.66%
教育学	4	6	11	10	14	20	13	19	15	112	8.04%
经济学	0	1	0	1	7	9	17	20	28	83	5.96%
历史学	0	1	0	0	1	2	1	0	0	5	0.36%
文学	5	1	11	9	19	42	29	36	89	241	17.30%
艺术学	2	16	29	28	27	67	55	73	110	407	29.22%
哲学	0	1	0	0	2	0	0	0	1	4	0.28%
总计	15	34	70	76	116	210	199	255	418	1393	—

（数据来源：教育部历年公布的普通高等学校本科专业备案和审批结果）

2. 文科学科门类下专业调整排名情况

从新增专业点数看，2013—2021 年，网络与新媒体、商务英语、数字媒体艺术、翻译、大数据管理与应用专业新增点数最多，分别为 301 个、281 个、263 个、199 个、183 个（见图 7）。图中新增点数较多的专业中，各学科门类所包含的专业种数分别是：管理学，9 个；艺术学，3 个；文学，3 个；经济学，2 个；教育学，2 个。从专业撤销点数来看，2013—2021 年，公共事业管理、服装与服饰设计、信息管理与信息系统、产品设计、广告学专业撤销点数较多，分别为 91 个、84 个、60 个、57 个、35 个（见图 8）。图中撤销点数较多的专业中，各学科门类所包含的专业种数分别是：管理学，5 个；艺术学，5 个；文学，5 个；法学，2 个；经济学，1 个；教育学，1 个。通过对部分新增专业点和撤销专业点进行比较，我们发现文科专业的动态调整始终以社会需求为导向，既体现学科间交叉融合的特点，如新增网络与新媒体、商务英语、数字媒体艺术等交叉专业，又能及时淘汰信息管理与信息系统、公共事业管理、服装与服饰设计等就业率过低的专业。

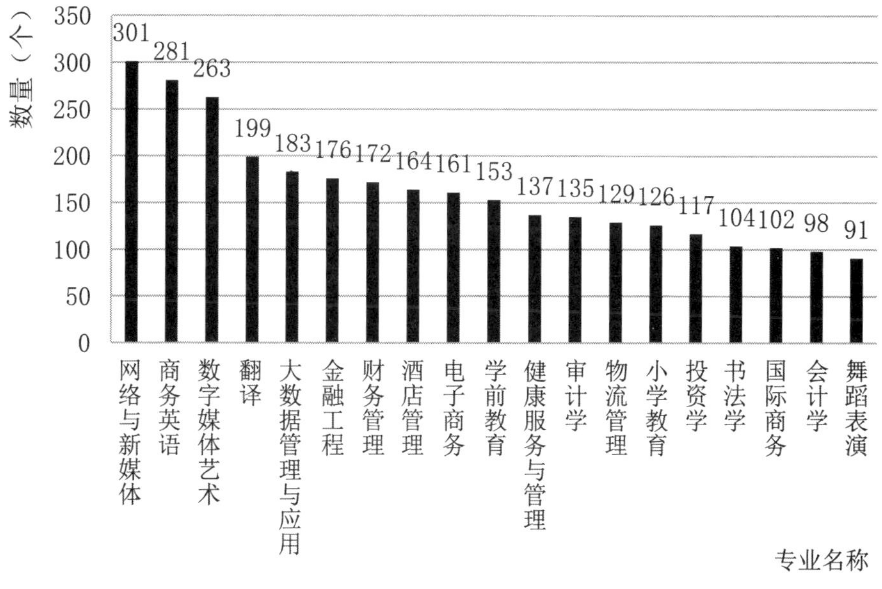

图 7　2013—2021 年部分文科新增专业点数排名

（数据来源：教育部历年公布的普通高等学校本科专业备案和审批结果）

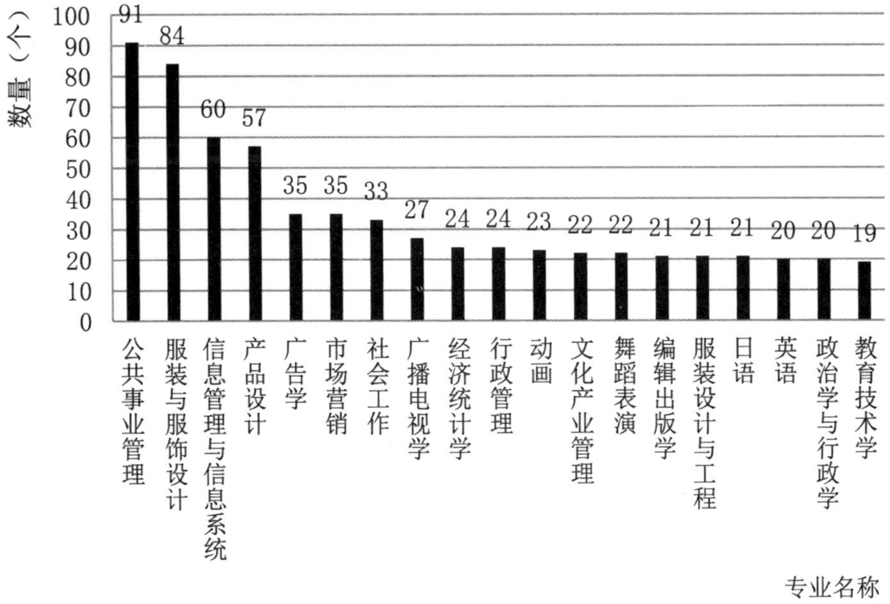

图 8　2013—2021 年部分文科撤销专业点数排名

（数据来源：教育部历年公布的普通高等学校本科专业备案和审批结果）

六、文科专业调整的特点

（一）总体增量显著

文科占所有学科门类的三分之二，占专业种数和在校学生数的半壁江山。[①] 面对世界范围内各种思想文化交流交融交锋的新形势，如何加快建设社会主义文化强国、增强文化软实力、提高我国在国际上的话语权，迫切需要哲学社会科学更好发挥作用。[②] 2013—2021 年，文科专业规模保持持续扩张态势，全国高校共新增文科专业点 8680 个，占全部新增专业点数的 47.23%。

从年度变化情况来看，2013—2021 年，全国高校文科专业规模增速主要呈现两轮发展态势（见图 9）。2014 年 7 月，教育部印发《关于进一步落实和扩大高校办学自主权完善高校内部治理结构的意见》，重点扩大了高校在调整

① 参见《新文科建设工作会在山东大学召开》，2020－11－03，http://www.moe.gov.cn/jyb_xwfb/gzdt_gzdt/s5987/202011/t20201103_498067.html。

② 参见《习近平主持召开哲学社会科学工作座谈会并发表重要讲话》，2016－05－17，http://www.gov.cn/xinwen/2016-05/17/content_5074221.htm。

优化学科专业等七个方面的自主权①，文科专业迅速增长。2018 年 10 月，自中央文件提出新文科建设以来，全国高校积极推进文科专业建设，文科专业迎来新一轮快速增长。

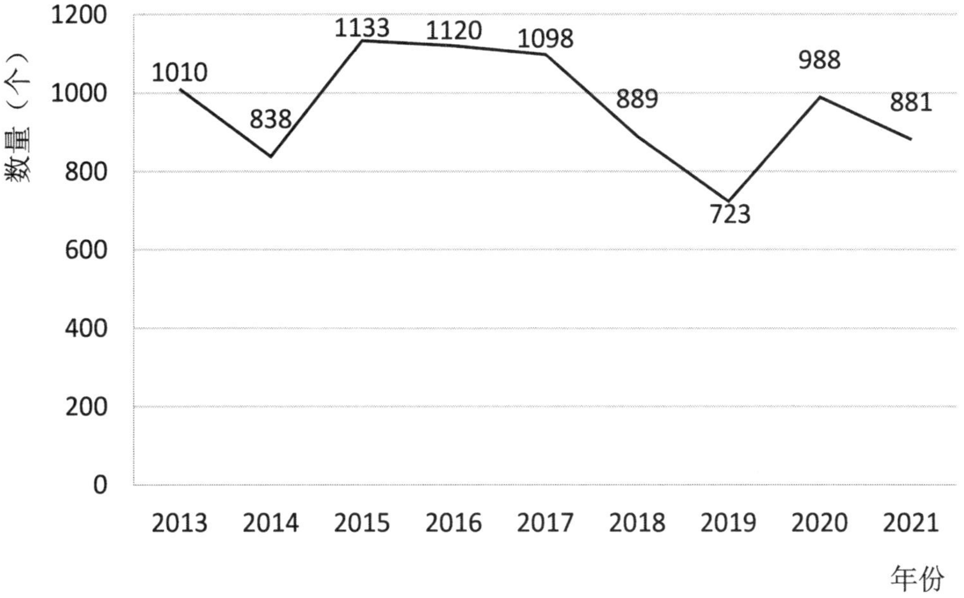

图 9　2013—2021 年文科新增专业点数年度变化情况

（数据来源：教育部历年公布的普通高等学校本科专业备案和审批结果）

（二）管理、艺术、文学类新增专业点数量多

全国高校新增文科专业点数在学科门类方面呈现出较大差异，管理学、艺术学、文学三大学科门类新增专业点数优势明显，分别增加了 2489 个、2082 个和 1759 个（见表 3），占文科新增专业点数的 28.68%、23.99%、20.26%，是文科专业新增的主力。

（三）新增专业重点聚焦国家急需、紧缺和新兴领域

2013—2021 年，一批积极服务国家重大经济社会发展战略的急需、紧缺和新兴文科专业得到增设和快速发展。

服务对外开放战略，商务英语、汉语国际教育、跨境电子商务、国际商

① 参见《2014 年教育大事记》，2015-02-26，http://www.moe.gov.cn/jyb_xwfb/gzdt_gzdt/s5987/201502/t20150226_185926.html。

务、翻译等专业增量显著，培养国家急需的国际化应用型文科人才。2013—2021 年，分别有 281、84、78、102、72 所高校增设相关专业，均位列其各自学科门类中新增专业点数前十位。习近平总书记在哲学社会科学工作座谈会上的讲话中强调，要“既向内看、深入研究关系国计民生的重大课题，又向外看、积极探索关系人类前途命运的重大问题”。加快培养具有全球视野、中国立场、通晓国际规则的高素质国际组织人才，加快培养适应新发展格局的高素质国际化专业人才，特别是外交人才、国际经贸人才、涉外法治人才、国际新闻传播人才、国际专利人才等，着力提高学生的全球视野、国际交往能力和全球就业能力，是全球新格局对高等文科教育提出的新要求。

服务“一带一路”建设，以“一带一路”沿线国家语言为代表的小语种专业增设明显，培养国家紧缺的非通用语种人才。随着“一带一路”建设的快速推进，小语种人才需求呈井喷态势，但我国高校小语种人才供给能力却难以与需求相匹配，小语种服务能力严重匮乏。为更好地服务国家“一带一路”倡议，高校积极增设相关专业，2014—2021 年，教育部本科专业目录新增土库曼语、塔吉克语、阿塞拜疆语等 39 种外语非通用语种专业，外语类专业的语种种类明显增加。目前，我国本科专业目录已基本实现“一带一路”沿线国家语种全覆盖。教育部在《2022 年普通高等学校部分特殊类型招生基本要求》中明确要求加大向国家“一带一路”建设发展所需语种专业倾斜力度，鼓励高校培养“小语种+”复合型人才，充分彰显了国家对小语种人才培养的重视。

助力数字中国建设，大数据管理与应用、数字经济、网络与新媒体、数字媒体艺术等专业迅速在高校布点，大力培养数字人才。随着移动互联网、云计算、大数据、虚拟现实、人工智能等新一代信息技术的快速发展，社会正在全面进入数字化时代。2016 年，《“十三五”国家战略性新兴产业发展规划》将信息技术、数字创意等确定为国家战略性新兴产业，与之相关的大数据管理与应用、数字经济等专业迅速在高校布点。其中，大数据管理与应用专业自 2017 年首次增设后在全国 183 所高校相继布点开设，仅 2020 年即有 59 所高校增设该专业，占当年管理类专业新增总数的 19.73%（见图 10、表 3）。在媒体融合背景下，网络与新媒体、数字媒体艺术等专业也开始迅速布点。2013—2021 年，分别有 301、263 所高校新增了网络与新媒体、数字媒体艺术专业，分别居文科新增专业点数第一和第三位。

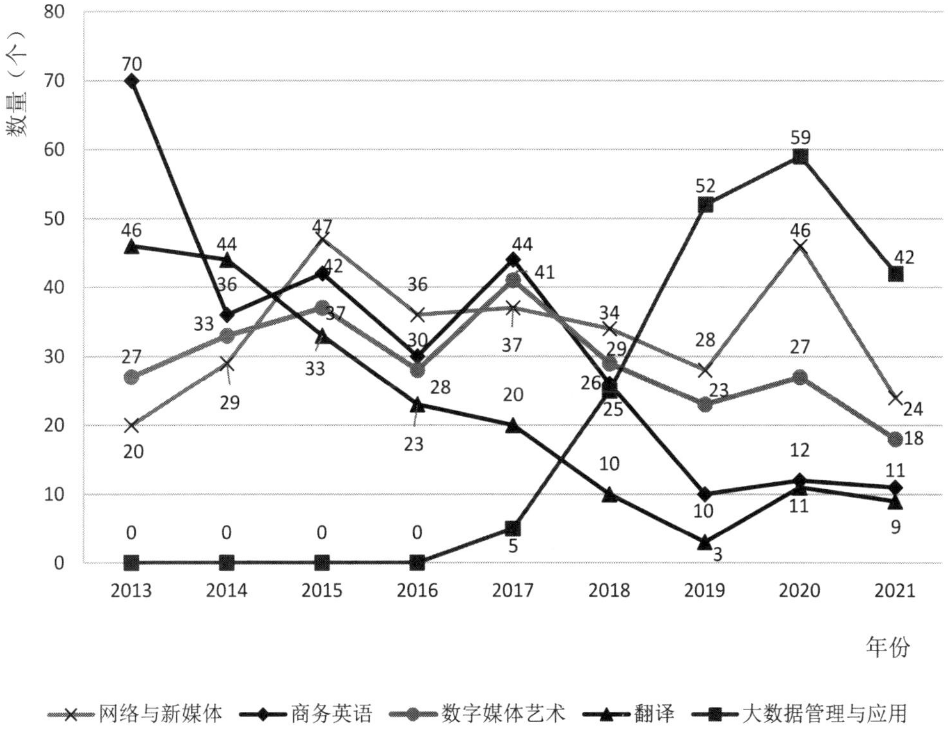

图 10　2013—2021 年文科新增专业点数前五位专业的年度变化情况

（数据来源：教育部历年公布的普通高等学校本科专业备案和审批结果）

（四）专业“交叉融合”走向深入

新产业新业态的快速发展对培养知识复合、学科融合、实践能力强的新型人才提出了迫切需求。在管理学、艺术学、文学学科门类新增点数前五的专业中，学科融合特点进一步凸显（见表 5）。管理类新增专业中，“大数据+管理”“管理+医学”相融合的大数据管理与应用、健康服务与管理专业点数量增长明显，大数据管理与应用专业已成为 2013—2021 年管理类新增点数最多的专业，健康服务与管理专业自 2014 年设置以来也呈现迅速增长态势。同时，数字技术与文学艺术的深度融合正成为文学艺术类专业发展的新趋势，九年间共有 301 所高校新增网络与新媒体专业，专业新增点数居所有文科专业首位，占全部新增新闻传播类专业（463 个）的 65.01%；

263 所高校新增数字媒体艺术专业，专业新增点数居所有新增艺术类专业首位，占所有高校新增艺术类专业（2082 个）的 12.63%。

表 5　三大文科学科门类下新增点数前五名的专业

学科门类	专业名称	新增专业点数	占所在学科门类新增专业点数的比重
管理学	大数据管理与应用	183	7.35%
	财务管理	172	6.91%
	酒店管理	164	6.59%
	电子商务	142	5.71%
	健康服务与管理	137	5.50%
艺术学	数字媒体艺术	263	12.63%
	书法学	104	5.00%
	舞蹈表演	91	4.37%
	播音与主持艺术	89	4.27%
	工艺美术	88	4.23%
文学	网络与新媒体	301	17.11%
	商务英语	281	15.97%
	翻译	199	11.31%
	秘书学	89	5.06%
	汉语国际教育	84	4.78%

（数据来源：教育部历年公布的普通高等学校本科专业备案和审批结果）

另外，在教育部 2022 年发布的《学位授予单位（不含军队单位）自主设置交叉学科名单》中，“工+文”专业如能源与气候经济、设计艺术哲学，“理+文”专业如计算法学、金融科技，“文+文”专业如体育旅游，音乐教育等专业也在高校逐步增设，学科融合发展趋势逐步走向深入。

（五）地区之间增量不平衡

区域间经济社会发展差异影响着对各方面人才需求的差异。从新增专业点数来看，2013—2021 年，我国东部地区高校新增文科专业点数最多，共新增 3625 个，占所有地区新增专业点数的 41.76%，中、西部地区增量分别占比 29.75%和 28.49%（见表 6）。在各高校平均新增专业点数方面，2013—2021 年，东、中、西部地区每所高校平均分别新增专业点 6.89 个、7.29 个和 8.44 个。对不同地区高校的新增文科专业点数进行方差分析，结果显示，不同地区高校文科专业的平均新增点数在统计学意义上有显著差异，东部地区和中部地区均显著小于西部地区，全国各地区文科专业建设保持持续增长态势（见表 7）。

表 6　2013—2021 年不同地区高校文科新增专业点数

地区	新增专业点数	占所有地区新增专业点数比重
东部地区	3625	41.76%
中部地区	2582	29.75%
西部地区	2473	28.49%

（数据来源：教育部历年公布的普通高等学校本科专业备案和审批结果）

表 7　2013—2021 年不同地区高校文科新增专业点数差异

地区	各组描述性统计量			方差检验		
	学校数	平均值	标准差	*F*	*P*	Scheffe 检验
东部地区	526	6.89	5.739	7.724	0.000	东部地区 < 西部地区；中部地区 < 西部地区
中部地区	354	7.29	5.107			
西部地区	293	8.44	5.273			

（数据来源：教育部历年公布的普通高等学校本科专业备案和审批结果）

（六）语言类、财经类院校增量突出

在 2013—2021 年文科新增专业点数排名前三十的高校中，语言类、财经类院校共 16 所，占比为 53.33%，增量优势明显，其中文科新增专业点数最多的高校是北京外国语大学，文科新增专业点数为 52 个（见表 8）。

表 8　2013—2021 年文科新增专业点数排名前三十高校

序号	高校名称	文科新增专业点数	序号	高校名称	文科新增专业点数
1	北京外国语大学	52	16	燕京理工学院	24
2	河北外国语学院	30	17	云南经济管理学院	24
3	辽宁传媒学院	30	18	安徽外国语学院	23
4	河南财政金融学院	27	19	青岛恒星科技学院	23
5	兰州文理学院	26	20	西安外国语大学	23
6	天津外国语大学	26	21	广西外国语学院	22
7	云南财经大学	26	22	汉江师范学院	22
8	安徽师范大学	25	23	河南牧业经济学院	22
9	福建商学院	25	24	吉利学院	22
10	湖南财政经济学院	25	25	南昌工学院	22
11	辽宁财贸学院	25	26	山东管理学院	22
12	浙江越秀外国语学院	25	27	宿迁学院	22
13	郑州财经学院	25	28	北京城市学院	21
14	北京体育大学	24	29	北京第二外国语学院	21
15	清华大学	24	30	沧州师范学院	21

（数据来源：教育部历年公布的普通高等学校本科专业备案和审批结果）

本文简要梳理了我国高等学校本科专业设置与调整的政策变迁，以教育部公布的数据为基础，对高校专业设置的基本情况、专业调整的规模与结构进行了简要论述，并对文科专业进行了重点探析。研究发现，党的十八大以来，尤其是“四新”建设提出后，面对新科技革命与产业变革的挑战以及世界百年未有之大变局，我国高等教育专业建设与国家需求同频共振，学科专业结构不断优化，专业建设活力持续迸发。文科专业调整呈现总体增量显著，管理类、艺术学、文学类新增专业点数多，新增专业重点聚焦国家急需、紧缺和新兴领域，专业“交叉融合”走向深入，地区之间增量不平衡，语言类、财经类院校增量突出等特点。下一步，要坚持以习近平新时代中国特色社会主义思想为指引，深入学习贯彻党的二十大精神，贯彻落实习近平总书记关于教育的重要指示批示精神，面向国家重大战略需求，大力推进“外语+”“数字+”等新兴专业、基础学科和交叉学科专业建设，推动高等教育内涵式发展，为以中国式现代化全面推进中华民族伟大复兴提供坚实人才支撑。

专家观点

中国新文科建设的使命、成就及前瞻

樊丽明*

加快构建中国特色哲学社会科学，建构中国自主的知识体系，是党的十八大以来，以习近平同志为核心的党中央提出的坚持和发展中国特色社会主义的一项重要任务。在新的时代条件下，我国哲学社会科学发展迎来了前所未有的机遇。中国高等教育应当认清新发展阶段的历史方位，在现代化强国建设中勇担新使命，展现新作为，勇于探索，敢于创新，走出一条建设中国特色世界一流大学的新路，为加快构建中国特色哲学社会科学、建设世界重要人才中心和创新高地做出应有的贡献。

一、立足新时代，勇担新使命

当前我们正站在百年未有之大变局的历史节点上，我国进入了全面建设社会主义现代化国家、向第二个百年奋斗目标进军的新征程。在这种背景下，高等教育肩负着新的历史使命和时代担当，迫切需要通过体系变革加快教育创新发展，构建世界水平、中国特色的人才自主培养体系。展望新时代的新文科建设，应当秉承“引领”替代“适应”的理念，由“被动满足”需求转为“主动引领”发展，不断迭代更新，为实现中华民族伟大复兴，提供思想理念、精神品格、建设路径等支撑。

第一，新科技革命与文科融合化。新一代科技革命和产业变革加速演进，新产业新业态的快速发展产生了对知识复合、学科融合、实践能力强的新型人才的迫切需求，催生交叉新专业，促进开设新课程，探索育人新模式，且推动现有专业升级改造。同时，科技进步不断创造着研究学习的新方法、新手段，新科技发展和新产业新业态持续引发着新的研究课题，不仅促进了自

* 樊丽明，山东大学原校长，教育部新文科建设工作组组长。

然科学进步，也促进了文科学术视野的拓展和思维范式的变化，推动文科研究内容与方法的融合创新。“新文科”之新首先在于新科技发展与文科融合引致的文科新增长点和传统文科专业、课程以及人才培养模式的更新换代。因此，立足新时代，回应新需求，只有打破学科界限，整合多学科知识，促进学科融合、科技融合，才能更好地解决现实问题、有力支撑经济社会高质量发展。

第二，历史新节点与文科新使命。我国正处在实现“两个一百年”奋斗目标、实现中华民族伟大复兴中国梦的重要时间节点，传承文化根脉，创新文化发展，树牢文化自信，促进多元文化交流交融是文科的新使命，即文科的时代性要求。而培养研究传承中华优秀传统文化、担当创造性转化、创新性发展大任的人才，需要文科教育有新作为、新气象。如何着力培养基础扎实、通古博今、创新力强的中国文化研究人才，以承担创新性发展职责；如何着力培养知识广博、通晓中外的跨文化研究与传播人才，以促进多元文化交流交融；如何着力培养知识复合、创造力和实践力强的文化创意人才，以实现文化创造性转化；如何开展面向全体学生的高质量通识教育，树牢全民族文化自信等，都值得深思和探索。

第三，进入新时代与文科中国化。首先，文科中国化需要正视教育教学内容中国化问题。如何在兼收并蓄的基础上，结合中国特色社会主义伟大实践，加快构建具有继承性、民族性、原创性、时代性、系统性、专业性特点的中国特色哲学社会科学体系，如何加快建设具有中国特色的学科体系、学术体系、话语体系、教材体系，如何着力打造融通中外的新概念、新范畴、新表述，着力凝练体现中国立场、中国智慧、中国价值的理念、主张、方案，充分展现中国学术话语的特色和优势，是新文科建设应该着力研究和破解的问题。其次，文科中国化需要正视培养目标和方法适应中国未来需要的问题。改革开放以来，文科尤其是社会科学领域专业点规模和招生数量激增，对满足社会的文科人才需求贡献良多，但也暴露出一些问题。要真正培养高质量创新型引领性人才，文科教育就要着力突破瓶颈，迈出新的改革步伐。

第四，全球新格局和文科国际化。新形势新任务要求不断提高我国参与全球治理的能力，着力增强规则制定能力、议程设置能力、舆论宣传能力、统筹协调能力，需要一大批熟悉党和国家方针政策、了解我国国情、具有全球视野、熟练运用外语、通晓国际规则、精通国际谈判的专业人才。着力提高文科专业学生的国际交往能力和全球就业能力，培养更多代表中国立场、富有家国情怀的国家急需人才，为我国参与全球治理提供有力人才支撑，是全球新格局对文科发展的新要求。①

二、贯彻新理念，构建新体系

近年来，高等教育积极回应新要求、勇于担当新使命，聚焦文科教育高质量发展，持续深化思想认识、扎实开展理论研究、积极探索实践路径，走出了一条中国特色的文科教育发展之路。

第一，开创理论研究新局面。在新时代背景下，全国各领域专家学者、教育工作者坚持以习近平新时代中国特色社会主义思想为指引，紧跟国际国内发展形势，深刻理解中国高等教育发展的新趋势和文科教育创新的新要求，围绕“什么是新文科、为什么建设新文科、如何建设新文科”开展了全面系统研究，深化了对新文科的内涵与特征、新文科建设必要性、理论探索和实践路径等方面的规律性认识，形成了一批体现中国文化、中国智慧、中国经验的重要理论成果。坚持以项目实施带动改革实践，创办《新文科教育研究》《新文科理论与实践》期刊，打造新文科理论阵地，刊载新文科理论研究与实践探索成果，推动新文科建设的理论创新与实践创新。

第二，抓好人才培养新基建。全国新文科建设工作会议提出，新文科建设要抓好“三大抓手”“四大讲堂”，坚持项目牵引，促进文科教育创新发展。围绕会议精神，各省级教育行政部门、高校、教指委积极推动高等教育内涵式发展，瞄准科技前沿和关键领域，高起点布局基础学科专业和交叉学科专业，持续抓好专业质量、课程质量、教材质量、技术水平、教师队伍、质量文化、规划总结“七大工程”，取得了显著成效。据统计，2019—2021年，76 个新专业列入《普通高等学校本科专业目录》名单，其中新增文科专业种类 32 个，占比 42. 1%。认定 3248 个文科类国家级一流本科专业建设点和 1926 门文科类国家级一流本科课程。深化实践教学改革，加大创新实践能

---

① 参见樊丽明：《“新文科”：时代需求与建设重点》，《中国大学教学》2020 年第 5 期。

力培养力度，推动信息技术与教育教学深度融合；着力加强文科基础学科拔尖人才和国家急需高层次紧缺人才培养，深化学科融合、本硕博贯通培养模式改革，探索“人文社科+X”等基础学科拔尖人才培养新路径，创新优化基础学科拔尖人才培养方案，超常规培养文科创新拔尖人才。

第三，构建协同育人新格局。坚持“四个面向”，聚焦国家战略和区域经济社会发展需求，科学统筹规划，充分整合政府、科研院所、行业企业的优质资源和创新要素，强化政教科教产教协同育人，通过联合培养、互聘导师、协同科研、共建基地等方式，以继承与创新、交叉与融合、协同与共享为途径，加强校际合作、校政合作、校企合作，深入探索多元人才培养模式，广泛搭建多方协同育人平台，有力促进人才培养与社会需求的对接、人才培养与产业需求的融合，推动实现教育链、人才链与产业链、创新链的有机衔接，加快构建共建共享共赢的协同育人发展新格局。同时，立足新发展格局，探索建立国际交流合作发展新机制，主动链接全球优质教育资源，强化国际合作育人，为文科教育创新发展注入新活力，为推动构建人类命运共同体做出积极贡献。

第四，创新人才培养新机制。坚持以问题为导向，以目标为牵引，创新选才机制、个性化育人机制和资源配置机制，强化政策支撑，促进新文科建设的科学化、规范化、制度化，着力提升人才自主培养能力，尤其在师资配备、参与科研、国际交流、评价考核等方面给予重点倾斜，为人才培养提供优良生态和强力保障。建立健全工作机制，汇聚文科教育创新发展合力，统筹推动新文科建设。着力建设一支既精于传道授业解惑又润己泽人的“经师”与“人师”相统一的教师队伍，通过教师能力提升培训、国内外研修等多元培训形式，不断提升教师综合业务能力；同时，努力打破固有的学科领域界限，组建跨学科、跨专业的教学团队，培育适应新文科发展的教师队伍。构建多元评价体系和培养成效长期跟踪评价反馈机制，并将评价结果运用到新文科建设培养目标、方案和实现过程的持续改进中，建立高效的人才培养闭环评价与改进系统。

第五，搭建公共服务新平台。2020 年 11 月，教育部高等教育司依托山东大学设立全国新文科教育研究中心，承担新文科建设的理论与政策研究、项目管理、信息服务和师资培训等职能，中心主动担承新时代文科教育创新发展新使命，构建了“一会一论坛、一刊一报告、一号一平台”的“六个一”工作体系，努力服务全国新文科建设。创办新文科期刊，建设新文科官方网站，推出“全国新文科”微信公众号，致力于打造集期刊、年报、公众号、网站于一体的交流宣传阵地。

三、奋进新征程，展现新作为

站在“两个一百年”奋斗目标的历史交汇点，新文科建设应守正创新，与时俱进，勇闯新路，再谱新篇。

第一，新文科建设要进一步推动中华优秀传统文化创造性转化、创新性发展。处在历史新节点，新文科要守正创新，传承和创新中华优秀传统文化，提升中国学术话语权，支撑引领中国国家治理实践。对中华优秀传统文化进行创造性转化、创新性发展，必须对其进行社会科学化处理和提炼，使其精华进入现代知识体系和现代思想体系中，为治国理政提供更多借鉴与参考。坚持中国文化、中国历史、中国现实、中国学术的视角，准确把握当代中国话语的特殊国际语境、时代特征、行为原则，推动合作共赢，开创世界未来发展良机。围绕举旗帜、聚民心、育新人、兴文化、展形象的使命任务，用中华优秀传统文化阐释中国式现代化道路与人类文明新形态。传播社会主义核心价值观，在世界的维度中发掘和阐释中华优秀传统文化的当代价值，增强中华优秀传统文化国际传播能力。提升中国文化软实力，为国家硬实力建设提供思想动力和智力支持，为中华民族伟大复兴注入强大的精神动力。

第二，新文科建设要构建中国特色哲学社会科学自主知识体系。新文科是中国哲学社会科学在新的历史背景下创新发展的新形式，是系统性和专业性、原创性和时代性、继承性和民族性的统一，具有鲜明的中国特色。进入新时代，新文科要以中国为观照，以时代为观照，立足中国现实，扎根中国大地，结合中国特色社会主义伟大实践，着力打造融通中外的新概念、新范畴、新表述、新理论，着力凝练体现中国立场、中国智慧、中国价值的理念、主张、方案，形成中国特色的学科体系、学术体系、话语体系，加快构建有影响力、感召力、塑造力的中国特色哲学社会科学自主知识体系，把当代中国发展进步和当代中国人的精彩生活表现好、展示好，把中国精神、中国价值、中国力量阐释好。

第三，新文科建设要进一步推进构建具有世界水平、中国特色的人才自主培养体系。新文科建设的专业优化、课程提质、模式创新、实践能力培养等问题，是构建世界水平、中国特色的文科人才培养体系的关键所在。新文科建设需要针对问题更新逻辑链条，重建新视角、新范式和新方法，进一步拓展传统文科的外延，全面优化文科学科专业体系，推进学科交叉融合，不断夯实基础学科，带动传统文科的转型升级，扶持加强战略急需的冷门绝学和边缘学科，发展新兴学科，超越学科和专业设置的条状分割状态，最大化地对现有资源进行优化和重组，由单一学科专业向跨学科、跨专业转型，在优化、调整、升级、换代和新建中体现文科发展的引领性，服务于国家的战略部署和方略谋划。要切实推进课程提质，适应时代需求和特点，组建新课程模块，着力打造一流课程体系。积极探索实践教学与理论教学、科学研究、社会服务、就业创业相结合的实践教学体系，建设一批符合国家战略需求和文科人才培养规律的实验、实践课程；着力打造线下、线上、混合式、虚拟仿真、社会实践等五类“金课”，将“四大讲堂”纳入学生培养方案和教学实践中，切实提高课程质量和学习成效。精心编写新教材，着力建设一批适应时代需求，体现中国特色、专业特色的文科教材及新形态教材。要勇于突破常规，建立横向多学科交叉、纵向本硕博贯通的高层次人才协同培养机制，大力深化科教融合、产教融合协同育人改革，创新人才培养新模式，拓宽人才培养新路径，实现特色培养、创新培养、扎实培养。深入实施教育数字化战略行动，推动人工智能、大数据等现代信息技术与文科教育深度融合，持续推动教育教学的理念变革、体系变革、方法变革、实践变革，形成中国特色的文科教育教学新范式，培养造就大批哲学家、社会科学家、文学艺术家等各方面人才，为中国特色社会主义伟大实践提供思想和智力支持。

（原载《中国高等教育》2022 年第 12 期）

中国知识体系建构：从“特色”到“自主”

王学典*

习近平总书记对我国哲学社会科学的发展一直非常关心、高度重视。2022年4月25日，习近平总书记在中国人民大学考察时，再次系统阐述了加快构建中国特色哲学社会科学的时代背景、原则方向、目标任务和现实要求，并进一步明确指出：“加快构建中国特色哲学社会科学，归根结底是建构中国自主的知识体系。”由一直强调“中国特色”，到着重突出“中国自主”，这一重要论断指明了今后一段时期内我国哲学社会科学建设的工作重心。

对于哲学社会科学而言，“中国特色”以及“中国风格”“中国气派”的提法，毋宁说仍带有一些以西方知识体系为主体、为本位的色彩。而“中国自主的知识体系”，则明确了要以中国自身为主体、为本位、为中心，去建设我们自己的哲学社会科学。自主知识体系命题的提出，实际上意味着从“中国特色哲学社会科学”到“哲学社会科学的中国范式”的转移。早在二十多年前，费孝通先生就提出了“文化自主”的命题，指出“生活在一定文化中的人对其文化要有‘自知之明’”，“自知之明是为了加强对文化转型的自主能力，取得适应新环境、新时代文化选择的自主地位”。他认为没有文化上的自主能力和自主地位，就无法实现文化转型；不能“发挥原有文化的特长”，就无法“求得民族的生存与发展”。①

近代以来，因为“文化冲击”，我们开始“文化反思”和“文化批判”。经过“文化反思”，我们开始意识到“文化自觉”；而经过“文化自觉”，我们必然要求“文化自信”“文化自强”与“文化自主”。如果说“构建中国特色哲学社会科学”是文化自信的核心诉求，那么“建构中国自主的知识体系”

---

* 王学典，第十四届全国政协常委，全国新文科教育研究中心副主任，山东大学儒学高等研究院执行院长、《文史哲》杂志主编。

① 参见费孝通：《文化自觉的思想来源与现实意义》，《文史哲》2003年第3期。

则是文化自强和文化自主的必然途径。正如郑永年先生所言，当前中国面临着一种局面：一方面是改革的实践和文明的复兴，另一方面是能够解释改革实践的知识体系的短缺，“最根本的症结在于改革开放乃至近代以来，中国一直没有发展出自己的知识体系，而是在用西方的知识体系来解释中国问题”；“知识体系是一种文明的最高表达”，我们必须“重塑中国的知识体系”。[①]

事实上，自晚清民初西方学术传入中国以来，如何重塑中国的知识体系，建立本土的话语体系，一直是历代学人孜孜以求的目标，而这一目标的实现经历了一个漫长而曲折的过程。自新中国成立以来，随着中国社会、中国历史翻天覆地、波澜壮阔的巨变，中国哲学社会科学已经完成了两次大规模、全方位、根本性的学术转型：第一次是 1949 年开始的从民国学术到共和国学术的巨大转型，第二次是 1978 年开始的从“以阶级论为纲”的哲学社会科学到“以现代化为纲”的哲学社会科学的巨大转型。而自党的十八大以来，整个中国的精神气候、文化气候、思想气候正在发生深刻的变迁，我们正在经历着、进行着哲学社会科学第三次巨大转型，这就是从“以现代化（西方化）为纲”的哲学社会科学正在向“以中国化为纲”的哲学社会科学的转变。随着“建构中国自主的知识体系”命题的提出，一个思想、理论和文化上全面的、立体的本土化时代已经到来。

从“以现代化或西方化为纲”向“以本土化或中国化为纲”转型，其实质就是从主体上摆脱对西方化的学科体系和理论体系的亦步亦趋，着手建构中国自主的知识体系。过去一百多年来，中国哲学社会科学在本土化与西方化、传统与现代两极之间严重失衡。当代中国的哲学社会科学学科体系，基本上是一种对西方学术全盘性的横向移植。虽然这套体系对当代中国学术发展的重要性不言自明，厥功至伟，但同样，这套来自西方的解释体系和中国经验之间也存在着巨大的脱节。第三次学术大转型将从根本上改变这一状况。

“当代中国正经历着我国历史上最为广泛而深刻的社会变革，也正在进行着人类历史上最为宏大而独特的实践创新。”中国道路已经在实践上取得了举世瞩目的成就，中国的崛起已经颠覆了许多西方社会科学理论的基本结论，

① 郑永年、杨丽君：《中国文明的复兴和知识重建》，《文史哲》2019 年第 1 期。

用西方的“经济模型”和“社会模型”已无法透彻解释中国的发展成就。当代中国的实践早已突破现有西方理论的边界，但在学术上这一实践还没有得到充分的概括与总结。“这种前无古人的伟大实践，必将给理论创造、学术繁荣提供强大动力和广阔空间。”这是第三次学术大转型的深层脉络和必然逻辑。

第三次学术大转型绝不能停留在喊喊口号，关键是怎么办，落脚点是如何集中呈现中国知识体系的自主性质。

自主知识体系的构建必须要以原创为灵魂。提高中国哲学社会科学的原创性，是第三次学术大转型的核心。没有原创性，就没有自己的主体性，也就无从谈起构建具有自身特质的学科体系、学术体系、话语体系。只有紧紧扭住原创性这个“牛鼻子”，不断推进知识创新、理论创新、方法创新，我们才能提炼出有学术含量的新理论，提炼出具有标识性的新概念，提炼出哲学社会科学的中国范式。

自主知识体系的构建必须要与传统相对接。我们必须要在当代学术和中国传统文化之间建立起新的关联，必须充分挖掘和利用传统文化这座宝库。传统是我们的文化属性，传统蕴藏着我们的文化基因，传统奔腾不息地生发着我们的主体性，传统是连接中国式现代文明的脐带。因此，第三次学术大转型，必须扎根传统，对传统文化进行社会科学化的冶炼，赋予它全新的现代属性，不断推动中华优秀传统文化创造性转化、创新性发展。

自主知识体系的构建必须面向中国经验。当代中国走出了一条不同于西方的独特的中国道路。透彻地解读和说明中国道路，是中国哲学社会科学的生命力和出路所在。只有形成基于本土经验的自主知识体系，中国道路才能最终奠定在巩固的历史根基上。我们必须把主要精力和研究旨趣转移到中国问题上来，转移到中国经验上来；从中国经验出发，以回答中国问题为鹄的；最大限度地尊重中国特点、中国文化、中国材料、中国数据、中国案例。我们的最终目标就是构建一套自主的、本土化的、准确反映中国经验的知识体系。

正如费孝通先生所言，我们只有先把中国文化里边好的东西提炼出来、讲清楚，才能使其变成世界性的东西，“首先是本土化，然后是全球化”。建构中国自主的知识体系，就是完成哲学社会科学“中国化”的转型。这是百余年来中国知识体系更新和再造进程的最终环节。中国自主知识体系的建构，将从根本上重塑中国哲学社会科学的品格，使中国哲学社会科学重新建立与东方这片广袤大地的联系，也必然会让哲学社会科学的中国范式真正屹立于世界学术之林。

（原载《新文科理论与实践》2022 年第 2 期）

新文科建设：新时代中国高等教育的“新文化运动”

刘振天　俞兆达*

新文科（New Liberal Arts）是全球新一轮科技革命背景下人文社会科学创新发展的新趋势，率先推行这一理念的美国希拉姆学院（Hiram College）被诸多国内学者奉为典范，并被视为我国新文科建设的重要起因。在希拉姆学院，新文科意指为培养和发展学生跨文化和多样性技能（intercultural & diversity skills）、正念技术（mindful technology）、系统/设计思维（system/design thinking）等“21世纪技能和思维方式”而对学校文科教育进行的一系列技术性革新。① 我国的新文科建设则是教育部“六卓越一拔尖”计划2.0中“四新”学科（新工科、新医科、新农科、新文科）政策的有机构成。虽然《新文科建设宣言》也阐明我国新文科建设的中心任务是“构建世界水平、中国特色的文科人才培养体系”②，但与希拉姆学院不同，我国新文科建设的提出还具有深刻的国家发展、社会进步和民族复兴背景，不仅要遵循知识、技术和教育逻辑，更要遵循政策、价值和历史逻辑，这是我国新文科建设与希拉姆学院新文科理念的本质不同。因此，我们在探讨相关议题的时候，不能因“形似”而忽略“神异”，不加区分地将我国的新文科建设与希拉姆学院的新文科理念混为一谈。我们更不能将前者视为后者的翻版承继，否则不仅会简

---

* 本文系国家社会科学基金重点项目“高质量教育体系建设：理念、标准、机制与方法”（21AZD068）阶段性成果。

刘振天，厦门大学高等教育发展研究中心/教育研究院教授、博士生导师；俞兆达，厦门大学教育研究院/教师发展中心博士研究生。

① “Hiram College：Explore the New Liberal Arts”，2019-04-25，https://www.hiram.edu/academics/the-new-liberal-arts/out-comes/.

② 《新文科建设工作会在山东大学召开》，2020-11-03，http://www.moe.gov.cn/jyb_xwfb/gzdt_gzdt/s5987/202011/t20201103_498067.html。

化和矮化我国新时代推进新文科建设的价值内涵，更会弱化其历史文化基础。事实上，从新中国成立之初的“双百”方针到《1956—1967 哲学社会科学规划草案（初稿）》，从中国社会科学院建院（1977 年）到国家社会科学基金设立（1986 年）和“高校哲学社会科学繁荣计划”（2003 年）启动实施，从中共中央《关于进一步繁荣发展哲学社会科学的意见》（2004 年）印发到《关于加快构建中国特色哲学社会科学的意见》（2017 年）出台，再到如今正火热推进的新文科建设，我们可以清楚地看到中国文科发展的政策沿革。

但要从根本上扭转“言新文科，必称希拉姆”的认识，光从政策脉络上梳理澄清远远不够，还必须正本清源，沿着历史文化脉络，在中国现代文科起源中探寻新文科建设的文化渊源和价值原点。只有这样，新文科建设才能避免掉入“无根”的陷阱。因此，我们有必要回到新文化运动时代一探究竟，那里不仅是中国现代文科的重要起源，也是一百多年来中国现代文科发展的奠基所在，更是我们今天探讨和推进新文科建设不应忽视的历史过往。尽管新文化运动更多是近代中国新旧更替大变革所爆发的一场思想解放运动，而新文科建设则主要是新时代高等教育高质量发展的一项政策工程，但二者都着眼“国之大者”并承担着构建新文化的时代使命。就此而言，新文科建设在精神品质上和一百多年前的新文化运动具有历史的内在承继性。进一步说，新文科在精神谱系上（而非形式上）之于新文化运动具有同源性、延续性和发展性。同时，对新文科建设来说，也只有当它“运动”起来，才能凝聚足够多的能量助力构建新时代的新文化。从这两方面来看，新文科建设可以被视作新时代中国高等教育的“新文化运动”。那么，新文科建设与新文化运动之间到底有着怎样的内在历史关联？新文化运动以来，中国文科发展所面临的未竟之业有哪些？面对这些未竟之业，新文科建设又该如何立足学科并超越学科掀起一场新时代中国高等教育的“新文化运动”？厘清这些问题，有助于克服“历史虚无”（忽视新文化运动的历史文化基础和精神实质对新文科建设的内在形塑）或“以古度今”（以新文化运动的历史逻辑裁剪新文科建设的时代现实）的认知局限，并提供一个足够长的视线来廓清新文科建设的当代样态与行动路线。

一、新文化运动与新文科建设：精神文脉上的历史关联

在新文化运动到新文科建设的一百多年里，中国现代文科发展偶有跌宕，但在精神文脉上总体连续，这种连续阐明了新文化运动与新文科建设之间的内在关联，也为新文科建设接续薪火并发起新时代中国高等教育的“新文化运动”提供了历史契机。具言之，新文化运动与新文科建设内在精神谱系的历史关联集中体现为后者在时代、主题和策略三个维度上对前者的承继与发展。

（一）时代赓续：以应变求新为共同逻辑

从时代承继看，新文科建设延续了新文化运动应变求新的行动逻辑。首先，时代在变，但愿景不变。这里的“时代”不仅指向纯粹意义上的物理时间，更多是指社会历史的发展阶段。在中华民族复兴的整体进程中，新文化运动与新文科建设分别处于民族复兴的起点与转折点，没有起点就没有转折点，更不会有终点。因此，新文化运动和新文科建设在民族复兴的总体路线格局中是内在连续的，在心怀“国之大者”、助力国族振兴这个共同愿景上，新文科建设更是对新文化运动的继往开来，这一点我们在《新文科建设宣言》或首批立项的新文科研究与改革实践项目（2021 年）中均可见一斑。其次，世界在变，但变局不变。新文化运动和新文科建设之间横亘着持续重构的世界变局，站在我们的角度看，今天新文科建设所面临的“百年未有之大变局”在一定意义上就是近代“三千余年一大变局”的历时变迁和现实翻转。世界变局波诡云谲，国际角力此消彼长。从昔日“西强东弱”到今日“东升西降”，不过是人类漫长历史中的一段轮回。“局”还是那个“局”，“变”的是中国在世界舞台上的生态位、影响力和处变心智。可以说，没有近代变局中的屈辱和没落，就没有持续一百多年的知耻后勇和奋发图强，更谈不上面对今日变局“不可逆转”的复兴决心。当然，历史不可假设。但无论怎么看，这个“变局”都是在历史中延续展开的，它并不是断裂的，要理解今日中国复兴决心之坚，必须联系中国近代史才能获得完整图景。最后，因变而变，但求新不变。时代和世界之变是历史的，更是人为的，关键是看时人如何应变。从新文化运动反求诸己，欲以“新我”融入“新世界”，到新文科建设

坚持立足民族本我建设新时代；从错过第二次工业革命的无奈，到紧抓第四次工业革命潮流的机警；从拿来欧美经验的现代化蓝本，到探索中国特色社会主义现代化的原创性实践：以上过程根本上都是应变能力的进步与提升。如果说应变而变是因循守旧的历史教训及其被动的“应激性反应”，那么求新应变则是新文化运动留给新文科建设的宝贵精神遗产。我们正是从新文化运动开始真正明白解决“卡脑袋”问题对推进国家富强和民族复兴的重要性，而今天新文科建设的根本目的就在于解决新时代冲刺民族复兴、推进国家现代化事业的“卡脑袋”问题。从这个意义上说，新文化运动也为新文科建设埋下了“历史伏笔”。

（二）主题延伸：以思想文化为共同焦点

从主题延伸看，新文科建设发展了新文化运动聚焦思想解放和文化改造的人文传统。在思想解放维度上，首先，新文科建设继续着新文化运动对习惯路径的破除，并试图对新文化运动以来脱离人文伦理缰绳的唯科学主义遗毒予以剔除。从新文化运动冲破封建意识形态桎梏，到新文科建设挣脱根深蒂固的西方现代学科知识体系霸权，其本身就是一场循序渐进的文化抗争，而“构建中国特色哲学社会科学”的时代表达更是后者对前者的历史性超越。其次，新文科建设继续着新文化运动塑造现代国民意识的努力，并结合时代转向进一步聚焦国民自信自强，打造“精神挺立”的新时代中华儿女群像。本质上说，新文化运动和新文科建设的内核都在于提升民族思维能力、精神品格和文明素质，通过世界观、人生观和价值观的持续革新重申国民尊严和人的主体性。这种在“身—家—国—天下”关系中以“人格”升“国格”，进而由内向外树立国民现代国家观的基本思路是前后相继的。再次，新文科建设继续着新文化运动疗愈大变革时代群体性心理紊乱的事业。“社会大变革的时代，一定是哲学社会科学大发展的时代。”[①] 在这里，文科之用不仅在于打开观念局限和发展思路，更在于抚慰人心、促进广泛团结，而新文科建设为民族复兴凝心聚力的主张正是对新文化运动力促全民觉醒的时代演绎。在文化改造维度上，向内看，新文科建设继续着新文化运动对传统文化的改造，并对后者进行“元反思”。文化大一统是我们国家和民族生存发展的根本，也

① 习近平：《在哲学社会科学工作座谈会上的讲话》，《人民日报》2016年5月19日。

是“中国何以成为中国人的中国”之问的答案所在[①]，我们对民族共同体的想象和实践在很大程度上依赖于文化的内在统整。而新文化运动激进派对待传统文化的态度及其影响不仅是新文化运动留给新文科建设的“历史作业”，也是新文科建设理性反思前者“古—今”之辩，进而更好地推动中华优秀传统文化创造性转化和创新性发展所必须要补的课。向外看，新文科建设继续着新文化运动对西方文化的改造。新文化运动的历史价值在于借力欧美新学确立了中国文化的民主和科学基础，但其理解的民主是程序性精英民主，科学也被抽象为形而上学的唯科学主义意识，缺少人文关怀。而新文科建设所关心的民主是全过程人民民主，科学则是为了人的系统知识。就此而言，新文科建设是对新文化运动民主和科学思想遗产的中国化实践和时代性推进，是新时代夯实文化自信的基础性工程。

（三）策略演进：以高等教育为共同阵地

从策略的演进看，新文科建设延续了新文化运动以高等教育为阵地酝酿和阐扬新文化的基本理数。一方面，新文科建设继承了新文化运动所奠基的中国现代大学和学科体系，并延续了后者以大学作为先进文化桥头堡的核心策略。从北京大学“新青年”和东南大学“学衡派”的“南北争鸣”，到北大红楼燃起的“星星之火”，新文化正是在高等学府的社会地位、教育权威和智识资源加持下“运动”起来的。[②] 而这一幕同样在新文科建设中重演：中国政法大学等 17 所名校率先建立我国首个“新文科”联盟——法学教育创新联盟；教育部召开新文科建设工作会议牵头 130 多家高校共同签署发布《新文科建设宣言》，并依托山东大学成立了“全国新文科教育研究中心”；中南财经政法大学创办了国内首个专门探讨新文科教育议题的学术期刊——《新文科教育研究》；更有 395 所高校申报的 1011 个项目被认定为首批新文科研究与改革实践项目；等等。可见，从新文化运动到新文科建设，大学一直是举旗帜、兴文化的战略高地。另一方面，新文科建设也继承了新文化运动将高校师生视为时代文化先锋的认识。事实上，新文化运动以前的有识之士们

① 参见［美］贾雷德·戴蒙德：《枪炮、病菌与钢铁：人类社会的命运》，谢延光译，上海译文出版社 2016 年版，第 349 页。

② 参见王奇生：《新文化是如何“运动”起来的——以〈新青年〉为视点》，《近代史研究》2007 年第 1 期。

就注意到“有才兴学”以“愈愚”① 的重要性，这些主张与新文化运动先锋“今日造因之道，守在树人；树人之道，端在教育”② 的觉悟相得益彰。在新文化运动期间，《新青年》依靠着北大的师生拥趸成功转型为具有全国影响力的同人杂志。而李大钊在北大红楼燃起的共产主义星火，也率先鼓舞一批进步青年走上了马克思主义道路。进步师生们不仅将“新文化”升华到“爱国、进步、民主、科学”的“五四”新高度，呈现出“辛亥革命还不曾有的姿态”③，还通过学生运动掀起了更加广泛和彻底的民族觉醒，从而扭转了国族命运。今天，中国青年运动的主题早已转向为实现民族复兴的中国梦而奋斗，但“陈腐”必败于“新兴”、“死灰沉滞”必败于“朝气横溢”、“白首”必败于“青春”的论断仍未过时。④ 新文科建设正是基于这一论断，将“高等文科教育作为培养青年人自信心、自豪感、自主性的主战场、主阵地、主渠道”⑤。可以说，在“未来属于青年，希望寄予青年”⑥ 的天演公例中，正是新文化运动在时代更迭中将为“国之大者”培养时代新青年的“接力棒”交给了新文科建设，而育新人、展形象的时代任务更是对这一接力的具体诠释。

二、从新文化运动到新文科建设：致力未竟之业

摧枯拉朽的新文化运动不仅让旧思想得到空前解放，也为现代文科扎根华夏打下根基，更为新文科建设掀起新时代中国高等教育的“新文化运动”提供了历史基点。纵览中国文科一个多世纪的沉浮，其发展脉络几乎与国族振兴、现代化进程和学科完型三大未竟之业同频共振，在“家—国”与“体—用”、“中—西”与“古—今”、“科—玄”与“雅—俗”等重要命题间进退维谷，并留下了未完答卷。追解未完答卷、致力未竟事业既是新文科建设无法绕过的历史宿命，更是不可回避的时代使命。

---

① 参见严复：《救国决论》，《严复集》，中华书局 1986 年版，第 40—54 页。

② 胡适：《胡适留学日记》下册，安徽教育出版社 2006 年版，第 108 页。

③ 毛泽东：《毛泽东选集》第 2 卷，人民出版社 1991 年版，第 699—700 页。

④ 参见李大钊：《青春》，《李大钊全集》第 1 卷，人民出版社 2006 年版，第 182—192 页。

⑤ 《新文科建设工作会在山东大学召开》，2020-11-03，http://www.moe.gov.cn/jyb_xwfb/gzdt_gzdt/s5987/202011/t20201103_498067.html。

⑥ 习近平：《在庆祝中国共产党成立 100 周年大会上的讲话》，《人民日报》2021 年 7 月 2 日。

（一）面向国族振兴：从被动跟跑到主动引领

国族振兴是新文化运动到新文科建设这一百多年来的第一大未竟之业。尽管新文化运动对近代中国的思想启蒙拉开了民族复兴序幕，但作为旧民主主义革命的一部分，其深受民族资产阶级“两面性”和历史社会条件制约，对民族复兴进程的推动终究是有限的：既没有改变旧中国“两半社会”境况，也没有实现国家富强、再造中华的目标。以至于到了新文科建设的新时代，我们仍为这桩未竟伟业励志奋斗。虽然新文化运动和新文科建设分别处于国族振兴的先导期和冲刺期，但“重构文化以振国族”始终是中国文科发展的主流信念，其中既有中国现代文科形成于近代士人“感于国势之危迫，急思深研政理，求得挽救民族、振奋国群之良策”[①]的原生背景，更有传统儒士“入世”情结对中国知识分子价值追求的内在形塑。而新文科建设要在新文化运动的基础上推进国族振兴，就必须从被动跟跑转向主动引领，处理好“家—国”与“体—用”两对命题。

就“家—国”命题来说，在中国文人“修齐治平”的人生理想中，“身—家—国—天下”向来一体同构，其中，“家—国”是联系“身”与“天下”的重要纽带，个体生命只有在这个连续体中获得认可才能彰显意义。但近代民族危机打破了传统家国关系，理性国家逐步替代了感性家国，国民替代了子民，国族替代了家族，个体意志“冲决网罗”，实现了“大脱嵌”（great disembedding）。[②]个体借由家国抵达天下的程序发生内在断裂，随之崛起的是原子化公民主体，国成为轴心机构而不仅是中介，个人作为“国民”被纳入新的“民族—国家”结构。[③]由此，家与国分道扬镳，前者走向生活世界，后者迈向系统世界，各持不同价值取向。国强家弱的语境中，家族的责任落在了原子化个体肩头，个体承受着种种系统的矛盾和冲突，对家的需要则嵌入对国的认同。尽管民族国家占有了身、家和天下，但中国的基础仍是以家为单元的乡土社会。有学者指出，家国关

① 李大钊：《狱中自述》，《李大钊全集》第5卷，人民出版社2006年版，第226—230页。

② 参见许纪霖：《现代中国的家国天下与自我认同》，《复旦学报》（社会科学版）2015年第5期。

③ 参见贡华南：《现代性与国民意识》，上海辞书出版社2012年版，第17页。

系的紧张是近百年来中国社会治理紊乱的重要根源。[①] 无论是公私不分的“家天下”，还是超越道德的“利维坦”，都不是家国命题符合情理的走向，都无法建构“自我”与“天下”之间的良性互动机制。国族振兴是复杂的系统工程，其实现既涉及个体努力，更仰仗家国互动。如何重构家国关系，推进原子化个体再嵌入，在新时代营造新的团结，是新文科建设助力民族复兴的必答题。

对“体—用”命题而言，作为事物的一体两面，“体”之本义为“形质”，“用”则指向“形质之妙用”，二者同源、辩证。但在“中学西用”的公式中，似乎中学有体无用，西学有用无体，造成“体用两橛”情形。[②] 体用失调导致新文化运动的爆发，但后者同样没能走出体用二元的窠臼，更多在“用”上绕圈，为浮萍式民主共和呼号。尽管“中体西用”是近代中国特殊产物，但其体用二元的逻辑却扩延至今，成为回应中西交互问题的常见框架。事实上，无论是“遗体求用”还是“取体舍用”都不是民族复兴的正确道路，因为“世无无体之用，亦无无用之体，有用而无体，其用只是诈伪；有体而无用，其体必多缺陷”[③]。重体轻用或重用轻体都会产生消极影响，前者造成唯心主义猖獗，阻碍科学发展；后者则助推功利主义盛行，从而反噬本体。汲取历史教训，应把“中学为体，西学为用”的文化保守主义口号与中国传统哲学的体用认识区别开来，但更重要的问题是正面回应体和用的时代内涵。作为社会主义国家，我国推进民族复兴的“体”必然与社会主义的生产方式和意识形态相适应。对此，新文科建设应明确认识社会主义之“体”，将马克思主义世界观和方法论融入体用观中，并综合辩证地发挥其对建设新时代社会主义先进文化之“妙用”。

总的来说，无论是新文化运动的被动跟跑，还是新文科建设的主动引领，其核心任务都是通过文化振兴助推民族复兴。这就要求将文化的教育逻辑与国族的前途相联系，充分回应“家—国”和“体—用”两大重要命题：前者关涉国族振兴的主体与主体间性问题，其目标是调和“家”与“国”的内在

---

① 参见郭亮：《家国关系：理解近代以来中国基层治理变迁的一个视角》，《学术月刊》2021 年第 5 期。

② 参见方克立：《论中国哲学中的体用范畴》，《中国社会科学》1984 年第 5 期。

③ 陈旭麓：《论“中体西用”》，《历史研究》1982 年第 5 期。

张力，通过塑造“时代新人”，重建“家—国”良性互动机制；而后者则事关实现民族复兴的体制及其内外部要素协同问题，其目标是厘清“体”与“用”的基本立场，矫正体用二分的认识谬误。

（二）面向现代事业：从本土传统到国际现实

推进现代化事业是国族振兴的基础，也是新文化运动以来的第二个未竟之业。中国的现代化诉求是被列强侵略激起的自强愿望。落后挨打的集体记忆也让新文化运动先锋视本土传统为落后，而以先进欧美文明为师，并典型地体现为译介开路，借西人话语议中国之问题。彼时，现代化的操作性定义源自西方，也只有欧美化这一套答案。今天，中国的现代化道路越走越坚实、越走越宽广：从 20 世纪 50—60 年代的“四化”建设到党的十八大提出“新四化”，再到第五个现代化——“推进国家治理体系和治理能力现代化”。这是一条前无古人的路，已经走到了难以再从西方蓝本直接求法的地步，走到了为人类社会现代化书写中国答案的阶段。对此，新文科建设须越出新文化运动的经验半径，进一步认识和总结“现代性”的中国特征，并走出本土传统，在更加广阔的国际现实中强化联系和对话。其中，尤其要关注“中—西”和“古—今”两对命题。

从“中—西”命题来看，中国的现代化进程启于屈辱的近代史，对比悬殊的中西碰撞催生中国知识分子的文化自卑心理，其与内在家国责任交织，形成罕见的“反传统的民族主义特征”[①]。对此，学衡派批评道：“一厢情愿的西化不会给中国带来文艺复兴，而是‘一种中国式的自杀’（a Chinese suicide）。”[②] 尽管现代社会有着诸多共同特征，但共同性并不必然融为同质性。将现代社会等同于西方社会，不仅是对现代化的极大误解，也是对不同性质社会多样态“幸福”的抹杀。基于“普世文明”假设[③]，中国和世界的关系长期被扭曲为“中国和世界”（China and the World）。今天，中国正走向国际舞台中央，不仅成为“世界的中国”（China in the World），更在单向度西式

① 奂平清：《顾颉刚疑古立场的变与不变——兼谈中华民族研究的理论自觉》，《江海学刊》2021 年第 3 期。

② 汪荣祖：《新文化的南北之争——重新认识新文化运动的复杂面相》，《上海文化》2015 年第 10 期。

③ 参见［美］塞缪尔·亨廷顿：《文明的冲突》，周琪等译，新华出版社 2017 年版，第 58 页。

现代化之外提供了独具特色和优越性的新方案[①]，这要求我们得有一套自己的话语体系来解释和传播中国特色、中国理念和中国方案。对此，新文科建设不仅要在世界场域中建构自己的话语，还要通过这套话语重塑中西乃至中西方之外的多边对话机制。值得注意的是，将现代化与西方化解绑，并非主张在现代化过程中主动与西方脱钩，而是在平等对话的基础上携手并进地办好各自的事情，亦即在主体能动中追求现代化，各有思考和贡献，而不是谁必须追随和征服谁。新文科的建设性意义则在于破旧立新、逐鹿前沿，而非换一个姿态、换一种态度继续追随西式现代化“神话”。

就“古—今”命题而言，现代化是一个一往无前的时代命题，但仍无法丢弃历史。作为“最后觉悟之最后觉悟”[②]，新文化运动先锋在山穷水尽中曾表达过与历史全面决裂的激进倾向，认为既建民国，“一切‘圣功王道’，‘修、齐、治、平’的鬼话，断断用不着再说”[③]，喊出了“All or Nothing”的口号，甚至提出废除汉字的主张。尽管面对根深蒂固的封建传统，“矫枉必须过正”的策略具有一定的历史正当性[④]，但新旧邂逅常常来不及细辨就被不由分说地对立起来，人为地在历史与现实之间拉出一条鸿沟[⑤]。新文化运动后期，一些理智的知识分子意识到矫枉过正的危害，开始强调对本国历史应怀有一种温情与敬意，而不能秉持着一种偏激的虚无主义。应该指出，虽然与某些传统发生断裂确是推进现代化的必经之路[⑥]，但“断裂”本身不是目的，今之新不等同于先进，古之旧也不等同于落后，现代化是变与不变的统一，强行割裂古今只会陷入历史虚无的迷途，而无益于现代化事业的推进。过去，我们常常将历史视为包袱，走得越远丢得越多，为此绕了许多弯路。今天，新文科建设要更加注重从历史传统中汲取力量，从“古—今”层面链接起完

---

① 参见李培林：《中国式现代化的特色和新发展社会学》，《中国社会科学报》2021 年 10 月 15 日。

② 陈独秀：《独秀文存》，安徽人民出版社 1987 年版，第 37 页。

③ 钱玄同：《随感录：二八》，《钱玄同文集》第 2 卷，中国人民大学出版社 1999 年版，第 14—15 页。

④ 参见陈卫平：《新文化运动反传统之辨析》，《中国社会科学》2015 年第 11 期。

⑤ 参见费孝通：《关于“文化自觉”的一些自白》，《学术研究》2003 年第 7 期。

⑥ 参见陈嘉明：《“现代性”与“现代化”》，《厦门大学学报》（哲学社会科学版）2003 年第 5 期。

整的现代化逻辑，从历时性视野中探究和认识中国的现代化问题，凝练中国现代性特有的社会精神气质。

总的来说，现代化不仅涉及物质环境，也涉及精神文明。但无论是何种意义的现代化，新文科建设都应处理好本土传统和国际现实的内在张力，不仅要从空间维度上因地制宜回答好“中—西”命题，厘清中西方现代性的本质区别，也要从时间维度上相机而动，面向时代前沿，在“古—今”命题中继往开来。只有这样，新文科建设才能打破所谓“现代性是一个西方化的工程”[①] 的话语霸权，更好地为全面建设社会主义现代化强国这一目标做出应有贡献。

（三）面向学科完型：从精英科学到大众知识

新文化运动以来的第三大未竟之业便是促进学科完型。现代意义上的学科是西学东渐的产物，也是近代“冲破过去历史之网罗，破坏陈腐学说之囹圄”[②] 的重要武器。其中，集西学理性大成的“科学”（Science）更是新青年改造旧文化、挽救旧中国的第一药方。但彼时人们对科学的认识主要停留在“器用”层面，带有强烈的功利主义色彩。自此，一股经久不衰的“唯科学主义”热潮便在中国学界弥散开来：一切学术都必须经过数理检验才有价值，科学成为主宰一切学科的硬标准。这不仅夸大了科学的“神话”，还滥用了科学的“权力”，制造出知识等级，压抑了人文社科等软科学的生长空间。在“欲脱蒙昧”的时代，进步分子在以科学改造“浅化之民”的过程中也区隔出精英与大众的分野：一方面，科学作为知识精英的事业，其世界观和方法论都充斥着大众难以企及的准入门槛；另一方面，当科学成为万物的价值尺度时，大众生活也被视为审判对象。今天，我们的高等教育早已跨越精英化阶段，日渐成为知识经济社会的大众体验。与此同时，科学知识和生活常识的互动也愈合紧密。新文科建设应抓住时代契机，重申科学知识的人文关怀，在精英科学推向大众知识的过程中促进学科完型。其中，应着重回应“科—玄”与“雅—俗”两对命题。

就“科—玄”命题来讲，20 世纪 20 年代爆发的“科玄论战”是中国学

① ［英］安东尼·吉登斯：《“现代性”的后果》，田禾译，译林出版社 2011 年版，第 152 页。
② 李喜所：《留学生与中国现代学科群的构建》，《河北学刊》2003 年第 6 期。

界对唯科学主义浪潮的第一次集体反思，两派的争议在于“科学能否解决人生观问题”[①]。科学派主张科学万能，认为“科学之兴”是“近代欧洲之所以优越他族者”，一切学问和道德都要“一遵理性”，严守科学方法，才能避免“昏天黑地乌烟瘴气的妄想、胡说”。[②] 在科、玄两派激烈论争之际，中国现代学科根基未稳就被卷入科学和人文“两种文化”的冲突。事实上，在第二次科学革命以前，自然科学还是古典人文知识的一部分，自前者与技术勾连并获得强大的物质力量后，才渐为人们重视。此后，自然科学便开始向古典人文回流并触发社会科学的觉醒。而在“自然科学奔向社会科学的潮流”中，社会科学自身也萌发了“在凯歌高奏的诸科学之中占有一席之地，产生出它自己的牛顿和哈维”[③] 的抱负。可以看到，近代以来，我们充分激发了科学的社会、道德和信仰价值，但却忽视了其人文价值，人们看中的并非其“真”和“质”，而是“形”和“用”。这种泛科学化和唯科学主义思潮在今天仍有市场，而新文科建设的意义不仅在于弥合“两种文化”的裂缝，培养我们民族真正的科学精神[④]，更在于深化对科学技术的人文洞察，从“情感”层面推进中国现代学科体系的完型。正如梁启超所言：“人类生活，固然离不了理智；但不能说理智包括尽人类生活的全内容。此外还有极重要一部分——或者可以说是生活的原动力，就是‘情感’。……情感表出来的方向很多。内中最少有两件的的确确带有神秘性的，就是‘爱’和‘美’。‘科学帝国’的版图和威权无论扩大到什么程度，这位‘爱先生’和那位‘美先生’依然永远保持他们那种‘上不臣天子下不友诸侯’的身份。”[⑤]

从“雅—俗”命题出发，无论是自然科学还是人文社科，其滥觞都是特权阶层开展精英教育的高雅知识，距离世俗生活十分遥远。新文化运动前后，

① 何中华：《“科玄论战”与20世纪中国哲学走向》，《文史哲》1998年第2期。

② 陈独秀：《新文化运动是什么》，《陈独秀著作选》第1卷，上海人民出版社1993年版，第123页。

③ ［美］伯纳德·科恩：《自然科学与社会科学的互动》，张卜天译，商务印书馆2019年版，第1页。

④ 参见吴海江：《新文化运动时期的科学主义思潮：路向、特质及影响》，《自然辩证法研究》2008年第5期。

⑤ 梁启超：《人生观与科学——对于张丁论战的批评》，《饮冰室合集》文集四十，中华书局1989年版，第26—27页。

“贵族”出身的西方现代科学一经传入中国，便被士绅阶层视为救国救民的利器。在后者的极力推崇下，精英知识开始持续广泛地影响近代中国的政治生态和大众生活。在这一语境中，我们看到了进步知识分子的良知，也看到了大众被对象化为待解放群体的事实。尽管新文化运动促发了中国社会的空前觉醒，但其仍是一场资产阶级的知识精英运动，而未经本土化改造的西方学术也很难接近中国人民的真实诉求，这从内在规定了“雅俗共赏”的不可达成。鲁迅在《学界的三魂》中写道：“唯有民魂是值得宝贵的，唯有他发扬起来，中国才有真进步。”① 这启示我们，无论传道士和梦想家们如何声称自己的学术事业是为了人民，只要远离了人民的真实生活，它就无法获得成功。②尽管一门学科的生存发展更多遵循内在的知识和学术逻辑，但其现实价值却是在服务大众的过程中得以彰显。今天，昔日的精英科学“飞入寻常百姓家”，成为改善民生的福音，我们的高等教育和科学知识越来越发达，知识的获取门槛和成本越来越低，科学的开放程度也越来越高，民族的、科学的、大众的人民文化理想正成为现实。对此，新文科要积极阐发科学知识反哺社会发展的基本伦理，扎根祖国大地、把握世界潮流，将科学知识的理论来源和检验尺度重新拉回生活实践，在理智中保持亲和，在冷峻中胸怀热忱，为大众思考提供思维工具③，积极助推全民科学文化素质提升和学习型社会建设。

总的来说，新文科建设关注“科—玄”“雅—俗”问题要在开放视野中抓住两个逻辑：一个是科技和人文，关注知识的德性；一个是科学和社会，关注知识的价值。今天，“开放”业已成为现代学科的基本特征，但这不是说要“去改变学科的边界”，而是要树立起“我们不相信有什么智慧能够被垄断，也不相信有什么知识领域是专门保留给拥有特定学位的研究者的”信念。④

---

① 鲁迅：《学界的三魂》，《鲁迅全集》第3卷，人民文学出版社1973年版，第197—200页。

② 参见刘振天：《文科知识生产的本土逻辑及高校新文科建设的路径》，《中国高教研究》2021年第11期。

③ 参见项飙、吴琦：《把自己作为方法——与项飙谈话》，上海文艺出版社2020年版，第14页。

④ 参见［美］华勒斯坦等：《开放社会科学：重建社会科学报告书》，刘锋译，生活·读书·新知三联书店1997年版，第106页。

三、建设新文科、构建新文化：以超越迈向卓越

新文化运动以来国族振兴、推进现代化和学科完型三大未竟之业赋予了新文科建设极具超越性和全局性的历史站位。推进这些未竟之业，回答好新时代“家—国”与“体—用”、“中—西”与“古—今”、“科—玄”与“雅—俗”等重要命题，要求新文科建设超越新文化运动历史积淀与局限，在打造和谐的、民族的、时代的、世界的新文科过程中矢志卓越，掀起一场新时代中国高等教育的“新文化运动”，为中国学术繁荣、中华民族复兴、社会主义现代化强国建设和全人类共同进步注入强大精神力量，营造先进文化气象。

（一）建设和谐性文科，助力中国现代学术文化革新

“打铁还需自身硬。”建设新文科，构建新文化的第一步便是走出自我，革除过去“旧”文科“自恋”“自卑”“自闭”的沉疴积弊，通过自我完善、自信强化和自我实现来建设一个和谐的新文科，助力中国现代学术文化从自利走向共益、从竞争走向合作、从精英走向大众。

首先，走出“自恋”半径，在对话中完善自我，助力中国现代学术文化从自利走向共益。文科是一个比较“自恋”的学科，因为文科主要以复杂而有弹性的人和社会作为洞察对象，常常是“横看成岭侧成峰”，学者们各有主见并自圆其说，难有公认的评价体系。久之，便弱化了横向观照，在各自领地“占山为王”，滋生“画地为牢”的风险。更重要的是，自恋本身是一种病态的自我崇拜，内含扭曲的自利倾向和对他人的贬低。① 学科自恋不仅违背“分科治学”“术有专攻”的初衷，也可能中断某些具有重大价值的跨界探索，这对所涉学科来说也是一种损失和反噬。② 对此，一方面，“要坚持和发扬学术民主，尊重差异，包容多样，提倡不同学术观点、不同风格学派相互切磋、平等讨论”③，但这不是为了分个高低上下，而是在同行交流中相互增进学术，找到自身发展的生态位，消解以自我为中心的优越感，为共益型学术文化奠定基础。另一方面，要树立内省意识，在研究过程中重视对前人和

① 参见高德胜：《自恋及其教育疗治》，《教育研究与实验》2021 年第 3 期。

② 参见张福贵：《技术主义道路与传统文科的发展路向》，《山东大学学报》（哲学社会科学版）2021 年第 5 期。

③ 习近平：《在哲学社会科学工作座谈会上的讲话》，《人民日报》2016 年 5 月 19 日。

其他学科相关研究的文献梳理。“德不孤，必有邻”，一个友好、开放、包容的文科一定会获得其他学科的尊重，而这样的文科也必会带动中国现代学术文化氛围的整体改善。

其次，走出“自卑”窠臼，在发展中强化自信，助力中国现代学术文化从竞争走向合作。文科的“自卑”来自学术资源的竞争弱势和文科知识效应内隐性招致的“文科无用”诘难。从资源获得看，似乎有此趋势，如首轮“双一流”建设的四百多个“一流学科”中，人文社科占比约24%；而在第二轮建设学科名单中，这一数字已跌破23%。但所谓“人文学科危机”① 更加深层的原因不在资源分配而在社会信任的缺失，近来“文科生误国”的非理性批评就是一个危险信号。当然，过度反应也体现了文科自身的不自信。对此，一是要积极探索建设交叉新文科，夯实新文科基础学科建设，强化邻近学科协作和跨学科交流，通过创新知识生长点来扩大文科影响力，提高文科学术显示度；二是要打开文科学术研究的国际视野，关注全球人文社会科学前沿趋势，积极参与跨国和全球合作项目，借力国外高校新文科发展的有益经验，提高文科学术的国际化水平；三是要借力现代信息技术赋能新文科发展能限，积极筹建新文科实验室，大力探索数字人文（Digital Humanities）、社会计算（Social Computing）等新文科应用场景，提高文科知识生产和育人效益。

最后，走出“自闭”书斋，在服务中实现自我，推进中国现代学术文化从精英走向大众。学科现代化是知识开放化和学术专业化的统一。但不知从何时起，文科开始刻意与现实社区保持距离，慢慢成为“两耳不闻窗外事，一心只读圣贤书”的精英式“自闭”学科。对此，一是要主动融入立德树人事业，把科研学术和教学学术相结合，丰富新文科课程体系，注重在教学实践中体现知识的人文价值，在提升文科人才培养质量的同时积极参与其他学科人才培养的美育和通识环节，为普及高等教育高质量发展贡献文科力量。二是要重视在广袤田野和生动实践中开展新文科教研活动，以建设新文科“金专”为纽带，新增一批新文科实践基地和田野工作坊，积极参与校地合

---

① 参见孙江：《跨学科与去学科：“新文科”的第一步从何处开始》，《探索与争鸣》2021年第10期。

作、社区互动和智库建设，促进学界业界优势互补，在解决现实世界各种“疑难杂症”中显示社会价值，在交互中重塑文科“善解人意”的本质，避免文科学术“硬化”“窄化”和“无人化”。三是要突破思维局限、打开视野，增强文科学术研究的想象力[①]，扩大文科知识理论和实践来源，“扎根中国大地”挖掘学术问题、建构本土理论，形成中国特色文科教育的理论体系、学科体系、教学体系。

（二）建设民族性文科，促进中华优秀传统文化焕新

从根本上说，中华民族是一个文化共同体。中国成为“近代民族大熔炉这一普遍现象的重大例外”[②] 的主要原因，在于中华文化在历史的大一统中淬炼出无穷的生命力和修复力。可以说，中华文化源远流长是中华民族生生不息的密码，也是“我们在世界文化激荡中站稳脚跟的根基”[③]。没有中华文化繁荣兴盛，就没有中华民族伟大复兴。为此，新文科建设推动构建新文化必须走出新文化运动激进派割裂古今的历史惯习，“在新的时代条件下推动中华优秀传统文化创造性转化、创新性发展”[④]，通过建设一个具有民族优秀传统特色的新文科，为民族复兴注入强大精神力量。

一是大力实施中华优秀传统文化传承发展工程，重视中华优秀传统文化相关的新文科建设。我们应当强化对中华文化核心思想理念、传统美德和人文精神的研究阐释工作，聚焦历史渊源和发展脉络，进一步挖掘其现实价值和时代走向。积极推进古文字与出土文献研究、特色地域文化和方言研究、少数民族历史和语言文字研究等具有重要文化价值和传承意义的冷门绝学的学科建设和学术接班人培养工作。探索建设中华优秀传统文化新文科名师工作室，鼓励非物质文化遗产传承人参与新文科教研、走进新文科讲堂。设立新文科典籍研究专项基金，加大对新文科建设中有关中华文化典籍整理、编纂、研究和出版的支持力度，积极推进文化典籍数据库建设。

---

① 参见［美］C. 赖特·米尔斯：《社会学的想象力》，李康译，北京师范大学出版社 2017 年版，第 5—6 页。

② ［美］贾雷德·戴蒙德：《枪炮、病菌与钢铁：人类社会的命运》，谢延光译，上海译文出版社 2016 年版，第 348—350 页。

③ 新华社：《中共中央关于党的百年奋斗重大成就和历史经验的决议（全文）》，2021-11-16，http://www.gov.cn/zhengce/2021-11/16/content_5651269.htm。

④ 《习近平给〈文史哲〉编辑部全体编辑人员回信》，《人民日报》2021 年 5 月 11 日。

二是积极开发中华文化数字化平台，通过引入现代科学技术来实现对中华优秀传统文化的深度挖掘和研究。新文科促进中华优秀传统文化焕新的关键，在于通过推陈出新，拉近其与现代生活的距离，强化其对现代人生的滋养。在这方面，现代信息技术中 VR、AR 乃至元宇宙等技术在促进传统文化可视化、数字化以及增强现代人体验感方面的应用空间，可以进一步弥补以往中华文化研究侧重精神诠释和概念演绎的不足。现代技术融入中华民族传统文化研究，不仅发挥着保存、整合和分析史料的作用，而且也搭建起数字化、视觉化的传播媒介，大大延伸了优秀传统文化融入现代生活的触角。

三是将中华民族优秀传统文化全方位融入高校新文科教育，强化当代大学中华民族共同体意识教育。各类高校要根据各自办学定位积极开设中华优秀传统文化必修课，增强新一代大学生民族记忆，把中华优秀传统文化全方位融入思想道德教育、文化知识教育、艺术体育教育、社会实践教育等育人环节；大力探索中国特色书院育人新机制，在实施新文科“强基计划”的过程中注重发挥中华民族优秀传统文化对拔尖创新人才方面的“启智润心”之用。探索开办国学班，培养优秀国学人才；积极对接中华经典诵读工程，开设中华文化公开课，鼓励广大教师将中华经典代入课堂教学；实施中华民族优秀传统文化进校园工程，通过线上、线下等多种渠道推进戏曲、书法、传统节日和体育等走进校园生活，进一步激发中华民族优秀传统文化对学生审美与人文素养的积极作用。

（三）建设时代性文科，激发现代中国先进文化创新

推进现代中国先进文化创新发展是实现第二个百年奋斗目标、建成社会主义现代化强国的基础工程。建设面向现代化、面向世界、面向未来，民族的、科学的、大众的社会主义文化是现代中国先进文化创新发展的根本方向，这就要求新文科建设立足新时代语境、养成前瞻性视野，面向社会主义先进文化创新发展前景，加快构建中国特色哲学社会科学。

首先，以马克思主义的科学世界观和方法论作为新文科把握时代先进文化脉搏的重要理论武器。我们应当高位推进马克思主义理论相关学科建设，鼓励对马克思主义理论展开整体性研究，并重点关注马克思主义基本原理、马克思主义中国化、时代化和大众化等议题。加强马克思、恩格斯、列宁经

典著作的编译和研究，准确阐述经典著作中的基本观点。抓好马克思主义理论师资队伍建设，着力培养一批中青年马克思主义理论教学骨干。加强面向全体师生的马克思主义理论教育，破除对马克思主义的教条式理解，充分彰显马克思主义中国化和21世纪马克思主义最新理论成果在高校思想政治教育各个环节的显示度。持续强化高校师生灵活应用马克思主义世界观和方法论去认识问题、分析问题和解决问题的本领。要以历史和人民为师，深入洞察人民生产、生活实践，并从中挖掘宝贵素材和源头活水，把新文科的论文写在祖国大地上。

其次，把促进人的全面自由发展作为新文科实践先进文化人文内涵的基本路线。现代化的根本旨趣在于人的现代化。竺可桢先生说："欧美的科学技术，并不能产生现代欧美文明，倒是欧美人的头脑，产生近代科学。"① 这启示我们，以新文科推进现代化事业的关键不仅在于知识创新生产和转化，更在于武装国人头脑。对此，一方面，要强化新文科师资队伍建设和专业能力发展，进一步提高新文科人才培养质量，建设完善新文科课程和教材体系，注重跨学科学习和跨专业育人，开展以学生发展为中心的新文科课堂互动和学习探究。同时，要大力实施基础文科拔尖创新人才培养计划，鼓励学生参与新文科学术训练项目，强化本研互动和一体化培养，积极探索书院制、导师制、学分制、学部制等新文科拔尖人才培养机制的创新实践。另一方面，要积极参与国民教育、公共文化服务和社会精神文明建设活动，为培育"四有"公民，全面提升国民思想道德素质和科学文化素质贡献新文科力量。

最后，彰显新文科胸怀"国之大者"的精神底色，坚持在历史性、现实性和前瞻性的统一中创新现代中国先进文化。新文科建设要警惕历史虚无主义思潮，重视历史（尤其是党史、新中国史、改革开放史和社会主义发展史）的研究教学，立足本国且观照古今中外一切优秀文化成果，在历史中开辟未来，在承继中推陈出新。同时，要"聚焦国之大局、国之大要、国之大事、国之大计"②，针对政治、经济、文化、社会和生态文明建设的现实性痛点难

① 竺可桢：《竺可桢全集》第2卷，上海科技教育出版社2004年版，第448页。

② 谢伏瞻：《中国哲学社会科学百年发展成就及经验》，2021-06-16，http://www.cssn.cn/index/index_focus/202106/t20210616_5340518.shtml。

点问题展开前瞻性、战略性、全局性、储备性研究，平衡学科性学术和问题性学术内在张力，在中国特色社会主义的生动实践中凝练中国式现代化道路的理论和政策创新。此外，要准确把握先进生产力的发展要求和人类文明的前进方向，重视对社会主义市场经济发展规律的理论和实践研究，树立全球视野和人类命运共同体意识，主动承担为新时代民族复兴、国家富强和全人类共同进步事业凝心聚力的价值引领功能。

（四）建设世界性文科，推动人类社会共同文明更新

新文科建设的文化使命是中国的，也是世界的。为人类社会共同文明增添新的光彩，是全球化时代新文科建设的学科德性和文化责任。2004 年，党中央就在《关于进一步繁荣发展哲学社会科学的意见》中指出："要大力实施哲学社会科学'走出去'战略，采取各种有效措施扩大我国哲学社会科学在世界上的影响。"[①] 时至今日，我国哲学社会科学已拥有 30 多个一级学科、400 多个二级学科，全国各级各类重点研究机构达到 3640 个，中级职称以上社科研究人员超过 51.3 万人。[②] 单论文科学术活动和队伍规模，我国已然跻身国际前列，但要说代表性成果和学术影响力则还任重道远。提高中国文科学术影响力，不能依赖人海战术，更要提高学科发展站位，须建设具有全球视野的新文科，在服务构建人类命运共同体、推动人类文明发展的过程中实现自身价值。

一是主动融入国家"双循环"发展格局和"一带一路"建设。我们应当积极开展区域与国别问题研究，充分调动相关学科力量，聚焦世界人文、社会知识及经济、科学技术发展等主题，通过对某个具体国家或地区多学科、跨学科的综合研究，打开中国认识世界的窗口，更好推进国际交流协作和区域多维开放发展[③]；彰显大国担当，积极参与相关国际难题和第三世界发展的跨国智库建设和学术研究、数据库开发和数字化项目，为发展中国家实现现代化提供中国智慧和中国方案；积极推进中外高校新文科共建工作，打造高

---

① 《中共中央发出关于进一步繁荣发展哲学社会科学的意见》，2005-07-05，http://www.gov.cn/test/2005-07/06/content_12421.htm。

② 参见《中共中国社会科学院党组：党领导哲学社会科学事业发展的历史经验与启示》，2021-12-01，http://www.mzyfz.com/html/2213/2021-12-01/content-1540096.html。

③ 参见钱乘旦：《构建中国特色的区域与国别研究》，《光明日报》2020 年 1 月 6 日。

水平新文科国际合作平台。

二是努力提升来华留学生文科教育和涉外人文交流项目质量，积极开展中国特色新文科教材的国际推介。有效的文化传播和交流总是在一定共识、共鸣与共情的语境中达成，否则就会陷入“有理说不出”“说了传不开”的困境。事实上，中华文明所包含的天人合一、人际互助、和而不同等思想基因，与全人类共同价值追求内在相通。这些思想资源对后疫情时代继续推进全球化和平、发展进程具有极强的现实意义，应结合世界发展趋势、变化和挑战，将之转化为来华留学教育、跨文化交流项目的课程要素，通过以文载道、以文传声、以文化人的方式向世界广泛传播。同时要强化新文科相关研究成果的翻译出版、国际发表和海外传播，充分运用海外中国文化中心以及各类学术和文化交流活动来实现新文科建设最新成果的跨文化交流和互鉴。

三是为新时代我国全球治理能力建设需求培养一批国际专业人才。季羡林先生曾感慨，若中国“21 世纪还跟在西方的屁股后头转”，还是鲁迅时代那个“无声的中国”的话，“那就太惨了”。[①] 对此，新文科建设要重点培养“熟悉党和国家方针政策、了解我国国情、具有全球视野、熟练运用外语、通晓国际规则、精通国际谈判”的国际外交经贸人才、涉外法律和知识专利人才、国际新闻传播人才等紧缺专业人才[②]；积极培养“专业+外语”跨文化人才，提升文科生国际交往和全球就业能力[③]，积极向国际组织输送“一精多会、一专多能”且具本土视野的新时代文科国际人才；力求通过为国际社会和中国对外开放事业培养高素质文科人才的方式，用情用力讲好中国故事、传播中国声音、阐释中国方案，向世界展现真实、立体、全面、可信、可爱、可敬的中国形象。

（原载《厦门大学学报》[哲学社会科学版] 2022 年第 3 期）

---

① 季羡林：《对 21 世纪人文学科建设的几点意见》，《文史哲》1998 年第 1 期。

② 参见吴岩：《新使命大格局新文科大外语》，《外语教育研究前沿》2019 年第 2 期。

③ 参见樊丽明等：《新文科建设的内涵与发展路径（笔谈）》，《中国高教研究》2019 年第 10 期。

新文科建设应凸显人文精神与文学性价值

张福贵*

改革开放以来，中国社会的重大变革往往是从一个新口号或新概念的提出开始。中国高教改革的概念意识及其命名的阶段性特征是显而易见的，这也使得改革实践往往不具有明显的连续性。

自从教育部提出“新文科”“新工科”“新农科”“新医科”建设方针以来，关于“新文科”的讨论无论是热烈程度还是影响范围，都要远远大于其他几个“新”学科，而且讨论中的观点之多元乃至对立也是其他“新”学科所不能比拟的。这既是人文学科本身的价值观使然，也是对于“新文科”发展路径和方向的理解差异所致。与教育部启动的一流本科专业和一流课程建设的“双万计划”相辅相成，新文科建设备受瞩目，但其理论和指标层出不穷。当对于“新文科”本体论理解出现差异时，任何方法论的讨论也就变得不那么重要了。这种不确定和分歧，如果不能在相当程度上达成共识，就可能直接影响新文科建设的实践效果。因此，在基本问题尚未解决的情况下，关于对象的理论探讨，所须付出的代价可能要小于盲目实践的代价。经过几年的倡导和实践，真正的专业性的“新文科”设置寥寥无几，除了作为特殊需要的国家安全学、网络空间安全等一级学科，能算得上真正的“新文科”的还是前些年人们所熟知的法医学、经济伦理学、医学伦理学、文化产业、科技考古、动画艺术等几门，且大概只有数字人文等为数不多的几个专业相对得到学界共识。

一

如果仅仅是从“跨学科”的角度来理解当下的新文科建设，那么，实质

---

* 张福贵，吉林大学哲学社会科学资深教授。

上早在这个概念提出之前，“新文科”性质的文科教育就已经在一定程度上实施并实现了。各类思想理论和政治时事课程的不断增加，各类公共课程如外语、计算机、高等数学、军事理论的严格考核等，就已经表明中国高等专业教育包括基础专业教育，已经不再是单一学科的教育过程了，已经具有了“新文科”的某种属性。特别是改革开放几十年来，中国大学经过数次教学改革，“跨学科”“宽口径”始终是培养学生的基本诉求。所以说，“新文科”实践本身是一个新概念的日常操作。

五四时期，受到西方现代学科制度的影响，文科由文史不分家以及经史子集和六艺的划分向社会科学与人文学科的划分转换。后来受苏联的影响，主要是受其理工科行业性分类的影响，文学与史学在国家学科专业目录中分属两个学科门类，几乎成为完全不搭界的学科领域。但是，从中国传统的“文史不分家”学科观念来看，无论是研究方法还是研究对象，文史都是相通的。《尚书》《左传》《国语》《论语》《史记》《淮南子》等，既可以看作历史典籍，也可以看作文学典籍。同时，我们也必须看到，与传统学科内容的融合性相反，传统学术价值观则是过分细化的。对于一个学科而言，文史不分家，而对于一个学者而言，则须做到学术研究上的专有和细化，于是在传统文学内容的教学中，出现《说文解字》一个词讲一个月，《诗经》一首诗讲一学期的奇特现象。这种现象不仅是一种治学方法，更是一种学术价值观的体现。在此基础上，受苏联的影响，中国当代学科设置更加细分化，从一级学科到二级学科、三级学科，甚至本学科的人都难以完整分辨相关学科的所有专业目录。以中国古代文学专业为例，不知从什么时候开始，文学史分期成为其教学和研究的分工分类依据，而少有通史治学。文学史的分期其实不只是分辨历史发展的阶段性，更须把握历史发展的连续性——两汉文学是如何从先秦文学发展而来，唐诗如何演化为宋词，元曲又是如何继承了宋词的流脉。应该说，就专业划分的学理性来看，最不符合逻辑的是中国现当代文学。两段文学史不仅时间上具有连续性，而且许多作家的人生和创作都具有跨时代性，却在教学与研究中硬生生地被分为两个不同的对象，甚至分为两个教研室。正像当下许多大型医院的分科越来越细，似乎增强了专业性，但无论是对于医生的知识结构还是患者的就医都构成了挑战，人体的各个器官具有生命机能的整体性，某一器官的疾病并不只是源于本器官，而往往是另一器官甚至全身机能出了问题，细分了专业也就分割了知识系统和认识能力。

“新文科”的跨学科、融学科建设是一种“他新”，与此同时，“新文科”还要“自新”：自我更新、自我变革。长期以来，中国高等教育的很多改革其实是学分、课时、技术手段等外在形式、机制的改革，而缺少关乎学科、课程内容、教师自身的内在变革和创新。我们要认识到，每一位教师都是改革者，每一节课都是一个改革环节。人文学科的生命所在，不是知识的积累和思想的重复，而是对于常识、定论的反思和思想、思维方式的创新。知识性学习和研究具有空间的有限性，以文学史教育和研究为例，对于经典作家作品的历史研究已经不大可能获得颠覆性的发现，最有创新性的发现可能来自文学史观和批评视角的变化。

新文科建设要有知识谱系和学科价值观的变革，如果不能改变“重理轻文”等不公正的学科价值观，就很难形成真正的“新文科”，甚至连旧文科都不可能发展好。任何一种新技术的出现都不是孤立和片断的文明事件，而是一个有着前因后果的连续过程。当下社会发展和思维方式变革需要综合性、整体性，说到底，人类发展需要一种世界整体观。进一步说，学科和专业分类的依据不应是价值观的不同、作用的大小，而是社会分工和学术对象的不同。在中国，“重理轻文”的惯性根深蒂固，当下社会许多学术弊端和问题的根源与此有关。真正的大师是超越学科专业的，即使是理工科的许多大学者也往往都是文章高手、词赋大家。像李四光、苏步青、陈省身、杨振宁、华罗庚、茅以升、黄万里、丘成桐等著名科学家或工程专家，其诗文乃至书画功力有目共睹，并且多有文学诗文和研究著作传世。物理学家丁西林早年是著名的独幕喜剧作家，五四时期创作的许多剧作已经成为中国早期话剧的经典；数学家郑桐荪是清华大学数学学科创始人，而在古典文学研究方面著有《宋词简评》《吴梅村诗笺释》，且创作有长篇叙事诗；吉林大学王湘浩是中国科学院第一批学部委员，是中国第一个计算机系创始人，他在晚年出版了《〈红楼梦〉新探》研究专著，著名红学家周汝昌曾慕名寻访这位红学“新秀”，却没想到对方是一位年逾古稀的计算数学专业院士。关于自然科学和人文社会科学“不可偏废”“同等重要”的强调，正说明与此相反的现实仍然存在。

文科生要学习理工科的科学精神与方法，把握逻辑思辨能力和实证考据能力。同样，理科生也要学习文科特别是人文学科的批判精神、想象能力和情感表现能力。“工匠精神”必须伴有“人文精神”，否则就只是“工匠”而没有“精神”。现在大多数高校理工科教学不开文学课，文科不开逻辑课，结果就是很多理工科学生写的论文无文采，文科学生的思考悖逻辑。学生获取课外知识的主要途径是快手、抖音和网络文学，有日渐成为“智能实用主义”一族的危险。

二

“新文科”的概念更多指向传统学科变革，需要通过跨学科和融学科而产生新的学科专业或者方向。但是这不单纯是知识的扩展和结构的调整，而是如何通过这种扩展和调整来产生新的思想和新的观念，最终完成新的人才的培养。“新文科”首先在于培育具有国家意识与人文情怀的新的人才。新文科建设是一个整体性和实践性的过程，无论是理论探讨还是教育实践，最终都要落实到学生培养这一唯一目的上。现在讨论“新文科”问题，大多是从学科专业、学术学理和教育体制等实施主体环境着眼，而忽略了接受主体学生的成长这一关键环节。

当下在讨论和实施新文科建设时，对于“跨学科”和“新学科”的理解多停留在知识的增加和专业设置的变化等方法论层面，而较少深入到学术思想创新和人文精神弘扬等本体论层面。新文科建设的关键不是结构的重组，而是思想创造，不是产生新的知识和方法，而是产生新的学术思想。文学教育的一个重要目的就是培养人文精神、现代意识、丰富情感和优雅气质。这不仅是文学有别于其他学科专业教育的独到之处，也是整个新文科建设的价值取向。一切教育改革都是为了培养完整的人才和高雅的人性，而技术主义如本雅明所言“机械复制时代”一样，是一个脱离人文精神的发展误区。曾多年担任耶鲁大学校长的理查德·雷文（Richard Levin）曾说过：“通识教育培养学生的才智，增强他们的推理和理解能力。通识教育的目标不是传授特定的具体内容，而是发展一种智能素质，那就是批判与独立思维的能力，具有创造与创新性，能超越偏见和迷信，能筛选信息以汲取精华、摒弃糟粕。正如最大的社会效益来源于无特定商业目的的科学研究一样，我认为最大的社会效益来源于一种教育方法，这种教育方法增强了学生的推理和创造性思维的能力，而不是仅掌握一种专业知识。"[①] 与弘扬人文精神是大学教育的本质精神一样，基础理论研究也是人类社会发展必不可少的重要途径。对于基础研究的忽略并不只是中国独有现象，即使是在技术研究不断创新的美国，在相当长的时间里也忽略过基础研究。1954 年，美国国防部长查尔斯·欧文·威尔逊（Charles Erwin Wilson）就公开嘲笑基础研究，他认为这正如讨论青草为什么会绿，炸土豆为什么会变黄般无意义。基础理论研究和技术创新如同大地与大树一样密不可分，而对于传统基础学科的冷落与对于新兴应用学科的追捧，导致了学科建设追求短期效应的后果。专业设置专注当下的就业市场，学术评价看重经济效益、地方利益和量化机制，于是，一些地方院校在学术研究中出现将局限当特色、将特色当优势的现象，本着"有所为有所不为"的发展目标，将一些不能立即见效的基础专业边缘化甚至取消。而这已经成为各个高校近年来普遍的选择思路和实际操作。

如果仅仅从知识层面对新文科进行结构性静态分析的话，就会导致新文科建设中的知识化、技术化倾向。我们要意识到，文学教育回归传统和经典也是一种"新"，因为在应试教育机制下，"不读原著""不读经典"已经成为许多文学专业学生的通病。学生对于经典的了解和理解基本上来自三个层面：名著的影视改编、名著的缩写、名著的简介（往往来自百度）。现在很少有学生从头至尾地认真阅读专业经典，过去每当新生入学，许多学生都要我开列阅读书目，而现在这样的学生寥寥无几。守正才能创新，没有守正就失去了根本，也不会有真正的创新。

三

在新文科建设中，要进一步认识到，比接受某种新技术更为重要的是文学学科在传承文化、美化人性和丰富情感方面的独到作用。文学对于科学的

---

① ［美］理查德·雷文：《大学工作》，王芳译，外文出版社 2004 年版，第 105 页。

作用，不只在提升个人修养方面，更是在于培育一种思想能力和想象能力。科学发现和发明是需要灵感和想象力的，而科学知识的传播更需要形象感和艺术感染力，文学素质在其中具有不可忽视的作用。古希腊哲学与科学的形成，离不开那一群衣食无忧的智者们的思考、想象；爱因斯坦“相对论”的提出，与他16岁时幻想追着一束光跑，想象自己达到光速的经验有直接关系……人类文明的发展离不开灵感和想象力，这种想象力能够突破被公认为完美的理论，进而创造出新的理论。

我注意到，近年来国家社科基金重大项目选题申报中，很多项目几乎都包含“数据库建设”。这是文科学术研究与自然科学技术融合的直接表现，也使传统文科学术研究的方法与效应得到了扩大和提升。新技术对于传统文科发展来说不是陷阱而是车轮，关键是我们不能只关注车轮、研究车轮，而忽视车本身的作用和行驶方向，否则将演化为一种技术主义路线。如果不顾学科属性而无底线地融合，使工具价值成为终极价值，会进一步导致学科的不平衡并失去学科的个性，融合的前提是强化学科功能和特质，而不是相反。与经济学的某种研究方式一样，在技术主义浪潮的影响下，模型、数据分析也成为当下文学研究的一种时尚。其实，即使是在经济学领域，无论是样本的有效性，还是模型的真实性都有待验证，当这种分析方式进入文学研究领域就应该更加谨慎，至少不能让它成为流行的模式。技术主义、实证主义对于文学研究从来就不应该构成为主流价值取向。文学专业不同于社会科学，甚至不同于同一学科的语言文字类专业，除了典籍整理考辨之外，文学研究重在情感认知和思想分析，亦即重在人文精神的理解和阐释。在耶路撒冷旁观了对艾希曼的审判过程之后，阿伦特从艾希曼的职业意识中看到的“平庸之恶”，就是因为缺少悲悯同情和个性思想所导致的结果。在一个不正常的社会环境中，人可以不崇高但是不能作恶，可以随波逐流但是不能同流合污。这就是人文精神的底线。

大变局下，习近平总书记提出的“全人类共同价值”理念，能弥合极度分裂的世界和分化的社会，是对于世界形势和人类文明发展的引导和纠正。因此，关注和阐释这一理论是当下中国人文学术界最为迫切的使命，实质上这也是对于新文科建设思路的指引。思路不正确，干劲越大效果越差。而

“人的文学”“人性的文学”，以及“人类的文学”即“世界文学”，是对于“全人类共同价值”这一理念的最好阐释。应该利用人文学科的优势来增加其他学科的人文含量，从而形成对物化主义、技术主义的约束。人文学术可能是抵御物化和功利主义，守护人文精神和人类主体性的最终力量和主要领域。所以，我们要十分警惕技术主义、实用传统对于新文科建设的过度影响，人文精神的批判性思维提醒我们对此要表现出足够的清醒。

网络世界已经从一个“相知不相遇”的信息社会逐渐变成了一个“相遇不相知”的文化场域，算法和信息不仅仅构成工具和环境，也已成为一种新的生存方式和评价方式。人工智能的发展必须依赖人文学科的支持和完善：除了语言技术的融入之外，人文情感和伦理也要通过情感识别系统进入情感计算领域，让人机交互更加自然、顺畅、有温度。但是无论如何，人类文明都不能被技术发展完全支配。在 2021 年首届“学术中国”国际高峰论坛上，日本著名法学家、早稻田大学前校长西园春夫提出，大数据系统可以代替民主选举过程。这一判断如果实现，后果将不可设想，一个社会的政治走向将可能控制在一个程序或一个程序员的手中。缺少人文精神的技术主义单兵突进给人类文明发展带来的后果，并不是人类自身所想要的。

（原载《探索与争鸣》2022 年第 9 期）

返回中国性：提升中国学术国际话语权的新文科建设路径

陈先红*

梁启超在《论学术之势力左右世界》一文中指出，“天地间独一无二之大势力，何在乎？曰智慧而已矣，学术而已矣”①，他明确将世界之竞争定位于“学”，中西文化竞争最终是一场“学战”，“学术话语权”是影响和左右世界最大的软实力。当前，中国在国际话语体系中既面临着“有理说不出，说了传不开，传了没人信”的话语权窘境，又面临着“百年未有之大变局引发全球大觉醒”带来的“中国性”替代西方现代性的话语权机遇。如何解构和重构西方国家的中国形象，如何回答全球传播中的“中国问题”，如何从中国实践和文化资源的背景知识中发现并提炼重要概念和思想要素，激发知识的生产和再生产，并上升为“宏纳众流气象”的“中国理论”，为解决全球性问题提供“中国智慧”，为应对西方现代性危机提供“中国方案”，是中国新文科建设的重大历史使命和紧迫时代课题。

一、新文科建设的内涵：从科际融合到学术中国化

“新文科”建设内涵有国际和国内两种解读方式。从国际视野看，“新文科”的概念最早是由美国希拉姆学院于2017年率先提出的，其初衷是对传统文科进行学科重组、文理交叉，把新技术融入哲学、文学、语言等课程中。新文科是文科教育的一次创新发展，是对一直以来文科知识精细化、专业化

---

* 本文系教育部哲学社会科学研究重大课题攻关项目“讲好中国故事与提升我国国际话语权与文化软实力研究”（17JZD038）阶段性成果。

陈先红，华中科技大学新闻与信息传播学院教授，中国故事创意传播研究院院长。

① 梁启超：《论学术之势力左右世界》，《饮冰室合集》第1册，中华书局1989年版，第110—116页。

和学科化分布的一次反拨。或者说，从“分科治学”的旧文科走向“科际融合”的新文科，是人工智能时代文科教育理念的一次转型与升级，倡导运用新理念、新技术、新方法对传统文科进行重组和改造，是整个文科破除学科壁垒走向各学科“大融合”的革命性、方向性变革。

从国内视角看，新文科与新工科、新农科、新医科等“四新”学科建设是中国高等教育从规模扩张走向高质量发展的战略举措。从2018年中央提出“新文科”建设到2020年山东发布《新文科建设宣言》，其内涵和外延都有很大拓展创新。从外延来看，新文科门类由原来的8个扩大为9个，新增了一个交叉学科门类。在原来3个基础文科（文、史、哲）和5个应用文科（经、管、法、教、艺）基础上，新增一个交叉学科（综合类）。从内涵来看，新文科是指在一定程度上能反映、呈现和包含“中国经验”“中国材料”“中国数据”的文科，这与旧文科内涵有很大差异。

中国历史上并没有现代意义上的学科分类概念，只有经史子集等图书分类概念。1912年，北京大学始设文科，“以哲学、文学、史学统为一科，而号曰文科”①。1918年，蔡元培校长在回复傅斯年《致蔡元培：论哲学门隶属文科之流弊》的信函中，不赞成傅斯年提出设置“哲、文、理”三科主张，大力倡导“破除文、理两科之界限，而合组为大学本科之为适当也”。强调文理并重，强调传统的文学与史学“皆用科学的研究方法”“输入西洋文化，当整理国学，当注重自然科学”，这可以看作是近代中国“新文科”建设的雏形。

中国近代学科知识乃是“援西入中”的产物，“西学本身跨越了中西认同的紧张，获得了一个更具普世性的名称——新学”②。王国维正告天下曰：“学无新旧也，无中西也，无有用无用也。凡立此名者，均不学之徒，即学焉而未尝知学者也。”③ 在1905年科举制废止前后，这些来自西方的分科知识以新学之名在中国社会各个领域扮演着“救世主”的角色，促进中国的欧美化和现代化。中国的现代学术也正是在这种西方学科体系和学术体系下展开的，传统不再构成中国观察和认知世界、论证社会合法性的“知识资源”，中国学

---

① 傅斯年：《史学方法导论》，上海古籍出版社2011年版，第71页。
② 罗志田：《传教士与近代中西文化竞争》，《历史研究》1996年第6期。
③ 王国维：《王国维遗书》第3册，上海书店出版社1993年版，第202页。

术话语渐次脱离传统中国的知识样式，转而采纳西方现代性的知识样式，其结果使我们与本国的传统文化精神越离越远，以致“铸下了历史的中断”[①]。

从20世纪30年代起，中国人文社会科学界开始认识到这一问题，并发起过“学术中国化”运动，比如，南开大学张伯苓校长甚至提出，我们要办“以中国历史、中国社会为学术背景，以解决中国问题为教育目标的大学”[②]。虽然中国学术界在寻求实现“现代化”的发展道路中，一直努力在接纳“西方知识”时加入“中国元素”，尽量彰显中国特色的现代性即“中国性”，但效果甚微。一百余年来，西方中心主义知识格局和话语霸权引领世界，并塑造着中国人文学科和社会科学的现代化品质。在走向“现代的中国性”学科建设和学术探讨过程中，中国始终未能真正走出中国文化在近代遭遇的“知识论危机”[③]，因而，造成“中国无法言说中国”的话语权危机。

党的十八大以来，新文科建设再次开启“学术中国化”之旅，如何解除西方学术话语桎梏，摆脱对于外来学术的“学徒状态”，如何批判性地脱离自身以外的权威，成长为一种自律的“自我授权”的学术体系？如何促使当代中国的发展优势转化为理论话语和学术话语优势？如何建设性地引领当代中国学科体系的建构与完善，迎接人工智能时代现实世界和虚拟世界融合发展的元宇宙想象？这是当代中国新文科建设肩负的重要任务。

二、新文科建设的实质：提升中国学术话语权

新文科建设的实质是中国学术国际话语权提升。学术话语权，简而言之，就是在学术领域的话语能力、说话权利和说话影响力的有机统一，是学术话语资格和话语权威的统一，学术话语主体与认知客体的统一。具体来说，学术话语权主要包括学术话语生产能力、学术话语资格权利、学术话语影响力三个方面。

其一，学术话语生产能力是一种开展学术研究的素质和能力，主要包括提出研究问题、开展理性思维的能力，提出新概念、新范畴、新表达的能力，

① 姜金顺：《在人类学与历史学之间——以瞿同祖为中心的阅读史个案：1934—1965》，《清华大学学报》（哲学社会科学版）2012年第4期。

② 李玉胜：《张伯苓与南开大学的“土货化”》，《现代教育科学：高教研究》2014年第2期。

③ 吴晓明：《论当代中国学术话语体系的自主建构》，《中国社会科学》2011年第2期。

提出原创性、本土性、普遍性理论的能力，学术话语生产能力是提升中国学术话语权的思想基础。其二，学术话语资格权利是一种学术生存和发展的权利与资格，是外生性的、被赋予的资质，主要包括学科正当性话语权、学术期刊平台话语权、学术自由话语权、学术评价话语权等。学术话语资格权利是一种科学共同体的制度化安排，是提高学术话语权的组织保障，其提升路径主要是围绕着资格认证和权利获得而展开。其三，学术话语影响力，是内生性的、本质性的隐性权力，它是由学术影响力和思想领导力所决定的一种本质体现，具体表现为“认同学术思想的程度、引领学术发展的趋向、决定学术议题的设置、左右学术评判的尺度、主导学术交流的态势”等诸方面的学术领导力。

与新工科、新农科、新医科相比，新文科话语权是最基础、最根本、最长远的一种学术话语权，是国家话语权的基础性权力。只有从思想和价值观念上提升中国学术话语权，才能改变“行动的巨人，思想的矮子”的被动局面，才能形成与综合国力和实际地位等硬实力相匹配的国家软实力。新文科建设的过程，就是不断用中国思想、中国理论、中国价值观回应国际社会的“中国之问”、传播中国学界的“世界之声”的过程。与西方思想界相比，当前我国人文社科学界的理论创新性、思想贡献性以及学术影响力严重不足，与中国的大国地位不相协调，中国学术话语处于相对边缘、失语的状态。在新文科建设背景下，中国人文社科学者要求“创立中国学派”，“提高在国际学术界的话语权”的呼声日趋高涨。中国经验、中国智慧必须上升为中国理论，现在的问题是，“新文科学者”从哪里出发？“中国学派”在哪里落脚？“中国学术话语权”何以确立？这些都是值得我们深入思考和探讨的根本问题。

三、提升中国学术话语权的新文科建设路径

新文科建设对于提升中国国际话语权具有基础性意义。中国人文学科和社会科学界，应从以下五个方面推动新文科建设，有效促进中国学术国际话语权的提升。

学术社群的主体性建设路径。人文社会科学与自然科学不同，自然科学研究“物”，只有规律的问题，强调普遍性。所以自然科学不需要强调研究者

的主体性地位，可以把以自我为中心的主体所造成的歪曲减到“最低限度”，而人文社会科学尤其是新闻传播学研究的是人和事，涉及规律和人文意义两个问题。人文社科的知识生产不是价值中立的，虽然证据是最后的审判者，但证据必须依靠人来识别和解释。知识生产者受到兴趣、背景、师承、学派、政治经济条件以及时代氛围的层次制约。[①] 所以，人文社科研究需要从以下三方面强调研究者的主体性。

第一，要培养学术自觉和学术自信。学术自觉是基于文化自觉—实践自觉—理论自觉而形成的一种对系统化知识的主动追求，是基于批判性和建设性双重取向而提出的一种积极的“自律性”要求；学术自信是基于中国语境下的制度自信、道路自信、理论自信、文化自信而生发出的一种“研究本土化、学术中国化”的学以致用的追求。人文社科学者要基于费孝通所说的“文化自觉”，对中华民族伟大复兴有一种强烈的觉悟，对家国天下文化传统有一份发自内心的热爱；要基于对人文社科学术研究的热爱和专注，以此为学术志业和学术身份。比如，新闻传播学者不能徘徊在学术研究的“十字路口”，只把新闻传播当作西方新闻专业主义的中国版本，也不能只做纯粹的学术，为了学术而学术，而是要深入到中国的历史性实践所开启的“中国性”话语中，以学术方式将当今中国的社会现实解读为“本质与实存”的统一，为本学科理论的中国化开拓出一片“新大陆”。

第二，要培养国际视野和比较眼光。人文社科学者应追求一种极具有文化特色又具有普遍意义的视野，秉持既是中国的也是世界的多元视角，入乎其内，出乎其外，既能深入了解西方学术理论的精粹，又能提出原创性的问题、方法和理论，站在平等的立场上与之对话，唯有这样才能知己知彼。西方学术话语霸权是建立在研究视野的全球性基础上的，西方的学术实际上是将全世界纳入到研究视野之中，而目前我们的研究仅仅是地方性研究。所以，新文科建设必须要有开阔的全球视野，要以提供全人类的共同价值和知识财富为旨归。

第三，新文科学术研究要建立在“中学为体，西学为用”的基本假设上，

---

① 参见李金铨：《传播纵横：历史脉络与全球视野》，社会科学文献出版社 2019 年版，第 160 页。

坚持以本土经验为“体”、以国际理论为“用”进行学术研究和理论创新。坚持建立学术社群共同体。只有这样，才能建立中华学术的主体性，才能走出被学术殖民的境地，真正拥有自己的话语权。

学术话语的自主性追求。若以伊斯顿的“文明寄生论”而言，中国学术话语是寄生性而非自主性的，不但寄生于千年之久的中华文化传统，还寄生于西方文明的话语结构。在不断被强化的“中心—边缘”视角下，中国学术话语随着西学东渐，在学习和借鉴西方的基本概念、分析框架、研究进路和研究方法的基础上逐渐建构起来。中国学术话语的西方化是中国学术自主性丧失的重要原因。一百多年来，西方理论在中国学术场域中的正当性被认可，中国学术成为西方理论的追随者，中国社会科学以“知识移植”为主要品格的整个知识生产和制度化机制，建立起了西方社会科学对于中国社会科学的文化霸权和学术殖民。因此，要提高学术话语权，必须进行学术自主性反思，努力从研究问题的提出、核心概念凝练、理论创新发展、中国学派构建、中国话语体系建设等方面，直面中国新文科建设的基本理论问题。

第一，研究问题提出的自主性诉求。科学研究总是从问题开始的，科学地提出问题是科学地解决问题的根本前提。马克思说，“主要的困难不是答案，而是问题”，“问题就是公开的、无畏的、左右一切个人的时代声音”，“世界史本身，除了通过提出新问题来解答和处理老问题之外，没有别的方法”。[①] 陈寅恪说，学术研究必须要提出新问题，挖掘新材料，用新材料来研究新问题，做学术研究的人，如果能进入这个潮流，叫作入流；如果不会用新材料、新技术研究新问题，叫不入流。[②] 他所讲的“入流”就是指学术研究的独立性和自主性。在“东升西降”的世界百年未有之大变局中，中国崛起是一个不争的事实，中国是世界百年未有之大变局的核心变量或者说第一变量，“全球中国”成为国内外学术界共同关注的热点议题。无论是西学东渐还是学贯东西，人文社科研究都绕不开中国问题研究，作为现象的“中国问题”研究或者作为范式的“中国问题”研究是当今世界最“入流”的真问题。

---

① 《马克思恩格斯全集》第 40 卷，人民出版社 1982 年版，第 289—290 页。

② 参见葛兆光：《预流的学问：重返学术史中看陈寅恪的意义》，《文史哲》2015 年第 5 期。

研究“中国问题”的自主性诉求有三个方向：一是充分重视在中国实践中的新发现、新案例、新资料的运用。二是突破中国历史空间和实践场域，寻找“异族之史，殊方之文”，从周边重新研究中国。三是中学与西学的汇通，就是把中国传统学问和西方理论方法自觉地结合起来，形成新的研究途径。通过古、今、中、外的新材料相互释证、参证、补证，在旧话题中开出新思路，在新材料中提出新问题。自主性的学术研究要深深植根于中国实践，从中国实践中提出问题、在世界视野中分析问题，在民族性和世界性的交汇处回答问题。我们的学术研究不仅思考中国问题，还要思考世界问题；从中国思考世界，在世界中思考中国。换句话说，要提高中国学术话语权，我们要重新研究中国、重新研究西方、重新研究世界，重新研究中国和世界的关系，让中国不仅成为一个问题域，也成为一种研究方法。通过把中国作为一个问题域和研究方法，为国际学术界提供一个摒弃国际/国内、东方/西方、国家/社会二分法的人类命运共同体理论框架和“中国问题”研究范式。通过自主性的学术研究，让中国学术说中国话，用中国自己的话语元素、核心概念和原创性理论来界定“我是谁”。在与“他者”比较中，以中国的方式重写现代性，书写具有中国特色的现代性，进一步揭示和彰显中国的现代性话语即“中国性”，从而开启国际话语的中国时代，实现从解释中国向改变世界的转变。

第二，凝练核心概念的自主性诉求。概念常常被视为文化的活化石、理论的构成要素。发展理论就是建立两个概念之间的逻辑关系，理论体系的构造依赖于关键性的概念和话语。概念话语在理论体系中处于纲举目张的关键位置。一批举足轻重的概念往往是特定学科的标记，学科内部的种种命题和推论通常围绕这些概念展开。阐释这些概念也就是展示了一个学科的模式及其关注的基本问题。一个词语、一个概念随着时间的进展，原义常常会发生难以预料的变化。因此，现今考察某一个概念的发展史已成为一种重要的学术方法。概念的缘起是什么？它们是在什么历史语境中提出的？它们的基本含义是什么？它们又是在什么条件下出现了概念的迁移、深化、挪用、变异甚至走向反面？它们的作用、功能以及未来的前景是什么？现今理论氛围中如何评价这些概念？……它们所遭遇的种种理论支持或者种种反驳，它们所制造的一系列有价值的争论在很大程度上揭示了一个学科的缘起和入手之处[①]，因此，有必要对核心概念进行清理。核心概念在问题讨论中产生了至关重要的关键作用，它们或者是一种开拓，或者是一种号召，或者是一种新的凝聚轴心，或者是辩论批判的焦点，都可以在学术研究中积聚非同凡响的理论能量。中国共产党成立百余年来，中国创造了举世瞩目的经济奇迹，也产生了与之相匹配的实践智慧，中国人文社科要讲好国家经济社会发展奇迹背后的原理、道理、学理、哲理、法理和事理，为世界知识界、思想界、学术界贡献学术新知，这就需要增强“凝练核心概念”的自主性追求。目前，我国提出一系列中国特色的治国理政原创话语，如人类命运共同体、“一带一路”、精准扶贫、全过程人民民主等，但还需要来自人文社科学者的理论阐释和学术创新，以便形成可与国际学术交流的理论概念和学术话语，这才是话语权的真正提升。

第三，开展本土化研究，构建中国学派的自主性追求。一般而言，学术研究本土化主要有四种路径：一是拿来主义的“套用性研究”，二是本土情境下的“验证性研究”，三是回归传统的“诠释性研究”，四是原创性的“发现性研究”。这四种路径可以概括为两种类型：外部本土化和内部本土化。前两种属于“外部本土化”，即从世界看中国，追求理论的普适性，欲解决的问题是“西方理论方法的适用性”；后两种属于“内部本土化”，即从中国看世界，追求理论的特殊性，是“重建构念和研究范式以及研究方法”，无论哪一种类型，其研究的最终目的，都是追求理论普适性和特殊性的辩证统一。[②] 中国人文社科研究有自己独特的问题，如何聚焦这些问题点，寻找中国新文科建设的知识路径，着力解决西方理论概念的普世性和中国文化意涵的本土性之间的矛盾，这是中国学术研究本土化的关键所在。

与西方人文社科相比，中国人文社科发展存在的明显差距就是中国学派的长期缺位。虽然中国是学者众多的学术大国，但却不是理论众多的“大国学术”，一贯追求自我和个性的中国人文社科学界没有跨学科研究合作的氛

---

① 参见南帆：《〈概念的阐释〉前言》，《东南学术》2003 年第 2 期。

② 参见陈先红、侯全平：《积极公共关系：中国公共关系研究的本土化探索》，《新闻大学》2019 年第 4 期。

围，也缺乏相应的评价机制，很难形成“跟着讲”“接着讲”“领着讲”的课题研究共同体，每个人都是各成一派，导致中国人文社科理论发展长期处在一种自发的、分散的、不系统的、缺乏中国学派的话语权之中。我们要想缩小与西方的差距，缩小与自然学科的差距，就必须扎根中国本土，实施科际融合，组建跨学科学术团队，更好地发现并提出具有时代性、中国性的真问题，寻找既具有中华文化特色又具有普遍意义的华人学术视野，发展出中国本土化的一般性理论和原创性理论，打造视域融合的“中国性”学术共同体，建构中国学派，形成地方性知识体系，为国际人文社科学界贡献中国概念、中国话语、中国理论。

学科建设的合法性规制。学科在本质上是一个科学共同体的制度性存在，是学术发展的组织依托和学术管理的基本单元。学科不是自然生长出来的，而是基于社会实践人为划分的结果。习近平总书记在2016年哲学社会科学工作座谈会上的讲话中提出，把哲学、历史学、经济学、政治学、法学、社会学、民族学、新闻学、人口学、宗教学、心理学等学科一起列为需要加快完善的“对哲学社会科学具有支撑作用的学科”，同时强调要将这些学科打造成为“具有中国特色和普遍意义的学科体系”。[①] 以新闻传播学科为例，在新文科建设的学科分类中，新闻传播学不是一个独立的门类，而是一个一级学科。这里面有三个问题需要思考：其一，在媒介化社会，新闻传播学科越来越体现出“人文学科”和“社会科学”双重属性，是否可作为一个独立学科门类，从文学门类中分离出来？其二，作为一级学科的新闻传播学是一个独立完整的学科，还是新闻学+传播学两个学科的相加？其三，源自“新闻代理人”和“企业驻地记者”职业身份的现代公共关系学科到底应设置在公共管理学科，还是回归新闻传播学科更有利于新文科建设的需要？

众所周知，百年大党见证了中国特色新闻传播学获得学科独立的过程，在学科始创阶段，我们的理论研究主要为获取学科身份服务，“新闻传播可否为学？”“何为中国特色新闻传播学？”等都是必须回答的问题。作为学科身份的一种证明和宣示，完整的学科体系成了理论研究的重要目标，建构一个合理的、广受认同的、包容性的学科体系是学科建设的奠基性工作。当学科获

① 习近平：《在哲学社会科学工作座谈会上的讲话》，《人民日报》2016年5月19日。

得独立之后，学科体系得到确认，学科知识结构趋向稳定，“中国特色新闻传播学何为”的问题就变得更为重要起来，尤其是在共建人类命运共同体的智能传播时代，新闻传播学科体系建设和理论研究面临重新调整。

中国特色新闻传播新文科建设首先要突破学科内部壁垒，其次才是加快协同交叉和融合发展。比如，在国际传播人才培养中，不仅要实现“新闻+外语+国际关系+计算传播”的跨学科融合，更要加强新闻学、传播学、媒介学、广告学、公共关系学等新闻传播学科内部的跨专业融合。从实践层面，作为基于事实的巧传播、隐形传播、战略传播的现代公共关系已经成为“国际社会的基础设施”，成为各国提升国际传播能力的理论方法和战略工具，在国际传播、国家建设、民族认同、社区发展、组织倡导、公众参与、危机管理等方面发挥着不可或缺的建设性作用。中国特色新闻传播新文科建设要努力推动公共关系学科从边缘走向中心，推动新闻传播学科成为构建“大国学术”的核心学科，成为传播“大国学术”的应用学科。

学术交流的国际化平台建设路径。国际化的学术交流平台是大国学术的基础设施，是一个国家国际话语权和文化软实力的重要体现，是带领中国学术成果走出去的重要载体，也是推动中国学术竞争力和可持续发展的现实路径。学术交流的本质是学术期刊发表，学术期刊是科研成果的重要出口，是学术交流的主体形式，但由于“中文”作为一个言说载体在国际学术场域中的“不可通约性”，中文学术期刊和学术成果尚未产生国际性的影响力。据统计，在全球3000多本SSCI期刊中，英文期刊数量占据70%以上，中国出版的学术期刊只有11种。世界公认的两大学术领域重要期刊文摘索引数据库SSCI和A&HCI都来自美国科学信息研究所，它们作为评价学术成果的第三方机构和传播枢纽，规训着全世界知识的生产、传播和消费。世界学术交流圈的英语化倾向造成中国学术交流和对外传播的语言障碍和知识逆差，导致中国新闻传播学难以摆脱西方学术话语的强势影响和研究路径。比如，SSCI本是期刊评价体系，但已成为中国社会科学研究的“指挥棒”，成为职称晋升与能力评价的重要标准。

因此，我们应重新建构学术期刊格局和学术交流生态，围绕学术期刊、学术组织、学术会议、专业媒体等四大平台，进行合理规划，重建中国新文科学术交流的国际化平台。

一是建立为多语种服务的中文学术期刊数字平台，争夺国际学术交流与出版的“语种”话语权和国际学术检索业务的“主体”话语权。二是面向全世界学者设置中国研究奖项，开放“中国实践”“中国经验”的研究课题，吸引世界各国学者积极开展“中国性与现代性”“中国性与中华性”“中国性与西方性”“中国性与全球性”等中国学研究，努力使中国问题域从学术外围走进学术中心，使中国成为世界性学术思想的发表平台。三是改革科研论文发表与评价机制，探索运用人工智能创立中国一流学术期刊“互联网+代表作”的开放评价方式，改变“学术标准外移，优质成果外流，心甘情愿接受学术殖民”的评价机制，重构以创新性、人类性为核心的学术评价模式。四是推动形成多中心与多元化的国际性学术组织发展格局，提升中国学术组织的联盟力。学术组织是具有公共领域性的思想平台，可以发挥公共外交、学术外交的作用，通过学术会议可以实现学术思想的国际化圈层传播。

学术思想的智库型服务路径。新文科建设不是纯粹的知识体系建设，而是包含着一定价值观念、寄托一国之精神的，推动社会进化和人类进步的思想体系建设。学术话语不但意味着一种思想观点，而且意味着对言说者地位和权力的隐蔽性认同，意味着一个国家国际话语权的制高点建构力、传播力和影响力。沿着知识—思想—理论—话语体系的发展路径，新文科学术话语权的构建必然要基于中华文化共同体知识和马克思主义理论立场，成为国家理论生产的场所和主流价值观构建的场地，成为政府决策的智库和大众教育的重要知识来源。

在学术界和政府间存在作为传送带的涓滴模式，即一个学术概念或理论提出来以后并不意味着学术话语的结束，而是学术话语的开始。智库在政界与学术界之间架起了知识和权力沟通的桥梁，将学术和咨政在实践上勾连起来。转化为智库服务的学术思想拥有可以定义国家身份、利益取向的特殊话语权力，可以以知识产品为媒介促成政府实际决策，设置全球议程引导国际舆论，掌控国际话语权。因此，我们要高度重视人文社科界学术思想的智库成果转化，以便形成学术话语的闭环流动与有效扩散。

一是建立政府和科研机构、高等教育机构之间的“旋转门”机制，让知识与权力紧密结合，促进相关学术思想和政策主张的落地。二是通过各种“理论流派”“评估指数”“研究报告”“民意调查”等系列公共产品，向政府和国际社会提供国与国之间的历史认知、共有观念、互动态势、局势研判和行为调整策略等智力思想服务，能够提供全球公共产品的大国才能真正被世界各国所尊重和追随。三是建设涵盖从学术期刊到大众媒体、从课堂到论坛、从学术机构到非政府组织（NGO）推广等在内的立体化整合传播架构。让学术思想走进大众媒体、走上决策者的办公桌，更走进民间话语空间和国际社会，让学术思想产生较长时间的话语影响力，成为政府话语的“诠释者”“风向标”“试探器”。

在一个政治世界中，每个国家的学术研究都会带有时代特色、民族特色和国家特色，一个国家在其发展的不同阶段，需要回答的时代命题和解决的时代难题不同，往往会决定其人文社会科学的学术生态。[①] 今日世界正经历百年未有之大变局，人类社会已进入“世界历史的中国时刻”，中国已进入近代以来最好发展时期。中国要享有世界范围学术话语权，就必须提供一个构建人类文明共同体的学科范式、一种新的替代现代性话语的学术范式、一种超越二元对立思维和西方中心主义的话语范式，唯此才能构建出与中国地位相称的世界性思想学术体系，即以“中国性”为西方现代性替代范式的“大国学术”，才能引领中国成为新的世界性学术思想中心，这需要几代学人不懈努力，“为天地立心，为生民立命，为往圣继绝学，为万世开太平”，这一过程任重道远，不可操之过急。

（原载《人民论坛·学术前沿》2022 年第 2 期）

① 参见苏长和主编:《中国话语与国际关系》第 12 辑，上海人民出版社 2013 年版，第 4 页。

新文科建设高质量发展研究

张政文　王维国*

习近平总书记在哲学社会科学工作座谈会上指出："一个国家的发展水平，既取决于自然科学发展水平，也取决于哲学社会科学发展水平。一个没有发达的自然科学的国家不可能走在世界前列，一个没有繁荣的哲学社会科学的国家也不可能走在世界前列。"① 面对世界百年未有之大变局，国家富强、民族复兴、人民幸福与科技进步密切相关，也有赖于合理应用科技发展的哲学社会科学的繁荣发展。新文科建设是我国新工科、新医科、新农科、新文科建设战略的重要组成部分，其战略意义在于它是建设现代化大国和科教强国的需要，是彰显文化自信和培育新文化的需要，是参与并融入国际交流语境的需要以及高校进行专业结构优化调整和人才培养模式改革的需要。② 这就要求我们不仅要大力发展新工科、新医科、新农科等学科门类，更要主动服务国家软实力提升与哲学社会科学繁荣发展的战略需求，尊重新文科教育特点和文科人才成长成才规律，大力发展哲学、经济学、法学、教育学、文学、历史学、管理学、艺术学等文科专业，扎实推进新文科建设高质量发展，切实构建以育人育才为中心的哲学社会科学发展新格局，加快培养适应新时代要求的应用型复合型文科人才，为中华民族伟大复兴注入强大精神动力与厚实智慧支撑。

一、新文科建设高质量发展的整体格局

恩格斯指出："当我们通过思维来考察自然界或人类历史或我们自己的精神活动的时候，首先呈现在我们眼前的，是一幅由种种联系和相互作用无穷

* 张政文，中国社会科学院大学校长；王维国，中国社会科学院大学马克思主义学院副院长。

① 习近平：《在哲学社会科学工作座谈会上的讲话》，人民出版社 2016 年版，第 2 页。

② 参见周毅、李卓卓：《新文科建设的理路与设计》，《中国大学教学》2019 年第 6 期。

无尽地交织起来的画面。"① 这是对事物普遍联系的哲学表达，也是对高校新文科建设高质量发展系统性、层次性的客观反映。高校新文科建设高质量发展是一个普遍联系、任务复杂、层次分明的系统工程，应从宏观、中观和微观的三重维度，明确新文科建设在高等教育发展体系中的新定位、新功能、新作用，把握新文科建设高质量发展与经济社会发展、新科技革命和产业变革的本质联系、互动规律与未来趋势，加强顶层设计、创新实践探索，整体推进高校新文科建设的高质量发展。

（一）从宏观层次看，积极推进以建构中国自主知识体系为目的的新文科建设

习近平总书记在中国人民大学考察时指出："加快构建中国特色哲学社会科学，归根结底是建构中国自主的知识体系。"② 建构中国自主的知识体系既是繁荣发展中国特色哲学社会科学的重要任务，也是新时代新文科建设高质量发展的必由之路。从宏观层次看，积极推进以建构中国自主知识体系为目的的新文科建设，是新时代新文科建设高质量发展的最高层次和宏观层次；在知识体系的基础上来讲，是落脚于新学科的建立。该层次的新文科建设高质量发展是指以新的知识体系为基本系统，并在这个系统中构建新文科人才培养的创新平台与育人体系。可以说，"新文科建设应该把创新作为根本指向，关注人的需求和变化，突出知识生产的原创性"③。在新一轮科技革命所带来的时代命题下，在当前的重大知识生产变革中，我们应立足于自主知识体系的构建，坚持马克思主义研究学术资源、中华优秀传统文化研究学术资源与国外哲学社会科学资源融通，将中国的历史叙事、社会分析和当代实践融合，通过不断推进知识创新、理论创新、方法创新谋求新文科建设的高质量发展。该层次的新文科建设高质量发展完全创立有新的研究对象、新的知识边界、新的知识命题、新的知识概念、新的研究范畴、新的知识方法与新的建设路径，在此基础上，推进新的知识体系向新的人才培养体系的转化，

---

① 《马克思恩格斯文集》第 3 卷，人民出版社 2009 年版，第 538 页。

② 《习近平在中国人民大学考察时强调　坚持党的领导传承红色基因扎根中国大地　走出一条建设中国特色世界一流大学新路》，《人民日报》2022 年 4 月 26 日。

③ 黄明东、王祖林：《高校新文科建设的探索与理性审视》，《新文科教育研究》2021 年第 2 期。

培养出新的、专门的新文科人才，例如中国学、国家安全学、阐释学等，都属于以建构中国自主知识体系为目的的新文科建设。

新文科建设高质量发展要求我们积极探寻新的社会问题、规律与知识，坚持以中国立场、中国实践、中国问题作为学术话语建构的出发点与落脚点，不断丰富、发展、完善新文科各个学科领域的范畴、概念与理论体系，提炼出具有中国特色、世界影响的标识性学术概念，通过量的不断扩展和质的不断提升，以知识的方式阐释好中国之路、中国之治和中国之理，以赓续文明、创造思想和立足实践的方式来建构新的知识结构与知识范式，在理论创新和理论创造中最终实现知识体系的自主建构、自我更新和发展完善，在融合本土视野、世界视野、历史视野、当代视野和未来视野中提升知识体系的阐释能力，不断增强我国哲学社会科学的原创性和竞争力，使中国特色哲学社会科学真正屹立于世界学术之林。

（二）从中观层次看，积极推进哲学社会科学各学科与新研究范式相结合而衍生的新文科建设

习近平总书记指出："创新是引领发展的第一动力，必须摆在国家发展全局的核心位置，深入实施创新驱动发展战略。"① 在统筹中华民族伟大复兴战略全局和世界百年未有之大变局的时代背景下，重新审视"科学技术是第一生产力"在哲学社会科学繁荣发展中的定位、地位及作用，积极探索新技术、新方法之下促进新文科建设高质量发展的大作为、新作为，运用新的相关学科的方法、观念与技术，将其与传统文科紧密结合以形成新的学科，是推动新时代文科教育发展的必由之路，也是中观层面开展新文科建设的着力点。

从社会实践的角度来说，中观层次的新文科建设更多的是将哲学社会科学各学科与新研究范式相结合，从学科导向转为需求导向，运用新的技术、方法、观念来解决原有学科面对的新问题与长期解决不了的问题，将新科技融入传统文科的教学与科研中，通过文科对现代科学技术的应用、对现代科学技术的知识消费，以继承与创新、交叉与融合、协同与共享为主要途径，推进基于方法创新的新文科发展。中观层面的新文科建设注重的是方法技术手段意义上的新命题的形成，也构成新文科新的知识体系，但它的落脚点不

---

① 《十八大以来重要文献选编》下册，中央文献出版社 2018 年版，第 261 页。

在知识，而在于解决问题的新方法，致力于培养更多运用新方法、解决新问题的专门人才，培养融通型、交叉型、多学科融合型新文科人才，实现新科学、新技术与新研究范式的深度融合，全面提升新文科人才的培养质量，满足新时代我国经济发展、社会进步、民族复兴的需要。

（三）从微观层次看，积极推进以解决现实突出问题为目的的新文科建设

微观层次的新文科建设以世界面临百年未有之大变局、中国特色社会主义进入新时代为时代背景，积极服务于我国经济社会领域的全面深化改革，解决与人们思想观念、精神价值等有关的重大理论和实践问题，特别是着眼于解决现实的、急需的、当下的、微观的问题，依托原有学科进行相关调整，加强具体方法、观点的运用，并进行针对性的强化。“新科技革命和产业变革是一次深刻的全方位变革，已经而且还将继续对人类的生产模式、生活方式和价值理念产生深刻的影响。”①

由于科学技术的发展，人类不仅创造了大量新知识，人工智能、大数据、区块链、基因工程、虚拟技术、5G 技术等诸多技术也实现了新突破，这些新突破在给人类社会带来便利的同时，也给经济社会发展及人的自由全面发展带来诸多问题，如人工智能的公共政策、社会问题，基因工程的伦理问题，虚拟现实的哲学问题，互联网与国家治理、智能政治学、互联网与“一带一路”国际关系、互联网与国际问题，虚拟现实与社会学、互联网与社会阶层，虚拟现实与教育（互联网+教育），科技金融（区块链与金融）、空间计量技术与经济学，互联网与语言学、人工智能与语言教学等。这些问题是哲学社会科学的研究前沿，是现代科技发展与创新的增长点，更是微观层面推进新文科建设高质量的着力点，亟待我们通过新文科建设，纵深推进文理多点突破、交叉融合，如基于编程、大数据采集和云计算等技术的哲学社会科学研究，运用机器学习或知识图谱等人工智能技术进行的人文社会问题研究等，通过推动文理交叉融通，解决现实突出问题，在极大激活现代科技发展与应用活力的同时，用哲学社会科学回应新技术革命出现的新问题，用新技术推进哲学社会科学发展，重塑新时代新文科高质量发展的新形态。

---

① 樊丽明：《“新文科”：时代需求与建设重点》，《中国大学教学》2020 年第 5 期。

二、新文科建设高质量发展的实践重点

习近平总书记在2022年春季学期中央党校（国家行政学院）中青年干部培训班开班式上强调："要强化精准思维，做到谋划时统揽大局、操作中细致精当，以绣花功夫把工作做扎实、做到位。"[①] 高校文科门类众多、特色各异的特点决定了新时代新文科建设高质量发展必须强化精准思维、精准发力、精准到位、精准推进。当前，我国新文科建设取得了一定成效，从哲学思维上讲主要是因为树立了精准思维。精准思维强调新文科建设高质量发展要有具体而准确的方式方法，坚持精准的科学方法、落实精准的建设要求，以文史哲、经管法、教育学、艺术学等学科领域为重点，分类推进、特色发展，切实提升新时代新文科建设高质量发展的针对性和准确性，全面实现文史哲促人修身铸魂、经管法助力治国理政、教育学培元育才、艺术学美人化人的目的。

（一）扎实推进文史哲领域新文科建设高质量发展

着眼于加快培养既继承中华优秀传统文化又弘扬时代精神、既立足中国又面向世界的新时代文史哲人才，夯实传统文史哲基础学科，科学把握交叉融合的范围与程度，以新的思路和跨界模式扎实推进文史哲内部融合、文史哲与社会科学融合、文理融合及文工、文医融合，实现传统文史哲专业的升级改造。遵循文史哲基础学科拔尖创新人才成长规律，建立拔尖人才脱颖而出的新机制，探索书院制、导师制、学分制三者交叉融通的文史哲拔尖人才培养的创新模式，通过培养目标和课程结构的改革调整，破解文史哲人才培养传统模式原有以固化学科专业培养人的人才培养难题，形成文史哲人才培养的中国标准、中国模式和中国方案，实现文史哲人才培养质量提高和未来发展潜力提升。

（二）扎实推进经管法领域新文科建设高质量发展

着眼于加快培养具有强烈本土化意识和国际视野的经管法人才，以经管法学科融合优势培养复合型人才，按照经管法融合、跨学科、跨行业、跨领

---

① 《筑牢理想信念根基树立践行正确政绩观　在新时代新征程上留下无悔的奋斗足迹》，《人民日报》2022年3月2日。

域建设的高质量发展思路，挖掘中国改革开放和新时代现代化建设的伟大实践，加大经管法领域学科交叉融合和跨界整合的力度，坚持以提升学生解决实际问题能力为导向，服务于国家发展战略和产业需求，服务于学生的全面发展和可持续发展，推动文史哲与经管法融合，从课程设置、专业内容、平台建设、国际交流、师资队伍建设等方面进行全方位、多环节的建设改革与实践，综合运用大数据、人工智能等信息技术对经管法专业人才培养理念、模式、内容及手段进行升级改造，建设优质教学资源和内容，强化经管法人才培养领域教材体系、课程体系和人才培养体系的实践性和综合性。譬如，以外语+国政、国经、法学等模式培养复合型国际型经管法领域拔尖人才，以融哲学、政治学、经济学于一体的 PPE 项目培养经管法领域理论人才，有力激发和调动经管法专业学生的学习兴趣与积极性，适应新科技革命所带来的新经济业态、新生活方式、新运营模式的实践需要。

（三）扎实推进教育学领域新文科建设高质量发展

从中国教育改革发展实践中挖掘新材料、发现新问题、提出新观点，加快构建中国特色社会主义教育理论体系，将教育理论有机融入教育教学实践，提升教育理论对教育实践困境与人才培养难题的指导性，更好地服务教育现代化和教育强国建设。在全学段教师教育人才培养体系构建的基础上，通过教学空间与生活空间的统一，着力构建“教育+”现代书院，积极探索创新型教育学专业人才培养机制；坚持问题导向，积极应对信息时代新兴技术对高校教育教学带来的挑战，围绕促进大学生自主学习、深度学习，深入开展教学方法、教育技术手段等方面的教学改革探索，为其他学科专业教育教学提供教学理论和方法支撑；面向教育教学发展新趋势，研究教师必备的能力素质模型，构建教育学领域新文科建设课程体系、教材体系和教学体系，服务教育强国战略和人才强国战略。

（四）扎实推进艺术学领域新文科建设高质量发展

“艺术承载着审美形象的再现功能，但是否达到了审美精神和情感表现的和谐完美，却需要通过艺术教育的学科观念、专业设置以及课程引导来确认。因而，整个新文科建设无疑始终需要渗透审美理念和文化精神，来促使新文科发展具有更为触动人心的因素。”① 时代变革呼唤新文科，文化大发展大繁荣需要艺术学领域新文科建设高质量发展。作为新文科建设板块的重要组成部分，扎实推进艺术学领域新文科建设高质量发展，需要站在更高层面进行战略规划与顶层设计，建构有中国底蕴、中国特色的艺术学理论体系、话语方式、评价标准和人才培养体系，切实发挥艺术学服务公众审美愉悦和精神享受的功能，满足人民对美好生活特别是美好精神生活的向往。应积极应对信息技术变革与产业革命对艺术学领域新文科建设的挑战，深化对艺术领域科技应用、产教融合、功能属性等的认识，通过虚拟艺术策展、虚拟仿真实验教学等方式，推进互联网、智能媒体赋能背景下的艺术学领域新文科建设改革创新；特别关注文化科技融合、文化创业等产业的新需求、新变化，科学预测相关产业人才需求，优化艺术门类专业结构和人才培养体系，构建有序、有机、有效的教学资源整合机制，整体设计、整合优化艺术学课程体系与教材体系，以发展理念建设、专业优化、人才培养模式改革、师资队伍建设、特色质量文化建设等为重点，积极推进多学科交叉融合的艺术学领域新文科建设创新与实践，形成艺德兼备、产教对接、讲练一体、学用融合的艺术学领域卓越人才培养新模式，支撑艺术学领域新文科建设高质量发展的实践推进。

三、新文科建设高质量发展的支撑体系

在新时代新文科建设高质量发展的实践进程中，应立足于培养具有扎实理论基础、广阔学术视野和卓越创新能力的新文科人才，系统总结新时代新文科建设高质量发展和文科人才培养的理论及实践经验，深入研究分析新时代新文科建设高质量发展面临的机遇和挑战，胸怀全局、把握关键，从教育教学改革、学科专业建设、教师队伍建设、治理制度创新等方面发力，引领新时代新文科建设高质量发展。

（一）新文科建设高质量发展应抓好人才培养模式改革这一基础

尊重文科教育特点和文科人才成长规律，明确各专业新文科建设的重点

① 周星、任晟姝：《新文科建设背景下艺术学科综合性发展的思考》，《南京师范大学学报》（社会科学版）2020 年第 3 期。

难点问题，积极推动人才培养模式改革，“培养出具有广阔视野、把握国际国内两个大局、服务国家社会发展的新兴人才，全面提高文科人才培养质量”①。一是积极推动新文科拔尖创新人才培养创新与实践。依托国家文科基础学科人才培养和科学研究基地，以学生选拔、个性化培养、一体化管理为重点，积极探索书院制、学部制、导师制、学分制等人才培养创新模式，健全完善文科基础学科拔尖学生培养机制，形成有利于复合型文科人才培养的工作机制、教学组织模式与管理模式。二是积极推进新文科教育教学改革创新与实践。着眼于应对新一轮科技革命和产业变革，提升文科人才职业适应性和胜任力，积极推进新文科教育教学改革。把科教深度融合作为新文科教育教学改革的有力抓手，实现高水平科学研究与高质量人才培养相互支撑、相互促进、共同发展。创新推动教学内容改革，重构新文科课程体系，深度融合文史哲各专业、融会贯通人文科学与社会科学，避免各类课程简单的“大拼盘”“大杂烩”，打造新文科“金课”；积极探究智慧环境下新文科专业的教学改革模式，推动基于现代信息技术的教学模式、教学方法、学习方式、考核方式、教学制度改革创新。三是积极推进政产学研协同育人机制创新与实践。结合国家战略和相关行业发展新需求，根据新技术和新产业发展趋势，促进新文科学科交叉融合和跨界整合，推动新文科育人要素与创新资源共享互动，健全完善高校与有关部门、科研院所、行业企业协同培养新时代新文科人才的政产学研协同育人新机制。同时，注重价值引领，始终把正确的政治方向、价值取向贯彻到新文科人才培养模式改革各方面全过程，切实提升学生的政治认同、家国情怀、文化素养、法治意识、道德修养，努力培养担当民族复兴大任的时代新人。

（二）新文科建设高质量发展应抓好学科专业这一支撑

一是建设文理融合学科群。“‘新文科’建设涵盖了哲学社会科学领域内多个学科之间的交叉、融合、渗透、拓展，也涵盖了文理交叉、文工交叉、文医交叉等新兴领域。”② 应面向国家重大战略需要和经济社会发展新形势新

① 刘曙光：《新文科与思维方式、学术创新》，《上海交通大学学报》（哲学社会科学版）2020 年第 2 期。

② 李凤林：《加快建设“新文科”主动引领新时代》，《中国高等教育》2020 年第 1 期。

要求，整体布局哲学社会科学学科的交叉、重组与退出，大力发展交叉学科、边缘学科、综合学科、系统学科、横断学科，构建量化社会学、数字考古学、计算政治学、科技金融学、空间经济学等新的学科增长点，切实夯实新文科建设的学科基础。积极推进新文科专业优化，分行业开展人才需求调研，建立完善人才需求预测预警机制和学科专业动态调整机制，构建新文科人才培养引导性专业体系。二是积极推动原有文科专业改造提升。紧跟新一轮科技革命和产业变革新趋势，夯实哲学、经济学、历史学、中国语言文学等基础学科专业建设和人才培养，积极推动人工智能、大数据等现代信息技术与原有文科专业深入融合，促进文科与理工农医的深度交叉融合，推动专业知识体系和能力要求的更新，探索创新原有文科专业内涵提升、改造升级的实施路径。三是积极推进新兴文科专业建设。围绕国家经济社会高质量发展和新一轮改革开放重点领域的人才需求，探索现代信息技术与文科专业、文科专业之间、文科与理工农医科专业深度交叉融合的新方向，科学确定新文科新兴专业人才培养目标和培养标准，探索基于多学科交叉复合的新文科新课程体系、教学内容、培养方式。四是积极推进新文科课程体系和教材体系建设。着眼于培养学生跨领域知识融通能力和实践能力，整体设计面向新文科的课程与教材体系，推动将中国改革开放伟大实践的最新成果、中国特色哲学社会科学理论创新的最新成果及时转化并融入教育教学，提高教育教学的时代性、学术性和针对性，构建中国特色的文化素质教育课程体系，推动建设跨学科、多学科交叉融合的新文科专业课程体系，推动数字化教材及配套资源建设，推动新文科优质教材与课程资源的共享。

（三）新文科建设高质量发展应抓好师资队伍这一基础

百年大计，教育为本；教育大计，教师为本。新文科能否建设好，关键看教师。新文科师资队伍建设首先要培养一批哲学社会科学领域的战略科学家。2021 年，习近平总书记在中央人才工作会议上指出，要大力培养使用战略科学家。2022 年 4 月 29 日，中共中央政治局召开会议审议《国家“十四五”期间人才发展规划》，再次强调要大力培养使用战略科学家。新时代我们不仅要培养一批在自然科学领域具有深厚科学素养、长期奋战在科研第一线，视野开阔，前瞻性判断力、跨学科理解能力、大兵团作战组织领导能力强的战略科学家，还需要培养更多的哲学社会科学领域的战略科学家。新时代推进新文科建设的高质量发展，应以提升学术原创能力为主线，以重大项目、重点工程、重要平台为牵引，创新学术研究组织体系、学术平台支撑体系、学术评价考核体系，构建培养使用哲学社会科学领域战略科学家的长效机制，建设种类齐全、梯队衔接、结构合理、专业突出的哲学社会科学领域战略科学家队伍体系。同时，更要培养一批长期从事一线教学工作，对教育思想和教学方法有重要创新，教学成果和教育质量突出，在学生培养方面有突出贡献的新文科教学名师。新文科因其综合性、跨学科和融通性，对教师队伍提出了更高要求，局限于当前高校专业过细的培养模式，高校现有师资还不足以支撑新文科建设的需要。一方面，应通过文科实验班等为新文科教育培养后备人才；另一方面，要加强现有师资的培训。结合新经济新产业的发展要求，探索构建新文科师资能力标准体系和教师培训体系，探索引导教师开展新文科教育教学改革，开展跨学科项目研究、跨学科专业课程建设的有效机制。同时，加强师资统筹，增强文科内部及与理工科的师资融合，形成专兼结合、结构合理、文理交叉的新文科师资队伍体系，共同推进新文科建设高质量发展和一流文科人才培养。

（四）新文科建设高质量发展应抓好制度建设这一保障

推进新文科建设高质量发展，应坚持问题导向，分析当前新文科建设面临的制度性难点、堵点和瘀点，从经费投入、组织管理、评价激励、招生培养就业等方面提出推动新文科建设高质量发展的改革举措，完善新文科建设的政策支撑与条件保障，形成富有文科教育特色、体现“以本为本”“四个回归”，以提升教育质量为核心、以激励教师投入人才培养为重点的新文科建设高质量发展制度体系。特别是切实扭转不科学的教育评价导向，健全立德树人落实机制。着力构建教学投入引导激励体系，改革新文科教学和科研评价方式，探索建立符合新文科建设特点与需要的职务职称评聘制度，将教学质量作为重要评价内容，完善教学环节质量标准、教学反馈和评估机制，鼓励教师把更多精力放在研究教学内容、创新教学方法、提高教学实效上，构建教师教学、学生学业、质量监测“三位一体”的质量保障体系，形成自觉、自省、自律、自查、自纠的文科教育质量文化。着力构建符合新文科建设要求和培养一流文科人才的科研评价体系，注重新文科建设标志性成果的质量、贡献、影响，解决唯论文、唯职称、唯学历、唯奖项带来的简单量化弊端。把握新文科科研评价的正确政治方向，坚决反对脱离中国的基本国情、历史传统和文化积淀，“言必称希腊”、片面推崇西方标准，加快构建中国特色哲学社会科学学科体系、学术体系与话语体系，在研究中国实践的基础上形成具有鲜明中国特色、中国风格、中国气派的新概念、新范畴、新表述，切实增强学术自信与学术自觉，推动新文科建设的高质量发展。

（原载《新文科理论与实践》2022 年第 2 期）

加快建构中国自主数字经济知识体系

刘　伟*

党的十八大以来，以习近平同志为核心的党中央高度重视数字经济发展。我国实施网络强国战略和国家大数据战略，数字产业化和产业数字化快速发展，对我国经济社会高质量发展的支撑促进作用不断增强，特别是在支持高效统筹疫情防控方面发挥了重要作用。

习近平总书记强调，要站在统筹中华民族伟大复兴战略全局和世界百年未有之大变局的高度，统筹国内国际两个大局、发展安全两件大事，充分发挥海量数据和丰富应用场景优势，促进数字技术与实体经济深度融合，赋能传统产业转型升级，催生新产业新业态新模式，不断做强做优做大我国数字经济。

我们要深入学习贯彻习近平总书记重要讲话精神，深入认识数字经济健康发展的重大意义，不断深化对数字经济发展的规律性认识，加快建构中国自主数字经济知识体系，努力培养面向国家未来发展的时代新人。

一、深入认识我国数字经济健康发展的重大意义

习近平总书记指出，数字经济发展速度之快、辐射范围之广、影响程度之深前所未有，正在成为重组全球要素资源、重塑全球经济结构、改变全球竞争格局的关键力量。

进入新发展阶段、贯彻新发展理念、构建新发展格局，我们要深刻认识数字经济在推动建设现代化经济体系、构筑国家竞争新优势中的积极作用，深入理解推动我国数字经济持续健康发展、更好服务社会主义现代化国家建设目标的重大意义。

---

* 刘伟，中国人民大学原校长。

一是加快突破我国数字经济发展面临的“卡脖子”问题，打造自主数字产业链供应链。发展数字经济是把握新一轮科技革命和产业变革新机遇的战略选择，数字技术、数字经济已经成为新一轮国际竞争的重点领域。近年来，美西方对我国华为等企业实施芯片“断供”，俄乌冲突中一些西方公司限制俄罗斯的手机用户使用部分功能……事实已经多次印证，打好数字经济关键核心技术攻坚战，对于维护国家发展与安全具有至关重要的作用。我国必须坚持科技自立自强，发挥新型举国体制优势和超大规模市场优势，加强高端芯片、基础操作系统、人工智能基础算法等核心数字技术的攻关。同时，要研判掌握全球数字经济关键技术、关键标准的前沿动向，积极参与数字经济相关国际合作，维护和完善多边数字经济治理机制，牢牢把握数字经济发展主动权。

二是加快建设高质量的数字基础设施，为推动数字经济发展提供支撑。回顾我国信息化、数字化发展历程，宽带网络建设带动电子商务快速成长，移动互联网建设催生移动支付应用，4G 网络部署推动直播等业态发展。这些实践都表明，建设信息和通信网络设施，对数字经济相关的新技术、新产品、新业态、新模式发展具有重要的推动作用。进入新发展阶段，我国数字经济迎来新的发展机遇期，特别是产业数字化、数字乡村建设的持续推动，对数字基础设施升级提出了新要求。面向未来，要“优化”和“升级”并重，推进光纤网络扩容提速，加快 5G 网络规模化部署，构建全国一体化大数据中心体系，提前布局 6G 网络研发、卫星通信网络等新一代数字基础设施，为我国国内统一大市场建设、数字经济国际竞争力的加强提供全球领先的数字基础设施支撑。此外，要将优化升级数字基础设施与激发微观主体活力结合起来，通过完善数字基础设施的投融资体系，引导社会资本广泛参与到数字基础设施建设和运营服务当中，进一步促进网信企业在服务国家发展中向好、向善、向上。

三是推动数字经济与实体经济融合发展，培育壮大经济发展新引擎。在推动数字化发展中必须立足我国发展阶段和现实国情，重视利用数字技术巩固壮大实体经济根基，全面提高全要素生产率。我国拥有海量数据和丰富应用场景优势，也拥有坚实的实体经济基础，推动数字经济与实体经济融合发展具有广阔的前景空间。要推动制造业、服务业、农业等产业数字化，加快智慧交通、智慧物流、智慧能源、智慧医疗等重点领域开展试点示范，培育一批“专精特新”企业和制造业单项冠军企业。针对我国部分企业在数字化转型过程中“不会转”“不能转”“不敢转”的实际困难，争取实现公共服务体系建设和市场化服务培育并举，培育推广一批数字化解决方案，扶持一批第三方企业服务机构，建设一批数字化转型促进中心，加强数字化转型共性解决方案的供给，同时又能够满足企业的个性化需求。

四是促进数据的安全有序开放，为数字经济发展提供高质量的数据要素。历次工业革命都伴随着核心要素的革新，进入数字化时代，数据成为数字经济发展的核心要素，就如煤之于第一次工业革命，石油之于第二次工业革命。但是，只有流动起来的数据才具有配置效率和价值。要加强法律法规建设，加强数据的标准化和兼容性建设，明确市场主体合法合规采集和配置数据的边界，在确保数据安全的前提下提高数据的配置效率。同时，要推动数据分级管理和跨层级、跨地域、跨部门有序共享，提高公共数据开放水平；加快构建数据要素市场规则，探索数据资产定价机制，更好发挥市场作用。

五是更好利用数字技术推动共享发展，服务实现全体人民共同富裕目标。当前，解决我国发展不平衡不充分的社会主要矛盾，不仅要重视利用数字技术带来的新机遇，也要避免数字经济时代城乡居民在设备、服务、知识技能等方面出现新的数字鸿沟，要及时调整数字经济发展的政策重点，使全体人民共享“数字红利”。

总之，推动我国数字经济健康发展必须立足我国新发展阶段，锚定解决社会主要矛盾，不断提升对数字经济发展趋势和规律的理解认识。

二、不断深化对数字经济发展的规律性认识

数字经济作为一种新的经济形态，呈现出不同于传统农业经济、工业经济的新特征，也对形成于工业经济时代的一系列“标准”经济学理论提出了诸多亟须解答的新课题。目前学术界已形成共识，围绕数字经济的研究探讨应当成为聆听时代声音、把握时代脉搏的关键。要立足我国数字经济健康发展趋势，不断总结规律，面向数字经济规范发展与完善治理体系的战略需求，

建构中国自主数字经济知识体系，培养服务国家数字化发展的高水平人才。

第一，以我国数字经济健康发展面临的重大理论和实践问题为主攻方向，推动数字经济理论知识创新、研究方法创新。以经济学科为例，在微观经济层面，随着数据成为关键生产要素，数字企业配置数据的生产决策、竞争策略将为产业组织、反垄断和公共物品供给等理论带来新的内涵；建设更为安全高效的数据要素市场，厘清数据所有权、使用权、运营权、收益权等也需要系统的理论支撑。在宏观经济层面，数字产业化和产业数字化将对经济增长、就业结构、收入分配、创新体系、国际贸易、金融税收和社会福利等领域的理论带来新冲击。因此，需要在科学总结我国数字经济发展经验的基础上，加强对重大事实、重要关系、核心参数的研究，不断提升对数字经济发展的规律性认识。

第二，加强跨学科集体攻关，为解决数字技术和数字经济发展问题提出对策建议。数字技术、数字经济向经济社会领域的全面融入可以理解为是一个“创造性毁灭”过程，必将带来具有综合性、复杂性的影响。例如，平台组织具有市场支配地位，若不加以规范和监管，很可能出现无序扩张和平台垄断的现象，妨碍公平竞争和损害消费者合法权益。如何在发展中规范、在规范中发展，已经不是单一学科能够解答的问题。要推动经济学、法学、公共管理学、社会学等多学科合作研究，从跨学科视角系统全面把握数字技术和数字经济发展的现实问题，为提高我国数字经济治理体系和治理能力现代化水平提供研究支撑。

第三，深化数字经济人才培养方案改革，为我国数字化发展输送高水平专业人才。新的经济形态必然呼唤新的人才培养模式。当前，政府管理部门、产业界等对数字经济专业人才的需求不断增长。放眼世界，数字经济专业人才已经成为决定一国数字经济综合实力和国际竞争力的重要因素。要面向国家数字经济健康发展的战略需求，深化高等院校知识体系、课程体系、培养方式等改革创新，建设高水平数字经济师资队伍，培养掌握扎实专业知识、具有全球视野的数字经济专业人才，更好服务国家数字经济健康发展。

（原载《中国网信》2022 年第 4 期）

融合“数智”科技推动新文科建设的七大议题

胡志华　李姚娜　黄有方*

一、引言

在百年未有之大变局下，“应对共同挑战、迈向美好未来，既需要经济科技力量，也需要文化文明力量”①。高等教育发展新工科、新医科、新农科、新文科（“四新”），是我国主动求变应变的对策。2018年，中央提出“新文科”建设，随后在2020年新文科建设工作会议发布《新文科建设宣言》，提出“新时代新使命要求文科教育必须加快创新发展、遵循坚持走中国特色的文科教育发展之路，构建世界水平、中国特色的文科人才培养体系”②。在数字经济建设背景下，应融合“数智”科技推动新文科建设的实践，体现多元化与全景式的人文科技集成与互动。

《新文科建设宣言》指出，推动融合发展是新文科建设的必然选择，“数智”科技与新文科融合是具体体现。“数智”科技是“数字智慧化”与“智慧数字化”两个方向的综合③，“数”指数据化、数字化和大数据，“智”指智能化、智慧化和人工智能，综合起来表示各种先进科学技术、场景与应用。新文科之“新”蕴含哲学社会科学与先进科学技术的双向融合，具体体现为

---

* 本文系2021年度教育部哲学社会科学研究重大课题攻关项目“新时代推进新文科建设的理论与实践研究”（21JZD058）、国家自然科学基金面上项目（71871136）系列成果。

胡志华，上海海事大学物流研究中心教授，全国新文科教育研究中心研究员，博士生导师；李姚娜，上海海事大学物流研究中心研究助理；黄有方，上海海事大学物流研究中心教授，博士生导师。

① 习近平：《深化文明交流互鉴　共建亚洲命运共同体——在亚洲文明对话大会开幕式上的主旨演讲》，《人民日报》2019年5月15日。

② 吴岩：《积势蓄势谋势　识变应变求变》，《中国高等教育》2021年第1期。

③ 参见李智水、邓伯军：《数字社会形态视域下社会治理的逻辑进路研究》，《云南社会科学》2020年第3期。

文科与产业技术的融合①、文科与科技革命的融合②、文科与科学技术的融合③、文科与大数据和人工智能等信息技术的融合④。数字化、网络化、智能化技术及其应用，带来产业发展质量、效率和动力变革。⑤

二、研究框架

在“四新”建设框架中，“数智”科技是“三新”（新工科、新农科和新医科）科技成果的代表，是新文科与“三新”互动的接口（见图1）。

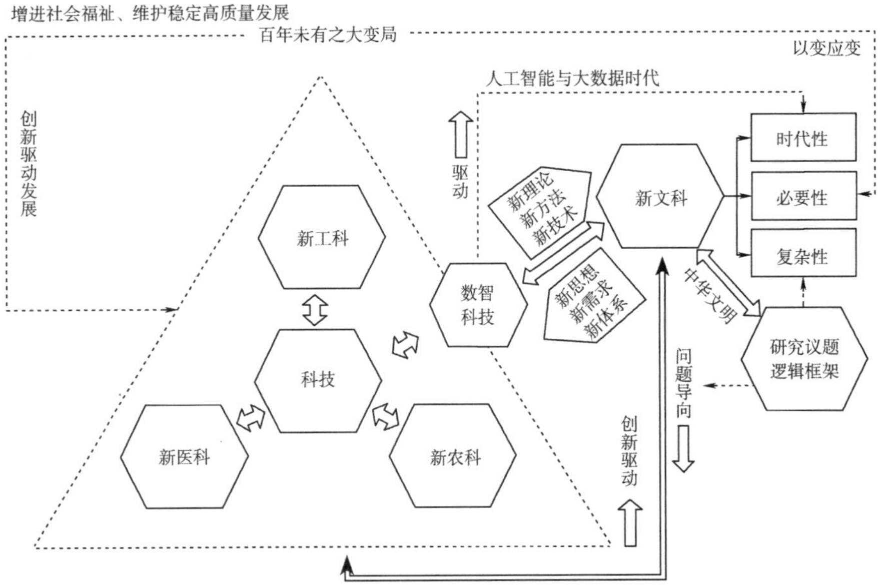

图1　融合“数智”科技推动新文科建设的研究框架

（一）融合“数智”科技推动新文科建设的时代性

“时代性”的内涵体现为新时代新需求，也体现为发展新思想、发现新科

---

① 参见吴岩：《加强新文科建设　培养新时代新闻传播人才》，《中国编辑》2019年第2期。

② 参见樊丽明：《“新文科”：时代需求与建设重点》，《中国大学教学》2020年第5期。

③ 参见杨灿明：《新文科建设的“七个维度”》，《新文科教育研究》2021年第1期。

④ 参见马费成：《推进大数据、人工智能等信息技术与人文社会科学研究深度融合》，《评价与管理》2018年第2期。

⑤ 参见黄有方：《推进管理学领域新文科建设的方向与举措》，《中国高等教育》2021年第1期。

学、推动技术创新与应用。"数智"科技的发展，为文科研究提供了丰富的研究资料、方法与工具。[①] 新文科研究问题通常和"三新"产业与社会深度耦合，要求弘扬开放、共享、互联、协作的科研组织，发挥交叉学科优势。随着科技快速发展，需要新文科研究"人文数智"与"数智人文"带来的伦理和治理难题。

（二）融合"数智"科技推动新文科建设的必要性

在百年未有之大变局下，传统文科在学科体系、研究范式、人才培养模式和学术话语体系等方面都不再适应学科交叉融合、科学与技术快速发展以及社会与经济发展的严峻形势。科学技术发展也影响甚至重塑了教育目标、方法与内容，以及文科建设对于自身与其他学科发展的价值。[②] 融合"数智"科技推动新文科建设的价值取向根植于这个伟大的时代以及教育和社会面临的挑战。

（三）融合"数智"科技推动新文科建设的复杂性

"理论思维的起点决定着理论创新的结果。理论创新只能从问题开始。"[③] 要坚持问题导向，把问题作为研究制定政策的起点，把工作的着力点放在解决最突出的矛盾和问题上。新文科建设具有内在复杂性，也体现新文科置于"四新"之中的外在复杂性。[④] "数智"科技有助于解构新文科的内在和外在复杂性，也将带来治理与伦理等层次的新的复杂性。

（四）根植于中华文明的"道、法、术、器、势"逻辑框架

为了建立融合"数智"科技推动新文科建设的概念模型，体现时代导向、问题导向、科学发现、技术创新与实践创新，基于中国传统"道、法、术、器、势"逻辑框架，本文在文献内容分析与研究的基础上提出七大学术议题。

---

① 参见王永：《新文科建设的三个理论前提》，《现代传播》（中国传媒大学学报）2020 年第 5 期。

② 参见刘旭东：《论教育价值取向》，《青海师范大学学报》（哲学社会科学版）1992 年第 1 期。

③ 陈锡喜：《"发现问题"：马克思主义理论创新的起点》，《上海交通大学学报》（哲学社会科学版）2017 年第 5 期。

④ 参见胡志华、黄有方：《新文科建设融合"数智"科技创新发展的系统思维与物流专业实践》，《新文科理论与实践》2022 年第 1 期。

三、新文科建设的七大议题

（一）议题一：融合“数智”科技推动新文科建设的目标与使命

“我们的教育必须把培养社会主义建设者和接班人作为根本任务，培养一代又一代拥护中国共产党领导和我国社会主义制度、立志为中国特色社会主义奋斗终生的有用人才。”[①] 培养社会主义建设者和接班人，归根结底就是要立德树人、铸魂育人。新文科的八大学科门类体现新文科建设的方略，“文史哲”立德铸魂，修养身心；“经管法”正魂，树立正气；“教育学”树人育人；“艺术学”树立美德，指引“中国心”实现“中国梦”。

关于新文科建设目标与使命的相关论述包括：建设新文科要立足新时代，回应新需求，提升时代性，加快中国化与国际化进程，引领人文社会科学新发展，服务于“人的现代化”建设目标[②]；新文科建设必须回应新的时代要求，实现构建中国特色的哲学社会科学体系与立德树人的双层目标[③]；新文科建设是提升综合国力、坚定文化自信、培养时代新人、建设教育强国和文科融合发展的需要[④]；在新文科建设背景下，人才培养要服务国家战略和全球治理大局，适应新科技和高等教育改革发展的需要[⑤]。

基于以上分析，新文科建设目标和使命在概念上可以概括为三个层次：人的层次，包括“立德树人”和“人的现代化”；国家的层次，包括“中国化”“综合国力”“文化自信”“教育强国”和“高等教育改革”；时代的层次，包括“新时代”“新需求”“国际化”和“全球治理”。

“数智”科技与新文科的融合同时体现建设目标、达成目标与使命的过程与方法。融合“数智”科技推动新文科建设，需要研究“数智”科技对人类

---

① 《习近平出席全国教育大会并发表重要讲话》，《中国教工》2018 年第 10 期。

② 参见樊丽明等：《新文科建设的内涵与发展路径（笔谈）》，《中国高教研究》2019 年第 10 期。

③ 参见宁继鸣、周汶霏：《“新文科”学术话语的建构路径：基于文本挖掘的视角》，《山东大学学报》（哲学社会科学版）2022 年第 1 期。

④ 参见樊丽明：《凝心聚力　创新建设　开创文科教育新未来》，《中国高等教育》2020 年第 24 期。

⑤ 参见廖祥忠：《探索“文理工艺”交叉融合的新文科建设范式》，《中国高等教育》2020 年第 24 期。

社会发展的影响，处理人文、自然与科技的关系。建立话语体系和提升话语权[①]，增强文化自信与扩大开放交流，构建人类命运共同体[②]，是新文科肩负的使命。

（二）议题二：融合“数智”科技推动新文科建设的内涵与特征

关于新文科建设内涵与特征的相关论述包括：新文科的核心内容是中国特色哲学社会科学，包含、反映和呈现中国经验、中国材料、中国数据和中国理论[③]；新文科具体指人文社会科学和新一轮科技革命与产业变革融合而形成的交叉学科和交叉专业[④]；新文科体现“新”的学科协同、信息技术融入、人才培养模式[⑤]；新文科建设提倡与历史和世界同步、跨界融合、实践导向、新科技融合，发展新文科的新内涵和新意义[⑥]；新文科的核心是“变”，即“超前识变、积极应变、主动求变”[⑦]。

以上相关研究蕴含了融合“数智”科技推动新文科建设的三个层次的内涵和特征。一是新文科之“新”的背景与内涵，体现为“科技革命”“经济发展”，以及百年未有之大变局之下“以变应变”。二是新文科的特征，体现为多层次交叉“融合”，包括“四新”融合、科技与文科融合，也体现对传统文科话语体系、知识体系、学科、专业、培养模式的变革与创新。三是“数智”科技的内涵与特征，包括“数智”科技的融入与结合，以及科技本身的人文性。

（三）议题三：融合“数智”科技推动新文科建设的方向与重点

关于新文科建设方向与重点的相关论述包括：新文科建设应引领学科方向、回应社会关切、坚持问题导向、打破学科壁垒，重点是新专业、方向、

---

① 参见孙寅生：《加强中国话语体系建设的成因与对策》，《大连海事大学学报》（社会科学版）2017 年第 2 期。

② 参见罗理章、刘晓航：《人类命运共同体研究的回顾与展望》，《黑龙江社会科学》2019 年第 4 期。

③ 参见王学典：《新时代期刊人的历史使命》，《中国出版》2021 年第 17 期。

④ 参见洪永森：《“新文科” 和经济学科建设》，《新文科教育研究》2021 年第 1 期。

⑤ 参见刘艳红：《新文科建设背景下的高校图书馆服务研究》，《图书与情报》2019 年第 4 期。

⑥ 参见李凤亮、陈泳桦：《新文科视野下的大学通识教育》，《山东大学学报》（哲学社会科学版）2021 年第 4 期。

⑦ 吴岩：《在高等学校专业设置与教学指导委员会第一次全体会议上的讲话》，2019-06-20，https://mp.weixin.qq.com/s/aw5yXlecbpoGxskBPTPCyg。

模式、课程和理论的探索与实践[①]；新文科建设为应用型人才培养提供方向、标准和价值，提出新视角、新方法、新手段、新理论和新思想[②]；新文科建设应坚持以人为本、跨界融合、面向未来，深入科技变革和社会实践，强化实践导向，探索范式创新[③]；新文科建设必须确立顺应国家需要和社会需求的新标准[④]。

从文科发展的内因、外因和影响三个方面概括新文科建设方向与重点如下：内因包括文科自身的发展与创新，尤其包括围绕新专业、新方向、新课程、新教学模式的建设方向与重点，也包括新视角、新方法、新手段。外因是指推动新文科发展的外部条件和动因，包括新需求、新问题、新标准、科技发展，以及大变局带来的危机，都将推动和促成新文科建设的新方向和研究重点。新文科建设也将推动人才培养、科技进步、知识创新、理论研究与实践的发展。

新文科建设是一项意义重大的国家工程，应强调顶层设计，重视总体规划、系统配套、弘扬传统和全球视野。[⑤] 为检验融合“数智”科技推动新文科建设的进展和应对复杂性的成效，需要建立和完善相关的评价体系和制度。在顶层设计之下，如何激发新文科与“数智”科技融合发展的内在动力是一个重要问题。

（四）议题四：融合“数智”科技推动新文科建设的学科治理

新文科学科治理具有新的复杂性。新文科学科治理是指加强文理工学科交叉融合，构建“人文为体、科技为用、艺术为法”的新文科建设范式[⑥]；新文科从以学科为导向转向以需求为导向，从专业分割转向专业交叉融合，

---

① 参见樊丽明：《“新文科”：时代需求与建设重点》，《中国大学教学》2020 年第 5 期。

② 参见张书玉、王雪梅：《“新文科建设”中应用型传媒人才培养的再定位》，《传媒》2021 年第 3 期。

③ 参见贾文山、马菲：《从对中国新文科的回望到对全球新文科的畅想》，《扬州大学学报》（人文社会科学版）2021 年第 2 期。

④ 参见黄启兵、田晓明：《“新文科”的来源、特性及建设路径》，《苏州大学学报》（教育科学版）2020 年第 2 期。

⑤ 参见田晓明、黄启兵：《论我国“新文科”建设之中国特色》，《苏州大学学报》（教育科学版）2021 年第 3 期。

⑥ 参见廖祥忠：《探索“文理工艺”交叉融合的新文科建设范式》，《中国高等教育》2020 年第 24 期。

从适应服务转向支撑引领[①]；新文科追求学科融合，强调以问题研究为中心[②]；以人工智能和大数据为抓手，推进新文科学科集群和交叉联动[③]；经管类专业“数智”技术课程体系分通识、共建和项目模块课三个层次[④]。关于学科治理的相关研究，集中体现为三个方面：一是学科自身发展，包括特色方向、新专业和新课程，以及国际参照系；“本研”贯通、联合培养、双学位、主辅修、微专业、强基计划、拔尖基地；也包括课程模块化等方面的概念。二是学科集群交叉融合，包括学科融合与集群、交叉联动。三是学科与科技的关系。“数智”科技为新文科治理提供了新媒介和新途径，也要求治理体系下沉到文科教育的“数智”场景中去。

（五）议题五：融合“数智”科技推动新文科建设的教学创新

教学创新是对“培养什么人、怎样培养人、为谁培养人”这一根本问题的具体回应。关于新文科建设教学创新的相关论述包括：推进文科专业认证等，加强文科交叉复合人才培养；加大金专、金课、教材、实践、认证五位一体建设力度，构建新文科人才培养体系[⑤]；新文科课程设置应立足立德树人，应着力培养创新能力、“跨学科思维”与“解决复杂问题的能力”[⑥]；北京大学、四川大学、中国传媒大学全面推进新文科通识教育，打造人文素质教学平台[⑦]；新文科建设是一个系统工程，包含专业建设、课程设置、培养模式优化、师资队伍建设、评价体系建设等方面[⑧]；在课程设置、实践活动、教学改革中，要求师生“走进人工智能”，加强科技与人文教育的深度融合发

---

① 参见王铭玉、张涛：《高校新文科建设思考与探索——兼谈外国语言文学学科建设》，《天津外国语大学学报》2019 年第 6 期。

② 参见王学典：《新时代期刊人的历史使命》，《中国出版》2021 年第 17 期。

③ 参见夏文斌：《新文科建设的目标、内涵与路径》，《北京教育（高教）》2021 年第 5 期。

④ 参见王维国、徐健、盖印：《经管类专业课程体系数智化升级与教学方法创新》，《中国大学教学》2022 年第 3 期。

⑤ 参见黄有方：《推进管理学领域新文科建设的方向与举措》，《中国高等教育》2021 年第 1 期。

⑥ 参见宁继鸣、周汶霏：《“新文科”学术话语的建构路径：基于文本挖掘的视角》，《山东大学学报》（哲学社会科学版）2022 年第 1 期。

⑦ 参见樊丽明：《凝心聚力　创新建设　开创文科教育新未来》，《中国高等教育》2020 年第 24 期。

⑧ 参见刘利：《新文科专业建设的思考与实践：以北京语言大学为例》，《云南师范大学学报》（哲学社会科学版）2020 年第 2 期。

展[①]。教学创新的具体举措涉及学科、专业、课程体系、课程等多个层次，也包括学校、教师、学生等不同主体。“数智”科技正在重塑学生、教师、学习资源、学习环境之间的联系，发挥着营造新环境、提供新手段和新内容的作用。基于“数智”科技的教学环境为教学过程分析提供数据和工具。

“数智”科技推动新文科教育信息化和现代化发展。以“数智”科技为纽带，围绕高校、企业、产业园区、科研院所、行业协会、校外教育机构、公共服务机构等主体要素，构成具有资源共享、功能互补、融合共生、协同进化、价值共创的新文科教育产业生态系统。在学科建设方面，部分高校成立人工智能学院、大数据学院、未来技术学院等，融合“数智”科技推动新文科建设。在教学组织方面，“数智”科技支撑新文科教学平台、资源和内容创新，适应互动和线上教学需求。例如，运用“数智”科技打造沉浸式、交互式的教学环境，探索问题导向的自主学习模式；利用教学大数据平台，为学习者画像，测量学习毅力、专注力等指标，改善教师和学生的体验和成就感。

（六）议题六：融合“数智”科技推动新文科建设的学术创新

关于新文科建设学术创新的相关研究包括：中国人民大学、中国传媒大学和山东大学建设新文科研究平台[②]；新文科研究的一个重要理论内涵是关于数字经济的理论创新[③]；根据学校特色，定位新文科与文理工交叉融合的特色科技人文研究[④]；大数据驱动新文科研究有助于更好地解读人类行为规律，进行宏观分析与研究[⑤]；“中国问题”是学术研究的内容，也是学术研究的方法[⑥]。

根据以上研究，发现围绕新文科学术研究的论述注重四个方面，即中国

---

① 参见王丹：《新文科背景下人工智能与教育深度融合发展研究》，《河南社会科学》2021 年第 6 期。

② 参见樊丽明：《凝心聚力　创新建设　开创文科教育新未来》，《中国高等教育》2020 年第 24 期。

③ 参见洪永森：《“新文科”和经济学科建设》，《新文科教育研究》2021 年第 1 期。

④ 参见贾文山、马菲：《从对中国新文科的回望到对全球新文科的畅想》，《扬州大学学报》（人文社会科学版）2021 年第 2 期。

⑤ 参见黄启兵、田晓明：《“新文科”的来源、特性及建设路径》，《苏州大学学报》（教育科学版）2020 年第 2 期。

⑥ 参见刘康：《什么是文科？——现代知识的型塑与体系》，《上海大学学报》（社会科学版）2021 年第 2 期。

特色、“数智”科技融合，并强调科技赋能新文科学术研究和新文科引导科技人文研究。2018年以来，对新文科建设本身的研究正在发生变化，从集中研究新文科人才培养、内涵和外延，到强调新文科学科交叉融合，新文科研究已从人才培养、学科建设延伸到人才培养与科学研究的有机融合。

“数智”科技在新文科特定学科门类与方向的学术研究和“智库”建设方面扮演着重要角色。在文摘数据库（Scopus）中以“物流管理”（logistics management）为主题词进行检索和抽样，对其中3872篇论文进行分析，发现以经济管理和社会科学为主的新文科研究领域占比39.5%，而工程、计算科学、数学和决策科学领域研究占比38.5%。从主题词分布来看，代表“数智”科技融合的以下关键词，优化（optimization）、机器学习（machine learning）、物联网（Internet of things）、区块链（block chain）、仿真（simulation）、算法（algorithm）、预测（prediction）、人工智能（artificial intelligence），相关的论文数量分别为161、89、85、76、60、58、53、50篇。

（七）议题七：融合“数智”科技推动新文科教育共同体发展

基于“交叉融合”的新文科“共同体思维”是构建新型话语体系和树立全球共同价值观的途径和目标。[①] 然而，百年未有之大变局下，各种传统与非传统安全与风险问题对人类生存与秩序构成挑战。通过教育推动形成全球价值观，增进文化认同，是当前全球文科教育共同的研究议题。全球新格局要求着力提高学生全球视野、国际交往能力和全球就业能力[②]；推进“一带一路”建设、构建“人类命运共同体”，需要培养大批具有科学素养、高度国家使命感、全球视野和跨文化交流能力的新文科人才[③]；通过新文科话语、知识、教材和课程体系培养跨文化交流与传播能力，推动全球化和全球治理；新文科建设要为人类命运共同体建设做好思想理论、知识和人才储备[④]；通过

① 参见赵奎英：《“新文科”“超学科”与“共同体”——面向解决生活世界复杂问题的研究与教育》，《南京社会科学》2020年第7期。

② 参见樊丽明：《“新文科”：时代需求与建设重点》，《中国大学教学》2020年第5期。

③ 参见贾文山、马菲：《从对中国新文科的回望到对全球新文科的畅想》，《扬州大学学报》（人文社会科学版）2021年第2期。

④ 参见侯翠红、胡国勤、徐丽等：《面向一流大学建设的新工科教育研究与实践——人才培养模式和教学方法改革》，《教育教学论坛》2021年第50期。

推动新文科建设，能有效提升中国学术国际话语权[①]。围绕教育共同体对相关文献进行分析，提取的基础概念包括观念上的，如“视野”和“使命”，也包括能力上的，如“跨文化交流”和“国际交往”，更有聚焦于“话语体系”“话语权”和“全球治理”的概念。

新文科教育命运共同体是“共同体意识”在新文科建设领域的具体阐述。马克思主义与儒家文化、东西方跨文明对话、构建人类命运共同体等，都是新时代提出的新文科研究问题。[②] 以“数智”科技为基础的“信息共同体”已经通过互联网、物联网和大数据影响着全球政治和经济体系。融合“数智”科技推动新文科发展，是建设新文科命运共同体的途径。

四、新文科学术议题的概念模型

“数智”科技是新文科与“三新”互动的“接口”。“数智”科技在各行各业应用广泛。新文科建设要拥抱新科技，运用战略思维，加快促进深度融合。[③]

以中国传统思维框架“道、法、术、器、势”为基础，建立七大议题的概念模型。《道德经》提出：“人法地，地法天，天法道，道法自然。”“道”决定事物的基本形式和发展规律。“法”是指国家治理方式，富国强兵和依法治国的思想。[④]“术”是策略和手段。“器”是指方法论，是具体途径、手段、载体、场景和环境等。“势”是事物发展过程中具有倾向性的状态。在现代语境中，传统思维层次在发展过程中具备更加丰富的内涵。

图 2 是“道、法、术、器、势”五层思维框架与七大议题之间互动的概念模型。七大议题内在的互动，覆盖“道、法、术、器、势”每一个层次；每一个层次通过多个学术议题予以体现；每一个学术议题体现“道、法、术、器、势”的多个层次。“道、法、术、器、势”五个层次在学术议题中交错耦

① 参见陈先红：《返回中国性：提升中国学术国际话语权的新文科建设路径》，《人民论坛·学术前沿》2022 年第 2 期。

② 参见樊丽明：《“新文科”：时代需求与建设重点》，《中国大学教学》2020 年第 5 期。

③ 参见黄有方：《推进管理学领域新文科建设的方向与举措》，《中国高等教育》2021 年第 1 期。

④ 参见孙明悦：《论先秦时期法家思想在中国法律文化的地位》，《楚天法治》2019 年第 21 期。

合，体现了新文科学术议题的复杂性，以及层次和尺度上的辩证关系。

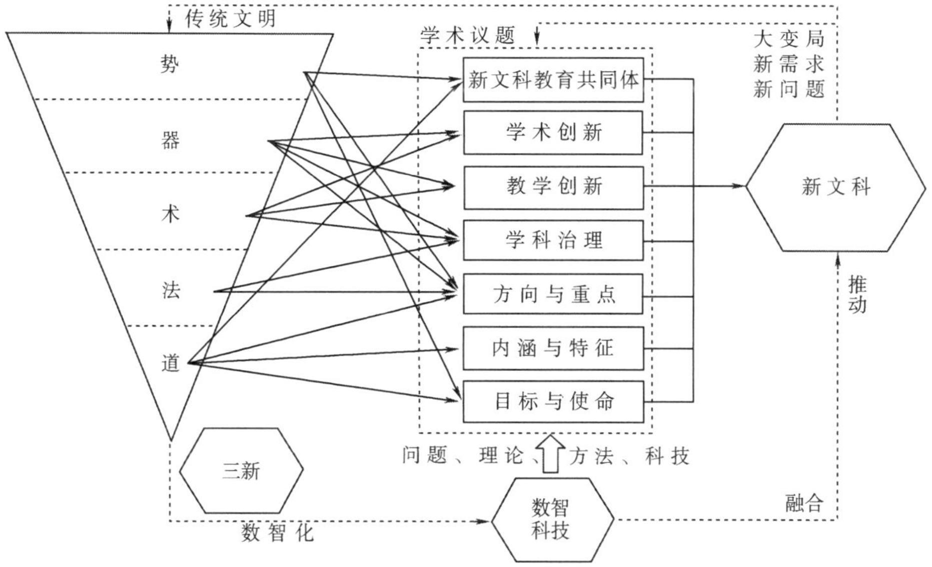

图2 基于“道、法、术、器、势”的新文科学术议题概念模型

融合“数智”科技推动新文科建设实践的内涵丰富，具体体现为七大议题及其通过“道、法、术、器、势”思维框架形成的互动关系（见图2）。“数智”科技有助于深化新文科教育科研和扩大影响范围，反过来新文科为“数智”科技融合提供规范和伦理支撑。在理论层面，利用“数智”科技来深化新文科实践，不能“穿新鞋走老路”，不能仅仅将“新文科”阐释为“文科+新技术”，应通过制度和治理创新，推动“数智”科技融入新文科建设实践，通过“数智”科技融合推动文科变革。因此，从学理上梳理和探究融合“数智”科技推动新文科建设，具有理论和实践的紧迫性。这使我们认识到，融合“数智”科技推动新文科建设，是手段工具的变化，更需要理论创新。它要求我们明确“数智”科技与新文科之间的辩证关系，认识新文科建设的发展规律，探究新时代背景下融合“数智”科技推动新文科建设的规律和理论体系。

五、结语

在百年未有之大变局背景下，新文科建设正处于变革的关键时期，是融合“数智”科技推动新文科建设的重要时刻。在新文科与“三新”和“数智”科技互动研究框架的基础上，提出融合“数智”科技推动新文科建设的目标与使命、内涵与特征、方向与重点、学科治理、教学创新、学术创新以及新文科教育共同体等七个研究议题。

在此基础上，从“道、法、术、器、势”五个层面提出融合“数智”科技推动新文科建设七大议题的概念模型。对于七大议题，一是需要从实践和理论出发，重视和完善理论底层逻辑及其演进；二是开展跨学科、跨领域、多视角的合作交流和交叉融合，采用新的研究范式揭示“数智”科技环境下新文科的建设与发展规律；三是要尊重新文科建设的一般性，立足中国实践，扎根时代，回应新时代的社会现实问题和国家战略需求，弘扬中华优秀传统文化，以全球视野和共同体思维构建出“体现继承性与民族性、原创性与时代性、系统性与专业性”[①] 的中国特色哲学社会科学。

（原载《山东大学学报》［哲学社会科学版］2022 年第 6 期）

① 高文书：《加快构建中国特色哲学社会科学》，《红旗文稿》2022 年第 10 期。

对新文科人才培养的几点思考

廖祥忠*

“新文科”的提出具有深刻的时代背景。于文科本身发展而言，是对传统文科自身价值和意义的反思、解构与重构；于文科教育而言，是对育人本质的一种回归①，这是由它所基于的历史逻辑、未来逻辑和技术逻辑决定的。也正如此，决定了新文科之于国家战略的重要性。习近平总书记在考察中国人民大学时强调，要加快构建中国特色哲学社会科学，不断推动中华优秀传统文化实现创造性转化、创新性发展，传播中国声音、中国理论、中国思想，为推动构建人类命运共同体做出积极贡献。这是习近平总书记对百年未有之大变局下我国新文科建设提出的总要求，深刻揭示了中国特色哲学社会科学对未来中国和世界的意义。中国特色哲学社会科学是研究中国问题、解决中国问题、指明中国未来的根本理论支撑，是增强文化自觉、文化自信的主阵地，是提升国家软实力的根之所在。新文科建设当担负起“构建中国特色哲学社会科学，归根结底是建构中国自主的知识体系”这一重大历史使命，守正创新，为培养具有文化自信和文化自觉的时代新人筑牢阵地。

一、新文科的逻辑起点

顾名思义，“新”文科是相对于“旧”文科提出的，即一般所说的传统文科。新文科的“新”主要体现为“破”与“立”。第一，打破长期以来西方中心主义视域下的学科体系、学术体系、话语体系。由于我国的人文社会科学多是移植于西方，学术研究的框架和学科专业的设置囿于西方体系，这一体系虽然对于国家学科发展和学术研究发挥了重要作用，但造成的一个严

* 廖祥忠，中国传媒大学党委书记。

① 参见吕林海：《中国大学“新文科教育”建设：价值蕴意、核心内涵与实践路径》，《大学教育科学》2021 年第 5 期。

重问题是对中国历史、文化、社会的忽略和无视。可以说新文科的出现是在百年未有之大变局这一新的历史节点对这一问题的纠偏。增强国家软实力、加快民族复兴进程呼唤着建立中国未来发展的根脉。这一破一立，是新文科的历史逻辑。

第二，破除各国之间基于自身利益的利己主义、保护主义、单边主义、文明冲突等障碍。面对变幻不定的国际形势和日益复杂的全球性问题，人类需要超越种族、性别、文化等边界，站在人类整体发展的视角，寻求人类共同价值和共同利益，化解差异和冲突，推动新型国际关系发展，构建人类命运共同体。新文科就是将以“合、和”为核心的中华优秀传统文化与人类共同价值相结合，提出面向未来人类发展理念和实践的“中国方案”。这一破一立，是新文科的未来逻辑。

第三，打破人文社会学科内部以及人文社会学科与其他学科之间的边界。AR、XR、AI、互联网等技术的发展催生了网络虚拟社会与二次元文化等当代社会文化新阵地[①]，同时也改变了社会底层构架和操作系统，特别是触手可及的元宇宙，更加剧了人们传统认知结构和心智模式所受到的冲击，强烈涤荡着社会各个领域，对中华优秀传统文化的传承与发展提出新命题。新文科就是要通过跨界整合，形成新的思维、价值、理论、方法体系，以解决日益复杂的新问题和新难题，实现中华优秀传统文化创造性转化和创新性发展。这一破一立，是新文科的技术逻辑。

不难看出，无论是历史逻辑、未来逻辑还是技术逻辑，其内核均指向中华优秀传统文化。这决定了新文科人才培养必须紧紧围绕社会主义核心价值观，立足文化自信和文化自觉，构建世界水平、中国特色的文科人才培养体系。[②]

二、新文科人才培养的基座

新文科的三个逻辑决定了新文科具有如下特征：一是中华优秀传统文化

---

① 参见廖祥忠：《探索“文理工艺”交叉融合的新文科建设范式》，《中国高等教育》2020 年第 24 期。

② 参见《新文科建设宣言》，2020 年 11 月 3 日，新文科建设工作会议。

的创造性转化和创新性发展。其前提是对优秀传统文化的深刻理解和深入挖掘。在此基础上，引入科学思维、互联网思维，借助新技术手段实现文化表达与传播形式的创新、内化与发展。二是人文、科学、艺术之间不断集成创新、融合发展的全方位开放格局。这是新文科发展的动力，是中华优秀传统文化创造性转化和创新性发展的支撑，也是构建中国特色哲学社会科学的内在要求。三是具有明确的问题导向，即通过知识创新、理论创新、方法创新，解决中国的实际问题和人类发展中的重大问题。基于此，新文科人才培养必须着眼于价值引领、跨界融合、实践创新。除了对传统专业能力的继承和发展外，必须持续提升学生以责任意识和家国情怀为核心的基础素养水平，提升学生以数据素养、算法素养和人机伦理等为核心要素的新技术素养水平①，提升学生对于人类未来生产关系尤其是人类与符号和工具之间关系的把握与思考的能力②，提升学生面向未来业态的创新创业能力。为此，需要从课程、专业、实践等方面构建新文科人才培养的基座：

第一，构建“智能+创新+文化”三维通识课程基座。“智能+创新+文化”三维课程基座致力于培养未来智能化社会人才所需的数据思维、智能思维、创新思维、辨析思维等基本思维能力。这是新文科人才培养中首先要筑牢的根基。

第二，构建交叉融合的学科专业基座。交叉融合的目的就是要运用不同的思维、路径、方法或者通过融合而创新的思维、路径和方法解决各类复杂的问题。构建交叉融合的学科专业基座，必须在学科内部、学校与产业之间、国内与国外之间实现交叉融合，创新多元化人才培养模式。这一点对于行业特色较为鲜明的高校而言尤其重要。

第三，构建“以人为中心、以产出为导向”的新实践育人基座。所谓新实践，一是实践目的有了新发展：强调通过实践解决现实问题，从而推动社会创新发展。二是实践内涵有了新发展：强调通过动手实现动脑、动心，培养学生的家国情怀和社会责任感。三是实践载体有了新发展：强调与多课程、

---

① 参见廖祥忠：《媒介与社会同构时代国际传播人才培养必须着力解决的三大问题》，《现代传播》2021 年第 1 期。

② 参见廖祥忠：《未来传媒：我们的思考与教育的责任》，《现代传播》2019 年第 3 期。

科研项目和产业项目等多要素的融合。以人为中心、以产出为中心，即是要强化实践的育人导向和为国家战略服务的导向。

三、新文科人才培养的实践探索

新文科教育是我国文科教育在新时期的重大转向。在起步探索的这几年，各个高校在具体方式、具体路径等方面各有创新，各有特点，各具所长。中国传媒大学在新文科建设的总体要求下，结合自身的办学优势和“三个跨越”的发展愿景，在课程、专业、实践等领域进行了一些初步探索。

在基础素养课程建设方面，面向人文社科类、艺术类、经管类专业开设的必修“计算思维”课程，以信息的产生、存储与表示、处理等为主线，使学生理解机器智能规则，增强想象力和创意表达的能力，具备利用计算思维解决实际问题的能力，形成支撑智能素养的课程基座；面向全校所有专业开设的必修“设计思维”课程，以跨学科导师组、跨专业学生团队和探究式、项目制教学为路径，将业界真实“挑战”引入课程，探索产学联合、师生共创的教学机制，形成支撑创新素养的课程基座；面向全校所有专业开设“中国传统艺术与美学”“大学的智慧”“诗经研究”“庄子哲学”等系列选修课程以及经典研习会，通过阅读经典、师生研讨等方式使学生深入体察中华优秀传统文化的精髓，理解中华文化创新的根脉，形成支撑文化素养的课程基座。从某种意义上说，在思政课程和课程思政基本主线的基础上，上述系列传统文化课程、“计算思维”以及“设计思维”课程的开设，从过去、现在和未来的角度更加完善了学生的基本素养体系。

在促进学科专业融合方面，形成了“人文为体，科技为用，艺术为法”的多学科融合的文科建设范式。在此基础上，近些年又设立了新闻传播学和工学交叉的计算广告双学士学位项目、外国语言学与戏剧影视学融合的双语播音专业（方向）、管理学与工学交叉的大数据管理实验班；与腾讯联合设立了“中传—腾讯”数字艺术领军人才实验班；开设了“国际传播与全球治理胜任力”等跨学科特质鲜明的微专业。这些交叉融合类专业、项目以及人才实验班的开设，特别是微专业培养项目的实施，有利于形成资源共享、交叉融合、协同育人的新格局。

在新实践育人方面，从机构、机制以及教学体系方面对实践体系进行了重新布局，设立了实践教学运行中心和创新创业教育中心，建构了“以人为中心、以作品为导向”的“专业实践+融合实践+创新创业实践”进阶式实践体系，将各专业的课堂作品、实验作品、实践实习作品的展播和评鉴纳入毕业要求，引导学生在实践中悟道，在悟道中成长。

新文科建设是国家战略之重，新文科人才培养是高校新时期的重大历史使命。唯系统设计，创新驱动，才能取得良好成效。在此过程中，必须自我反思、自我超越，以融合之精神、开放之态度、历史之责任，携手合作，共同开创新文科建设的新局面！

（原载《新文科理论与实践》2022 年第 1 期）

在传承创新中打造“新”文科

胡金焱*

2019年，教育部召开“六卓越一拔尖”计划2.0启动大会，正式提出全面实施新工科、新医科、新农科、新文科的建设。同年印发了《关于深化本科教育教学改革全面提高人才培养质量的意见》（教高〔2019〕6号），提出以新工科、新医科、新农科、新文科“四新”建设引领带动高校专业结构调整优化和内涵提升。在此背景下，2020年教育部新文科建设工作会议在山东大学（威海）召开，发布了《新文科建设宣言》，掀起了全国从“双一流”高校到地方高校“新文科”建设和探索的热潮。但是，何为“新文科”？“新文科”之“新”何在？又如何打造“新”文科？回答好这些问题，也就厘清了“新文科”建设的核心任务。

一、“新文科”是应信息化时代之需的传承创新

改革开放以来，我国高等教育广泛借鉴发达国家先进经验，始终在探索中国特色社会主义发展模式上阔步前进，取得了举世瞩目的巨大成就。其中有对高等教育规律、人才培养规律的坚守，也有因应时代对高等教育体制机制持续不断的改革创新。① 当前，互联网和信息技术的革命性冲击，在改变人类获取知识、创造知识过程的同时，也将通过改变知识的传播结构而催生新型的学科、专业形态，促进高等教育的改革、创新与发展。②

（一）互联网时代助推学科“新”变革

互联网、信息化时代的到来，给高等教育带来了两个变化：一是没有教

---

* 胡金焱，青岛大学党委书记。

① 参见胡金焱：《建设高等教育发展新高地》，《中国教育报》2019年4月18日。

② 参见胡金焱：《关于加快推进新时代本科教育改革的思考》，《中国高教研究》2020年第1期。

材、没有课本的大学；二是没有围墙的大学。所谓没有教材、没有课本的大学，是因为大数据、云计算、人工智能、区块链等现代信息技术的突飞猛进，海量的知识指数化增长，文理工医等学科深度交叉融合，正在强烈冲击着高等教育。在很多学科领域，知识的快速更迭和交融发展，使得我们的教材和课本还没来得及更新便已过时，甚至就未出现过相应的教材。所谓没有围墙的大学，是因为信息化时代的到来，使知识的获取完全突破了时空界限、大学界限，我们无论身在何处，都可以“接触”到世界上最好的大学、最好的课程；无论身在何时，都可以通过网络享受最好的云端“课堂”教学，接受最好的知识教育。因此，信息化时代催生了一个“无形”大学。

有形大学并不会因为这一“无形”大学的出现而被取代。因为，有形大学系统的专业知识教育体系是“无形”大学无法取代的；有形大学的学业生涯设计、学业指导，耳提面命的“传道、授业、解惑”是“无形”大学无法取代的；有形大学不仅传授知识，还要进行人格教育、成人成才教育、立德树人教育，这也是“无形”大学解决不了的；尤为重要的是，有形大学所体现的大学精神，围墙“围起来”的大学味道、大学气质、大学文化、大学品格，以及这种文化熏陶对学生所产生的长远影响，更是“无形”大学无法提供的。然而，“无形”大学的出现，信息化时代带来的互联网技术、网络教育资源，将大大提升大学的人才培养能力，大大拓展大学的人才培养渠道，大大改变大学的人才培养模式，也大大增强大学的人才培养功能。为此，高等教育需要在学科、专业建设等方面进行一系列改革创新，予以变革性响应和应对，以适应信息化时代的需要。互联网时代催化了高等教育的学科建设“新”变革，或者可以说，包括“新文科”在内的“四新”建设是对这一时代到来的回应和应对，这是“四新”形成的一个重要时代背景。

（二）“新文科”是因应时代需求的“传承创新”

习近平总书记指出，创新是哲学社会科学发展的永恒主题，也是社会发展、实践深化、历史前进对哲学社会科学的必然要求。[①] 那么，“新文科”“新”在哪里呢？本文认为，无论是学科意义上的“新文科”，还是专业意义

① 参见习近平：《在哲学社会科学工作座谈会上的讲话》，2016-05-17，http://www.scio.gov.cn/31773/31774/31783/Docu-ment/1478145/1478145.htm。

上的“新文科”，都是因应时代发展所需在传承基础上的创新。第一，“新文科”是进行时。人文社会科学（哲学社会科学）的形成是人类对其文明和社会发展规律的科学认识和总结，其发展体现了对人类文明进步发展规律认识的不断提高。为此，人文社会科学本身就是一个不断深化、不断提升，在继承中发展、在进步中创新的过程。从这一“与时俱进”的过程看，“新文科”其实一直在路上。第二，“新文科”有“基本盘”。在人类文明进步中，在人文社会科学长期发展中形成的基础性、相对稳定的学科体系、学术体系、话语体系不会发生结构性“变革”，而是在时间维度上不断传承、继承和发扬光大。第三，“新文科”是“传承”中的“新”。基于此，人文社会科学在长期发展积累中形成的“文、史、哲、经、管、法、教、艺”等相对成熟的“文科”学科体系不会改变，其中文、史、哲总体上为人文学科，经、管、法、教、艺为社会科学。所谓的“新文科”的“新”恰恰是以这些学科为基础，对其进行因应时代所需、因应发展所需，赋予时代特征、融于时代元素的调整、改造、优化、升级。第四，“新文科”因学科交叉融合而“新”。“新文科”的“新”是以需求为导向、任务为导向、问题为导向、目标为导向，通过打破“分而治之”的学科壁垒，在学科“交融”中实现学科的创新发展。

二、专业与学科之“新”

随着现代经济社会科技文化的发展，社会各行各业对人才的需求日新月异，不断变化，对人才知识结构的交叉化、复合化需求也越来越大，使高校长期以来形成的学科相对独立、分割，专业相对固化、细化的人才培养模式日益难以适应社会需求，供求难以对接。同时，由于学科壁垒和专业固化，学科领域之间缺少交流互动，严重阻碍了学科建设和高等教育的发展。①“新文科”正是适应这一时代需要，通过打破学科专业壁垒，促进交叉融合，实现学科与专业的转型发展。②

（一）新改造

第一，打造“金专”。人文社科专业要与时俱进，突出需求导向，强化专

① 参见赵俊芳：《后专业主义视域下的学科更新及新文科建设》，《山东大学学报》（哲学社会科学版）2022 年第 4 期。

② 参见祝蕊、刘炜：《新文科与数字人文学科建设》，《图书与情报》2021 年第 5 期。

业的现代化改造，促进专业结构调整优化，打造专业升级版，实现专业建设的新旧动能转换。具体思路是：巩固和强化优势特色专业，改造传统老化专业，压缩长线冷门专业，归并相近碎片化专业，暂停甚至取消办学条件差、办学能力弱的专业，积极培育和发展新兴交叉专业。随着互联网、人工智能等技术的应用，现实中许多工作岗位可能会被取代，这意味着与之相对应的大学专业也会进行调整。高校应积极深化本科专业供给侧结构性改革，大力推进一流专业建设，建立健全专业动态调整机制，布局战略性新兴产业发展和民生急需的相关学科专业。2019 年 4 月，教育部办公厅发布《关于实施一流本科专业建设“双万计划”的通知》（教高厅函〔2019〕18 号），提出在 2019—2021 年，建设 1 万个左右国家级一流本科专业点和 1 万个左右省级一流本科专业点。其根本目的在于增强高等教育服务经济社会发展能力，专业布局要与国家、区域经济社会发展同频共振，与经济带、城市群、产业链紧密结合。在专业增量建设上突出需求导向，主动对接国家和区域重大战略、科技创新发展和经济社会发展需求，加快布局战略新兴领域和未来尖端领域的专业。

第二，打造“专业+”。人文社科专业要树立“专业+”思维，以多种方式建设专业、打造专业平台。具体思路是：一是将专业教育与通识教育、创新创业教育、大实践教育深度融合起来，将第一课堂与第二课堂紧密结合起来，建立专业教育与实践、实验、实习、实训、创新创业相融合的人才培养有机链；二是以需求为导向、以灵活的方式打造基于“专业+”的微专业体系；三是强化专业协同育人，以需求为牵引，大力实施校企、校社合作，与企业、机构共建专业，共同打造人才培养特色班、实验班、创新班，形成“专业建在协同上，课程、课堂建在企业上，企业家站在讲台上，教师走进企业里”的双向互动。

（二）新学科

第一，促进学科“交叉融合”。在人文社科内部以及文理工医之间由于跨界融合、交叉复合，形成了二级学科层面上一系列的“新学科”、新专业。这不仅体现在教育部新的学科专业目录上，也体现在各高校丰富多彩的新型学科、专业探索上。以金融学学科专业为例。改革开放以来，早期的金融学专业以“宏观金融”为主。其研究对象主要与总量有关，如货币、银行、利率、汇率等，其研究内容包括货币理论、利率理论、汇率理论、货币政策、银行经营管理等，形成了货币银行学、货币经济学、国际金融学等。随着对国外微观金融学的了解和引进，研究对象开始与个量有关，如风险、收益、定价、微观市场结构等，研究内容包括资本成本理论、财务金融、资产定价理论、投资组合理论、金融市场微观结构理论等，形成了证券投资学、金融投资学、公司金融学、金融市场学、金融经济学等。随着金融学学科专业的进一步发展，体系进一步扩大，出现了金融数学、金融工程学科专业，产生了行为金融学、实验金融学等。当下，金融学专业正与新一轮科技革命紧密结合，实现了跨界融合、交叉复合。人工智能、大数据、区块链、5G 等信息技术的运用，一方面推动了金融新技术、新业态的形成，另一方面也促进了金融学在专业建设上的重新塑造，互联网金融、数字金融、数字普惠金融、区块链金融等不断推陈出新。金融学类学科专业从最早的“金融学”到金融学、保险学、金融工程、金融数学，到现在的金融科技专业等不断发展。

第二，打造“交叉学科”。跨学科交叉是高校新文科实践教学改革的切入点。[①] 2021 年国务院学位委员会针对有多个学科相互渗透、融合形成的新学科，印发了《交叉学科设置与管理办法（试行）》（学位〔2021〕21 号），在普通高等学校本科专业目录中现有 13 个学科专业门类基础上新增了一个门类，即“交叉学科”。“交叉学科”被界定为不同于现有一级学科范畴的概念、理论和方法体系，已成为学科、知识发展的新领域。在文理、文工、文医交叉中，这一以“新领域”为特征的“交叉学科”正在形成和发展中。[②] 例如，将金融学专业与计算机专业相结合，培养既懂金融又懂编程的金融科技复合型人才。

第三，构建跨越多学科的“学科集群”。以重大需求为牵引，以解决重大问题为目标，面向学术前沿，集成相关学科，搭建不限于现有一级、二级学科的多学科交融的学术共同体，以及学术协同研究平台。譬如，基于“文化

---

① 参见潘镇、李金生、王丽萍：《新文科理念下文科实践教学的探索与创新》，《中国大学教学》2022 年第 6 期。

② 参见赵奎英：《试谈“新文科”的五大理念》，《南京社会科学》2021 年第 9 期。

创意+”的跨越文理工信息等多学科的“集成”平台。最终全面打破学科专业壁垒，实现跨界协作融合发展。①

三、课程与课堂之“新”

在过去的大学和传统的传授知识型教育中，教师既是导演又是演员，而学生以“观众”身份出现，被动地接受“满堂灌”教育。② 随着科技的爆发式发展，传统的课程内容和教材无法及时更新，导致学校所学与社会所需严重脱节，学生毕业后不能立刻融入企业，所在单位不得不花费大量时间和经费对员工进行再培训。此外，随着学科之间界限越来越模糊，学科互相渗透、彼此结合，社会对复合型人才的需求逐渐增多。因此，新文科的建设急需进行课程改革、“课堂革命”，以适应新时代的发展要求。③

（一）新课程

基于新文科建设需要，重塑人才培养计划，重塑课程体系。课程重塑的原则是：夯实基础，突出特色，强化融合，与时俱进。其目标是培养基础扎实、专业厚实、视野宽阔、综合素质高、适应能力强、具有社会竞争力的复合型新文科人才。为此，需要动态调整人才培养计划，在课程体系中实现对学生人文素养的熏陶、科学精神的训练、创新创业能力的培养，以及国际化视野的形成。这一与时俱进、不断迭代更新的课程体系包括几个课程群：一是基础课程群和专业课程群。不断吸收最新理论成果和实践经验入教材、入课程、入课堂，不断优化教学资源，促进教育教学内容的更新迭代，形成立体化的基础课、专业课体系。二是通识课程群。不断开发、不断丰富和发展通识课程体系，形成多元化、系列化、套餐化、特色化的通识课体系。三是交叉课程群。开设跨专业、跨学科新兴交叉课程，培养人文情怀、应用思维、创新意识、科学精神以及知识融通、融合能力。四是实践课程群。即实验、实习、实训、实践的“四实”课程体系和创新创业教育课程体系。五是国际

---

① 参见刘振天：《文科知识生产的本土逻辑及高校新文科建设的路径》，《中国高教研究》2021 年第 11 期。

② 参见胡金焱：《建设高等教育发展新高地》，《中国教育报》2019 年 4 月 18 日。

③ 参见韩作生、林培光：《新文科背景下面向财经类高校的大学计算机课程建设》，《中国大学教学》2021 年第 Z1 期。

化课程群。开发和引入国际化课程，推进文科教育的国际化，培养具有国际视野、通晓国际规则、代表中国立场、富有家国情怀的国家急需人才。六是网络化课程群。打造基于互联网技术、信息化社会的网络课程体系，搭建立体化的课程教育平台、资源平台，服务学生自助学习、自主学习。

（二）新课堂

要对传统教学模式进行变革性重塑，实施“课堂革命”，打造现代意义上的“金课”。传统的课堂教育是典型的知识传授型教育，主要有以下几个特点：一是教师“单向地教”。教师既是导演又是演员，体现为五个一：一位教师、一本教材、一面黑板（PPT）、一支粉笔（投影仪）、一张嘴巴。二是学生是典型的知识接受者。学生是“观众”，不是主动学习者，只是被动地接受知识传授，缺乏启发式、互动式、探讨式教育。三是静态的线下课程讲授。除了申报建设的“精品课程”，较少建设课程网站，提供学习资源。四是典型的重结果轻过程的教育。五是评判课程好坏标准是“教得好”，传统的“金课”就是讲得精彩。新时代大学的育人目标不能再以简单的传授知识为主，而更应该考虑培养学生的批判性思维、国际性视野以及创新创业能力。教育体制将从单一的课堂演变为个性化的教学，教学的理念是学生为学习的主体（个性化），教学方式更加注重学生学习的主动性和团队合作。打造现代“金课”，要从根本上改变传统教育教学理念，实现“四个转变”，即以教师为中心向以学生为中心转变、以教为中心向以学为中心转变、以供给为中心向以需求为中心转变、以投入为中心向以产出为中心转变。为此，就必须彻底摈弃传统课堂教学模式，打造“新课堂”。

这种“新课堂”就是要让教师变成导演，让学生成为演员，教与学互动起来，线下教育与线上教育结合起来，课堂讲授与学生自学结合起来，实现课堂教学的“立体化”“灵动化”。一是要从单向的教转向双向的“教”与“学”互动。通过推行探讨式、互动式、启发式、翻转式等课堂教学模式改革，实现学生由被动接受型知识教育转向主动学习型、思考型、研究型教育。所谓翻转课堂、启发式、讨论式、混合式教学改革，就是要让课堂上下、教室内外动起来，让课程立起来、教学活起来、学生动起来，实现手动、脑动、嘴动。改变传统的教学模式，就是要走出以教师为主的单向传授模式，让学生享受整个教育过程，享受真正获得知识的过程。[①] 二是要从静态的线下知识传授转向动态的线下线上知识获取相结合。每门课程都应有教学资源丰富的网站，实现课程教育的线上线下结合，由平面化、静态化向立体化、动态化转变，为学生提供自主学习、自助学习、自我学习的条件。三是要从重结果轻过程转向过程与结果并重。尤其注重过程考核，从重考试“成绩”向重“学习效果”转变，强化过程考核。四是教学评价要从“教得好”转向“教得好”与“学得好”并重，尤其要注重“学得好”，强化“产出评价”。用数据、评价与反馈驱动高品质的学习，借助信息技术能够对教师上课情况及时反馈，也能充分了解学生们的需求，在老师和学生的共同努力下，实现高品质的学习。五是充分发挥同伴、社群和资源的力量，鼓励学生组建学习团队，借助团队的力量共同完成老师布置的任务，同时老师也要充分利用校外的资源，与企业或政府机关合作，让业内专家为学生组织讲座，从而让学生真正地了解本专业、本行业所从事的现实工作。

四、理论、方法与教材之“新”

中华文明在世界上拥有得天独厚的文化优势，我们要在中华优秀传统文化创造性转化和创新性发展中，将优秀的中国文化融入新文科建设中，与马克思主义中国化、时代化紧密结合起来。同时，各种新方法、新技术、新软件不断融入人文社科研究和教育教学中，也为新文科的发展注入科技基因。因此，新文科建设不但要与时俱进，不断促进理论创新，而且也要将新的学科方法、手段和技术应用于理论研究、专业建设和教育教学中。

（一）新理论

要立足中国、借鉴国外，挖掘历史、把握当代，关怀人类、面向未来，着力推进人文社会科学的理论创新。习近平总书记指出，“要善于融通马克思主义的资源、中华优秀传统文化的资源、国外哲学社会科学的资源，坚持不忘本来、吸收外来、面向未来”[②]。

---

① 参见胡金焱：《关于加快推进新时代本科教育改革的思考》，《中国高教研究》2020 年第 1 期。

② 习近平：《在哲学社会科学工作座谈会上的讲话》，2016-05-17，http://www.scio.gov.cn/31773/31774/31783/Docu-ment/1478145/1478145.htm。

第一，人文社会科学在传承基础上的理论创新。中华民族有着绵延几千年的文化，有着深厚的文化传统，其在传承中形成了十分丰富和具有特色的思想体系，这一中华优秀传统文化资源，是中国特色哲学社会科学成长发展的深厚基础，是“新文科”十分宝贵、不可多得的文化滋养。为此，一方面需要薪火相传，代代守护这一优秀传统文化，另一方面又要传承创新，挖掘传统文化中的精华，使中华文化与当代文化相协调，积极促进各类文化创造性转化，推动传统文化创新性发展，为提升国家文化软实力、塑造国家硬形象做出应有贡献。①

第二，人文社会科学回应时代所需的理论创新。一是马克思主义在新时代的理论创新。在马克思主义“中国化”过程中，产生了毛泽东思想、邓小平理论、“三个代表”重要思想、科学发展观、习近平新时代中国特色社会主义思想等新理论，迫切需要人文社会科学在实践中继续推进马克思主义中国化、时代化、大众化，继续发展 21 世纪马克思主义、当代中国马克思主义，不断丰富和完善马克思主义理论体系。二是中国特色哲学社会科学的理论创新。构建具有中国特色的学科体系、学术体系、话语体系，充分体现中国风格、中国学派，形成自主知识体系。三是回答时代之问的人文社会科学理论创新。面对社会思想观念和价值取向日趋活跃、社会思潮纷纭的新形势，面对我国经济发展进入新常态、国际发展环境深刻变化的新形势，面对改革进入攻坚期和深水区、各种深层次矛盾和问题不断呈现、各类风险和挑战不断增多的新形势，面对全面从严治党进入重要阶段、党面临的风险和考验集中显现的新形势，如何坚持和发展中国特色社会主义，统筹推进“五位一体”总体布局和协调推进“四个全面”战略布局，实现“两个一百年”奋斗目标、实现中华民族伟大复兴的中国梦②，迫切需要我国人文社会科学提出具有主体性、原创性的理论，贡献新思想，解决新问题，回答时代之问，服务时代所需。

第三，“文科”走向国际所需的理论创新。习近平总书记指出：“面对世

① 参见鲁世林、吴菡、赵祥辉：《新文科建设的知识生成与理论创新》，《江苏高教》2021 年第 12 期。

② 参见习近平：《在哲学社会科学工作座谈会上的讲话》，2016-05-17，http://www.scio.gov.cn/31773/31774/31783/Docu-ment/1478145/1478145.htm。

界范围内各种思想文化交流交融交锋的新形势，如何加快建设社会主义文化强国、增强文化软实力、提高我国在国际上的话语权，迫切需要哲学社会科学更好发挥作用。”一是提升国际学术话语权。聚焦国际社会共同关注的问题，牵头组织研究项目，增强我国哲学社会科学研究的国际影响力；参与和设立国际性学术组织，引导国际学术界开展中国问题研究和讨论，加强国内外智库合作与研究，着力解决我国哲学社会科学在国际上有声发不出、有理说不出、有话传不开的问题。二是促进中国学术“走出去”。让世界知道“学术中的中国”“理论中的中国”“哲学社会科学中的中国”“发展中的中国”“开放中的中国”“为人类文明作贡献的中国”。三是推进不同文明的交流互鉴。以世界的眼光、开放的胸怀学习和汲取不同国家、不同民族创造的优秀文明成果，取长补短，兼收并蓄；尊重文明多样性，推动不同文明交流对话、和平共处、和谐共生。

（二）新方法

加强人文社会科学研究手段、研究方法、研究技术的创新。2017 年 10 月，最早提出“新文科”教育理念的美国希拉姆学院对人才培养方案进行了全面修订，对 29 个专业进行重组，核心做法就是把新技术融入文科课程中，实现跨学科学习。我国的《新文科建设宣言》也明确提出，要“进一步打破学科专业壁垒，推动文科专业之间深度融通、文科与理工农医交叉融合，融入现代信息技术赋能文科教育”，要“积极推动人工智能、大数据等现代信息技术与文科专业深入融合，积极发展文科类新兴专业”，借助人工智能教育促进教育向智能化转型。高校应利用人工智能、大数据、云计算、物联网等带来的新方法、新路径，推动文科研究领域的纵深拓展。① 当前在人文社会科学领域，新的研究方法和手段正不断被跨界应用，比如：利用网络挖掘技术搜集数据，利用数据库、语料库进行语义分析，利用虚拟仿真实验室进行股票投资模拟，借助 VR、AR 等虚拟和增强现实技术优化情境体验，利用 Stata 软件对统计数据的清洗、筛选和回归等，这些新方法早已成为教师学术研究不

① 参见龚旗煌：《新文科建设的四个“新”维度》，《中国高等教育》2021 年第 1 期。

可或缺的技能，也成为学生的必修课程。①

人文社会科学中以经济学科借助其他学科方法、技术手段最为典型，经济学科的文理、文工交叉最具代表性。如经济学专业中的数理经济、经济统计、量化投资、智能投顾、高频交易、区块链金融、实验金融、行为金融等，都充分体现了学科方法、手段、技术的运用。经济学类专业尤其是金融学类专业人才培养，需要有两类其他学科基础：一是数学专业基础，二是计算机专业基础。数学专业基础需要开设高等数学、线性代数、概率统计、时间序列分析、随机过程、计量经济学等课程，计算机（互联网信息技术）专业基础需要开设软件编程、Python 程序设计、R 语言、大数据、区块链、人工智能等课程。

（三）新教材

新文科中的“新”，最终都要体现在教材上，至少涉及以下三个方面的“新教材”。一是教材的新改造，即已有教材的不断更新。“新”的教材要体现新理论、新思想、新内容、新进展，以及新方法、新技术的运用。二是新学科（专业）中的新教材。新学科（专业）建设中需要开设新课程，编写新教材。比如，一些大学开设了标准化工程专业，设计了很多新课程，需要编写一整套新教材，实现教材建设的从无到有。三是“中国学”教材。新文科建设中需要编写一批具有中国特色、中国风格、中国气派的“中国学”教材，不仅要有中国文学、中国史学、中国哲学，也要有中国经济学、中国政治学、中国法学、中国教育学，等等。如，2021 年，国家教材委员会推动首批 9 本中国经济学教材建设，即《中国特色社会主义政治经济学》《中国宏观经济学》《中国微观经济学》《中国发展经济学》《中国开放型经济学》《中国金融学》《中国财政学》《中国区域经济学》《中华人民共和国经济史（1949—1978 年）》。高校要充分利用本校优势学科的资源，积极推动编写和出版经典教材、优秀教材和新形态教材，重点鼓励编写反映中国特色社会主义理论与实践新发展、吸收新研究方法的新教材；持续深入开展“马克思主义理论研究和建设工程”重点教材出版，鼓励教师参与教材编审工作，推出一批在

---

① 参见刘坤、李龙：《重构与推进：新文科背景下的高校哲学社会科学变革》，《学位与研究生教育》2022 年第 1 期。

全国具有示范引领意义的教材成果集群；加强教材编写教师队伍建设，推动优秀研究成果向教学资源的转化，提高哲学社会科学教材编写质量和选用质量。[①]

五、结语

随着社会发展和科技进步，人文社科创新越来越紧迫。针对新文科建设中的几个问题，笔者提出了新文科建设的七个“新”，即新改造、新学科、新课程、新课堂、新理论、新方法和新教材。概言之，一是通过专业优化与协同建设实现“新改造”；二是借助新科技、新业态形成跨界融合“新学科”；三是建设立体化、多元化、网络化的“新课程”；四是打造以学生为中心、“教”“学”互动的“新课堂”；五是建构中华优秀传统文化与马克思主义中国化、时代化相融合的人文社科“新理论”；六是应用现代信息技术于人文社科理论研究、专业改造和教育教学的“新方法”；七是体现新理论、新思想和新内容的中国特色“新教材”。这七个方面不是孤立的，而是彼此联系的，共同构成新文科建设的核心内容。在实践中，新文科建设需要在多方联动的基础上，创新性地设置学科专业，促进学科专业的交叉融合，不断探索新的教育教学模式，最终在传承创新中打造具有鲜明中国特色的“新”文科。

（原载《新文科理论与实践》2022 年第 3 期）

① 参见袁凯、姜兆亮、刘传勇：《新时代新需求新文科山东大学新文科建设探索与实践》，《中国大学教学》2020 年第 7 期。

国别与区域研究的学科建设

——钱乘旦教授访谈

钱乘旦　刘军*

一、从学科边界到学科交叉

刘军：钱老师，您好。改革开放以来，随着我国高等教育的逐步加强，学科体系不断完善，我国国别与区域研究也于 20 世纪 80 年代起步。在这样的历史演进中回望初心，您作为国务院学科评议组资深专家，如何评价 40 年来中国高等教育的学科发展历程呢？

钱乘旦：我们先简单对中国高等教育事业的发展做一个回顾。19 世纪末 20 世纪初，以京师大学堂——北京大学的前身——的建立为主要标志，我国开始接受西方的教育体制，过程中也经历了许多曲折。1949 年新中国建立以后，我们采取了“全盘苏化”的方针，虽然向当时的苏联学习了不少优秀的经验，但也产生了一些问题。我国的教育事业在“文革”期间受到了很大的冲击。正是改革开放以后高考制、学位制的恢复，对后来几十年的发展起了重要作用，也积极推动了中国现代教育制度的发展。

在恢复学位制的过程中，教育部制定的、作为规范的学科目录，发挥了很好的作用。如果没有学科目录，我们不可能在相对短的时间内建立起比较完备的学科体制。这一制度在推动中国现代教育制度的发展方面起到了正面的、值得充分肯定的作用。但学科目录也为中国的学科制带来了固化，各个学科之间不互通、不往来，从而形成了自立门户、边界清楚的情况。这是学

---

* 为响应关于加强与改进国别与区域研究的精神，教育部人文社会科学重点研究基地华东师范大学俄罗斯研究中心、《俄罗斯研究》杂志于 2022 年 3 月 28 日对钱乘旦教授进行了访谈。本文根据访谈记录整理而成，并经过钱乘旦教授本人的审阅认可。

钱乘旦，北京大学区域与国别研究院院长；刘军，华东师范大学俄罗斯研究中心执行主任。

习苏联教育体制所产生的后果之一。就“学科”这个概念来说，西方也是有学科概念的，学科概念在西方国家已经流行了一百多年，它的出现甚至可以追溯到17、18世纪。但是，需要特别指出的是，“学科制”是个非常特殊的情况，学科制不等于学科。有学科的概念不意味着必定会出现学科制。我这里说的学科制就是把一个个学科固化、相互之间壁垒森严、互不往来的情况。就这一方面而言，学科目录确实存在一些缺陷，到了改革开放以后，特别是进入21世纪以后，这种缺陷表现得越来越明显了。

第二次世界大战结束以后，学科区分在欧美国家已经变得越来越模糊。用我们现在通用的话语来表达，就是学科交叉变得非常普遍，尤其表现在理科、工科、医科、农科，也就是我们通常所说的“理工科”当中。现在，我们已经很难在国际领先的科学研究当中找到界限清晰的学科概念了。同一个课题既可以有物理学的内涵，也可以有化学的内涵、生物学的内涵，甚至于其他学科的内涵，国际学术界学科交叉的情况越来越明显。以历史学科为例，以前它的传统研究对象无非是政治史、外交史、军事史等，20世纪初有了经济史，又有了社会史，到了20世纪下半叶，我们已经可以看到心态史、生态史、情感史、环境史、人口史、疾病史、灾害史……学科交叉很明显。其他学科中也出现了同样情况。因此，学科交叉是不可避免的潮流。我们今天所看到的学术界、科学界取得的重大突破、成就几乎都是学科交叉——“叉”出来的。因此，在这样的现实当中，如果我们仍然坚持学科的边界不可打破，仍然坚持严格的学科分割体系，显然会跟不上时代的发展。

所以，如果没有改革开放以后学科制的迅速建立、学科目录的迅速制定，就不可能有我们今天所看到的教育事业蓬勃发展的局面。但是，随着时代的发展和现实的变化，我们也应该看到这一制度有它的缺陷，需要去改进。

刘军：谢谢钱老师。您刚刚提到，学科制不等于学科，学科交叉是不可避免的历史潮流，并且现在许多重大的科研成果、科技成就都是“叉”出来的。我之前也阅读过钱老师论述“文科为什么要交叉”的论文[①]，学科交叉的问题实际上有必要放到更宽广的历史和现实的语境中得到更加深入的思考。

---

① 参见钱乘旦：《文科为什么要交叉——兼论知识发展的一般规律》，《文化纵横》2020年第5期。

我们都知道，现在教育部也在积极推进新文科建设。在中国特色社会主义新时代和更接近实现中华民族伟大复兴的关键历史时刻，在哲学社会科学与新一轮科技革命和产业变革交叉融合的新文科建设具体实践中，区域国别学肩负着怎样的学科使命？在交叉学科门类下新增区域国别学的目的和意义是什么？

钱乘旦：新文科是一个听起来非常新颖的概念，但究竟什么是新文科？它的内涵是什么？直到现在也没有很成熟的阐述。按照我自己的理解，新文科指的当然不是我们过去研究文学，现在要去研究一种新文学；过去研究哲学，现在要去研究一种新哲学；过去研究历史学，现在要研究一种新历史学……新文科至少包括以下两个方面的内涵：第一个方面，无论是文科的哪一个部分、哪一个领域，都应该有中国自己的特色、中国自己的理论体系、中国自己的研究对象——有我们的关注点，有我们的结论，有我们的研究成果——新文科应该有中国自己研究出来的、体现中国研究特色的成果出现。第二个方面，新文科更多地体现在我们刚刚讨论的第一个话题——学科之间的交叉上，通过这个交叉能够产生新的角度、新的内容、新的视野、新的思想、新的成果，最终会出现非常出色的新的成就。第二个方面是非常重要的内容。这是我对新文科的理解。

在这样的历史背景下和具体实践中，关于国别与区域研究有怎样的内涵，现在我们的学术界、知识界甚至于整个社会都在讨论，有很多各种各样的观点，还没有达到形成共识的程度。事实上，有很多人把国别与区域研究理解为要么是国际关系研究，要么是国际政治研究，要么就是外国语言文学研究的一个部分，当然还有其他的理解。我认为，这些理解大多受到了我们在讨论第一个问题时提到的学科体系、学科目录框架下固态思维方式的影响——是通过一种固态思维方式产生的理解，也就是仍然要把国别与区域研究理解为某一个界限非常清楚的、边界非常明显的固态领域。

然而在我看来，国别与区域研究恰恰不应该是这样的。从它的内涵来说，国别与区域研究应该是对某一个国家或者某一个地区的全面了解，这个“全面了解”的范围是特别广泛的，不仅仅是通常所说的政治、经济、社会、文化四个方面。试想，如果我们要去了解一个国家，哪怕这个国家是一个非常小的国家，比如说尼泊尔、缅甸、乌拉圭、太平洋的一些岛国等，真的要把它了解透，就要对这个国家、地区有非常全面的知识积累，这不是政治、经济、社会、文化四个领域就能够完整涵盖的。这种了解包含的内容很多，甚至超出了文科的范畴——涉及许多领域的知识，比如气候、环境、地理、资源、水源、技术、人口、种族、宗教、教育……我们能够想到的和这个国家、地区相关的一切，都是我们在做国别与区域研究时需要去掌握、需要具备的知识。也就是说，要尽可能地积累与某一个国家或者地区有关的、全面的知识。这也是国别与区域研究要去完成的基本任务。

所以，现在我们社会上，包括学界、知识界，在理解“国别与区域研究是什么”这一问题上，视野还不够开阔。我们的眼界还不够宽广，仍然把对一个国家、一个地区的了解局限在政治、经济、社会、文化几个方面，这是远远不够的。一个国家的体育、运动需不需要了解呢？是需要了解的。一个国家的史前情况需不需要了解呢？也是需要了解的。因此国别与区域研究不仅是文科的事情，它需要全方位、多角度的知识积累，并且只有通过这样的研究才能够形成我们的知识体系，而形成知识体系才有助于我们去深刻了解某一个国家或者地区的基本情况。基于这样深刻的了解、全面的认识，才谈得上去制定我们的对外政策，才谈得上去考虑我们应不应该去那个国家或地区投资，要怎样发展经贸合作关系，政治和外交关系如何处理，等等。这不是随便碰碰、随便闯闯就能够做到的，没有全面的知识积累，到任何一个国家或地区都难免碰壁。这是我们在过去十几年、几十年甚至更长时间当中不断碰到的问题。所以，我们没有能够正确理解国别与区域研究的真正内涵与意义，然而，这又恰恰是我们需要正确理解的。

二、历史演进与人才培养

刘军：近期我在给学生上课时讲到近代，比如魏源“睁眼看世界”的《海国图志》①，比如林则徐把他组织翻译的材料送给魏源等等这些内容，由此我们也在思考，这是不是可以被视为我国近代早期的一种“国别与区域研究”，当然那个时候主要是翻译一些材料，所做的工作和我们现在所说的国别

① 魏源撰：《海国图志》，陈华等点校注释，李金明等审校补注，岳麓书社 2021 年版。

与区域研究相比还有很大的差距。现在的我们当然都是从遥远的历史中走来，沿着这样的发展脉络来看，我国的国别与区域研究现状如何？又有着怎样的发展愿景？这两个问题我们刚才也有所讨论，如果向更深远的历史和更广阔的未来伸展的话，我们又该怎样看待我国国别与区域研究的现状与前景呢？请钱老师再讲讲。

钱乘旦：《海国图志》问世的历史背景是中国处在一个危险的位置上，那时这个危险刚刚开始。当时一些较有远见的人、一些知识分子开始意识到，我们中国人所认识的“天下”其实不够大，还有一个我们基本不了解的世界。这些人希望去认识这个世界，但当时的了解在今天看起来其实微不足道。例如，佛郎机究竟是指什么地方？当时的很多人都认为西班牙也属于佛郎机，甚至更多的地方都是佛郎机，并不能解释清楚这个概念，但实际上它更多是“法兰西”的转读。经过了近一个世纪的努力，中国人才对那个曾经基本不了解的世界的大概情况有了一些了解。

尽管如此，中国自从 19 世纪中叶以后所遭遇的一切，使得国人在很长一段时期内关注的重点基本上是我们自己。也就是说，在面对越来越严重的存亡危机的时候，我们更多是在考虑怎样才能够救亡、才能图存，基本上在考虑自己的事情。这样的话，就把对外界的了解放到一边去了，或者是放到第二位，至多是第二位，大概连第二位都没有达到。在新中国建立以后的一段时期内，这种情况也没有得到根本的改变，这与当时国内国外整体的环境有一定的关系。从国内来说，我们有很多工作要做，真的是百废待兴，我们需要花很大的力气去解决我们的经济问题、民生问题……当时大概是 6 亿人口，要让 6 万万人民吃饱饭，有衣服穿，要解决这些基本问题。与此同时，国际环境非常险恶，我们是被包围的，随时随地可能被扼杀，因此基本上是一个封闭的环境。在这种国际环境之下，我们也不可能有很多的机会或者说是比较好的条件去了解外部世界。

所以各种各样的因素都决定了新中国成立以后我们对外部世界的了解其实相当不足，甚至是匮乏，国内外环境使然，我们也无暇对这一问题高度重视。但是在改革开放以后，随着中国的国际地位越来越高，随着我们的经济发展速度越来越快，也随着国际整体格局发生的重大变化，我们已经迫切地感觉到，这种对外界所知甚少的状态，远远不足以去应付现在所面临的各项任务以及各种情况。

现在整个国家从上到下都开始意识到，强烈地意识到，我们必须“补课”。我们在这个方面欠缺太多，真的需要恶补，要好好补一下，所以我刚才用到的这个词就是“补课”。但当我们意识到需要去恶补的时候才发现，我们的资源是不够的，我们的积累是不足的。现在，我们把国别与区域研究这个领域的问题提出来，而且从上到下都感觉到这个问题需要赶快去解决，否则的话会阻碍社会主义现代化建设，会阻碍中国的发展和前进的步伐，我们所经历的历史和面对的未来在这方面都给了我们足够的提示。但是仅仅意识到这一点还不够，我们必须采取必要的行动。我认为目前有可能把区域国别学设置为学科目录中交叉学科门类下的一级学科，这是采取具体行动的重要的一步，也是正确的一步。

刘军：谢谢钱老师。我记得改革开放初期，我们也派出了一些考察团，比如向东欧、日本等这些地方都派出了考察团，其实就是因为当时我们对外界所知甚少，为了“补课”。现在我们还是要补课的，也正在补课，所以区域国别学这样的学科设置是非常必要的。那么，在这些具体行动过程中，正如钱老师您所指出的，交叉是国别与区域研究的主要特征，这个“叉”出来的区域国别学，作为交叉门类一个独立的一级学科，它会最终突破其他学科的影响而发展出自己独特的学科属性吗？作为独立学科进一步构建与发展的区域国别学应有怎样的学科自觉？应树立怎样的学科自信呢？

钱乘旦：我刚才说到我们确实很欠缺，需要去补课。我们最欠缺、最缺少的是什么？从现在的情况看，是人，我们缺少人才——就是在区域国别方面能够进行研究、能够去做工作的人才，我们缺少的是这样的人。其他东西都好说。比如说我们曾经没有钱，现在有没有钱呢？当然不是很有钱，但是经济问题不是大问题。我们曾经没有书，现在有没有书呢？我们有的是书，资料都是现成放在那里的。我们最缺少的是什么？我们最拿不出来的恰恰是人。你刚才提到我们派出考察团到不同国家，一个国家、一个地区去走一趟，去了解一些情况。这当然是一种解决问题的方法，也是在补课，但是短期地、走马观花地走一走是难以了解更深层的问题的。我们必须去对象国，待在那里，了解那个地方，知道那个地方究竟是怎么回事，了解那个地方的人，了解那个地方的自然环境，了解它的风物，了解人们的思维方式、生活习惯……那不是一两个考察团在一个月、半个月之内就能完成的，根本做不到，你非得去那里待着。可是你在那里待着，怎么待着呢？当然要有人在那里，有意识地到那个地方去进行较长时间的学习，这样的人才培养是当前最重要的。

这也是为什么刚才我说在学科目录当中把区域国别学作为一级学科来设立是最重要的一步。中国教育体系的一个特点是学科制，在这个体系下，只有用学科这样的方式才能够把人才培养纳入学科体系里面去，否则，说要进行研究，需要这方面的人，怎么呼吁都没用，因为没有培养这种人才的手段，在目前的学科体制下，只有通过学科目录体系才能培养人。所以就需要建设一个一级学科来培养国别与区域研究方面的人才，这是一个根本性的解决办法。

这样的人怎么培养？前面已经说过，学科目录、学科制的出现非常重要，推动了我国现代教育体系的快速发展。但它也有缺陷，最大的缺陷就在于它把每一个学科固定化，相互之间不往来、不交叉，这是一个很大的缺陷。因此，在 2020 年年底，教育部对学科目录做了重大修改，就是设立一个新的门类，这个门类叫交叉学科。交叉学科门类的设置非常正确，而且也很聪明，它既没有破坏原有的学科制体系，避免产生混乱；同时又弥补了缺陷，帮助打破学科壁垒，提供相互联通的平台。

学者们特别喜欢提到一个概念，叫“学科边界”，但设立交叉学科门类的目的就是打破边界。有人问，你们这个学科的边界在哪里？我们的回答是：交叉学科最大的特点就是交叉。什么是交叉？交叉就是突破边界，实行知识交叉、方法交叉、学科交叉，否则怎么叫交叉呢？现在世界上几乎所有的突破性的科学发展，以及产生巨大影响的人文社会科学方面的新成果，都体现着学科的交叉，这已经是潮流了。恰恰因为突破了边界，才产生了最领先的科学成就以及重大学术成果，我们必须承认这个事实。因此如果有人问：人工智能的学科边界在哪里？国家安全学的学科边界在哪里？是物理学、化学还是生物学？是公安学还是外交学？是农业生产还是环境保护？能回答吗？

如何回答？同样道理，区域国别学作为跨学科的交叉学科，它的特点就是突破边界，从而产生新的知识，形成新的领域。国人在这个方面确实认识不够，跟不上时代步伐。

三、学科设置与研究方法

刘军：是的，非常有道理。钱老师您所提到的这样一种区域国别学的人才培养以及学科的边界，给我印象深刻的是：需要理解交叉学科最大的特点是交叉，最大的潜力是突破边界。您曾提及，国别与区域研究至少由 10 个以上不同的传统学科构成，主要涵盖哪些学科？根据目前区域国别学一级学科的顶层设计，接下来如何推进二级学科的设置与建设？在学科体系和组织机构建设上，如何协调可能涉及的这么多传统学科？

钱乘旦：“国别与区域研究至少由 10 个以上不同的传统学科构成”，这是对我以前说过的一句话的误解。我曾经在一些场合提到过，如果区域国别学成为一级学科，那么按照现有的规定，各个学校若想设立这个学科，需要经过申请、评审、投票、审批等一系列程序，才能最终设立。我当时说的是：如果区域国别学成为一级学科，不能任何单位想设就设，尤其是在刚刚开始的时候，需要严格把关，需要有一些基本条件。在这些基本条件中，有一个我认为是非常重要的条件，就是这所学校至少已经有 10 个不同的一级学科，才能得到申请这个新学科的资格。因为如果没有一定数量的现有学科的存在，怎么能形成交叉学科呢？也就是说，没有学科，谈何交叉？我当时说的是这个意思，并且以“10”这个数量来打比方，“已经有 10 个不同学科的学校可以去申请，只有 1 个学科就不能申请”，并不是说“10”是一个确定的标准。重要的是，交叉学科要以现有学科为基础、为支撑。

那么，如何推进区域国别学的二级学科的设置与建设？首先，从学科规范方面来说，目前我们的学科目录规定，一级学科之下设置二级学科，二级学科下面还有若干个方向。这是在我们建立学科制的时候就形成的规矩，时至今日也依然有它的生命力，因此当区域国别学作为一个新的学科出现时，也没有理由要去破坏这个规矩。但是，这一规矩在几十年的学科建设实践中也逐渐发生了一些变化。比如一级学科和二级学科的设置，一度都需要经过非常繁杂的步骤才能够得到批准并最终设立。现在二级学科的设置是开放的，申请单位有一定的自主权，因此二级学科已经不再是固定的；一级学科的设置也渐渐灵活，有一些公认的质量好的学校可以自设一级学科。这些开放与灵活也说明，在学科制建立以来的几十年实践当中，人们逐渐意识到，学科制度的固化如果达到一定程度，不仅发挥不出推进学术发展的作用，反过来还可能形成障碍。

如果申请设立区域国别学一级学科，我认为，在开始的时候需要严格一些，否则有可能出现一哄而起的乱象，会偏离我们的初衷，甚至南辕北辙。所以，应该在起步时严格一些，在找到正确的方向并且运行平稳之后，再慢慢松开。最初以严格的规范来使大家知道应该怎么做，在这一基础上形成一种自律。正因为如此，新学科下面的二级学科设置是需要考虑的，要有一个基本的范围。关于二级学科怎么设置，现在已经有一些讨论。有的认为可以按照国家、地区去设置，例如设置欧洲研究、美国研究、日本研究这样的二级学科。但这种设置的弊病是难以全面涵盖所有国家和地区，世界上有 200 多个国家和地区，难道要设置上百个二级学科吗？就算设置几十个二级学科，也是不现实的。另外，也有人提出按照专题来设置二级学科，当然还有许多其他的方案。

关于二级学科的合理设置还有很大的讨论空间。我认为，在思考如何为一个新学科设置二级学科时需要考虑以下几个方面：第一，新学科的理论方法和基本规范，例如，历史学必须要有史学史、史学理论，政治学也要有政治学的基本理论，这是设置二级学科时必须考虑的一个基本方面。第二，综合考虑专题和国家、地区因素，例如有的二级学科以地区为参照，但是地区不能简单划分为中东、东欧、西欧、东亚、南亚……而是要考虑更大的地区单元；或者将发达国家作为一个类型，发展中国家作为另外一个类型，等等。二级学科的数量不宜过多，由此带来的杂乱无章最终会使学科建设失去统一的标准，这对学科发展是没有助益的。这些是我对区域国别学二级学科设置的一些初步想法。

刘军：您刚刚强调了学科建设当中学科理论方法和基本规范的重要性。那么，就区域国别学这一学科的交叉特征而言，除了多学科或跨学科研究方法以外，还有其他比较适宜的研究方法吗？中国在这个领域的学科建设上，可以或者应该向其他国家学习借鉴哪些经验？

钱承旦：交叉学科的交叉特征，不仅体现在研究内容、研究对象上，在研究方法方面也有互通互融的交叉特点。首先，我认为学科目录上的很多现有学科的研究方法都可以运用到区域国别学的研究中来，在一定时期的实践当中把它们融合起来，这也是交叉的一个重要方面，同时也是一个重要的特点。另外，文科以外的研究方法其实也是需要借用的。在我们最初的讨论当中已经提到，对一个国家或地区的知识积累，不仅限于我们一般所说的“文”的方面的知识积累——需要的是全面而立体的知识积累。因此在一定意义上，理工科的研究方法其实也是需要借鉴的，但如何借鉴则需要经过一段时间的实践去逐渐摸索。

我们刚才提到的现有学科，它们的边界非常明确，从而方法也变得非常固定。例如政治学研究，现在国际学术界的政治学研究方法越来越倾向于定量式的研究方法，就是以数据和事例去支撑模型，证明结论。而历史学是一种实证的学问，需要在史料、事实中总结出某些见解，或者得出某些结论。政治学和历史学的研究方法确实有很大的区别，如果交叉了，选择哪一种方法更好呢？也许把这两种方法结合在一起才是更好的。这就是我所强调的交叉不仅是内容的交叉、对象的交叉，也是方法的交叉。

四、北大的建设思路与实践

刘军：目前，我国已有 400 多个教育部设置的培育基地和备案中心，还有相当数量已建多年的各校自设的国别与区域研究中心。北京大学区域与国别研究院在推动全国区域国别研究方面做出了重要贡献，能否请您谈谈北京大学区域与国别研究院的运行模式、发展特色及培养宗旨？

钱乘旦：北京大学区域与国别研究院是 2018 年正式成立的，但意识到应当建立这样一个机构要远远早于 2018 年。北大的学校领导有一个特点，就是做事再三思考。学校领导也很有前瞻性，很早就意识到中国缺少对外部世界的了解。而关于如何弥补这一缺陷，却思考了很长时间，终于在 2018 年建立了区域与国别研究院，为北京大学提供一个平台，无论哪一个学科、哪一个院系，所有研究外国问题的工作都可以利用这个平台，相互沟通，打破原有的边界，完成一些有协调性的、互帮互助性质的研究课题。到目前为止，我们基本上是按照这样的思路在建设区域与国别研究院。

在建院之后的几年里，我们所做的工作主要包括以下几个方面。

第一项工作，培养人才。之前我们已经讨论过缺乏人才的问题，北京大学的校领导意识到这方面的人才太少——并不是说北大没有研究外国问题的学术力量，是有的，而且相当丰厚。但是这些力量分布在不同的院系，比如有的在外国语学院，有的在历史学系，有的在社会学系，有的在国际关系学院甚至公共卫生学院，虽然这个学院属于医科，但是有大量的研究国外公共卫生问题的人才存在；环境科学与工程学院也有许多研究全球性的气候、地区性的自然环境的人才。所以，研究外国问题的学术力量不仅在文科有，理工科也有，医科也有……他们分布在不同的领域、不同的院系、不同的学科，结果各自关注的就是本学科的内容、本学科的课题，做不到对一个特定国家或地区进行全面了解、全面研究和全面认知。所以，我们搭建这个平台的第一步设想是，培养一种可以突破某一个学科限制、尽可能全面了解某一国家或地区的人才，这也是我们建院以后做的一项非常重要的工作，学校专门拨了招生指标，每年按照这个指标招收以国别与区域研究为学科方向、学科定位的学生。

大家可能有一个疑问，培养出来的是什么样的人？要求对对象国有全面了解、全面认知，是不是“杂家”——什么都知道，但其实什么也不知道？如果处置不当，这种情况是有可能出现的。但我们的想法非常明确，我们培养的人，他们的学术定位不是学科，而是国家或地域。什么意思？比如说，政治学培养的人，他的学术定位是研究政治问题，如果研究外国，他研究外国政治问题，未见得专门研究某一国家或地区的政治问题，多数情况是研究普遍性的“政治问题”；他很可能鲜少甚至不会关心其他学科范畴内的问题，因为他只关心“政治问题”。政治学是这样，其他学科差不多也是这样。

可是北大区域与国别研究院的人才培养方案，其学术定位不是某个学科，而是某个国家，或某个地区。所以在课程学习阶段要对这个国家、这个地区有尽可能多的全面了解，尽可能完备地积累各方面的知识——从天上到地下、从物质到精神，尽可能做到应知尽知。从这个角度说，他是“通才”，比如美国通、德国通、埃及通、印尼通、巴西通，等等。

但仅有普遍性知识是不够的，一旦进入学术研究阶段，也就是进入论文写作阶段，就需要有具体的研究方向，这个方向就是他以后的专业，是学术方向。因此对这个学生来说需要有两个方向，一是国别方向（或者地区方向），二是专业方向（比如经济学、历史学、民族学、宗教学，等等）；这两个方面是结合在一起的。我们培养的人，应当既是通才，又是专才。这个难度很大，远远超出了我们现在任何一个单学科的培养目标。但我们希望能培养出这样的人，只有这样的人才能胜任或者去完成我们国家现在所需要甚至亟待有人去完成的那些工作和任务。而现在我们恰恰没有这方面的人。最后，这个学生还需要有外语能力，不仅是英语能力，现在英语已经普及了，而是要掌握研究对象国家或地区的语言。区域与国别研究院培养的人需要同时具备以上三项能力，显然对学生的要求非常高，培养的难度也很大。这是我们做的第一项工作。

第二项工作，平台建设。刚才已经提到，区域与国别研究院是全校性的学术平台，为整个学校包括北大各个院系、各个学科研究外国问题的学者教师提供一个沟通、交流的平台，一起工作的平台，共同从事学术研究的平台。学术研究是我们工作的重要方面，我们会举办很多学术活动，会出版学术专著，也有学术期刊，这些都是围绕着学术研究展开的具体工作。学术活动是我们的一个工作重点，是很重要的工作方面。

第三项工作，智库建设。按照当前的国家需要和学校的具体工作部署，我们会参与到智库工作中，尤其最近两三年的进展比较明显，成绩也很显著。与国内其他智库有所区别的是，我们的智库工作既对上也对下，不仅向各级党政机关提供咨询报告，同时也向国民提供各种外国相关的知识，使他们了解域外的情况或正在发生的事，我们认为这也是智库工作。在智库对下方面，我们做了很多工作，例如在《澎湃新闻》上有我们自己的专栏，建院 4 年来，已经有差不多 600 篇文章刊出，都是既有学术性又有普及性的文章。每篇文章大概 5000 字，针对某一个问题、某一个现象、某一个国家的某一些方面进行讨论和介绍，非常受欢迎，点击量很高，已经超过 8000 万次。这是智库建设工作。

另外，协助学校其他工作部门加强对外学术交流也是我们的一项工作。这些就是北京大学区域与国别研究院工作的一些基本方面和大致情况。

五、静观他国，立足社会

刘军：谢谢钱老师。虽然您说这是北大区域与国别研究院工作的一些基本方面，但已经涵盖了许多重要内容。尤其是您提到，要培养“既是通才，又是专才”的人，尽管难度很大，但这样的人才对我们的国家、社会发展而言的确非常重要。北大区域与国别研究院的具体实践值得我们学习。

现在普遍认为美国的国别与区域研究做得好，但我认为欧洲起步要更早，并且有一定的经验积累，因为在欧洲对外扩张与殖民时期，美国还是一片美丽的大荒原。所以我想请问钱老师，在推进国别与区域研究的过程中，有哪些国家的经验可以供中国参考和学习？您是国际国内享有盛名的英国史研究专家，我们也常常推荐学生阅读钱老师的著作，包括日前给学生上课时讲到的《帝国斜阳》[①]，也是钱老师翻译的。您在英国史的具体研究中，有怎样的国别与区域研究心得？就具体研究实践而言，如何平衡宏观层面与微观层面的研究？对于做好俄罗斯与欧亚地区研究，您有怎样的建议？

钱乘旦：国别与区域研究的学术史的确可以追溯到欧洲。因为当欧洲开始向海外扩张时，特别是在攫取了许多殖民地以后，欧洲人意识到，如果想要控制一个地方，必须了解这个地方——听得懂当地人说话，了解当地的物产、资源、历史、文化、思想……因此国别与区域研究最早是在欧洲展开的，尤其是英法等殖民大国。所以后来也就有了各种“学”的出现，如东方学、埃及学、亚述学、汉学等，都是从欧洲流传出来的。

美国是后来发展起来的大国，20世纪之前，美国人对域外的世界没有太大的兴趣，他们专注于自己的西进运动，所以一战结束后威尔逊在巴黎和会上提出的建议和想法，回国后就被国会否定了——当时美国人对外面没有兴趣。兴趣的产生是在第二次世界大战以后，作为一个拥有世界霸权的国家，美国当然需要去了解整个世界，国别与区域研究也随之出现了——“地区研

---

① ［英］布赖恩·拉平：《帝国斜阳》，钱乘旦等译，上海人民出版社1996年版。

究”（Area Studies）这个概念就是在美国出现的。

从这个角度说，国别与区域研究是大国的“奢侈品”。大国往往感到需要做，也往往有能力做，有迫切的需求。它又是大国的“必需品”，对于一个在世界上有影响力的国家而言，国别与区域研究工作实际上也是一个大国国际地位的学术支撑，这也是为什么我们现在需要“补课”。

实际上，许多国家的国别与区域研究都有值得我们学习的经验。欧洲、美国的起步都比我们早很多，日本的域外研究也十分成熟。明治维新以后，对外扩张的野心推动了日本的国别与区域研究发展。由于自身经济的发展和全球活动的增多，韩国对域外的关注度和研究水平在最近的几十年里也有一定程度的提升。虽然印度、越南等国难以与前述国家相提并论，但是它们也都在做、在发展，这与它们的国家实力、国际地位的变化有关。因此，学习与借鉴优秀的经验很重要，我们不仅要关注美国、欧洲，还要有更宽阔的视野，其他国家的经验也值得我们学习，其中甚至有与欧美完全不同的地方。

“耐得住寂寞，坐得住冷板凳”是欧洲、美国做得比较好的方面，许多学者不急功近利，不盲目追逐热点。国别与区域研究需要花时间，需要花精力，需要在对象国长住一段时间，了解实际情况，在此基础上才能观察到真实的情况。我曾在一篇报告中看到，一位美国学者在湖南湘西少数民族聚居区生活了6年，与当地居民同吃、同住、同生活，我相信，以此为基础进行的研究有可能会超过中国同行。但我们也要看到，美国的国别与区域研究也存在问题，主要是意识形态因素造成的。有的时候，意识形态就像有色眼镜一样，会使研究人员的观察与判断蒙上滤镜而失真。这是我们要引以为戒的方面。

另外，国别与区域研究也是学习一个国家、一个地区的过程。不仅要从书本上学，还要到社会上学。有些学生到了国外，马上就泡在图书馆，而我们恰恰有一些评判的标准认为：一个学生到了一个国家哪儿也不去，就泡在图书馆，很用功，很好。这的确是用功。但是做好国别与区域研究也要到社会上去——要跟当地人聊天，跟他们交朋友，去游历，去观察——要“向社会学习”，这是毛主席强调过的一种学习方法。从书本上学到的知识是别人写出来的，在社会当中的学习——观感、体验、调研……有助于将所学的知识与实际情况结合起来，形成自己的知识。我们在培养人才时也需要注重这一方面，这是我自己的体会。

刘军：谢谢钱老师。国别与区域研究所需要的“学习”，无论是对于国家而言，还是对于学科与个人而言，都是要紧和值得投入的。

最后，非常感谢您接受华东师范大学俄罗斯研究中心和《俄罗斯研究》编辑部的访谈！

（原载《俄罗斯研究》2022 年第 2 期）

从学科交叉到交叉学科：法学教育的新文科发展之路

刘艳红*

一、传统法学教育面临的挑战与跨学科变革

改革开放以来，我国法学教育取得举世瞩目的成就，学科体系日臻成熟。在实用主义人才培养理念的推动下，为适应经济社会发展和社会分工对法学知识的差异化需求，法学的二级学科与专业划分越来越精细，“知识的统一性和整体性被消解，学科与专业壁垒逐步提高，知识变得碎片化起来”①。随着现代社会发展，新科技和产业革命浪潮席卷而至，单一学科往往不能解决实践中日趋复杂的综合性问题。就我国法学学科而言，“传统学科过于庞大，新兴学科发展滞后于经济社会发展和法治建设，交叉学科发展严重不足，法学和其他学科的融合度不够”②。基于“理论法学+部门法学”学科体系所构建的传统法学教育模式，过分强调专业细分，形成若干相互独立的部门法研究领域，不同学科之间始终存在纵横交错的沟壑，很难得到有效的弥合和填补，没有形成跨越学科或穿梭于学科之间的成熟机制，各个学科之间的割裂使得培养出来的法治人才的思维方式相对狭隘、知识结构相对单一、实践能力较为薄弱，欠缺从较为宽阔的视角思考和处理复杂性、综合性社会问题的创新能力与知识储备，难以适应社会对知识快速迭代更新以及复合型高素质法治

---

* 本文系教育部首批新文科研究与改革实践项目“新兴法学交叉专业建设探索与实践”（2021060035）的研究成果。

刘艳红，中国政法大学刑事司法学院院长。

① 杨靖文：《新文科视野下“法学+”跨学科人才培养模式研究——以监察法学为例》，《高等教育评论》2021 年第 2 期。

② 周杨：《在科学和法治的轨道上推进中国特色世界一流法学学科建设——张文显教授访谈录》，《中国大学教学》2017 年第 8 期。

人才的迫切需要。

我国现行的“理论法学+部门法学”的传统法学学科体系，已滞后于社会变革和法治实践，甚至在一定程度上成为法学学科体系完善的障碍。不同领域的法学知识被分离、固化在某一学科之下，相互之间形成壁垒，而现实法律问题却不断横向延伸、纵向关联，涉及多个学科，两者之间的龃龉愈发明显，使得法学教育与学术研究越来越脱离法治实践的需求。[①] 知识迭代更新的内在逻辑，要求打破学科壁垒开展教育与研究活动，促进不同学科知识之间的交叉融合与体系重构。由此，跨学科教育与研究的理念逐渐得到国内外高等教育界的重视，并在实践领域通过运用跨学科的教育方法，培养学生形成多元化的知识结构、多角度的思维能力和多方面的专业素养。[②] 鉴于我国传统法学学科体系的弊端，应紧密围绕创新型、复合型、应用型法治人才培养目标，确立法学教育跨学科化发展思路。跨学科的法学教育模式与传统的法学教育模式的主要区别在于：传统法学教育往往从本学科着眼，探究部门法的调整对象、规制手段、责任承担方式等内在规律，而跨学科的法学教育则以现实问题为导向，从更为广阔的开放视角思考问题，侧重于寻找不同学科知识的共同点或关联性，通过优势互补来解决复杂的社会问题。

法学作为一门研究复杂社会关系、为社会成员建构行为规范的学科，仅依靠法学知识是远远不够的，必须打破学科壁垒，积极学习借鉴其他学科的研究方法和思维方式，充分吸纳和利用其他学科研究者所创造的智力成果，从其他学科获取最新的研究素材和知识资源。法学教育跨学科化发展正是对法学学科本身局限性的突破，旨在将自然科学、社会科学、人文学科等领域相近或相关学科的研究方法、研究成果、有益经验、先进技术等引入法学教育，以问题为导向进行有效的知识整合。[③] 从推进一流法学学科建设角度来看，法学教育跨学科化发展将打通法学学科内部的知识壁垒并融合其他学科

---

① 参见［法］埃德加·莫兰：《复杂性理论与教育问题》，陈一壮译，北京大学出版社 2004 年版，第 47 页。

② 韩大元、杜焕芳：《跨学科教育与研究：新时代法学学科建设的实现路径》，《中国大学教学》2018 年第 4 期。

③ 参见［美］艾伦·雷普克：《如何进行跨学科研究》，傅存良译，北京大学出版社 2016 年版，第 28 页。

的知识资源与研究方法，有助于推动法学学科在引入“新鲜血液”后实现创新发展，赋予法学理论与法治实践新的生命力；从促进一流法治人才培养的角度来看，法学教育跨学科化发展有利于形塑法科学生融会贯通跨领域知识的复合思维方式，培养法科学生灵活运用跨领域知识观察社会现象、分析社会关系、解决社会问题的实践应用能力。法学教育跨学科化发展也是当代法学学术发展的内在逻辑要求。因为当代社会科学学术研究越来越认识到，结合不同学科的研究视角和方法来研究同一问题，对于深化对有关问题的理解，往往可以收到事半功倍之效。

二、新法科建设的基本理念：深度交叉融合

面对网络智能时代社会问题“跨界化”的冲击，法学教育模式亟需及时进行深刻变革，走符合时代特点的新文科发展之路。[①] 新文科发展理念最早源于美国希拉姆学院（Hiram College），2017 年在修订培养方案时对传统文科进行学科重组、文理交叉，探索跨学科教育的课程体系、知识体系和人才培养方式。[②] 我国吸纳新文科发展理念，2018 年 9 月教育部决定实施“六卓越一拔尖”计划 2.0，全面推进新文科建设，着力提升文科人才培养质量和服务经济社会发展的水平。2019 年 4 月教育部紧扣国家发展实际需求，决定实施一流本科专业建设“双万计划”，在推进新文科建设中进一步打破专业壁垒，推动各专业之间深度交叉融合，深化专业综合改革与知识整合，积极发展跨学科新兴专业。一流本科专业建设“双万计划”把涉及新文科的本科专业建设作为全面振兴本科教育、实现高等教育内涵式发展的重点抓手，推动“新文科”概念与本科专业建设工作有机结合，更有利于从根本上推动文科专业革故鼎新，实现新文科建设的目标。

新文科建设的核心在于“新”，而“新”不能简单认为是对传统人文科学、社会科学教育的课程更新、师资更新以及培养模式更新，而是要对文科的内涵予以全新阐释，使得文科的发展与时代发展相匹配，与数字信息社会

① 参见周佑勇：《论智能时代的技术逻辑与法律变革》，《东南大学学报》（哲学社会科学版）2019 年第 5 期。

② 参见徐显明：《新文科建设与卓越法治人才培养》，《中国高等教育》2021 年第 1 期。

相适应。[1] 新文科发展理念是以继承与发展、协同与共享、交叉与融合为主要途径，打破学科之间的层层壁垒，促进多学科知识的深度交叉融合，进而推动传统文科转型升级。[2] 由此可见，新文科建设的根本目标是在交叉融合的网络智能时代塑造新的人文精神、开创新的人文思维、培育新的文科人才。遵循新文科发展理念，学科建设的综合化与整体化成为人文学科、社会科学教育创新发展的必然趋势。这不仅是经济社会发展的外部需求，也是知识迭代更新的内在规律。综合性、整体性、融合性是新文科最显著的特点，学科交叉、知识整合已经成为推动新文科建设的重要手段。

法学学科建设是新文科建设的重要组成部分，新法科建设之“新”体现在法学学科内部以及与外部其他学科的深度交叉融合。[3] 与传统法学教育模式相比，新法科建设背景下，无论是部门法之间还是法学学科与文、理、工、农、医等其他学科之间的界限均不再是泾渭分明的孤立个体，不同学科之间的交叉融合成为必然趋势。新法科旨在突破传统法学知识固有的局限，促进“大学科”间跨界交织以及“小学科”内相互交融。简言之，新法科建设的精髓是文理贯通、学科重组和学科交融。《国家中长期教育改革和发展规划纲要（2010—2020 年）》明确将“优化学科专业、类型、层次结构，促进多学科交叉和融合，重点扩大复合型人才培养规模”作为高等教育改革的重点。国务院、教育部印发的“双一流”建设方案、实施办法和指导意见也多次强调学科交叉融合的重要性，要求打破传统学科之间的壁垒，整合学科资源，促进交叉融合。

传统法学专业往往依托院系设置，专业之间界限清晰。而社会问题的日益“跨界化”，使得对于法学知识的需求愈发突破原有的界限。法学教育的创新发展离不开法学学科内部以及与外部其他人文社会科学、自然科学的交叉、融合、渗透、拓展，形成多个“法学+”新兴学科领域。因此，在专业设置上，高校亟须突破常规思维，打破院系壁垒，尝试探索开设跨院系专业，充

---

① 参见刘艳红：《人工智能法学的“时代三问”》，《东方法学》2021 年第 5 期。

② 参见王铭玉、张涛：《高校“新文科”建设：概念与行动》，《中国社会科学报》2019 年 3 月 2 日。

③ 参见张俊宗：《新文科：四个维度的解读》，《西北师大学报》（社会科学版）2019 年第 5 期。

分优化院系课程、平台资源、师资力量等，加强法学专业与其他学科专业的交叉融合，培育更多“问题导向、跨越边界”的复合型新法科专业。

三、新法科建设的探索阶段：促进学科交叉

新文科建设要求在研究方法上有创新和突破，学科交叉作为不同学科间的知识整合过程，是知识系统自发演化的产物，也是知识生产的内生性要求。[①] 随着对某一问题研究的深入展开，当旧有学科体系无法解决现实问题或难以支撑新的理论观点时，研究者往往需要采用学科交叉的研究方法，主动走出传统学科的边界和问题域，积极吸纳其他学科的研究成果和有益经验，在交互作用下取长补短。简言之，学科交叉的研究方法强调不同学科之间的交叉融合与知识整合。在新法科建设探索中，为突破法学学科自身及部门法设置的局限性，学科交叉的研究方法日益受到重视，广泛应用于法学研究领域，并逐渐从法学学科内各部门法之间的“小交叉”向法学学科与其他学科之间的“大交叉”转型升级。

（一）小交叉：法学学科内各部门法交叉

随着经济社会的快速发展，出现越来越多新兴领域，并产生一系列涉及多个法学分支的复杂社会问题，传统单一部门法之间叠层架构、壁垒森严，“知识体系日益碎片化，难以对全局获得整体性认识，更难以针对复杂问题提出系统性解决办法……亟需在有效分工的基础上再度整合”[②]。因此，法秩序统一性原理下部门法之间的交叉成为学术研究的主流趋势，尤其是在《中华人民共和国民法典》颁布之后，公私法一体化研究受到越来越多的青睐。[③] 还有《中华人民共和国个人信息保护法》《中华人民共和国数据安全法》这类新颁布实施的法律规范其实很难定位其究竟属于哪个部门法，民法、行政法、刑法等各个部门法都在研究个人信息保护、数据权益、数据安全等课题。[④] 再者，如果以“权利”这样一个关键词为抓手，民法、行政法、刑法都会涉及

① 参见李立国、赵阔：《从学科交叉到交叉学科：“四新”建设的知识逻辑与实践路径》，《厦门大学学报》（哲学社会科学版）2022 年第 3 期。

② 熊伟：《法学现代化背景下领域法学之契机》，《中国社会科学报》2017 年 1 月 4 日。

③ 参见刘艳红：《人性民法与物性刑法的融合发展》，《中国社会科学》2020 年第 4 期。

④ 参见许可：《数据权利：范式统合与规范分殊》，《政法论坛》2021 年第 4 期。

权利保障问题，只是有的是自上而下，有的是自下而上，有的是平等主体之间，有的是非平等主体之间。在这种情况之下，如果对公民权利保障要做到全方位无缝衔接，必须灵活运用学科交叉的研究方法打通民法、行政法、刑法之间的壁垒。

研究新型社会问题必须跳脱出部门法的桎梏，秉持一种“领域法学”的新思维和研究范式，从而在一个相对稳定的法学分析框架内观察并阐释这些错综复杂的法律现象、问题与规律。[①] 具体而言，领域法学是以问题为导向，以特定经济社会领域全部与法律有关的现象为研究对象，融合所有部门法学的研究方法，是新兴交叉学科领域“诸法合一”研究思路的有机结合，旨在构建融合多种法学研究范式于一体的开放性、交叉性、整合性、应用性的新型法学学科体系、学术体系和话语体系。相较于壁垒森严的部门法，领域法更加多元化、动态化，具备更高程度的灵活性，其立足于对经济社会发展变化中的许多交叉联动的新兴领域和重要现实问题的一种关切，试图找到一条理想、开阔的进路解决从传统的学科理论到社会现实应用的融通问题。

以当前新兴的数据法学为例，其就是典型的领域法学。数据法学着眼于规范数据处理活动这一智能时代紧迫而现实的重大问题，以网络数据为主要研究对象，以数据治理中涉及的数据权益保护、数据安全管理等事项为主要研究内容，以基于重要性和行业领域为基础的数据分类分级保护制度为主要研究特色。“数据法”系调整数据主体、数据处理者、社会公众以及监管部门之间多重法律关系的法律规范的总称。从数据法作为“公私兼顾”的领域法的学科性质来看，其并非单一的部门法，而是聚焦各个部门法在数据治理领域衍生的共性问题，在横向上充分整合传统法律部门的知识图谱与既有要素，在纵向上突破部门法之间的壁垒，通过不同研究角度和交叉研究方法来探索数据治理的普遍规律，形成内生性、协同性的整体数据法律规范框架，确立数据处理活动中不同主体之间的各种权利义务关系。

（二）大交叉：法学学科与其他学科交叉

学科建设在学校发展中处于龙头地位，学科水平是高等教育的核心竞争

---

① 参见刘剑文：《论领域法学：一种立足新兴交叉领域的法学研究范式》，《政法论丛》2016 年第 5 期。

力，也是决定人才培养质量的关键因素。新文科建设与“双一流”建设相辅相成，“‘双一流’建设高校首先要把国家已认定的一流学科做强，以此带动、辐射和影响其他学科相互支撑、交叉融合、协同发展”①。“学科交叉的必然性是由发展的交叉性和无限性决定的。”② 在整个高等教育体系之内，各学科专业相互依存，学科交叉融合是打破专业壁垒的“催化剂”，对于调整升级现有学科专业体系发挥着至关重要的作用。虽然法学与其他社会科学在研究社会现象、社会关系的目的或方法上各有侧重，但研究对象始终是交叉重叠的，目前已通过“嫁接”形成法经济学、法社会学等较为成熟的交叉融合型研究范式。然而，从整体上来看，法学学科的发展还是相对封闭的，研究视野不够开阔，特别是与以现代科技为代表的自然科学领域交叉融合不够，难以满足科技驱动的现代社会治理的法治保障需求，无法从容地应对人类社会向数字文明转型所带来的一系列新挑战。③

步入网络智能时代，人们的生活与行为开始被智能化算法所“绑架”，而“人”的主体性地位逐渐丧失，实现人与技术的“和解”，找回智能时代人的“意义世界”和“价值空间”已经显得尤为必要和迫切。④ 而传统人文社会科学专注于对人与人关系的研究，自然科学则以技术研发为导向，所遵循的工具主义观念忽视人文精神的作用并缺乏对技术变革带来的社会问题的关注，两大学科相互独立隔绝的研究路径显然已脱离了时代步伐。“法学家的任务不仅是对广泛存在的而且是计划中的技术进行法律评价，并且应及早说明可能存在的违法，以便于技术发展中进行修正。”⑤ 或因此，必须站在自然科学与人文社会科学大交叉的宏观视角上统筹技术、人、社会三者的关系，研究对算法、人工智能技术进行法律规制或者制定人工智能产业发展政策。破除法学与自然科学之间的壁垒，实现法学与自然科学之间交叉融合发展已成为网络智能时代发展的必然趋势，培养既懂法律规则又熟悉智能技术运行原理的

---

① 杜玉波：《新一轮“双一流”建设的路径选择》，《光明日报》2021 年 12 月 27 日。

② 张诗亚：《论学科与学科交叉》，《重庆高教研究》2022 年第 4 期。

③ 参见徐显明：《新文科建设与“新法学”教育的挑战和应对》，《新文科教育研究》2021 年第 1 期。

④ 参见徐飞：《新文科建设：“新”从何来，通往何方》，《光明日报》2021 年 3 月 20 日。

⑤ ［德］埃里克·希尔根多夫：《德国刑法学：从传统到现代》，江溯、黄笑岩等译，北京大学出版社 2015 年版，第 378 页。

复合型高素质法治人才成为全社会的共识和迫切需求。

在智能技术应用越来越普及的背景下，法学教育要主动与社会发展相接轨，创新法学学科建设与法治人才培养思路，走“人工智能+法学”的跨学科交叉融合发展新模式，为人工智能产业健康可持续发展和智能社会治理提供有力的法治人才保障。这就需要打破学科壁垒，实现法学与计算机科学、信息科学、网络空间安全等学科的深度交叉融合，推动以人工智能法学为引领的跨学科大交叉平台建设。

四、新法科建设的深化阶段：设置交叉学科

随着新法科建设向纵深推进，“一定意义上说，构建学科整合的规则就是要形成‘交叉学科’”①。新兴交叉学科是多个传统学科的相互渗透、交叉、融合形成的新学科，相较于现有一级学科范畴，具有相对独立的研究对象，形成自己的理论、知识和方法体系。交叉学科建设在推进“双一流”建设整体布局中占据着举足轻重的地位，《关于高等学校加快“双一流”建设的指导意见》明确提出，“制定跨学科人才培养方案，探索跨院系、跨学科、跨专业交叉培养创新创业人才机制，以创新人才培养模式为重点，整合多学科人才团队资源，组建交叉学科，促进哲学社会科学、自然科学、工程技术之间的交叉融合”。《关于深入推进世界一流大学和一流学科建设的若干意见》又进一步强调，“布局交叉学科专业，培育学科增长点”。由此可见，建设一流法学学科必须高度重视培育新兴领域与法学紧密相关的交叉学科，这是法学学科新的增长点，最有可能产出具有学科突破和革命性变革意义的创新成果，也最有可能回应和解决现实生活中重大复杂的社会性问题和全球性问题，推动法治实践的不断深化拓展。

就交叉学科与学科交叉的关系而言，“交叉学科不同于学科交叉，它是在学科交叉的基础上，通过深入交融，创造一系列新的概念、理论、方法，展示出一种新的认识论，构架出新的知识结构，形成一个新的更丰富的知识范

---

① 谢文俊：《学科交融：法学教育变革的必由之路》，《广西政法管理干部学院学报》2021 年第 1 期。

畴”[1]。纵观学科发展进程，学科交叉作为一种研究方法尚处于初级发展阶段，而交叉学科作为一个独立的学科门类处于高级发展阶段。从运用学科交叉的研究方法到设置专门的交叉学科，可以说是新法科建设质的飞跃，也是新法科建设的必由之路。

作为现象的“交叉”往往体现着联系、发展、矛盾的世界观和方法论，而传统学科对其缺乏专门、系统、整体的研究，因而有必要设立独立的学科门类。[2] 学科建立有其自身规律，需要知识分化和融合，并且形成相对独立的人才培养体系，能够适用于学位授予单位规模化、规范化地培养人才。按照国务院关于深化高等教育学科专业体系改革、推动交叉学科发展的总体部署，2020 年 12 月 30 日，根据《学位授予和人才培养学科目录设置与管理办法》的规定，经专家论证，国务院学位委员会批准，决定设置交叉学科门类、集成电路科学与工程一级学科和国家安全学一级学科。2021 年 11 月 17 日，国务院学位委员会印发《交叉学科设置与管理办法（试行）》，意味着各个院系可以自主探索交叉学科试点，符合条件的可以申请编入交叉学科门类的目录，成为一级学科。该文件第 5 条从新的研究对象、相对独立的理论、知识和方法体系、迫切的人才需求、高水平师资队伍、扎实的学科基础、优良的人才培养条件等方面对设置交叉学科的基本条件做出规定。交叉学科不仅是不同学科间交叉、融合而出现的新兴学科，更反映了社会实践对学科专业细分趋势的逆向需求，是科学向综合性发展趋势的体现。之所以在交叉学科门类下设置国家安全学一级学科，主要目的在于强调国家安全学学科建设的整体性、融合性。相应地，国家安全学科建设应当遵循交叉学科的综合性、应用性特征，秉持总体国家安全观，坚持传统安全与非传统安全相结合，在知识体系上既要整合政治学、法学、军事学、国际关系学、外交学、情报学等涉及传统安全的学科的研究成果，也要将经济、社会、文化、科技、数据信息、生态环境、公共卫生等涉及非传统安全的领域的知识资源也纳入其中，服务于国家安全战略。

---

① 李玉兰：《融合贯通开辟科学“新大陆”——〈交叉学科设置与管理办法（试行）〉解读》，《光明日报》2021 年 12 月 9 日。

② 参见孙不凡：《交叉学科的学理省思及发展路径》，《黑龙江高教研究》2022 年第 7 期。

随着人工智能技术与各个领域、各个行业交叉融合发展，智慧城市、智慧交通、智慧医疗、智慧教育、智慧司法等“智慧+X”的交叉融合场景应用不断涌现。历经人工智能技术在多个领域交叉融合发展的实践积累与经验沉淀后，国务院印发的《新一代人工智能发展规划》明确将“建设人工智能学科”作为重点任务发展，为人工智能的发展注入持久的动力，并首次提出，“完善人工智能领域学科布局，设立人工智能专业，推动人工智能领域一级学科建设，尽快在试点院校建立人工智能学院。鼓励高校在原有基础上拓宽人工智能专业教育内容，形成‘人工智能+X’复合专业培养新模式，重视人工智能与法学等学科专业教育的交叉融合”。该文件的颁布表明，人工智能技术的应用在我国实现了由服务产业发展向服务社会生活的跨越式转变，不仅意味着人工智能技术的应用范围不断拓展，而且其与相关行业交叉融合的深度不断加深，特别是人工智能技术在司法领域的应用深刻改变了司法办案方式，如法律问答、信息处理数据化，文书制作、类案推送自动化，案件分析、辅助裁判智能化等。同时，还拓展了司法为民的新领域、新渠道，如人民法院一体化便民服务综合应用平台等。紧扣司法实践对深谙“法律规则”和精通“人工智能技术”的复合型高素质法治人才的迫切需求，根据完善人工智能领域学科布局的政策指引，政法院校在法学教育中应积极探索“人工智能+法学”复合专业培养新模式，为人工智能法学的发展储备人才，待条件成熟时设置独立的人工智能法学学科。

从法学学科的内部来看，人工智能法学的研究范围几乎横跨所有的法学二级学科，如对人工智能主体资格、行为可解释性的研究涉及法理、民法、行政法、刑法等诸多部门法学科；就人文社会科学内部而言，人工智能发生意外事故可能引发的道德伦理问题也使得法学与哲学、社会学、伦理学等学科的内容产生交叉；从文、理、工、农、医大交叉的视角来看，人工智能法学实际上还涉及法学与计算机科学、信息科学等学科的交叉，实践中常见的同案不同判预警系统、智能法律问答机器人、智能诉状自助终端就是典型的例子。这种鲜明的学科交叉属性使得智慧司法领域难以对标某一现有学科门类。因此，“人工智能法学”是一个具备高度概括性和时代性的概念，具备成为独立研究领域的潜质，是由“人工智能+法学”交叉融合形成的新型独立学科，包括数据法学、网络法学、计算法学和算法规制学等研究方向。人工智能法学的发展将明显提升智能社会治理的法治化水平，助力国家治理体系和治理能力现代化。

新法科建设是建构法学自主知识体系的重要组成部分，也是政法院校推进“双一流”建设的关键所在，对于突破法学知识固有的局限、促进知识迭代更新意义重大。秉持深度交叉融合的新文科发展理念，积极推进新法科建设是构建中国特色、世界一流的法学学科体系、学术体系、话语体系的必然要求。[①] 新法科建设要求法学教育以社会需求为导向，打破学科壁垒，创新交叉融合机制，从“小交叉”向“大交叉”转型升级，从研究方法创新向学科设置创新发展，重点围绕国家安全、人工智能、社会治理等新兴领域培育交叉学科，服务于全面依法治国的战略需求，为经济社会发展提供强有力的智力支持和复合型高素质法治人才支撑。

（原载《中国高教研究》2022 年第 10 期）

① 参见杨雅妮：《新文科建设背景下法学教育的变革》，《新文科教育研究》2021 年第 2 期。

构建中国特色、世界一流的法学学科体系

黄文艺*

中华人民共和国成立70余年来，中国法学学科坚持与党和人民事业同向同行、与马克思主义中国化进程同频共振、与法治中国建设同步共进，在理论创新、范式转换、体系变革中砥砺前行，初步构建了一个门类较齐全、分工较细致的学科体系。在新时代新征程上，面对世界之变、时代之变、历史之变，中国法学研究者必须坚持以习近平法治思想为指导，加快法学学科推陈出新、迭代更新、交叉创新的步伐，构建起中国特色、世界一流的法学学科体系。

一、以习近平法治思想统领法学学科体系建设

习近平法治思想深刻指明了加强法学学科体系建设的新理念、新思路，科学提出了一系列具有原创性意义的新范畴、新命题、新理论，对新时代法学学科体系建设具有立根塑魂、立柱架梁的作用。

习近平总书记强调，“要加强法治理论研究和宣传，加强中国特色法学学科体系、学术体系、话语体系建设”，“在法学学科体系建设上要有底气、有自信。要以我为主、兼收并蓄、突出特色”。这些重要论述，明确了新时代法学学科体系建设自主性、原创性、标识性、继承性、包容性的新思路。

习近平法治思想是扎根中国大地的具有时代性、科学性、原创性的法治理论体系，为新时代法学学科体系建设提供了宝贵思想理论资源。在基本范畴上，习近平法治思想通过总结中外法治理论成果和实践经验，创造性地提出了包括法治道路、法治体系、依宪治国、依宪执政、依规治党、法治经济、法治社会、涉外法治等在内的范畴体系，为构建法学学科体系奠定了坚实的

---

* 黄文艺，中国人民大学法学院院长。

概念框架。在重要命题上，习近平法治思想坚持以追求真理的精神把握法的普遍规律、洞察法的时代精神、总结法的科学认识，提出了一大批具有说服力、感染力的新判断、新命题，为构建法学学科体系提供了丰硕的思想观点。在基础理论上，习近平法治思想从辩证唯物主义和历史唯物主义出发，科学回答了一系列法治理论和实践问题，形成了由法治地位、法治结构、法治运行、法治关系、法治方法等众多理论板块构成的理论体系，为构建法学学科体系提供了强大的理论支撑。

二、转型升级推进法学传统学科发展

在构建现代法学过程中，我国法理学、宪法学、民法学、刑法学、诉讼法学、国际法学等传统学科，在学科建置、范畴体系、理论体系等方面曾一度深受西方法学的影响，迫切需要在增强自主性、原创性、时代性上取得突破性进展。党的十八大以来，以习近平同志为核心的党中央把全面依法治国贯穿改革发展稳定、内政外交国防、治党治国治军各方面，描绘了全方位、全过程、全链条的新时代法治中国全景图，引领社会主义法治建设取得历史性成就，为破除对西方法学的知识依赖、推动中国法学发展提供了丰富的智识资源。

及时拓展学科疆域。进入新时代，党中央以大视野、大格局、大手笔推进全面依法治国，把党内法规体系建设、社会规范体系建设等纳入国家法治建设的范畴，拓展了法治中国建设的版图。对法学学科建设而言，不仅要创建一系列新兴学科，还要求传统学科必须重构学科版图。比如，法理学所研究的“法”，不能只限于国家法，而应包括从国家法律到党内法规、从正式法到非正式法、从硬法到软法等各类法律现象，提供具有包容性和自洽性的新的法本体论。又如，社会法学所研究的“社会法”，不能只限于传统的劳动和社会保障法，而应覆盖近年来我国兴起的社会治理法，构建起新的社会法学学科。

加快扩充知识容量。习近平法治思想和当代中国法治实践，以全新的视野、思维、方法对法学发展史上种种问题做出了新探索、新思考、新解答，极大丰富和充实了人类法学知识宝库。我们应充分运用好这笔难得的法学知识资源，推动法学传统学科的知识扩容、内涵升华，增强这些学科对法治实践的解释力、辐射力、穿透力。比如，习近平法治思想对传统法理学中法治地位和作用问题做出了新探索，提出了“法治兴则民族兴，法治强则国家强”“国际竞争越来越体现为制度、规则、法律之争”“法治体系是国家治理体系的骨干工程”“更好发挥法治固根本、稳预期、利长远的作用”等一系列新命题，实现了关于法治地位的理论的重大突破、重大创新、重大发展。法理学学科要充分吸纳这些新命题新论断，对法治地位和作用的理论认识进行再提炼、再升华，使之具有更强的解释力、说服力。

全面推进理论更新。法学传统学科所包含的林林总总的理论，无论是来自对域外既有理论的借鉴，还是来自对本土既往实践的总结，都需要根据习近平法治思想新成果和全面依法治国新经验及时进行理论更新。对法理学、宪法学、刑法学等传统学科来说，运用习近平法治思想最新成果进行理论更新，不仅有利于破除对西方法学的理论依赖，还有助于克服因“搬运”西方不同国家和不同流派理论而导致的“学术分裂”现象，实现学科内部各种理论的贯通融合，构建起一个体现中国理念、中国价值、中国精神的法学理论体系。

三、立足中国法治实践创建法学新兴学科

在党领导人民探索法治新路、创造法治伟业的百年历程中，中国法治实践积累了大量有别于西方法学知识的经验、智慧，构成了法学学科体系建设取之不尽、用之不竭的智识资源。这些本土的自主性、原创性知识，迫切需要法学界对之进行学理提取、原理提纯、哲理提炼，构建起中国气派的法学学科体系。

比如，中国共产党依规治党、依法执政的伟大实践，为构建和完善中国特色法学学科体系提供了坚实基础和丰厚资源。党的领导是中国特色社会主义法治最根本的保证，党内法规体系被纳入中国特色社会主义法治体系，依规治党和依法治国构成了中国特色社会主义法治的一体两翼。百年来中国共产党依规治党、依法执政的丰富理论成果和实践经验，构成了中国自主法学知识体系的重要组成部分，可以创建出一批中国气派的法学学科。目前，中

国法学界已建立了党内法规学、纪检监察法学等新兴学科，编写出版了相关教材、著作。未来，应进一步深化细化党内法规学的学科划分，在党内法规制定、党内法规执行、党的组织法规、党的领导法规、党的自身建设法规、党的监督保障法规等领域创建新的分支学科，构建起中国气派的党内法规学科体系。

又如，中国特色社会主义法治运行过程和操作实践，从法的制定、实施、监督到保障，产生了一整套难以用西方法学理论予以解释的原理、知识、技术，为构建法治运行学科奠定了深厚的实践基础。我们可以在总结法治运行各领域各环节的实践经验、实践智慧的基础上，创建出中国特色的立法学、执法学、监察学、审判学、检察学、法治监督学、法治保障学等学科。这些实践性学科的构建和发展，有利于加强法学实践教学和在职教育培训，有利于向世界讲好中国法治故事、传播好中国法治经验。

四、顺应时代潮流发展法学交叉学科

在新一轮科技革命和产业变革有力驱动下，当代科学发展呈现出学科大交叉、大重组、大融合的新趋势新潮流。近年来，互联网、大数据、人工智能、区块链等各类科技在法治实践中的广泛应用，催生出法学与其他科学交叉交融的强大动能。当前，我国的司法大数据、司法区块链、智慧警务、数字检察、智慧法务等方面已处于全球领先地位。中国法治实践对法学交叉学科建设既创造了强大需求，又提供了坚实客观条件。

在新的时代背景下，中国法学界应紧跟当代法治实践前沿，加快设置数字法学、网络法学、人工智能法学、区块链与法律、算法规制与法律、数字经济与法律治理等交叉学科，确立起我国在新一轮法学交叉学科建设上的主导权和话语权。过去，全球法治实践中的前沿性问题往往先在欧美国家出现，西方法学界自然是近水楼台先得月，取得了这些领域的知识主导权、话语先占权。现在，中国法学界也要依凭中国法治实践先行优势，加强对法治科技应用中前沿性问题研究，创建一系列自主、原创的法学交叉学科，确立起这些学科领域的定义权、话语权。

五、面向世界拓展法学学科领域

在推动构建人类命运共同体的历史进程中，法治是破解全球治理难题的重要机制，法学是推进全球治理体系变革的重要智识力量。当今世界百年未有之大变局加速演进，各种形式的政治霸凌、文明冲突、贸易保护等论调甚嚣尘上，环境污染、气候变化、重大传染性疾病、资源能源安全、网络信息安全、知识产权保护、扶贫减灾、太空开发利用等全球性公共问题更加突出。

新时代法学学科建设，不仅要服务于国内法治建设，也要服务于涉外法治和国际法治建设。为此，应加快推进涉外法、国别法、比较法、国际法等学科建设，加强对涉外法律法规体系、涉外法治战略布局的研究，为依法维护我国主权、安全和发展利益提供智力支持。加快气候法学、能源法学、网络信息法学、空间法学、极地法学、公共卫生法学等学科建设，在破解全球性公共法治难题上提出有竞争力和实效性的中国理论、中国方案，推动提升我国在全球治理中的话语权和影响力。

总之，随着各类新兴学科、交叉学科的不断涌现，新时代法学学科疆域已实现了大规模的扩展和改写，急需对学科体系结构进行重构重塑。展望未来，按照从理论到应用、从静态到动态、从国内到国际、从国法到党规、从单一到交叉的分类标准和排列逻辑，理论法学学科群、法律史学科群、部门法学学科群、法治运行学科群、涉外法与国际法学学科群、党内法规学学科群、法学交叉学科群等彼此协同、相互支撑的法学二级学科群必将不断发展完善，中国特色、世界一流的法学学科体系建设进程正有序推进。

（原载《光明日报》2022 年 11 月 18 日）

艺术学人才的“四神”培育

许　江*

中华文明，源远流长。这种文明，言其广大，是中国文化古老大厦的精神构架，是中华民族的宇宙观、人生观及其生存法则；言其精微，是民族生民们以茶米为食、麻丝为衣、竹陶为用、林泉为居的栖息方式和器物世界。对此一文明的观念理则和栖居世界的了解与品味，我们就可以大体认识中国文化的特性。在这文明中长相浸润，深度濡染，我们就能体认到华夏子孙文化性格与文化精神之所从出，就拥有了对于中华文明的切入肌肤、感透肝肠的深切情怀。

中华文明的精神大厦广袤丰沛、精深博大。从天人之道的使命与信仰，到民为邦本的为政理念；从人格养成的修身之道，到通经致用的问学之途；从内涵相通的大道理想，到各相分类的绳纲体系，洋洋洒洒，通天涵地。如何搭建起一个由丰繁的各类“绳”“纲”交织而成的符合中国文化特性、蕴涵中国文化精神的认知结构，并在这种结构的浸润和滋养中，情相赠，兴如答，培养文化情怀，铸炼创造风神，这是中国所有大学中新文科教育的现在与将来所负的应然使命。而中国艺术，在演、视、歌、舞各个方面，都风姿绰约，精彩独绝，是中华文明最丰沛的载体。这种艺术的精神，蕴蓄着中华文明的千古光华，蕴蓄着华夏民族的精神特点，蕴蓄着华夏生民不断离舍、不断皈依、不断开拓的家园情怀。这些既是艺术学学科门类的创始初意，又是我们反复深扎、立定脚跟的核心。

《礼记·大学》开篇有言：“大学之道，在明明德，在亲民，在止于至善。”大学的使命，正是要让中华文明的大道理明白起来。让谁明白起来？让年轻一代明白起来，以此站在最适合自己发展的位置之上。艺术学的学科专

---

* 许江，中国美术学院原院长，教育部新文科建设工作组副组长。

业，就是要在各自的领域里，围绕这样的使命，收百世之阙文，采千载之遗韵，理出富含中国文化精神的专业化的条理、脉络和结构，并在面对面的、耳濡目染的引领下，升华感受、跬积情怀，培育中华文化薪传与创新使命的一代担当者。

在新文科的文史哲经管法教艺八大门类中，艺术学门类最为年轻，却也最为古老和悠远。翻开它的历史，沧桑悠远，淬痕斑驳。艺术是人类最为基本、最为原生的生存方式与智性方式。它是以各种艺术的传承、拓展为学术载体，指向艺理兼通、心手兼通、道技兼通、地域与普世价值兼通的人文之学。它以形象的思维、身体的感受、动情的技艺、独创的语言来培养人的心智，完善人的心性，提升人的心灵。《周易》有言："君子进德修业，忠信所以敬德也。修辞立其诚，所以居业也。"忠信敬德，修辞立诚，恰是艺术学习和教育的要义。习近平总书记讲"四个自信"，强调文化自信是最根本、最形象的自信，就因为文艺关乎人的敬德立诚，为文化树立了最普遍、最形象的根基，而文艺的内涵宏博、语言丰沛，又成为文化自信的最铭心莫忘的标志。无论是精神价值还是社会需求，无论艺术创造还是文化振兴，艺术教育、艺术学科建设都至为重要。前年，新文科宣言中提出的构建艺科中国学派、创造时代中华文化、培养艺术创新人才，确是新文科背景下新艺科的使命与任务。

下面，我想就培养激发中华文明情怀，弘扬中国艺术精神的艺术学人才，提出强化四种精神养育的想法。

第一，艺术学人才培养的文化价值的使命精神。艺术作为人文教育之学，作为化人美心之学，其核心是要培养价值观。何谓"观"？古篆体的"觀"，是大眼睛的猛禽，翔于天而俯察大地，无所不见。这种"觀"是带着我们的身体一道飞升的，是让我们的心与之长相浸润而翕然形成的。我们喜爱宋青瓷，不是因为它如何符合人体的工学，如何材质先进，而是因为它与宋代的文化和宋词的诗人们联系在一起，与那个尚韵传统的茶饮、雅集、山水烟云、园林器物联系在一起。如是价值观，是我们被一种文化深深浸润，以至产生感性上的情怀、理性上的皈依、可感知又可以被深刻内化的精神内核。

艺术学担当着这种价值观的培养使命，是与某种具体的技艺联系在一起的。这使得这种“学”始终被置于一个与民族文化共生共长的历史及其艺理脉络的关怀之中，始终被置于一门技艺的日常生活，来感知与浸润某种身体意识和生命存在的价值之道。宋代赵明诚、李清照夫妇半生努力，撰写《金石录》，辑录传世钟鼎碑版铭文，为往代继绝学，正自有文化自觉和使命精神。近两年，艺术教育加强党史学习，结合艺术创作，学习和展现党的艰苦卓绝的斗争精神和不屈意志，这里边也蕴育着一种价值观培养的使命精神。

第二，艺术学人才培养的游居于艺的实验精神。艺术学教学的精髓不是数字化的指标，亦非学院生活的简单跬积，而是首先为青年的成长提供一个相望之境。“望”是一种凝视、一种心灵的聚焦。校园是一种望境，图书馆是一种望境，下生活的乡土学院、写生山河也是一种望境。这种“望”又为青春成长提供一个同游之境。“游”是旗帜上的流苏，风中的流苏秀穗，共同朝向一个方向，却各有各的不同。师生是同游的关系，大学是同游的境域。今天的大学，山环水抱，居学一体，正是小鱼跟着大鱼相游相居，以艺术生活为切入点，来亲历亲尝生命存在价值的境域。

近两年，中国美院开辟湘湖校区，谋划跨越今日学科之囿的“国学门”的研究与教育结构，兴办汉字研究、山水研究、器道研究、造园研究的通学体系，将汉字、山水、器物、造园所包含的天人理念、造化思想、语言研究与诗书筑造融合一体，构造新的会通的知识框架，正是这种游居于艺的实验精神的重要体现，也是新文科命题下的重大实践。

第三，艺术学人才培养的艺理兼通的哲匠精神。艺术学的人才强调品学通、艺理通、古今通、中外通，强调哲人般思考、工匠般劳作。去年，浙江新文科建设提出共同使命的第一点，就是“促进人的发展”。新文科各不相同，大家拢在一起，最重要的一个核心就是对人的内在精神的塑造。让人的心灵、青年的心灵伴随着中国艺术精神的蕴养，伴随着时代和学识的发展而得以提升，这是新文科的共同使命。新时期的大学教育所寄望的新文科，就是突出它通人之学的意义。这种通人不一定是各种学科的门门通，而是能够穿梭学科边际、抵达问题核心的胸襟与识见，是博取约守、穷源竟流的能力和理想，是能够制造思想景观和社会变革的大智者。2022 年 4 月 15 日正是达·芬奇诞辰 570 周年的日子。他正是这样的哲匠，这样的大智者。人并不能锁定在固化的历史和学术的框架中。达·芬奇生存的年代是一个人文激荡、生机盎然的年代。他的创造穿越众多边界。这告诉我们，所有知识学科的形成和发展的前提是：担负这一使命的人须具备开阔的胸襟与自由的心灵。而这正是“人的发展”的核心，也是中国特色新文科、新艺科交织发展、融合优化的重要保证。

第四，艺术学人才培养的人文湖山的诗性精神。中国美院的前身是蔡元培先生创建的国立艺术院，1928 年始建于西湖孤山。孤山静卧湖山的核心，前山平阔，后山幽谷，车麓有亭翼然，西峦塔林依依。学院“与西湖朝夕相处于天光之影，晨曦落日之中，乃觉晴湖、雨湖、雪湖、夜湖、朝湖、暮湖、春湖、秋湖……俱是胜境”。这种湖山人文之气，养育了“国美”的生命诗性，并被带到湖之南的南山，带到城之西的象山。孤山、南山、象山，山连山，山山绵长。象山校园是入选世界上百年来最著名五十座建筑中唯一的中国建造，正是因为这种湖山的诗性精神深蕴其中，风禾尽起。

很多人都知道，中国美院新生进校，收到的第一份礼物是两支毛笔、一叠宣纸与智永的《真草千字文》。智永何许人也？王羲之的七世孙。永和九年，王羲之携友人亲眷四十余人，走在兰亭的山阴道上，留下千古名篇。仰观宇宙之大，俯察品类之盛，游目骋怀，视听之娱，信足可乐！这实际上是王羲之代表中国文人向着天地发出的世界宣言。从文到字，从风景到兴怀，王羲之充满自信，一种超越生死、冠盖千古的信然，他从容命笔、兴来畅答。这是我们真正的象山，是我们得以兴发激情、陶养情怀、树立担当的精神之无尽藏也！

（原载《新文科理论与实践》2022 年第 1 期）

积极性应对：艺术学科新学科目录观念认知与因应举措

周星　任晟姝[*]

2021年年底至2022年年初，人们聚焦于《博士、硕士学位授予和人才培养学科专业目录（征求意见稿）》（简称"学科目录"），议论纷纷的同时也对此提出了许多建设性的意见。半年时间以来舆论争辩不休，而等待结果的焦虑并没有消除。但似乎新的学科目录的议论和修订与否已经难为人左右，政策出台指日可待。由此应该从最初的激烈反应、积极性的谏言献策，转移到思考布局及如何应对新的学科目录的布排，防止消极性对待，采取建设性态度应对。最早涉及新学科目录设立思考的《艺术教育》杂志刊发了不少专家文章，对于艺术类学科而言，新的学科专业目录的确影响极大。但无论结果如何，理当静下心来面对新学科目录今后五年的实施。其实，最重要的是如何在保持艺术学科发展的良好态势基础上守正创新，而让新的学科目录所预示的国家的一些要求，既能得到更好的实施，同时又能够积极地将既往11年来中国的艺术学科蓬勃发展取得的和其他人文社会科学之间的协调与尊重保持下去，同时又呼应着时代要求以及对艺术学科发展理应坚守的东西，而巧妙地和新的学科目录之间尽可能协调，才能最大限度适应国家需要，同时又兼具艺术学科本身独特的特点，从而更好地发展艺术学科。这正是我们的研究要特别侧重的问题。

一、回顾新的学科目录的特色优势和可能产生的问题

众所周知，新的一轮学科目录（征求意见稿）出台后，引起人们极大的

---

* 周星，北京师范大学二级教授，北京师范大学艺术教育研究中心主任；任晟姝，北京师范大学艺术与传媒学院副教授，北京师范大学艺术教育研究中心副主任。

反响，公正地说，不同认知的常态是值得赞许的，既有一些欢欣鼓舞的支持，也有更多忧心忡忡的不满。当然，任何新鲜事物出台都必然有它的背景，特别是对于习惯沿着一条道路前行的人们，难免对新的学科目录产生一些疑惑和新目录打破传统的不习惯，这其中既包括他们认为打破常规的理由明显不足，也包括不能很快地适应国家对于新学科目录所要表达意愿的认知。

首先，需要明确的是新的学科目录中艺术学科显示出非常明显的特点，即表面上扩展了艺术学科，从5个一级学术学科（现在的1301艺术学理论、1302音乐与舞蹈学、1303戏剧与影视学、1304美术学、1305设计学），扩展到7个一级学科（其中一个学术学科：1301艺术学；六个专业学位学科：1352音乐、1353舞蹈、1354戏剧与影视、1355戏曲与曲艺、1356美术与书法、1357设计）。显而易见，和既往的学科设置有很大不同。首先在于扩大的新的学科目录，其实是强化了专业学位，6个全部是专业学位，而原有的5个一级学科之中，都包含着理论和实践交织在一起的学术学位的艺术学科的中国特色。从11年前艺术独立成为门类的艺术学科，从未曾独立到形成公认，第一次聚合了学科群，比如音乐和舞蹈、戏剧、戏曲、电影、电视的聚合等，从而形成了学科之间的交流，颇为符合当下的新文科建设需要，即在艺术门类内部建制上融合促发展。特别是在这其中，学科领域的理论和实践交融在一起，形成了各个艺术领域自身的史论和创作实践相结合的良好态势。而在艺术学科11年的发展中，尽管探索结合中有磕磕绊绊，但是理论和实践共同促使的艺术学科成为新的学科门类没有辜负时代期望的双轮驱动，并进而不断发展，最终形成了对整个艺术学科多领域之间在理论和实践的共融上相互呼应，成为了比较令人信服的一个学科建构。而且很重要的是，11年前的新的学科目录从艺术独立门类建制开始，就第一次将学科与专业之间一一对应，构成了相对严密的学科与专业呼应状态，所以学科的建设和专业的建设之间几乎达成了一致，极大地改变了过去分散又缺乏逻辑联系的分离状态。艺术教育被调整出综合性大学，而艺术专业院校侧重的是艺术实践教育，艺术学或者艺术理论教育成为艺术实践教育的辅助，没能得到好的发展。① 这11年的发展使得艺术学科和艺术各领域与专业之间的建制，在很大程度上减少了

① 参见周星、彭锋：《艺术学历史与现实：理论深处的辨析》，《艺术教育》2022年第5期。

理论和实践的磨合，在培养人才上取得了很好的学科建制的成绩。

其次，我们回到问题的原点。新的艺术学科目录在改变原有的5个一级学科基础上非常鲜明地凸显出两个特色。一是6个一级专业学位的学科点的设置很显然是在呼应国家对于时代发展、强化专业学位实践性的共同需要，这显然是合理的。二是在认定作为文化重要组成部分的艺术文化理应凸显实践成果，比如说舞台的演出、绘画的创作成品、戏剧戏曲与舞蹈等在实践中呈现的教学或者学科的成绩。简而言之，培养实践性艺术表演人才，成为打破常规设立6个一级专业学位点的重要支撑，从理论上来说这是必要的。艺术不呈现出其成果，仅仅局限在空谈上显然缺乏某种呈现价值。当然，不能忽略艺术呈现的理论和实践之间的密切关系，但站在国家需要的角度，似乎放大也强化了艺术创作要呈现出专业实践性人才重要性。这样，所有的学科领域中不仅是艺术学科，许多学科都强化了专业性的学科学位的设定。而对艺术学科强化艺术创作和实践的凸显，既有社会需求呈现的呼应，也是人们通常对艺术理解要呈现出作品，而不只是理论论说和言谈之间的一种合理肯定。

新的学科目录在艺术学科调整中另一个大的特点，就是将不同艺术领域之中相关史、论、教育、管理等关乎理论研究的学术性对象都归拢到单独设立的一个新的“1301艺术学”以及学术性学科之中，并且特别用括号加以框定。其含义既是告知艺术学理论的建设要相互促进聚焦而成，同时并没有忽略艺术学理论在学科建设中依然存在的重要作用。但很显然，这将改变既往11年有分有合的艺术学基础理论和专门性领域艺术的理论建设双管齐下的局面，已经形成相互呼应也已经相对协调的局面被打破。其实对于艺术始终有单一性呈现的误解，比如对艺术只是表现呈现而无需言说，因此专业学位之中似乎并不需要去强调理论呈现，而所谓创作成果就是艺术科学研究和理论的呈现这样一个颇带分歧观念的强化，从一定意义上说，创作与理论已经不可分离，简单聚合艺术各领域理论人才自有其合理性，但不是给予“艺术创作才是艺术”简单认识的佐证。然而事实上，在艺术成为门类之后，大大小小的学科领域的理论坚守自己的唯一性，也不时和基础性的艺术理论产生纷争，其实已经有了某种程度上的默契。这一次新的学科目录对于艺术理论专家而言似乎感觉与原有体系割裂了。尽管可以解释说，新学科目录并不意味着其他领域艺术创作不要理论，或者我们进一步解释说，艺术学理论要强化而聚焦在艺术学这一个一级学科之中来进行相互的交流促进，从而能形成涵盖更多的艺术学理论云云，但这仅仅是我们的主观设想。事实上这一聚焦引起的巨大的社会反响就在于，人们觉得对艺术学理论某种程度上的轻视，也同时失去了对于专业理论建设自身的坚守性等忧虑。其实，最大的问题就在于在艺术学成为门类之后的11年发展中，事实上在自身内部和外部对理论建设和实践增长之间开始形成了某种程度上的默契性，即创作不能缺少理论，至于创作的理论多大程度上和艺术的基础理论相结合，也取得了不少成绩。扩而广之，一方面艺术在整个国家发展中自身坚挺而形成越来越蓬勃发展的局面需要坚守，另一方面艺术只有具备各自的理论和整体艺术学理论的存在，才能和人文社会科学的其他学科相提并论从而进行并不矮人一截的相互对话。同时，近年来无论是各种学会的建立，还是理论研讨的拓展局面都在证明艺术本身不能没有理论，而理论的建树对于艺术实践的发展起着至关重要的作用。这进一步说明，艺术已经形成了自身学科建制的相对完整性，其学科学理建构的逻辑体系需要维护，有此担忧自有其认识基础。

上述梳理分析了新的学科目录出台之后的长处或者短处，总体而言，从“得”的角度来说，将艺术的学术学科和专业学位之间打通，呼应艺术学科理应以呈现的作品作为其重要指向，确立艺术创作一定是艺术立足的基础理念，不同的领域都会以优秀的艺术作品来呈现。[①] 也许长处是国家的刚性要求需要适应，多少引起人们非议的是隐蔽了短处，即理论被忽视的隐忧。换一个角度看，新的学科目录让过去11年的艺术学科发展理论和实践相互促进的优势多少遭遇到挫折。可以说，坚持艺术专业学位的创作其实应当是艺术发展到一个好的阶段之后的强化，但是这个强化在某种程度上是建立在理论和实践相互增长基础上的强化。人们觉得新的学科目录某种程度削弱了理论建设的权威性，而不免产生艺术学科建设会迎来相对倒退的趋势云云。但是，凡事

① 参见周星：《历史和现实：认识评价艺术学科新目录的增益完善》，《艺术教育》2022年第2期。

需要辨析也需要理解，如果说事已如此而扬长避短才是上策，既然要经过一个尝试的过程，而且国家要求新的学科目录缩短为 5 年一次调整，显然，从现在的颁布到实施再到调整，很快就能验证出得失所在，那么我们理当把 5 年内的尝试做好，也为调整之中如何来更好地聚合艺术成为时代重要的文化构成部分的合理性而努力。

二、因应新学科目录的方略与积极性建设举措思考

我们考虑问题当然首先要从国家政策的角度去思考其何以来、何以设立和何以应对。站在不同角度对于学科建制的设置会有不同的看法，艺术学科成为门类的 11 年之间经历不断的研讨甚至激烈的辩驳，逐渐确立了艺术实践必须强化艺术理论的重要性，并且在相互交融中使得中国的艺术学在整个社会建构之中确立了自身的学术地位和社会文化重要组成部分这两者统一的景观。

同样道理，新的学科目录从征求意见的角度看，人们意见不一实属必然。但很显然国家有全局考虑，我们站在艺术发展的角度，提出不同的意见与建议以求更为完善和丰富理所应当。但是既然如前所言，将艺术确立在实践型凸显并且为培养实践型人才才能展现的基础上，如何进行因应和呼应，才是急需思考的问题。

按照新的学科目录，暂且以此为准的观照，会涉及相关问题。第一，是学科发生了相当大程度的变化，如何以最小限度的震荡而较好地过渡和完善是不能不考虑的问题。第二，也将牵连一个更大的问题，就是按照新的学科目录，整个艺术学在专业没有变化的背景下，如何对应的过渡问题。第三，作为专业或者学科中人，如何看待学科与专业发展更好地适应时代的发展，真正使身处其中的艺术学科能够不断向前跃进。第四，艺术学科的教师如何能更同心协力推动艺术发展，并且积极看待后 5 年的学科发展以及进行调适。第五，学生如何在身处这样一个变化的学科乃至于影响到专业波动的时候，把握自己的发展之路。

（一）学科应对的思考：守正促新的立场，兼容拓展的方略

新的学科目录最大的改变是将艺术学的理论研究相关对象都汇集到

“1301 艺术学”中，而随后的 6 个一级学科都设置成专业学位。我们必须站在“守正—促新”的积极立场来应对。因为艺术学科的发展历史证明，此前学科专业建设已经响应国家的专业学位人才培养的方针而不断落实，但坚决不能丢弃掉对于无论是专业学位还是学术学位理论研究的双重坚定性。这里的“守正”还包括对 6 个专业学位而言理论建设依然不可少。专业学位并不意味着只是做实践的操作，实践的理论提升和理论的指导实践，一定是一级学科必然有的理论基础。固然可以说在“1301 艺术学”之中已经包含着一种理论汇聚，可以从中去借鉴和学习，但是对于从事专业学位人才培养的基础，依然是专业实践理论思想和观念在一起起到的重要作用。同样的道理，汇聚到“1301 艺术学”之中的理论史论研究，一定要把自己的理论研究在既有基础理论研究上强化和深入，以期提升艺术学与其他的学科之间平等对话，以及把握人文社会科学的学术规范和要求，率先跨越人文社会科学向其他学科借鉴而综合性发展，这也正是国家对于新文科建设的要求。新文科建设以守正创新、学科交叉来适应中国向着新的百年跃进的更大力度、更为开阔的学科发展方向。①

由此注意，这里的核心要素就是守正而后如何促新。从技术的层面说，已有的学术类的艺术学一级学科，比如音乐与舞蹈学、戏剧与影视学等，首先要把握好，无论就学术学科还是专业学位的学科的理论根基和理论建树都不可丢弃；随后从国家要求层面，理应在学术学位已经建设的学校，不轻易排除转换成为专业学位的自然性，再主动强化专业实践型人才和专业实践性的课程调整。但是我们强调专业一级学科点在保持已有的学科建制的基础上，进行具有良好基础的自然转换而适当提高专业实践性的要求。但同时也要求专业学位的学科站在学术学科的基础上进一步向实践转化，这样，保证其学术学理性和专业实践性更好地向前推进。守正，即保有形成的传统扩展发展。促新也就是在触发对于实践类的学科和实践观念实践理论的探讨。一些特殊的学科，比如按照新旧转换差异的原音乐与舞蹈学变成两个一级学科“音乐”“舞蹈”专业学位。于是一些学校未必同时转换为两个一级专业学科点，而确立专业学位点基础重要性，允许在论证补充和强化的基础上，聚焦其一。自

---

① 参见周星、陆希：《新文科建设与设计学科关联的思考》，《丝绸》2022 年第 3 期。

然也要防止不符合条件地强制设立两个专业点造成力不从心而损害学术规则的现象。这里的“促新”既有建设性的促发，同时也是有学科要求而不是毫无规则的扩充。一定要分开设立是具备要求的，可以进行申报而确立。显然，没有新的专业学位点的一些专业型的艺术院校，择机申报新的专业学位点需要设立门槛和条件而不是滥竽充数，要有必要的限制和设立分开的学科。对待相对复杂性的分开，应当把握一定的分寸，比如原先在戏剧与影视学术学科点中的专业学位点，如果要自立为戏曲与曲艺专业点，需要格外慎重。原先在戏剧与影视学类的学术点转为专业博士点是可以允许也必要的支持实践性的转化。但基于曲艺等没有先例尚在建设，应该逐渐培育并且必须有它的条件，不能形成跨越性的出格局面，而要对原先具有的学术点提出严格的要求，这也是一种学术的公平性。同样道理，在新的专业学位点之中还会有所分化，比如“1356 美术与书法”专业博士点，事实上既往的书法学科点都在美术之中，因此这些转化为专业点应该是没有太大问题。但新的学科点设立也应该适度限制和慎重对待。

总而言之，守正促新同时需要注意兼容拓展的方略，所谓兼容拓展的含义，就是新的专业学位点要兼容于理论学术才能使它进一步发展；而学术理论的一些专门人才应该很自然地扩充到“1301 艺术学”这样的史论聚焦的所在；因此所带来的问题就是，假使在原有的学科点之中并没有艺术学，应该允许用比较大的宽容度去设立艺术学一级学科点。以上这种学科拓展的思考，才能最大幅度减少损耗而实现原有学术学科点和现有专业学科点之间布局的均衡和稳妥的过渡。

（二）学科与专业应对的思考：守土有责，基础为上

从积极的角度来对应新颁布的学科目录，除了学科自身之间的调整之外，艺术学科所面对的原有的专业体制和学科新的体制之间会产生很大的差异，如何来对应也正是许多人关心的问题。艺术独立成为门类后，第一次把学科和专业之间的目录基本对齐，极大地便利了本科专业人才培养的基础性和研究生阶段的学科人才培养的对应性。当然，在本科阶段会对基础人才的实用性逐年调整得到强化，而在学理性的学术学科之间，在名称上依然基本一对一，这一传统难免会因为新的学科目录大幅度转变和专业学位点而改变。比

如，戏剧与影视学 13 个二级学科和专业目录之间绝大部分是相对应的，这样在学完本科之后，学生就明确了研究生深造所追求的方向对应何在。当新的学科目录颁布后，过去习惯的本科专业和研究生的学科之间的对应性似乎就会被打破。如何应对这些局面也引起了许多人的焦虑，或者说由于专业涉及的面极广，教师、学生都会有比较大的疑惑。

我们主张首先要安静下来，等待新的学科目录落实之后，专业学位和学术学位之间的关系有了一定的定局，包括在学术理论专业实践之间的这种调适的复杂性后，才有可能来提及如何对应发展。但是在没调整之前，一定要有一个意识，即学科目录调整应当是比较复杂的问题，学术学位和专业学位之间的差异性会使得调整需要一定的时间，而这个时间在 5 年之内又会再次调整。因此，专业不必急于去对应和调整。因为各个艺术学科已经形成了较好的专业设置，并且在一流专业、一流课程等相关的规划上有各种模式可以参照，也有各种的规则。各个学校对于自己专业的地域性和独特性的追求也形成了很好的规范，轻易变动不利于保证自身学校特性的发挥，也不利于对基础人才的培养。

由此，在学科调整之中，专业可以考虑对应着实践性的学位及专业学位的拓展，开始逐步扩大对于本科学生实践能力的培养。但是预测专业学位在培养人才上有更大的力度和吸纳的体量，所以在本科专业之中要预设到除了加强实践性的课程，加大实践应对现实需要的人才培养也可以开始考虑，以应对学生们考研究生时的专业学位的对应性。加大对于实践演出排练的教授，以及适应社会对于实践性人才的要求是必须的，但是一定要注意，从许多学校好的经验来看，尽管强调专业性和实践性的对应性，然而还要看到社会的不断发展，特别是互联网和智能时代的发展，专业实践性的要求也会随之变化，而从时代的发展角度来看专业人才的培养，注重综合性的实践性也是题中应有之义。

（三）教师应对的思考：观念转变，坚守责任

新的学科目录发布当然会引起连锁性的反应，但一般而言，高等学校和院系会按照国家所要求的新的学科目录来进行指导，作为教学单位的主管忠实地执行教育部的指令来进行调整，是因为站在学校的角度要使学科和

专业与国家的要求相匹配。因此，学科目录调整对于教师而言，引起比较大的反响也在情理之中。因为教师的学术成果尤其是高级职称的教师，是依托于学科，其本身是构建学科的重要组成部分，在既往他们主要是在学术的学科之中承担重要角色，自然习惯守成。而且经过11年的艺术学科的建设，即便是专业技能很强的实践类的教师们，在学校的学科体制之下，基本是以学术学位的方式来要求职称评定和责任的确认，因此，学理性的学术研究一般而言会占据比较重要的位置。实践类的教师也倡导理论和实践结合，是因为高等学校的教师不仅要有专业技能，而且要有专业理论的武装，才能更好地提升和创造。因此，在新学科目录下达后，教师们一定要摆正自己的位置。艺术承载着审美形象的再现功能，但是否达到了审美精神和情感表现的完美和谐，却需要通过艺术教育的学科观念、专业设置以及课程引导来确认。①

首先，从观念上认识到培养实践型人才是他们的目标，因此按照国家的要求注重务实，面对社会发展的需要，使学生更好地学以致用。由此，强化实践类的学科既是新学科目录给予扩展的一种思路，也为学生将来更高学位的学习提供了更大范围的选择。应该注重培养学生的实践能力，但这绝不意味着减少原有的学术理论的教育和培育。事实上，学生的本科学习阶段在专业上一定是更加重视学以致用，只有基础扎实，才有可能使学理性的研究获得进一步的提升。所以，教师的态度也包括要使自己更多地注重理论结合实际，同时，原有的在学术学科之中的教师不要放弃自己已经形成的学术性理论研究和在社会上的威望。他们既要坚持学理研究，同时也要摆正自己的位置。专门的史论研究的教师当然可以继续在“1301艺术学”中发挥重要的作用，以强化理论学术研究，但同时一定要把握住他们可以兼容1301学术性理论学术研究，也允许支持专业学位或者说兼跨在专业学位中，来保持本身学校专业学位的学术质量。这就要求学校的管理部门必须有明晰的眼光。如果说，过去在学术学位之中不可兼的话，那么各个学校应该能够允许一部分做专业学位研究的理论型的教师两者兼跨。无论从评

① 参见周星、任晟姝：《新文科建设背景下艺术学科综合性发展的思考》，《南京师范大学学报》（社会科学版）2020年第3期。

估的角度还是专业学位点建设的角度，允许走两个方面的路径是必要的。同时要求教师即便是专职于专业学位的学科分类之中，也必须努力能够兼顾于学术理论的研究，以及在艺术学范畴发挥更大的作用。至于教师是在专业学位还是学术学位之中作为构成部分，他们的本科专业则理应保持着原有的规则，在没有变动的时候更多地逐步适应。同时，教师也应该逐步看清，要寻找专业和学科之间更多方面的兼顾，使旧的专业设置和新的学科学位之间形成更好的联系。

（四）艺术学生应对的思考：增厚基础，注重实践

学科目录的变化和学生的相关性并不是太大，但是它影响到了专业设置，有可能会引起学生的思考，而更主要的是会影响到他们对于将来研究生进一步学习的考虑。无论是学科新目录实施，还是随之而来的专业变化，从学校到教师会影响到学生对于自身所学专业的认知。因此，稳妥地过渡专业，保持它相对的恒定性，不断增加理论和实践之间的相互关系，培养学生对社会的认知和实用性，已经成为既往专业改革的一个方向。其实新文科的建设已经引起了一些波动，新的教学改革也在逐次展开，一流专业、一流课程的建设已经改变了既往的一些成规，学生也开始适应这一规则。但是毕竟新的学科目录出台一定会让学生意识到，他们应该更多地重视实践性的学习，然而作为教学组织部门，还是要让他们更多地看到学习阶段打好基础和掌握理论知识对于长远发展的必要性。实践性的学习包括在校园之内的实践性课程的增加和增强社会实践能力，必须和基础知识、文化理论知识、史论知识的学习相互匹配。只要引导得当，新的学科目录不会对专业设置以及学生教学产生强烈的影响。

三、结语

总体而言，以积极态度来应对新学科目录的出台。既有传统和新的学科要求，无论如何调整，都要相信加强实践性的人才培养是我们的目标，但是绝不意味着减轻学校教学综合性的艺术文化理论比重。新文科建设所要求的人文社会科学家的培养，和基础理论课程的学习绝不能放松。北京大学艺术学院院长彭锋认为：“今天确立‘艺术学’具有同样的意义，它会促成门类艺术学之间的同一身份认同和相互借鉴，进而迎来随后的艺术学的大发展和大繁荣。”① 要进行以审美为基准、以艺术文化理论为烘托的实践性课程的强化，培养又红又专、能够坚守社会主义核心价值观、为人民群众奉献艺术文化教育和艺术文化展演的优秀人才。

（原载《艺术教育》2022 年第 8 期）

① 周星、彭锋：《艺术学历史与现实：理论深处的辨析》，《艺术教育》2022 年第 5 期。

关于新时代外语学科建设的几点思考

许　钧*

一、概述

对于外国语言文学学科（以下简称“外语学科”）的建设与发展问题，学界已有较为深入的思考和讨论，形成了某些共识。一般认为，改革开放以来，无论是学科建设、专业发展、学术研究还是教师队伍建设等，外语学科都取得了长足的发展和骄人的成绩。① 当然，学界就外语学科地位与未来的看法各异，有人看好，也有人唱衰。笔者个人的基本判断是在新的历史时期，无论是中华民族的伟大复兴还是人类社会的不断进步，都需要外语人才，需要外语学科不断建设和发展。

中国外语教育历史悠久。从当前实际状况来看，外语学科体量庞大，学科领域广泛，内在结构复杂。国务院学位委员会第六届学科评议组 2013 年编写的《学位授予和人才培养一级学科简介》中，外语学科简介部分明确列出并详细说明的二级学科共有 13 个之多，具体包括英语语言文学、俄语语言文学、法语语言文学、德语语言文学、日语语言文学、印度语言文学、西班牙语语言文学、阿拉伯语语言文学、欧洲语言文学、亚非语言文学、外国语言学及应用语言学、翻译学、比较文学与跨文化研究。② 这些二级学科的设立呈现出开放性和复杂性，从学理上看甚至还有些不合理之处，但抛开历史因素不说，外语学科今天的成就凝聚了几代外语人的智慧与心血。

---

* 本文基于作者在第十五届全国英语类专业院长/系主任高级论坛上的发言修订而成，感谢上海外语教育出版社雷宇根据录音整理文本。

许钧，浙江大学文科资深教授、浙江大学中华译学馆馆长。

① 参见庄智象：《我国外语专业建设与发展的若干问题思考》，《外语界》2010 年第 1 期。

② 参见国务院学位委员会第六届学科评议组：《学位授予和人才培养一级学科简介》，高等教育出版社 2013 年版。

外语学科在我国高等教育学科中专业最多，一个语种至少就是一个专业，目前高校开设的外语专业有 100 多个。新时代，为了建设高水平本科教育，高校着力加强一流专业建设。外语学科的一流专业建设点众多，前后 3 批共有 400 多个，是拥有一流专业建设点最多的学科。2022 年 2 月，第二轮“双一流”建设高校及建设学科名单公布，其中入选一流学科建设的外语学科点多达 8 个。

外语学科在人才培养方面成就卓著。在国家级教学成果奖评选中，外语学科充分显示了自身的探索精神和教研水平，在外语人才与翻译人才培养方面取得了突破性成绩。首届全国教材建设奖评选结果显示，外语学科获奖最多。高等教育类优秀教材一等奖名额 80 个，参与评选的一级学科点有 115 个，最后外语学科共获得 3 个一等奖，还有 9 个二等奖。外语学科的师资队伍规模十分庞大，在全国具有引领性和示范性的教学名师中，外语学科的名师数量同样也是最多。

在外语学科建设特别是人才培养方面，笔者观察到一种现象，也就是我们往往采取自上而下的建设方式。我们习惯于听从教育管理部门和高校领导教导我们学科应该怎么发展。外语学科发展听到最多的，一般就是一个字“要”——你们要怎么做。教育管理部门对学科发展方向的指导意见其重要性是毋庸置疑的，但是外语人才培养需要每一位外语教师积极参与，需要每一位系主任、每一位院长把握方向，采取具体措施落实跟进。因此，笔者想特别强调，在应对解决外语人才培养和外语学科发展问题上，要突出“我”这个主体的重要性，要发挥每一个相关主体的积极性和能动性。

二、理想、定位与拓展

21 世纪以来，我国外语学科顺应时代趋势，服务国家战略需求，继续建设专业点，构建一流学科点，推动教学和学术研究发展，促进新文科建设倡导的学科融合。新时代背景下，外语学科在迎接对外交流、学科融合带来的发展机遇的同时，也面临着不同层面的多重挑战。具体而言，外语学科建设应特别关注以下三个方面。

（一）处理好现实与理想的关系

我们讨论、思考外语学科发展，一定要处理好现实与理想两个层面的关系。从现实的角度来看，外语学科这么多年的持续发展，采取的基本形式是“点”的建设——学科建设和专业建设主要围绕“点”展开。各个高校奋力争取设立并建设专业点、硕士点、博士点，一路向前的目标都是由一个“点”到下一个“点”。为专业点的设立、学科点的设立，不少高校绞尽脑汁、费心费力，这些都是学科建设的真实写照。一旦“点”设立了，新专业成立了，博士点设立了，外语学科还应有什么样的追求？如果设点不成，是不是还是要生存、要发展？又应怎样看待我们的工作？这里就涉及理想问题。理想就是我们外语人的初心，就是我们每一个学科、每一个专业、每一个院系的初心，是一种坚持不懈的追求。目前为止，我国设有 300 多个外语学科硕士点单位、50 多个外语一级学科博士点单位，但是有千余个外语专业点单位。那么，大多数外语教师又该如何发展？

笔者认为，对于外语学科建设，每一位教师应该有自己内在的追求，内在的追求要与外在的要求之间形成一种互动关系。教师不能被外在的要求盲目牵引和束缚。现在，外在的要求太多，都是要求如何做，其中不乏很多不合理的规定。比如，在一定历史时期的职称评定中，编教材不算，编词典不算，译作不算，论文如果没有发在 SSCI 或 CSSCI 刊物上也不算。这种外在的要求与很多教师，特别是具有不同专业特长的教师、承担不同分工和任务教师的内在追求发生了明显冲突。内在追求是教师个体的兴趣，是一种强大的发展动力，有时甚至是一种能够支撑职业生涯的信念。[①] 如何化解这种冲突和矛盾，使教师内在的追求与外在的要求达到平衡、形成良性互动并且赋予教师发展动能，这是值得外语学科建设思考的细小却重要的问题。

每一个外语人、每一个专业点在现实层面因素的考量之下，都应怀有自己的理想。笔者认为，我们一旦选择成为外语人，对外语学科就应有一份认同、一种理解，肩负起外语人应承担的责任。这种认同、理解与责任在很大程度上构成了理想的基础和精神的底色。换而言之，每一个外语人、每一个专业点需要平衡理想与现实之间的关系，这样才能提高外语人建设外语学科的能动性，真正实现外语学科的可持续发展。

---

① 参见许钧：《在平凡中追求卓越——高校外语教师职责与外语学科建设》，《当代外语研究》2022 年第 2 期。

（二）坚持正确的定位

为获得正确的定位，首先对外语学科要有深刻的认识。外语人所做的工作到底有何价值？现在我们往往是被外部考核评估所左右，比如学科评估等。作为外语人，我们应该思考：如何理解外语学科？每一位外语老师要扪心自问："外语"两个字对自己而言意味着什么？价值是什么？笔者认为，一个外语人最基本的定位是要做好人才培养、学术探索和社会服务三个方面的工作。一个学科要永久存在，关键就是自身要具有不可替代性。如果外语、外语教育、外语人才培养和外语研究在当下是不可替代的，国家建设需要外语人才，社会发展需要外语人才，中外文化人文交流需要外语人才，那么外语学科的存在就具有必然性和必要性。每一个外语人都应该有这份底气——外语学科是不可被替代的。从这个意义上来说，外语人要讲理想、讲使命，要做贡献，一定要站稳自己的立足点。

然而，有的人仍然持外语工具论，认为外语专业或者外语学科是工具性的。在外语工具论赞同者眼中，外语就是一种交际工具，掌握了这种工具就可以有效服务于所从事的各种学术和社会交流活动。但在整个外语教学中，尤其是外语专业教学，仅以工具论的观点去教授语言恐怕是难以奏效的。① 为了外语一级学科博士点的建设和评估，许多高校不遗余力地去争取、建设和付出，一代又一代学人在不懈努力（可惜有多所很好的外国语大学到目前为止尚未争取到外语一级学科博士点）。但是，也有一些高校的主要领导却明确提出不要办外语一级学科博士点了。比如，某所985高校的相关领导就持有这种观点，认为外语只是一种工具，主动放弃外语一级学科博士点。对外语没有正确的认识，对外语学科没有正确的理解，外语学科就不可能获得正确的定位，外语学科建设就有可能误入歧途。

（三）勇于拓展

外语学科往往采取一种自上而下的建设方式，也就是学科建设主要接受来自教育管理部门的政策指导。政策指导对于确立学科建设与发展方向非常重要。自上而下的建设方式从国家需求的角度来考虑，是整体性、必要性的思考，但不一定是全面、合理的。那么，外语人对每一个外语语种，包括英

① 参见庄智象：《我国外语专业建设与发展的若干问题思考》，《外语界》2010年第1期。

语、法语、德语以及不少非通用语种，应该怎么看？学科建设、专业建设应该关注外语及外语指向的世界。语言指向广阔、多彩的世界和天地，一门语言就是一种观察、理解与创造世界的方式。如何充分发掘和利用外语与外语所指向世界的广阔性和多样性，对外语学科和专业建设十分重要。

改革开放以来，外语学科的重要性有目共睹。外语人没有固守传统，而是不断探索，不断前进。我们现在都在谈外国文学、外国语言学及应用语言学、翻译学、比较文学与跨文化研究、国别与区域研究等外语学科五大方向的设立。但是，如果没有国务院学位委员会第六届外国语言文学学科评议组在 2013 年的讨论与决策，确立外语学科的五大方向，那么各方向在体制上就难以成立，外语学科就不可能取得今天的发展。对学科领域方向的认识如果仅仅从博士点建设着眼，比如每个学科要有几个方向等，是不够的。实际上，对于外语学科特别是外语专业发展，五大方向的设立是具有前瞻性、战略性和拓展性的。

当今社会，外语人才不仅仅是懂外语的人才，因此在把握学科方向性的同时，外语学科还要实现拓展性的发展。现在外语演讲比赛、翻译比赛等各种赛事层出不穷，跨文化能力大赛也已开始举办。外语学科的五大方向为外语学科建设与外语教学带来极大的拓展性，对学科应承担的使命与责任具有很大的现实意义。外语学科五大方向的确立为人才培养提供了更多的可能。外语学生单就外语领域而言，就可以选择从事语言服务与研究、翻译、跨文化交流、国别与区域研究、外国文学研究。

三、外语学科建设的着力点

建设外语学科，推动外语学科可持续发展的关键在于塑造和巩固自身的不可替代性。外语学科和外语专业发展应从国际、国内、高校三个层面加以把握。首先，如果没有国际层面的考量，没有中外文化交流和文明互鉴的需要，外语人才的独特性和不可替代性就得不到凸显，也会危及外语学科的生存和发展空间。其次，必须考虑国家的需求，外语学科人才培养需要对接国家战略发展需求。最后，重视外语学科在高校的发展，外语学科需在高校获得自身的地位、特色和不可替代性。

新时代，外语学科应具体从国际视野、中国根脉、时代脉搏、特色凝练、立身根本五个方面着力，稳步推动学科建设与发展。

（一）外语学科建设的国际视野

外语学科、外语专业要发展，首先应该考虑的是国际层面。笔者认为围绕外语学科建设的国际视野，应该开展针对性的思考和研究。近年来，我国经济、科技迅速发展，国际影响力和地位不断提升，社会需要的外语人才不再是仅仅会外语的人才，而是精通外语、具备国际视野、具有跨文化交流能力和参与全球治理能力的外语专业人才。为此，不少高校的外语学科顺应社会经济发展趋势，开阔人才培养视野和思路，探索培养具有外交、法律、新闻传播等专业知识与能力的国际化外语人才，已经取得显著成效。

作为外语学科的五大方向之一，国别与区域研究是近年来外语学科发展的一个亮点和增长点，其中非通用语种专业具有明显的发展优势。经过几年发展，很多学者特别是社会科学学科学者，认为国别与区域研究非常重要，应该成为一种交叉学科。经过去年严密的论证，现在国别与区域研究已经成为一级交叉学科，笔者本人也参加了教育部委托北京大学召开的多次专家论证会，深感外语学科在国别与区域研究中居于不可替代的位置。国别与区域研究根植于外国语言文学并因学科内涵的扩展而实现发展，其立身之本和特色优势是外语工具的掌握和使用。[①] 外语学科在为国别与区域研究提供语言根基和跨文化交流渠道的同时，也打通了外语学科拓展性发展的国际路径，对外语人才培养提出了更高要求，为外语人才培养带来了更多可能。

（二）外语学科建设的中国根脉

国家需求是外语人需要时刻牢记的，外语人才培养必须对接国家战略需求。外语学科建设应把准国家发展战略，坚持服务国家战略不动摇。新文科背景下，外语学科应积极开展跨学科交流与研究，提升外语教育研究服务国家战略的能力；应综合考虑政治、经济、军事和外交等领域，充分认识世界性语言、地区性语言的重要性，提升外语研究水平，与西方世界对话的同时努力建立中国话语体系。2017 年，教育部就批准备案了 390 多家国别与区域研究中心，其中多数备案中心由外语学科牵头，对相关国家和区域的政治、

① 参见李志东：《外语学科国别与区域研究：发展与挑战》，《外语学刊》2021 年第 1 期。

经济、文化、社会等方面进行全方位综合研究，研究成果多以咨政专报的形式上呈给相关部门。[①] 外语学科在服务国家战略、提供人才支撑和智力支持方面的贡献可见一斑。

新的历史时期，民族复兴、人类命运共同体构建给外语学科带来了空前的发展机遇。外语学科每一个院系、每一个专业应去寻找突破点、发展点、优势点，如此外语学科和外语专业建设就不是一句空话，也不会停留在一种口号之上。扎根于中国国情土壤，厚植国家建设发展的根脉，外语学科建设就能实现延续发展。

（三）外语学科建设的时代脉搏

以国际视野拓格局，以中国根脉固根基，外语学科建设还要紧随时代步伐，把握时代脉搏，不断探索，勇于创新。以翻译人才培养为例，“多样性”“高水平”与“新技术”是未来翻译人才培养需要关注的三个重要维度。

首先，由于翻译形态的多样化，翻译人才需要分门别类培养。只有翻译人才各尽其能，形成多层次、全方位的人才结构，才能充分满足国家建设与社会发展的多元需求。其次，培养高水平翻译人才。高级别翻译能力由语言能力、相关专业能力等多种能力综合构成。高端翻译人才的能力培养值得探究，以有效对接国家深化改革开放的国际化人才需求。第三，新技术给翻译教学与翻译人才培养带来了发展机遇和挑战，我们需要积极探索应用新技术的翻译人才培养机制与路径。[②]

经过多年发展，外语人才的培养规格、领域和方向已经十分丰富。外语学科拓展了翻译人才、国际商务人才、外交人才的多种培养路径。从大的趋势来看，外语学科还可拓展以外语为基础、融通相关学科专业的多学科人才培养路径。目前，很多综合性大学已在尝试此类培养模式，外语本科毕业生的深造方向包括世界历史、新闻传播、国际关系及金融会计等不同学科专业方向。从外语出发，与其他学科结合是外语人才培养模式多样化的实现路径。

---

① 参见彭青龙：《论外语学科方向变化新特点与内涵建设新思路》，《外语电化教学》2018 年第 3 期。

② 参见杜磊、许钧：《翻译教学与翻译人才培养——许钧教授访谈录》，《外语教学》2021 年第 3 期。

（四）外语学科建设的特色凝练

外语学科的持续发展离不开学术领域的深耕。笔者认为，外语学科建设的内在要求是坚持自身优势特色发展不动摇。我们也一直强调各校外语学科建设要有优势特色的发展，要有方向性的凝练。

近年来，外语学科的发展类型日益明显，大体分为以文科为基础的综合性大学（如北京大学、南京大学）、传统的以国家需求为导向的外国语大学（如北京外国语大学、上海外国语大学）、以工科为基础的综合性大学（如浙江大学、上海交通大学等）的外语学科。各类高校应根据各自办学实际，确定符合自身条件的发展类型，发挥优势和特色，重点发展外语学科中的特色优势方向。比如，浙江大学的外语学科翻译学方向成立了浙江大学中华译学馆。中华译学馆以中华为根，促进中外文化交流，拓展精神疆界，驱动思想创新，成立至今主持出版了“中华译学馆·中华翻译家代表性译文库”“中华译学馆·中华翻译研究文库”“中华译学馆·中外翻译工具书系列”等多套丛书，出版各类图书130余部，产生了广泛的学术影响和社会影响。我们还在搜集著名翻译家、作家的手稿和书信，包括范存忠、季羡林、钱锺书、李赋宁、草婴、余光中、许渊冲等外语界和翻译界的大家，也正在筹建翻译家珍贵手稿与书信陈列馆，旨在将文化传承、中外文化交流与翻译人才培养融为一体。每一个学科都可以结合自身发展历史和发展目标，寻找并建立学科的特色优势。

（五）外语学科建设的立身根本

外语学科持续发展的根本在于人才队伍建设。在人才培养、国家战略对接及国际交流等方面，外语人才队伍都发挥着重要作用。单就国际交流而言，包括学生培养与交流、学术交流与合作，主要靠学者去开展、去开拓。任何时候外语学科都不应放松人才队伍建设。

当下，人才队伍建设渠道多样，其中引进学科带头人、聘请国内外知名学者是相对常见也非常重要的方式之一。但实际上，一个专业、一个学科要长久发展，不能忽视青年学者培养和青年学者队伍建设，这一点笔者深有体会。笔者于1991年调入南京大学，当时南京大学法语专业博士点已经被亮黄牌，如果再不逆势而上，博士点就会被取消。笔者进入南京大学后最重要的一项工作就是抓好法语教师队伍建设，延续传统，实现破局发展。当然，青年学者队伍建设不是一蹴而就的，不是一两年内调一个能人来就能改观的，而是需要学科带头人担起培养青年教师的责任，需要整个学科或专业持续努力。经过20多年的努力，南京大学法语学科现在可以说处在最好的发展时期。2016年笔者调走之时也很放心，因为相信这支出色的队伍。进入浙江大学后不久，笔者在调查研究的基础之上，结合外语学科的实际情况，对翻译成果的认定提出了一些积极建议。在学校各级领导的支持下，外语学科打破职称评聘唯学历、唯论文、唯项目的局面，促成以往在职称晋升上受阻的有为学者在新评价体系中脱颖而出。

各个高校应真正落实国家《关于深化职称制度改革的意见》等相关文件的精神，尊重外语学科的一般性和特殊性，纠正“唯学历、唯资历、唯论文”的倾向①，调动教师队伍的积极性，使教师为学科建设做出更多贡献。拥有优秀的青年学者队伍，外语学科与专业建设也就有了长久发展的坚实基础。

以上几点是笔者关于新时代外语学科建设与发展的个人思考，期望能与学界共同交流探讨，并得到批评、指正。

（原载《外语界》2022年第3期）

① 参见许钧：《关于外语学科翻译成果认定的几个问题》，《中国翻译》2017年第2期。

管理学科的窘境与制度突破

白长虹*

毋庸讳言，管理学科面临着窘境：学问越做越窄，实践越走越宽。某些分支学科或对一些学者而言，存在着研究方向过度细碎化的倾向：研究者长期关注两三个细小问题，满足于建构使自己满意的概念模型，由于研究成果在管理实践中对应的现象很不显著，研究者难以与企业界交流，甚至难以与管理学其他分支学科的学者交流。另一方面，企业的实践范围日益拓宽：一个中等规模的企业，产品可能销往十几个国家；生产单一产品的企业，技术体系却可能非常丰富，数字化可能渗入价值链的每一项活动；当企业的研发过程、外部合作和销售方式都变得更为复杂时，管理会计又需要为各部门的协调提供准确、适时的分析结果；产业链协同、平台经济、生态体系等实践发展突破了单一企业的管理边界。管理实践中提出的问题，要求学界以更开放、更综合、更深入的方式做出回应。管理研究要向实践转向，要求学界探索鼓励开放、鼓励创新、鼓励面向实践的学科制度。

根据教育史研究，1750—1800 年高等教育出现了三种新的场所：法国大革命前在高等学校中出现的实验室，1760 年德国大学出现的研讨班，以及同一时期亚当·斯密（Adam Smith）在格拉斯哥大学创建的课室方式。课室方式不仅对数量较少的学生分班上课，鼓励教师的个性化授课风格，还要将学生分成组别，组内学生相互扶持，使团组意识和个人脱颖而出的欲求相互结合。更重要的是，在课室教学中，教师把定期举行严格考试和要求学生撰写论文作为督促学生学习的手段。考试、分数和书写这些新教育实践方式逐渐成为学校制度的一部分。霍斯金在研究教育与学科的关系时，将其称为“学科规训制度”，他认为 18 世纪后期出现的这些方法深刻地改变了历史，甚至

---

* 白长虹，南开大学商学院院长。

影响到现代大企业中形成的管理机制。

当代许多教育学者把“学科规训制度”看作学科制度的主要构成，这些制度与人们探求知识的方式共同影响着学科的演进。近现代大学的学科体系经历了由整体性、通识性向更加专业化转变的过程，学科越分越细，这在一定程度上由科研成果的严苛标准所致。由于一个领域的相关知识日趋丰富，研究者只有缩小探索范围才可能达到一定的深度，取得能被认可的成果，而这又导致了专业的进一步细分化。正如一位学者所讲的悲哀笑话：“科学专家对越来越少的东西知道得越来越多！”虽然近年来，人们对于学科过度细分的危害有所认识，交叉学科、新兴复合学科受到重视，但仅从大学数以百计的专业目录中就可看出，这种细分化的趋势并未减少，甚至出现了交叉学科细分化的倾向。

导致学科细分化的原因不只是科研探索的驱动，也有其他社会因素的作用，如学术群体的社会地位和职业利益，学科制度可以成为这种地位和利益的保障。一个学科内学术群体的联系和代际知识传承，使得学术群体得以有限度地繁衍；围绕学科形成的各种组织，如学会、期刊、科研机构等，又赋予了学科更强的动能。在这些因素中，随处可见“学科规训制度”的影子，成果发表、绩效考核、人才评价不过是书写、考试和分数评定这些方法的不同表现形式。这些几百年前的教育实践产生的简单方法竟有如此强大的生命力，以至于人们不得不重新认识它们所产生的惯性。

管理学科的发展也无法避开这种力量的影响，管理理论与实践的脱节就与之有关。20 世纪末，华勒斯坦等学者在研究如何重建社会科学时，已经提出建设“开放的社会科学”的具体建议。我国管理学界在长期的教学实践中也创造出一些行之有效的做法。但要把这些建议和措施融入学科制度中，还需要对一些规训、惯例和规则进行必要的改进和活化，使各种不同领域的知识能够融入管理学科，使不同学科分支之间的隔阂得以消除，而且需要在教育实践中做更多的探索、试验，将行之有效的方法逐步转化成管理学科制度中的新成分。这些探索和试验包括：

第一，推进课室改革，将课室扩建到管理实践现场，让学生有机会听到教师与企业管理者共同讲授的内容。这种现场课室应该与极易流于形式的

“企业实习”有所不同，要有与企业现场结合更紧密的理论讲述内容、供学生们思辨和交流的焦点问题及合适的考试方式。

第二，采用灵活的聘任制度，使商学院可以从其他学科聘请一定数量教师前来任教，围绕一些热点问题，与管理学者共同研究教学内容与方法，共同开设并同堂讲授同一门课程，使多学科知识在教学中更好地融合在一起。

第三，推行挂职实践制度，使管理学科教师有机会在企业深入工作一段时间，加强对企业管理实务的认识。教师的这种管理实践经历和实践报告，应该被纳入学术交流和绩效考核的范围。

第四，扩展大学内部或与其他大学联合的各类研究机构，集合多学科的学者围绕一些重要题目展开共同研究；鼓励在不同的研究结论之间开展正常的学术争鸣；评定研究成果要打破学科的隔阂，采用跨学科联合的评定方式。

第五，淡化学生的专业特色，强化通识教育、基础教育和交叉学科教育，注重培养学生的学习能力、研究能力和理解实际问题的能力；以良好的知识结构培养管理学科未来的学术骨干。

第六，改进各类考核制度，包括对学生的考试方法和对教师的绩效考核，使得考试和考核能够成为受考者自我规训、自我约束的有效力量。这些考试、考核还应该加大与实践相关内容所占的比重。

上述一些创新的教育实践方法，已经在不同的学校有过各种程度的试验，但囿于试验范围较小和方法不够成熟，尚未沉淀为学科制度中的有效成分。全面解决管理学科分支细化、各分支领域缺乏交流、与管理实践共振不足、“知行”分离等问题，建设新型学科制度不可能一蹴而就，需要不断地试验、修正、总结和推广。坚持不懈地进行探索，正是管理学界应该承担的任务。

（原载《南开管理评论》2022 年第 2 期）

创新教材体系，推进外语类专业新文科建设

孙有中*

当今世界正面临百年未有之大变局，当代中国正处于近代以来最好的发展时期，实现中华民族伟大复兴进入了不可逆转的历史进程。当前，我国开启全面建设社会主义现代化国家、向第二个百年奋斗目标进军的新征程。全球发展倡议和全球安全倡议，有力引领国际秩序发展正确方向；“一带一路”建设和构建人类命运共同体的中国理念与中国行动，为世界变局下的全球治理注入了中国能量。与此同时，世界各种思想文化交流、交融、交锋更加频繁，国际舆论斗争和软实力较量更加激烈，国家对有家国情怀、有全球视野，能够讲好中国故事、参与全球竞争的高素质国际化外语人才的需求，从未像今天这样迫切。中国高等外语教育如何积极应变，创新知识体系、课程体系与教材体系，造就一批又一批堪当民族复兴大任的时代新人，服务国家战略需求，助力中国更好地走向世界，让世界更好地了解中国？这是中国高等外语教育界必须应答的时代之问。

一、讲好中国故事是新时代中国高等外语教育的新使命

从近代外语教育培养能读“西书”、译“西学”、学“西洋”的人才，探索抵御列强之道，到革命战争时期培养军事翻译人才，服务对敌斗争之需；从新中国成立后培养多语种外交外事人才，打开我国对外工作新局面，到改革开放以来为经济建设、对外交往和社会发展铺路架桥，再到新世纪培养高素质复合型外语人才，服务国家全球发展和海外合作，中国外语教育始终与民族命运休戚与共，始终把使命担当书写在党和人民的事业之中。历史充分

---

* 本文系国家社会科学基金重大委托项目“高等学校外语类专业‘理解当代中国’多语种系列教材编写与研究”（21@ZH043）的阶段性成果。

孙有中，北京外国语大学副校长。

证明，外语教育只有与时俱进，方能服务时代之需，发出时代之声，回应时代之问，培养时代新人。

长期以来，中国高等外语教育关注的是把世界介绍给中国。进入新时代，中国高等外语教育在继续履行把世界介绍给中国这一使命的同时，必须肩负起把中国介绍给世界的新使命。

党的十八大以来，习近平总书记在多种场合发表重要讲话，做出重要批示，为面向未来的中国高等外语教育指明了发展方向，提供了根本遵循。2016 年 9 月，习近平总书记在十八届中共中央政治局第三十五次集体学习时指出，参与全球治理需要一大批熟悉党和国家方针政策、了解我国国情、具有全球视野、熟练运用外语、通晓国际规则、精通国际谈判的专业人才。2021 年 5 月，习近平总书记在主持十九届中央政治局第三十次集体学习时又强调，要讲好中国故事，传播好中国声音，展示真实、立体、全面的中国，下大气力加强国际传播能力建设，形成同我国综合国力和国际地位相匹配的国际话语权，为我国改革发展稳定营造有利外部舆论环境，为推动构建人类命运共同体做出积极贡献。2021 年 9 月，习近平总书记在中央人才工作会议上强调，要培养造就一批善于传播中华优秀文化的人才，发出中国声音、讲好中国故事，不断提高国际传播影响力、中华文化感召力、中国形象亲和力、中国话语说服力和国际舆论引导力。同样在 2021 年 9 月，习近平总书记给北京外国语大学老教授亲切回信，对全国高校外语人才培养提出殷切期许，强调要努力培养更多有家国情怀、有全球视野、有专业本领的复合型人才，为推动中国更好地走向世界，让世界更好地了解中国做出新的贡献。

新时代中国高等外语教育必须主动服务国家参与全球治理和民族复兴的伟大事业，站在构建中国对外话语体系、提升中国软实力的政治高度，大胆创新知识体系、课程体系与教材体系，努力培养更多国家急需的高层次翻译人才，特别是时政翻译人才、国际传播人才、全球治理人才和各行各业参与全球竞争的优秀外语人才，把中华优秀传统文化、当代中国发展成就和中国共产党治国理政思想介绍给世界，为全球治理提供中国方案，贡献中国智慧，营造有利的国际舆论环境，提高我国国际话语权和国家软实力。当代中国高等外语教育必须大力培养理解当代中国、讲好中国故事的时代新人。

二、《习近平谈治国理政》多语种版本是理解当代中国、讲好中国故事的权威读本

中国文化博大精深，中国故事源远流长。从秦皇汉武到唐宗宋祖，从丝绸之路到郑和下西洋，从“四书五经”到“四大发明”，传统中国的故事无疑必须继续讲、创新讲。讲好当代中国的故事是当前攸关民族复兴大业的迫切任务。要讲好当代中国的故事，就必须理解当代中国。当代中国丰富多彩、气象万千，纵向贯通党史、新中国史、改革开放史、社会主义发展史，横向涵盖政治、经济、社会、文化、教育、国防、外交等方方面面，这显然是多门思政课程才能覆盖的内容。我们认为，对于高校外语类专业而言，在有限的学制学时里，在外语学习的过程中，理解当代中国的最佳选择就是学习《习近平谈治国理政》多语种版本。

《习近平谈治国理政》是习近平新时代中国特色社会主义思想的重要载体，生动记录了以习近平同志为核心的党中央团结带领全党全军全国各族人民在新时代坚持和发展中国特色社会主义的伟大实践，全面呈现了习近平新时代中国特色社会主义思想的发展逻辑与理论体系，深刻阐释了中国共产党擘画民族复兴大业的宏图伟略和为推动构建人类命运共同体、促进人类和平发展事业贡献的中国智慧和中国方案。通过《习近平谈治国理政》深入学习领会习近平新时代中国特色社会主义思想，学生能更好地把握中国实践的理论结晶、中国之治的经验秘籍、民族复兴的根本指南，更好地理解中国话语体系的基本逻辑、中国故事的叙述框架。

作为中国话语体系的集中体现和融通中外的译文范本，《习近平谈治国理政》多语种版本进入高校外语类专业，有助于师生学习掌握中外权威翻译专家团队的集体智慧，从中汲取翻译技巧，领会话语策略，提高外语应用能力和跨文化沟通能力；有助于外语类专业重构知识体系与课程体系，促进外语类专业新文科建设，深入开展课程思政，落实立德树人根本任务，培养有家国情怀、有全球视野、有专业本领，堪当民族复兴大任的高素质外语人才；有助于推广中国话语的外译标准，构建中国特色话语体系，提高国家语言能力，夯实国家软实力基础，推动中国更好地走向世界，让世界更好地了解中国。

三、“理解当代中国”系列教材是推动习近平新时代中国特色社会主义思想系统融入外语类专业课程体系的有效途径

高等学校外国语言文学类专业“理解当代中国”系列教材涵盖英语、俄语、德语、法语、西班牙语、阿拉伯语、日语、意大利语、葡萄牙语、韩语这 10 个外语语种。各语种本科阶段包括《外语读写教程》《外语演讲教程》《汉外翻译教程》共三册；研究生阶段为《高级汉外翻译教程》，其中英语系列研究生阶段分为《高级汉英笔译教程》和《高级汉英口译教程》。全套教材共 41 册。[①]

该系列教材旨在将习近平新时代中国特色社会主义思想系统融入外语类专业听说读写译等核心课程，帮助学生夯实外语基本功，使之在提高读写、演讲与翻译能力的同时，掌握中国特色话语体系，提高用外语讲好中国故事、用中国理论解读中国实践的能力，成为有家国情怀、有全球视野、有专业本领的高素质国际化外语人才，落实好育人育才根本任务。

该系列教材围绕党的十九届六中全会审议通过的《中共中央关于党的百年奋斗重大成就和历史经验的决议》（以下简称《决议》）中“十个明确”，对习近平新时代中国特色社会主义思想的核心内容进行了系统概括。该系列教材主课文全部选自《习近平谈治国理政》《决议》以及习近平总书记《在庆祝中国共产党成立 100 周年大会上的讲话》等权威文献，并在课堂活动设计与课外延伸阅读等环节辅之以大量生动的事例和数据，坚持中国立场与全球视角相融合、宏大叙事与个案解析相配合、理论思辨与实践观照相结合，引导学生认识真实、立体、全面的当代中国，系统领悟习近平新时代中国特色社会主义思想的原创性、历史性、世界性贡献，为讲好中国故事做好知识准备，打下坚实基础。

为帮助学生有效理解当代中国，用外语讲好中国故事，该系列教材遵循如下编写理念：一是课程思政。将价值塑造、知识传授和能力培养融为一体，帮助学生读原著、悟原理，将习近平新时代中国特色社会主义思想内化于心、

① “理解当代中国”系列教材还包括国际中文系列，主要面向来华留学生群体。国际中文系列包括《高级中文读写教程》《高级中文听说教程》两个分册。

外化于言，坚定“四个自信”，进一步增进对中国共产党领导和中国特色社会主义的政治认同、思想认同、理论认同、情感认同。二是融合学习。实施内容与语言融合式外语教学理念，帮助学生在使用外语进行知识探究的过程中不断提高外语能力，在开展听说读写译语言活动的过程中，不断加深对习近平新时代中国特色社会主义思想的理解，最大限度地提高外语学习效能。三是能力导向。实施跨文化思辨外语教学理念，帮助学生从跨文化视角分析中国实践，探究中国理论，通过启发式、讨论式、体验式、项目式和线上线下混合式等多种教学形式，提升语言运用能力、跨文化能力、思辨能力、研究能力、合作能力等多元能力。

四、“理解当代中国”系列教材英语系列教材理念与特色

高等学校外国语言文学类专业“理解当代中国”系列教材英语系列教材（以下简称“英语系列教材”）共5册，其中《英语读写教程》《英语演讲教程》和《汉英翻译教程》面向普通高等学校本科英语专业、翻译专业、商务英语专业学生，《高级汉英笔译教程》和《高级汉英口译教程》面向翻译硕士专业学位研究生、翻译学学术学位硕士研究生、英语语言文学学术学位硕士研究生。①

英语系列教材旨在将习近平新时代中国特色社会主义思想的学习与英语读写、演讲和翻译能力的培养有机融合，引导学生系统学习、深入领会习近平新时代中国特色社会主义思想的核心要义，学会用中国理论观察和分析当代中国的发展与成就，从跨文化视角阐释中国道路和中国智慧，坚定“四个自信”；在内容学习的过程中进一步夯实英语基本功，向高级英语听说读写译能力进阶，重点掌握时政话语特别是中国特色时政文献的语篇特点与规律，培养时政文献阅读与翻译能力，提高思辨能力、跨文化能力和国际传播能力，成为有家国情怀、有全球视野、有专业本领的社会主义建设者和接班人。教材突破了技能教材和知识教材的传统分野，将语言学习与知识探究有机融为

① 《英语读写教程》《英语演讲教程》《汉英翻译教程》《高级汉英笔译教程》和《高级汉英口译教程》的教材理念分别由各册主编孙有中教授、金利民教授、张威教授、任文教授和张爱玲教授提供。

一体，具有鲜明的特色。

（一）《英语读写教程》

该教材可供英语专业、翻译专业、商务英语专业学生本科第4—7学期开设的综合英语、高级英语、英语阅读或中国文化概要等课程使用。遵循如下编写理念：第一，理解先行，思辨跟进。引导学生细读习近平新时代中国特色社会主义思想的十个重要方面相关选篇，在全面、准确理解原文思想内涵的基础上，进行应用、分析、评价和创造等高阶思维活动。第二，理论贯通，实践导向。引导学生通过课文学习和延伸阅读，把握习近平新时代中国特色社会主义思想的核心要义和内在逻辑，并运用该理论体系解释中国实践，加深对中国理论和中国实践的认识，培养理论思维和分析问题与解决问题的能力。第三，立足中国，放眼世界。通过“全球视角”（Global Perspectives）与“讲好中国故事”（Telling China's Story to the World）特色活动板块，引导学生关注国际社会对中国理论与中国实践的理解和误解，培养学生的跨文化思辨意识，提高用英语讲好中国故事的能力。第四，自主学习，合作探究。贯彻“学习中心、产出导向”的教学理念，注重指导学生独立预习课文，独立检索相关文献，进行延伸阅读。通过多样化的课内课外、线上线下小组学习活动，引导学生在独立思考和独立研究的基础上进行合作探究，不断提高思辨能力、研究能力和创新能力。第五，读写结合，显隐得当。以读促写，以写促读，实现阅读能力和写作能力的同步提高。让学生在运用语言的过程中循序渐进提高语言质量（隐性语言学习），同时通过各单元系统设计的词句篇语言练习，进一步夯实语言基本功（显性语言学习）。

（二）《英语演讲教程》

该教材可供英语专业、翻译专业、商务英语专业学生本科第4—7学期高级口语或演讲课程使用。遵循如下编写理念：第一，细读原著，理解中国。引导学生通过深入阅读习近平新时代中国特色社会主义思想重要方面的关键选篇，掌握其基本观点和内在逻辑，理解中国理论与中国实践。倡导语言与内容融合发展的教学理念，通过课堂热身活动提供丰富的案例、数据与形式多样的教学活动，加深学生对中国理论和中国实践的理解和认识。第二，产出导向，讲述中国。以任务为导向，通过主题内容学习和演讲技能训练，搭建“脚手架”帮助学生完成具有挑战性的口头产出任务。注重培养学生的跨文化思辨意识，提高用英语讲好中国故事的能力。第三，合作探究，融合发展。贯彻“学习中心”的教学理念，注重指导学生在课前检索相关文献，查找中国治理实例，理解和阐释课文内容。通过多样化的课内课外、线上线下小组学习活动，引导学生在研讨与合作探究中提升英语表达与沟通能力，促进演讲能力、思辨能力、研究能力和创新能力的融合发展。

（三）《汉英翻译教程》

该教材可供英语专业、翻译专业、商务英语专业学生本科第5—8学期汉英笔译课程使用。遵循如下编写理念：第一，教师主导，学生主体。以教师讲解原文思想与翻译策略为基础，引导学生强化翻译策略训练；教师阐释与学生学习体验相结合，围绕习近平新时代中国特色社会主义思想的十个重要方面，帮助学生掌握习近平新时代中国特色社会主义思想的核心要义，认识中国时政文献翻译的特点与规律。第二，突出基础，强化对比。重视汉语与英语的基础知识学习，关注中国时政文献的语言特色以及中国时政话语的中英文差异。第三，以我为主，融通中外。坚持以中国时政文献原文思想内涵为根本，兼顾国际受众的理解与接受，灵活应用多样化翻译策略与方法。第四，实践为本，反思为要。将翻译实践感悟与理论阐释相结合，引导学生系统总结与理性分析中国时政文献翻译与传播的实践，认识国际传播效果评价的系统性与复杂性。

（四）《高级汉英笔译教程》

该教材可供翻译硕士专业学位研究生、翻译学学术学位硕士研究生、英语语言文学学术学位硕士研究生汉英笔译课程使用。遵循如下编写理念：第一，理论为纲，实践为本。以习近平新时代中国特色社会主义思想的十个重要方面构建单元逻辑和课程知识结构。引导学生通过选文学习、翻译实践、译文评析、拓展练习和延伸阅读，把握习近平新时代中国特色社会主义思想的核心要义，加深对中国理论和中国实践的认识。同时，学习掌握相关翻译理论，努力做到翻译理论和翻译实践相结合，培养理论思维和分析问题、解决问题的能力。第二，问题导向，能力为要。以问题为导向，引导学生在基本翻译原则指导下，通过大量实践不断提高翻译决策能力和解决具体问题的能力。引导学生关注中国当代时政文献的特点和基本翻译原则，以及基本原则指导下的决策考量和常见问题的处理方法，并反思译文的接受效果。通过反复实践，引导学生举一反三、融会贯通，培养国际传播意识，提升翻译实践能力。第三，宏观着眼，微观入手。引导学生遵循“以大见小、以小见大”的翻译程序。先从语篇角度出发，把握文本产生的宏观背景、目的要义、内部逻辑以及整体的风格语域等特点；再从句段入手，处理好局部与细节，解决好重难点问题，做到局部照应整体，与全文的宗旨要义、风格语域等前后贯通、协调一致。第四，练习拓展，思考延伸。通过课堂讨论、翻译练习和拓展阅读，引导学生通过自主学习、合作探究、互评互学相结合的方式开展拓展练习和过程反思。鼓励学生运用批判性思维，认识到艺无止境、译无止境；正确认识翻译理论与实践之间的关系，同步提升理论素养与实践技能。

（五）《高级汉英口译教程》

该教材可供翻译硕士专业学位研究生、翻译学学术学位硕士研究生、英语语言文学学术学位硕士研究生汉英口译课程使用。遵循如下编写理念：第一，注重分析理解。围绕习近平新时代中国特色社会主义思想的十个重要方面，引导学生准确理解源语意义，分析源语逻辑和结构，积累相关背景知识和专门术语表达。第二，遵循能力理论。将视译和带稿同传分解为多个子能力，引导学生感受并提高多任务协调能力和自我监控能力，从各个子能力角度提高综合口译能力。第三，观照学生视角。实施“学习中心”的教学理念，引导学生发现问题，鼓励学生既要重视口译结果也要感受口译过程，不断提高解决问题的能力和口译能力。第四，贯彻实践导向。以实践为主，通过跟读练习、口译练习、课堂报告等形式，提高学生的表达能力和思辨能力，使理论知识化为实践能力。

“潮平两岸阔，风正一帆悬。”新时代的中国高等外语教育迎来了创新发展的大好机遇。希望该系列教材能够助力全国高校外语类专业与时俱进，更新知识体系和课程体系，不负光荣历史，不负美好时代，为培养堪当民族复兴大任的高素质国际化外语人才做出更大贡献。

（原载《新文科理论与实践》2022 年第 3 期）

井冈山精神铸魂新时代创新创业人才的科学阐释与江财实践

卢福财　李春根　万绍红*

创新创业人才是中华民族伟大复兴的国家战略资源与战略力量。跨越时空的井冈山精神是井冈山时期留给我们最为宝贵的财富。① 新时代创新创业人才，应当具有坚定信念与远大理想、创新意识与创造思维、敏锐眼光与深邃思想、探索精神与闯荡勇气、坚强意志与刚毅品格、合作精神与协调能力、广阔胸襟与为民情怀。这些特质与井冈山精神内核高度契合。

本文通过阐释井冈山精神与新时代创新创业人才的内在关系，以江西财经大学用井冈山精神铸魂新时代创新创业人才的探索实践为例，阐述如何将井冈山精神之“魂”嵌入创新创业人才培养，推动新文科建设，实现立德树人根本任务，培养新时代堪当民族复兴重任的创新创业人才。

一、井冈山精神铸魂新时代创新创业人才的科学阐释

中国共产党带领中华民族走过了辉煌百年，创造了千秋伟业，关键就在于涌现了一批创新创业人才。中国特色社会主义进入新时代，迈上第二个百年奋斗目标新征程，面对百年未有之大变局，更加需要创新创业人才。我们要结合新的时代条件，坚持坚定执着追理想、实事求是闯新路、艰苦奋斗攻难关、依靠群众求胜利，让井冈山精神放射出新的时代光芒。

---

* 本文系教育部首批新文科研究与改革实践项目“工商管理类专业数字化改造提升研究与实践”、江西财经大学教学成果奖重点培育项目“井冈山精神铸魂新时代创新创业人才”阶段性成果。

卢福财，江西财经大学党委书记；李春根（通讯作者），江西财经大学副校长；万绍红，江西财经大学党委宣传部副部长。

① 参见《习近平春节前夕赴江西看望慰问广大干部群众》，《人民日报》2016 年 2 月 4 日。

（一）坚定执着追理想，培养具有实现中华民族伟大复兴远大目标和创新创业人生目标的有志青年

井冈山是中国革命的摇篮，是毛泽东同志领导创建的中国第一个农村革命根据地。革命理想高于天，坚定执着追理想是井冈山精神的灵魂。无论是毛泽东、朱德等井冈山根据地领导人，还是王尔琢、朱云卿等重要干部，以及吴月娥等普通群众，井冈山军民身上都体现着无比坚定执着的理想信念。坚定执着追理想是理解革命“星火燎原”的秘诀，是学习革命先辈创立宏图伟业的关键。

井冈山精神，承载着中国共产党为中国人民谋幸福、为中华民族谋复兴的初心和使命。无数革命先烈为此抛头颅、洒热血。习近平总书记指出：“要坚持实现中华民族伟大复兴的宏伟目标不动摇，锲而不舍把革命先辈为之奋斗的伟大事业推向前进。”① 新时代的创新创业是续写中华民族伟大复兴辉煌的历史使命和时代需要，坚持把服务中华民族伟大复兴作为教育的重要使命，必须锲而不舍抓好创新创业人才培养。

坚定的理想信念，永远是激励我们奋勇向前、克难制胜不竭的力量源泉。当代大学生是第二个百年奋斗征程的主要担当者，这既是时代荣光，也是重大挑战。首要挑战，就是我们的学生能否具有坚如磐石的创新创业理想。创新创业理想是创业者从事创新创业活动的精神支柱，面对挫折，创新创业人才能够抱定信念，锲而不舍。即使创业失败，也能屡败屡战，甚至越挫越勇，不达目标，誓不罢休。井冈山精神铸魂新时代创新创业人才，就是传承井冈山时期坚定执着追理想的红色基因，就是用党的理想信念培根固本、铸魂育人，就是引导广大青年学生坚定执着追理想，敢于有梦、追梦、圆梦，向革命先烈学习大无畏奋斗精神和革命乐观主义精神。以大无畏奋斗精神拼搏进取新时代，以革命乐观主义精神为实现中华民族伟大复兴而奋斗，坚持把个人的创新创业、成长成才与国家发展目标相融合，在中华民族伟大复兴中创造自己的事业，做具有实现中华民族伟大复兴远大目标和创新创业人生目标的有志青年。

① 习近平：《决胜全面建成小康社会决战脱贫攻坚 继续建设经济繁荣民族团结环境优美人民富裕的美丽新宁夏》，《人民日报》2020 年 6 月 11 日。

（二）实事求是闯新路，培养能够审时度势、把握机遇、突破束缚、敢闯新路、开创新事业的敢为青年

井冈山时期，最突出的创新成就就是开创了中国革命新道路的伟大篇章。南昌起义后，受教条主义的影响，秋收起义部队在进军长沙途中险遭全军覆没。面对极大的困难、严峻的形势、如山的任务，如何摆脱危局是革命队伍面临的最为紧迫的任务。破局从实事求是、敢闯新路开始。毛泽东审时度势，果断提出向敌人力量薄弱的农村进军，放弃攻打城市，转战井冈山，走“农村包围城市、武装夺取政权”的道路，实事求是地闯出了红色政权发展壮大的新路。

实事求是、敢闯新路是井冈山精神的核心。以毛泽东同志为主要代表的中国共产党人，面对一些同志对革命悲观失望的情绪，认真调查研究，客观分析国情，突破教条主义和共产国际的束缚，不被反动派嚣张气焰所吓倒，而是勇往直前，闯出了符合实际的革命新路。新的时代条件下弘扬井冈山精神就要求真务实、勇于创新，在破解发展难题、探索发展新路中与时俱进。我们现在比以往任何时候都更接近世界舞台的中心，要坚持创新发展理念，培养一大批创新创业人才，实现中华民族伟大复兴。

创新创业人才要能够审时度势，把握机遇，敢于探索，不被陈腐的观念束缚，不被失败的风险阻吓，敢做前人没有做过的事情，只有这样，才能闯出一条前人没有走过的新路。面对剧烈竞争的新时代，面对风云变幻的市场，要敢于探索未知的世界，善于发现和把握机会。当代大学生是中华民族伟大复兴的未来中坚力量，要有敢于闯新路的勇气，还要有闯出新路的智慧。“实事求是闯新路”的关键是要实事求是评估自身和创业的环境，只有实事求是才能审时度势，闯出切实可行的道路。敢闯新路，需要有非凡的魄力，需要有试错的勇气，需要有纠错的能力。井冈山精神铸魂新时代创新创业人才，就是要引导广大青年学生向革命先辈学习实事求是的精神和闯新路的勇气与智慧。党正确分析国内政治形势和敌我力量对比，在井冈山找到了星火燎原的方法；党坚持一切从实际出发，领导人民创造性闯出中国式现代化新路。跨越时空的井冈山精神，彰显着江西人勇于创新、敢闯新路的红色基因。传承伟大的井冈山精神，把我们的学生培养成能够审时度势、把握机遇、突破

束缚、敢闯新路、开创新事业的开拓型敢为青年。

（三）艰苦奋斗攻难关，培养毅而弥坚、能够应对创新创业各种复杂局面、克服各种困难、攻克各种难题的有为青年

井冈山物产并不富饶，在国民党反动派严密封锁与大规模“围剿”下，红军生活异常艰苦。但红军将士丝毫不为困难所惧，“敌军围困万千重，我自岿然不动”（毛泽东《西江月·井冈山》）。军民艰苦奋斗，共渡难关，打破了敌人一次又一次的进攻与“围剿”。井冈山时期的艰苦奋斗锻造了红军，锻造了走在时代前列的中国共产党，为中国共产党最终领导工农红军取得两万五千里长征和抗战胜利，直至建立新中国、取得中国特色社会主义事业巨大成就打下了坚实基础。

艰苦奋斗攻难关是我们党的政治本色和优良传统，也是井冈山精神的基石。艰苦的生活，并没有吓倒英勇的红军战士，反而燃起了将士们冲天的斗志，激发了大家无穷的斗争智慧。通过自制药品、器械、衣物等方式，红军和恶劣的环境斗，和反动派的围追堵截斗，筚路蓝缕，玉汝于成。习近平总书记指出，我们党面临的考试还没有结束，还在继续。“时代是出卷人，我们是答卷人，人民是阅卷人。”① 一切贪图安逸、不愿继续艰苦奋斗的想法都是要不得的，一切骄傲自满、不愿继续开拓前进的想法都是要不得的。新时代面临百年未有之大变局，需要千千万万毅而弥坚迎难而上的创新创业人才。

创新创业的过程中，总会遇到技术瓶颈、资金不足、人员短缺、市场不明等各种各样的困难，创新创业人才要有能够应对创新创业过程中各种复杂局面、克服各种困难、攻克各种难题的素质。“红军不怕远征难，万水千山只等闲。”（毛泽东《七律·长征》）当代大学生只有承继革命先辈艰苦奋斗攻难关的坚毅精神，才能更好应对创业路上的艰难困苦。井冈山精神铸魂新时代创新创业人才，就是要用党的艰苦奋斗优良传统引导广大青年学生正确应对世界发展大势，培养毅而弥坚、能够应对创新创业过程中各种复杂局面、克服各种困难、攻克各种难题敢闯会创，有血性、狼性的有为青年，在艰苦奋斗中锤炼意志品质，在百年未有之大变局中成就一番事业。

---

① 《中共中央关于党的百年奋斗重大成就和历史经验的决议》，人民出版社 2021 年版，第 71 页。

（四）依靠群众求胜利，培养善于整合资源、能够与人合作、具有人民情怀、堪当时代重任的有情青年

革命初创时期，党的力量极其薄弱，如何壮大革命队伍，取得革命的胜利是一个非常关键的问题。得民心者得天下，依靠群众求胜利是井冈山革命根据地创建和发展的重要法宝。毛泽东正确分析社会各阶级的状况，解决了依靠谁、团结谁、打击谁的问题，为新民主主义革命的胜利找到了主力军。中国革命走“农村包围城市，武装夺取政权”的道路，农民是中国革命的主力军，获得农民支持是中国革命取得胜利的主要保证。在井冈山时期，党开展土地革命，紧紧抓住农民利益的根本问题，解决群众最关心的问题。党依靠人民群众求胜利，使中国实现了从几千年封建专制政治向人民民主的伟大飞跃。

党的最大政治优势是密切联系群众。毛泽东等领导人善于团结一切可以团结的人，通过与袁文才等力量的合作，改变敌我力量对比，为党在极端困苦条件下克敌制胜、生存发展找到了重要法宝。习近平总书记指出，党的根基在人民、血脉在人民。走得再远都不能忘记来时的路，要坚持人民立场，始终与人民心连心。党的初心和使命需要依靠群众求胜利，新时代大众创新、万众创业也要依靠群众求胜利。

历史和实践证明中国共产党是中国最成功的创新创业团队。井冈山精神铸魂新时代创新创业人才，就是要用党密切联系群众、依靠群众求胜利的创业经验教育大学生善于整合资源，依靠团队求胜利。党时刻把群众核心利益放在心上，人民群众始终是我们党坚实的执政基础。新时代创新创业必须坚持群众路线，始终紧紧依靠人民群众，诚心诚意为人民谋利益，从人民群众中汲取前进的不竭力量。只有给团队成员带来物质利益与精神满足，才能凝聚集体的力量。井冈山精神铸魂新时代创新创业人才，还要广大青年学生把握国家发展战略，成为善于整合资源、能够与人合作、厚植人民情怀、堪当时代重任的有情青年，在为人民利益的不懈奋斗中书写人生华章。

二、井冈山精神铸魂新时代创新创业人才的江财实践

江西财经大学作为红土圣地上的高校，瞄准立德树人根本任务，始终传

承红色基因，坚持将井冈山精神之“魂”嵌入新时代创新创业人才培养中，推动新文科建设；通过“三字真经定标准”“四大特色促融通”“五类协同保发展”等方法，铸魂新时代创新创业人才培养成效显著。

（一）顶层设计：确定井冈山精神铸魂新时代创新创业人才培养新理念

习近平总书记强调，“培养什么样的人、怎么培养人、为谁培养人”是教育的根本问题。高等教育要立足中华民族伟大复兴战略全局和世界百年未有之大变局，心怀“国之大者”“社会主义建设者和接班人一定要勇于创新创造”①。习近平总书记又强调：“井冈山是中国革命的摇篮。井冈山时期留给我们最为宝贵的财富，就是跨越时空的井冈山精神。今天，我们要结合新的时代条件，坚持坚定执着追理想、实事求是闯新路、艰苦奋斗攻难关、依靠群众求胜利，让井冈山精神放射出新的时代光芒。”② 2001 年，以井冈山会议为标志，江西走上了“以工业化为核心、以大开放为主战略”的发展新路。

习近平总书记关于传承红色基因，发扬井冈山精神，培养堪当民族复兴重任的时代新人的重要论述和重要指示精神为我们的人才培养指明了方向，提供了根本遵循。校党委认为，学校扎根在江西这片红土圣地，就要始终坚持用好红色资源、发扬好红色传统、传承好红色基因，把立德树人根本任务落到实处。早在 2006 年，学校科学分析研判社会对人才需求的变化，明确提出“培养具有信敏廉毅素质的创新创业型人才”的人才培养定位。多年来，学校将井冈山精神和创新创业型人才紧密结合起来，逐步明晰并确立了“井冈山精神铸魂新时代创新创业人才”的培养理念。

习近平总书记提出：“中国特色社会主义进入新时代，教育的基础性、先导性、全局性地位和作用更加突显。”③ 学校根据新时代的特点提升了“井冈山精神铸魂创新创业人才”的格局，强调“新起点、新征程、新作为”，建设全面拥抱数字经济的财经大学，聚焦成为“世界一流学科”建设大学的办学目标、聚焦“服务江西经济社会发展标杆大学”办学目标，力图更好赓续红色血脉，发扬井冈山精神，与新时代同向同行，为祖国培育更多堪当民族复

① 《习近平总书记教育重要论述讲义》，高等教育出版社 2020 年版，第 67 页。
② 《习近平春节前夕赴江西看望慰问广大干部群众》，《人民日报》2016 年 2 月 4 日。
③ 《习近平总书记教育重要论述讲义》，高等教育出版社 2020 年版，第 79 页。

兴大任的创新创业型人才。

（二）“三字真经定标准”：解决创新创业人才价值内涵具化难

坚定信念与远大理想、创新意识与创造思维、敏锐眼光与深邃思想、探索精神与闯荡勇气、坚强意志与刚毅品格、勤俭质朴与吃苦耐劳、合作精神与协调能力、广阔胸襟与为民情怀是创新创业人才的灵魂，是创新创业人才在价值维度的培养要求，但是创新创业人才培养，长期存在价值塑造目标不清、价值内涵界定不明的问题。

通过对井冈山精神之“魂”的“研转用”，顶层设计育人理念、培养标准，实现创新创业人才价值内涵的明晰化、具体化。井冈山精神和创新创业人才的价值维度要求高度契合，研究井冈山精神，把井冈山精神内在的要求通过一定的手段转化为育人实践，最终内化为学生的内在品质与个人素质。

具体而言，“研”即成立井冈山精神研究中心，在全校开展井冈山精神铸魂育人教育研究，开发红色文化资源、挖掘红色文化基因，探索井冈山精神与双创教育之间的契合点。“转”即学校 2015 年就成立了创业教育学院，设计并实施“理实两翼”红色文化育人体系，将理论研究成果转为创新创业教育人才培养实践。“用”即深化教学改革，推进新文科的创新发展，借助大数据、人工智能、虚拟现实等技术手段将弘扬井冈山精神与双创实践相结合，探索新时代创新创业型人才培养模式并实施。

（三）“四大特色促融通”：解决创新创业人才教学体系融通难

创新创业人才培养，普遍存在知识传授与价值塑造相互脱节，教学方式与教学环节陈旧、单一的问题。通过“四大特色促融通”将井冈山精神全方位嵌入创新创业人才培养教学内容、教学方法、教学环节当中，实现知识传授与价值塑造的深度融合。

第一，通过“两层次四类型”确定人才培养铸魂方向。即按精英型和普及型两个层次，培养通识型、复合型、精英型、职业型四类人才。

第二，通过“三个课堂联动，三类实践互促”转变人才培养铸魂方式。“教室、校园、社会”三个课堂联动，“课程实验、专业实训、综合实践”三类实践互促提升人才培养质量。学校注重以红色文化擦亮江财底色，用红色基因滋养江财学子心，在课堂教学之外，通过国旗日日升、党课周周讲、好事月月评、新苗季季育、红歌年年唱的“五维”铸魂育人体系驱动知识传授与价值塑造的融合。

第三，通过“四四三三”实践育人框架构建铸魂模式。首先是通识能力、专业能力、职业发展与社会能力、创新创业能力等四大能力协同培养。其次是实验上机模块、实习实训模块、论文设计模块和科研创新实践活动模块等四大模块的一体设计。再次是课程实验、专业实训和综合实践等构成的三类实践。最后是校内实验实训平台、校外实践育人基地和网络实践教学平台等三个平台。“四大能力”“四大模块”“三类实践”“三个平台”通过实践目标、实践环节、实践途径、实践支撑构建井冈山精神实践铸魂模式。

第四，通过“三链融合”创新人才培养铸魂机制。即加强“人才培养链，实践孵化链，帮扶合作链”的融合，协调推进专业教育、思政教育、双创教育、通识教育、学生管理、环境熏陶、科学研究、队伍建设等协同创新。

（四）“五类协同保发展”：解决创新创业人才铸魂过程协同难

井冈山精神铸魂创新创业人才，首先要解决井冈山精神研究、思政课程教学单位、专业课程教学学院、党团行政相关部门各自为政、互不统属而出现的协同难的问题。立足新文科建设背景，通过党政领导齐抓共管，各门课程、各个部门、各个环节协调配合，促进学科间的交叉融合，形成大思政建设格局，汇聚铸魂育人强大合力。

基于井冈山精神铸魂新时代创新创业人才的需要，江西财经大学出台了加强井冈山精神立德树人意见，统一铸魂人才培养目标，制定激励考核措施，切实调动基层的积极性创新性，推进井冈山精神“入脑入心入行”，促进培养目标协同。

学校党政领导高度重视，建立齐抓共管机制，打破“部门墙”“专业墙”，将井冈山精神研究中心、思政课程教学单位、专业课程教学单位、党团部门与行政教辅部门的培养职责统一到铸魂工程上来，建立全员参与全员担责的大思政建设格局，加强培养部门协同。

重构人才培养方案，打破“课程墙”“教研墙”“理实墙”，将通识课程、学科基础课程、专业课程、创新创业与就业教育课程等四个模块课程统一纳入思想政治教育体系，以井冈山精神为核心深入挖掘不同课程的思想政治教育潜能，解决不同课程之间思想政治教育功能的割裂问题。在双创模拟实践教学中融入思政理论教学，解决了思想政治理论与实践割裂问题。在井冈山实践教学基地，将现场变课堂，素材变教材，讲解变互动，创新打造实境课堂，突出实践体验的价值引领功能，实现培养过程协同。

以井冈山精神教育为切入点探索课堂教学与现场教学、课堂展演、课后自学、网络教学等多种教学形式的协同。通过现场教学，让学生感悟创业的艰辛，体会发展的不易，坚定学生自信自强的信心；通过“引读、引听、引看、引思”等教学手段培养学生自主学习能力；通过超星尔雅网络通识课程与井冈山精神特色校本课程有机结合探索通识课程的全新授课模式，实现培养方式协同。

与高水平大学、思政教育院所、大型企业合作，形成跨校合作与校企合作多主体协同培养机制，有效解决当前地方高校思政教育培养主体单一的问题，实现培养主体协同。

（五）久久为功：育人见成效

江西财经大学立足红色江西，坚持利用好红色资源、发扬好红色传统、传承好红色基因，大力弘扬穿越时空的井冈山精神，以井冈山精神铸魂新时代创新创业型人才，历经近 20 年的不懈探索，江西财经大学立德树人“作示范、勇争先”，基于井冈山精神铸魂创新创业人才培养的教学改革育人成效显著，社会声誉良好，改革研究成果丰硕，产生广泛影响。

第一，杰出创新创业校友辈出，社会声誉良好。培养了一大批把个人发展融入党和国家改革发展事业、德才兼备的创新创业优秀典型和行业领域精英，遍布政界、商界、学界各个领域。一批校友还获得了庆祝中华人民共和国成立 70 周年纪念章以及全国劳动模范、中国年度经济人物、全国脱贫攻坚先进个人、中国改革开放 40 年百名杰出民营企业家、全国道德模范、中国正义人物等荣誉称号。

学校获得中国大学生创业竞争力排行榜第 59 名；中国最好大学排行榜江西省第 1 名；武书连中国大学排行榜位列财经类高校第 6 名；校友会中国大学排名榜位列财经类高校第 7 位，被评为五星中国一流大学。

第二，在校学生创新创业踊跃，培养成效显著。学生在全国“挑战杯”

大学生课外科技作品竞赛、“创青春”全国大学生创业大赛等高端赛事中斩获特等奖、金奖等众多重磅级奖项；多次包揽全国、全球高水平学科竞赛赛事一等奖。2007 年以来，学生参加各类学科竞赛获国际奖励 41 项，国家级奖励 984 项，省部级奖励 5487 项。

第三，教学改革孕育优良师资，教学名师辈出。多人入选国家“万人计划”领军人才、全国模范教师、全国“四个一批”人才、全国高校思政课教师影响力标兵人物、财政部跨世纪学科带头人、教育部首批“择优资助”计划人才、新世纪优秀人才、霍英东青年教师奖、省“赣鄱英才 555 工程”人才、井冈学者特聘教授、省百千万工程人选、省“四个一批”人才、省十大优秀思政课教师等。学校的团队入选首批全国高校黄大年式教师团队、全国高校思想政治理论课名师工作室、教育部高校思想政治理论课教学科研团队“择优支持”计划重点项目、教育部高校思政课教学方法改革“择优推广”计划、省劳模创新工作室等。

第四，持续聚焦教学改革研究，理论成果丰硕。出版创新创业类教材 10 部，其中 1 部列入教育部“十二五”规划教材。发表与成果相关的教改论文 21 篇，其中在核心期刊、CSSCI 期刊发表 12 篇。《江西财经大学创业型人才“一擎四轮”培养模式》等 2 项教学成果获江西省高等教育教学成果一等奖，《高校红色教育生态圈构建的理论创新与“四维协同模式”实践》等 5 项教学成果获二等奖。“创业管理”等 3 门创新创业类课程被认定为国家精品课程，“‘一品五维六翼’多元实践塑造‘江财映山红’的育人体系”等 2 个项目入选教育部高校思想政治工作精品项目。《新时代井冈山精神与江西高校学生党建的融合研究》获江西高校思想政治工作优秀论文一等奖。

第五，教学改革促“双创”教育发展，示范效应明显。一是推广范围广。江西财经大学“双创”教育推进本科教育的成就得到教育部本科教学工作水平评估专家组的高度肯定，作为特色写进了评估意见，国内几十所高校先后来校参观学习。二是示范效应大。2012 年以来，先后被国务院授予全国就业先进工作单位，连续七年获江西省普通高校毕业生就业工作先进单位；被科技部授予国家级众创空间；被教育部授予全国创新创业典型经验 50 强高校、全国首批深化创新创业教育改革示范高校，被团中央授予全国大学生创业示范园，被江西省教育工委、江西省教育厅授予江西省大学生创新创业示范基地；被江西省发展与改革委员会授予江西省大众创业万众创新示范基地。

最后值得一提的是，井冈山精神铸魂新时代创新创业人才育人模式，社会影响广泛。中央电视台、中国教育电视台、光明日报、人民日报、中国教育报、中国青年报、科技日报等多家中央级媒体多次报道江西财经大学创新创业人才培养特色及成就。2008 年，时任国务院总理温家宝说“江西财经大学是一所很好的学校”。中央领导人以及社会各界对我们的创新创业给予高度评价，激励我们为国家、为社会培养更多的合格人才而不懈努力。

（原载《新文科理论与实践》2022 年第 1 期）

典型案例

黑龙江省教育厅：统筹规划　凝心聚力
推进具有龙江特色的新文科建设

黑龙江省以习近平总书记关于培养造就哲学社会科学人才的重要指示批示精神为指导，以新文科建设工作会议精神和教育部《新文科建设宣言》要求为统领，以培养知中国、爱中国、堪当民族复兴大任新时代文科人才为己任，分类推进文科教育改革创新，形成具有龙江特色的文科人才培养体系，构建以育人、育才为中心的哲学社会科学发展新格局，为推进文化自信自强贡献龙江力量。

一、强化顶层设计，筑牢新文科建设之基

文科教育的振兴关乎高等教育的振兴，黑龙江省将新文科建设列入“十四五”教育规划的重点工程，纳入高等教育年度重点工作，从两个维度加以推进。

（一）坚持分类推进

黑龙江省现有39所本科高校，其中以文科见长的高校有14所，其他25所高校均设有文科相关专业。全省高校共设有文科八大学科本科专业点819个，占专业总数的45.8%，其中有国家级一流专业建设点98个、省级一流专业建设点169个。结合地域特点、高校布局和专业特色，黑龙江省将商科教育、师范教育、外语教育、艺术教育、体育教育改革创新和法治人才培养作为省域重点加以推进，印发了《黑龙江省普通高等学校商科教育改革创新实施方案》《黑龙江省新时代基础教育强师计划实施方案》《黑龙江省教育赋能创意设计产业高质量发展实施方案》《黑龙江省高校冰雪人才培养计划》，制定了《黑龙江省本科高校外语教育改革创新实施方案》和《黑龙江省普通高等学校法治人才培养实施意见》，具体指导不同类别的文科教育创新发展。

（二）强化保障指导

2021年黑龙江省投入新文科和课程思政建设经费1180万元，支持开展示

范高校、研究中心和实践项目建设。遴选认定首批省级新文科研究与改革实践项目 113 项，获批国家级新文科项目 26 项；认定首批省级外语教育改革创新项目 45 项。成立了黑龙江省高等学校外国语言文学类专业教学指导委员会和大学外语教学指导委员会，筹建商科类、法学类专业教学指导委员会，积极打造“三省一区”商科教育联盟，发挥文科教育合力。

二、强化价值引领，筑牢新文科育人之魂

黑龙江省牢牢把握文科教育的价值导向性，落实立德树人根本任务，全面推动习近平新时代中国特色社会主义思想进教材、进课堂、进头脑，扎实推进课程思政高质量建设，不断提高学生思想觉悟、道德水准、文明素养。

（一）强化用党的创新理论铸魂育人

印发《黑龙江省普通高等学校习近平新时代中国特色社会主义思想进课程教材工作方案》，组织召开全省工作推进会，联合省委党校成立“黑龙江省高校习近平新时代中国特色社会主义思想”课程思政教学研究中心，在 6 所高校设立分学科中心，确保习近平新时代中国特色社会主义思想在不同学历层次、不同学科专业、不同课程教材全覆盖。印发《黑龙江省普通本科高校外语专业〈习近平谈治国理政〉多语种版本“三进”教学工作实施方案》，推动高校全面开设“理解当代中国”系列课程，组织 1475 位外语教师参加专题培训，选树首批省级“三进”示范课程和教学团队建设点 36 个。

（二）扎实推进课程思政高质量建设

在统筹谋划上，先后印发《黑龙江省全面推进高等学校课程思政建设工作方案》《黑龙江省高等学校课程思政高质量建设实施方案（2022—2025年）》，两次召开全省研讨推进会议，开展高校建设成果巡展，建设课程思政教学资源库。在指导培训上，组建全省课程思政专家委员会、高校教育联盟和教学指导委员会，组织开展多场专题培训，共培训高校教师 4 万余人次；举办两届全省课程思政教学竞赛，吸引 1000 余位教师参赛，推动以赛促教、以赛促研、以赛促改、赛训融合。在示范引领上，先后选树三批省级课程思政示范课程、教学名师和教学团队，共认定 298 个省级本科示范项目，获评 12 个国家级本科示范项目，选树首批课程思政优秀案例 125 个。在考核评价

上，制定了《黑龙江省高校课程思政建设成效考评指标体系》，设定 8 个一级指标、18 个二级指标和 19 项具体考察内容，对高校课程思政建设情况进行综合评价。《黑龙江省探索“五有”模式 积极推进高校课程思政建设》的经验总结被教育部官网选用刊载。

三、强化专业优化，筑牢新文科建设之本

紧扣国家软实力建设和文化繁荣发展新需求，聚焦龙江全面振兴全方位振兴发展的新要求，不断优化全省文科专业结构，引领带动文科专业建设整体水平提升。

（一）厘清专业定位

开展人才培养战略定位和专业结构优化调整“双论证”工作，对所有高校和专业点进行实地考察论证，对学校办学定位、服务面向、人才培养、专业设置及专业体系、专业集群、优势特色等方面实施系统论证，促进各文科高校和文科专业进一步明确基于新文科建设的人才培养服务领域定位、人才培养类型与规格定位、人才培养模式定位和专业发展规划，为文科专业转型发展和专业结构优化调整奠定基础。

（二）调整专业布局

结合区域发展需要和行业企业需求，通过关、停、并、转、缓、增的动态调整措施，优化专业结构和布局。2018 年以来，新增了健康服务与管理、教育康复学、冰雪运动、供应链管理、跨境电子商务等 55 个地方急需文科相关专业点，撤销了 10 所高校 16 个文科相关专业；对传统专业进行升级改造，打造文科一流专业，目前已有 267 个文科相关专业获批国家级和省级一流专业建设点。

（三）推进交叉融合

推进人工智能、大数据、互联网等信息技术在新文科中的应用，推动文科与理工农医交叉融合创新，有 12 所高校增设互联网金融、金融科技、数字经济、大数据管理与应用、数字媒体艺术等新兴交叉专业，积极探索“微专业”建设。如哈尔滨工业大学在国内率先实践“英语—机械设计制造及其自动化”主辅修学位建设，设立“英语语言与智能科学”新专业，培养具备英

语语言和人工智能知识的文工交叉融合型跨学科外语人才。哈尔滨工程大学打通文工、文文学院间管理壁垒，打造大数据管理与应用、数字化社会治理两个新文科专业及方向，构建了新文科大类教育平台课程体系和文工融合的专业核心课程群。

（四）打造专业集群

开展省级特色应用型本科专业集群建设，立项及培育建设的首批10个专业集群中，文科专业集群有4个（对俄跨境新商业专业集群、冰雪体育专业集群、融媒体专业集群、音乐专业集群），推动专业结构和人才培养结构与区域经济发展需要结合更加紧密，有效提升了专业综合实力。

四、强化模式创新，筑牢新文科建设之要

黑龙江省坚持以文化人、以文培元，不断创新培养模式和协同育人机制，加快培养适应新时代要求的应用型复合型创新型文科人才。

（一）深化产教融合

主动服务国家和黑龙江省重大战略部署，通过打造现代产业学院、共享型实习实训基地等多种形式，构建政府、高校、科研院所、行业企业“产教命运共同体”，实现专业链与产业链、课程内容与用人标准、教学过程与生产过程有效对接。如哈尔滨师范大学着眼于龙江创意设计产业“换道超车”，建设了省级创意设计现代产业学院，按照“融合、创新、全人、赋能”的建设理念，打造了政产学研“四位一体”的创新型协同育人平台。哈尔滨商业大学建设了“数智会计”微专业、“智能会计”方向班和“数字经济”专业，牵头成立了哈尔滨新区“数字经济共同体”，联合14所高校和49家企业，吸纳近2000名大学生开展订制式培养。绥化学院深化与绥化市文化与旅游局、体育局以及剪纸、黑陶等非物质文化遗产传承单位与企业合作，成立艺体文化产业学院，坚定学生文化自信。

（二）凸显对俄特色

黑龙江省高校主动服务“一带一路”倡议和“龙江丝路带”建设，依托区位优势，积极推进对俄教育合作，培养具有国际视野和多学科交叉创新能力的复合型人才。黑龙江大学与俄罗斯新西伯利亚国立大学共建中俄学院，

在全国首创“专业+俄语”人才培养模式，采取中俄联合培养，学院50%—70%的专业课程引进俄方师资、教材和课程体系。哈尔滨音乐学院与俄罗斯圣彼得堡音乐学院建立密切合作关系，聘请16名圣彼得堡音乐学院优秀教师任教，建成管弦系、作曲系全专业俄罗斯外教专业教学模式，促进中俄文化交流，推动了黑龙江省乃至中国音乐教育事业发展。黑河学院与跨国型企业俄速通共建了省级对俄跨境新商业产业学院，打造了“俄语+专业+实践”“专业+俄语+实践”特色人才培养模式，创建了对俄贸易、对俄物流方向实验班，推动应用型、复合型人才培养。

（三）开办文科讲堂

黑龙江省举办了“龙江艺术大讲堂”，出台了《“龙江艺术大讲堂”工作方案》，以龙江独创的“红绿蓝金银”五色教育为主线，推进以“从松花江上到太阳岛上”为主题的“红色基因传承教育大讲堂”，以“从绿色龙江到美丽中国”为主题的“绿色生态文明教育大讲堂”，以“从北大荒到北大仓”为主题的“金色现代农业教育大讲堂”，以“从三尺讲台到星辰大海”为主题的“蓝色高新科技教育大讲堂”，以“冰天雪地到金山银山”为主题的“银色冰雪文化教育大讲堂”，通过美术、舞蹈、戏剧、动画等多种艺术表现形式，深化艺术教育改革创新，展现龙江文化，传承龙江精神，塑造龙江学子，激励龙江人才。已经开展的第一讲“红色大讲堂”和第二讲“银色大讲堂”活动，全省在线参与人数达到两万余人次，网络播放量达到近60万次。

（稿件来源：黑龙江省教育厅）

电子商务类教指委：创新交叉复合型人才培养服务数字经济国家战略

电子商务是信息社会发展和传统产业数字化赋能转型升级的新产物，融合“互联网+商务”两大领域，突破传统商务的边界和基础，形成新发展范式，电子商务的发展对“技术+管理”新型交叉复合型人才培养提出了迫切需求。电子商务专业具有鲜明的多学科交叉复合性，工管融合、文理交叉，经济社会需求和技术创新“双轮驱动”电子商务专业高质量发展，培养了一批服务数字经济、“互联网+”、乡村振兴、“一带一路”等国家战略的复合型人才。

一、“电商+农业”：助力乡村振兴 实现共同富裕
大凉山电商复合型“四得”人才培养创新实践

“巍巍大凉山，一步跨千年。”地处西南边陲的凉山彝族自治州，是习近平总书记一直深情牵挂的地方，也是国家脱贫攻坚战略的生动样本。长期以来，大凉山电商人才匮乏，下不去、留不住，培养本土化复合型电商人才迫在眉睫。西昌学院扎根彝区80余载，聚焦电商人才培养突出问题，构建“一核心、二抓手、三支柱”电商人才培养模式，培养了大批具有中华民族共同体意识、熟悉农业农村、了解民族民俗、掌握信息技术的“下得去、留得住、用得上、干得好”的大凉山电子商务复合型“四得”人才。

西昌学院电子商务专业具有“政治性、地域性、扎根性、应用性”的办学特色，设置了思政与彝族文化、民族经济与农村电商、创新与信息技术等特色课程群；建立了国家级“民族地区‘信息技术+农业’应用型人才培养大数据实践创新平台”，让电子商务人才走进“田间地头”，适应“村村寨寨”，培养了一大批复合型电子商务人才，打造了一支有数量、有质量、有温度的电子商务高水平团队，让电子商务人才在大凉山“开花结果”“落地生根”，推动大凉山产业升级，助力乡村振兴。

二、"电商+外贸"：服务"一带一路"国家倡议助力双循环和数字经济时代全球化发展

贸易数字化重塑全球贸易模式与格局，跨境电商创新国际贸易业态，跨境电子商务专业应运而生，致力于培养"电商+外语+外贸"复合型人才，助力中国与"一带一路"沿线国家经贸与投资往来跃上新台阶，有效对冲了疫情对国际经贸合作的不利影响。

对外经济贸易大学三个学院跨院合作，建立"信息+统计+经贸"多学科融合创新模式，创设"数字贸易"实验班，着力培养跨境电商和数字贸易领域精英人才。

浙江工商大学与杭州跨境电商综试办、杭州钱塘新区管委会共建中国（杭州）跨境电商学院，构建"政产学研用"多方协同平台，创新"一核三化四融合"跨境电商全链路人才培养模式，立足长三角区域经济，服务"一带一路"建设人才需求，近三年招收 10 个国家和地区、20 多所高校、30 多个专业的 240 名学生，成为跨境电商新文科专业建设新样板。"一核三化四融合"培养模式主要包括：（1）一核：跨境电商全链路知识体系。围绕跨境电商核心业态，建设《跨境电商理论与实务》《跨境电商新媒体运营》等 6 门学科交叉核心课程，出版 12 本跨境电商新形态系列教材，制定了跨境电商系列行业标准。（2）三化：国际化、多元化和特色化。学院 1/3 学生为国际生，开设中英文教学；采用创新班、微专业班、跨境电商+旅游+小语种复合班等多元人才培养模式；以"新文科、新电商、新科创"为特色，依托电子商务虚拟仿真实验平台和跨境电商全链路数字赋能科创大楼，为学生提供跨境电商行业实践。（3）四融合：中外融合、产教融合、科教融合和校地融合。对接海外高校，筹建阿联酋沙迦大学"丝路学院"，推出具有中国特色的系列电商课程；实施"大地计划"，打造"双师型"教师团队，开展跨境大课堂、跨境零距离、跨境超级实习生等品牌项目；依托浙江省数字经济优势和中非桥国际平台，围绕跨境电商与中国制造、全球供应链和跨境金融等研究领域，筹建跨境电商品牌出海研究中心、跨境电商研究院，探索跨境电商理论前沿；依托杭州跨境电商综合试验区和综合保税区，助力高质量人才培养。学院打

造的多学科融合的跨境电商全链路知识体系（见图1）和“6+X”系列慕课已向国内西部学校及海外高校推送，践行教育“出海”，形成了跨境电商人才培养的“杭州模式、钱塘智慧、商大蓝本”，在全国具有较强的引领和示范作用。

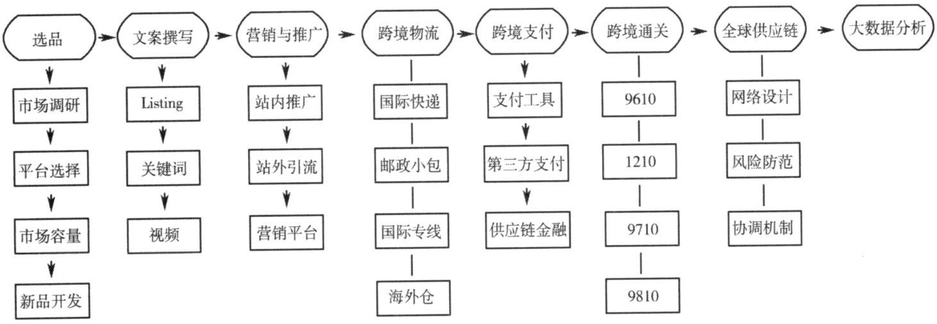

图1 多学科融合的跨境电商全链路知识体系

三、“电商+法律”：赓续红色血脉传承 服务国家战略需求 培养互联网领域精商明法英才

互联网和信息技术的快速发展，给电商带来便利性的同时，也引发了新的法律纠纷等问题，电子商务及法律专业应运而生，着力培养“电商+法律”交叉融合的复合型人才。

西北政法大学设立全国首批电子商务及法律专业，大力推动信息技术、商务和法律的交叉融合，首倡“精商明法”的育人理念，牵头发起“全国高校电子商务及法律专业联盟”，出版《电子商务法律法规》和《电子商务安全管理》等交叉型教材6本，有效提升电子商务及法律专业教育教学水平。学校组织专家团队，积极参与我国电子商务领域法律法规的修订与讨论，先后参与《电子商务法》最新修订案及《网络交易监督与管理办法（征求意见稿）》《自然人网店管理规范（征求意见稿）》的调研研讨工作。学校探索建设“智慧枫桥”网络商务纠纷调解机制，并与司法部门联合开展学生实习实践活动；与地方政府和职能部门协同开展以“合规商务”为导向的社会服务，多次赴咸阳市和渭南市指导“网络交易监管与服务国家级示范区”建设；

组织师生长期深入“电子商务进农村综合示范县”商洛市山阳县、铜川市耀州区等调研；与陕西省市场监督管理局开展“基于包容审慎原则的网络交易监管研究”，多次与陕西省商务厅合作举办“全省电子商务领域法律法规培训班”，探索构建网络交易监管成效评价模型，提升电子商务监管干部队伍的专业素养。

四、以深度产教融合为支点
培养适应数字经济时代需求的实践创新型人才

电子商务类专业面向的产业发展迅速，新型业态不断涌现，必须将产教融合作为重要支点，培养适应数字经济时代需求的实践创新型人才。

杭州师范大学阿里巴巴商学院依托杭州“电商之都”的产业优势和校企合作共建机制优势，携手阿里巴巴集团共建共享，开展校企深度合作办学，聚集电商全产业链资源，构建“专业课程+跨学科叠加课程+强化性的公共课程+创新课题（项目）”四位一体的创新人才培养体系，促进培养链、产业链和创新链“三链”深度融合。构建面向智能时代的专业知识体系和课程体系，搭建实训实战平台、创新创业平台，提供实习就业对接和覆盖实训、就业、创业孵化全周期的全要素支撑。构建开放共享新机制，组建服务创新团队，与领军企业、行业协会、政府主管部门在师资公益培训、教学资源研发、教材出版、实训平台建设等方面开展深度合作，组织全国范围电商系列公益培训，为全国高校电商人才培养提供了生动的产教融合实践创新范例。学生培养成效显著，在“互联网+”、“挑战杯”、电子商务“三创赛”等创新创业竞赛中斩获多项奖项，并涌现“第十三届中国大学生年度人物”“全国大学生创业英雄10强”等优秀毕业生；学生年均创业项目40余个、注册公司20余家，近百名毕业生入职阿里、腾讯、百度、网易等知名企业。时任浙江省委书记夏宝龙、浙江省省长李强和杭州市委书记赵一德等省市领导分别视察学院创业培育，给予充分肯定和热情鼓励。

五、依托高水平教材建设　探索构建电子商务理论体系
传播中国电子商务声音　推动新文科专业高质量发展

电商教指委注重高质量教材建设，专门成立教材工作组，以教材建设推

动教学改革创新，以教学研究推动电子商务学科体系建设，积极构建体现中国电商品牌和特色的理论体系和教材体系。

教指委教材工作组组织开展百余次教材研讨会和数十场教师培训会，探讨并构建专业核心教材体系，为融合多学科内容的教材建设、教学及学科建设提供经验及资源共享平台。历经多年探索、研究、创新与推广运用，指导建设融入思政元素的高水平电商教材及著作近百本，已在全国600余所开设电子商务专业的高校运用，具有显著的科学性、示范性、引领性价值。在世界最大的科技出版社之一斯普林格（Springer）出版社出版电子商务英文系列专著，涵盖电子商务基础、电子商务技术、电子商务经济、管理、政策与法规、实践等多学科领域，推动中国电子商务教材走向世界，向世界传播中国电商文化、电商品牌和中国声音。通过中英文教材建设培养出一批优秀的电子商务专业教师，以高质量教材建设支撑电子商务学科建设成为世界一流学科。

（稿件来源：教育部高等学校电子商务类专业教学指导委员会）

中国新闻传播大讲堂：打造有高度、有深度、有温度的新闻传播“中国金课”

中国新闻传播大讲堂以习近平总书记关于教育与人才培养的重要论述、关于新闻舆论工作的重要论述为根本遵循和行动指南，创新课程思政路径，促进思政教育与专业教育有效结合、理论与实践深度结合，推动大讲堂工作制度化、系列化、常态化，旨在打造一门生动的国情大课，有温度的思政大课，有水平的专业大课，有实践力、穿透力的“中国金课”。

一、打造生动的国情大课

大讲堂面向全国新闻院校，每年聚焦最具时代感的主题，集中最优质的新闻资源，总结最深刻的报道体会，将鲜活的新闻实践作为教学案例，邀请一线记者讲述一线故事、分享一线思考，把马克思主义新闻观的实践融入新闻传播教学中，打造一门生动的国情大课。

大讲堂的主题始终与时代同频共振、与祖国同频共振。2020 年主题为“来自武汉抗疫一线的报道”，2021 年主题为“践行四力与时代同行”，2022 年主题为“新时代，新征程：记者的使命与担当”。三年来，大讲堂邀请了 55 家主流媒体的 106 名记者进行录制，采取“演播室录制+后期剪辑制作”的形式，录制推出讲授视频达 99 课时。结合课程重点与“Z 世代”移动互联网阅读习惯，进一步精剪制作出课程精粹短视频 100 集，另出版纸质版教材两部、电子书架两部，推广至 719 所高校、1392 个教学点，帮助新闻学子深刻理解中国国情、坚定理想信念、增强政治认同，培养具有自信心、自豪感、自主性的新闻传播人才；引导广大师生深刻理解中国特色社会主义的制度优势、理论优势、道路优势，培养学生的家国情怀和责任担当。

利用媒体技术发展成果，创新课堂教学形式。2021 年 5 月，为迎接建党百年，大讲堂邀请百名大学生讲述红色文物故事，制作播出以“红色文

物　青春讲述”为主题的《红色文物青年说》105 集视频“微党课”，改革创新党史教育形式，引领青年学子继承红色传统、传承红色基因，系列视频在央视网推出，获评中宣部 2022 年主题出版重点出版物选题。

二、打造有温度的思政大课

坚持面向国家社会和行业发展前沿，面向国际社会和国际舞台，以爱党、爱国、爱社会主义、爱人民、爱集体为主线，围绕政治认同、家国情怀、文化素养、宪法法治意识、道德修养重点优化课程思政内容供给，对新闻传播学专业的学生系统开展中国特色社会主义和中国梦教育、社会主义核心价值观教育、马克思主义新闻观教育和中华优秀传统文化教育，培养知中国、爱中国的卓越新闻传播人才。

（一）强化价值引领，坚持课程思政建设

牢牢把握新闻传播教育的价值导向，坚持立德树人，全面推进课程思政建设，推动习近平新时代中国特色社会主义思想进教材、进课堂、进头脑，坚持以马克思主义新闻观为统领，提高学生“四个意识”，坚定“四个自信”，培养担当民族复兴大任的新时代新闻传播人才。

（二）深化部校共建，打造思政育人格局

大讲堂是中宣部新闻局、教育部高教司委托高校新闻传播学类教学指导委员会举办的，是贯彻思想政治教育、助力新闻理论与新闻实践深度融合、培养新时代优秀新闻传播人才的重要举措，是“部校共建”新闻院校的创新性探索，汇聚司、局、校三方的力量，大大拓展了“部校共建”的框架，探索形成“一体化领导、专业化运行、协同化育人”的“大思政”育人格局、“大讲堂”课程模式。2021 年 9 月，在完成两年大讲堂的录制与播出后，中宣部、教育部、中国记协建立大讲堂长效合作机制，巩固大讲堂工作成果，保障大讲堂制度化、常态化工作顺利开展。

三、打造有水平的专业大课

作为高校新闻传播教育战线落实“新文科”建设工作会议精神的迅速行动、关键抓手、生动实践，大讲堂致力于加强实践中的马克思主义新闻观教

育，打通思想政治教育实践、课堂与理论，贯穿“新文科”融合创新理念，打造高水平专业大课。

（一）推进学界与业界融合、理论与实践融合、思想与专业融合

集中优质新闻资源、汇聚鲜活新闻报道、总结深刻报道体会，展现中国新闻工作者的家国情怀与专业素养，以微观层面的新闻报道技巧、中观层面的媒体运作机制、宏观层面的媒体职责思考，切实将马克思主义新闻观融入到专业教育与思想政治教育中，精准实现立德树人与课程思政建设目标。

（二）构建全时段、全空间、全员全体的“大课堂”

采用视听结合、图文并茂、线上线下打通等融合手段，形成全时段、全空间、全员全体的大课堂概念，构建辐射全国、触达城乡的云上课程，覆盖全国所有新闻传播院校，探索新闻传播课程教学新形态与资源共享新方式，推动世界水平、中国特色的新文科人才培养体系构建新进程，引领未来新闻传播教育的新常态与新模式。实现制作团队的创新性转化，2022 年由参与讲堂编创制作的学生组成大讲堂学习分享团——“知行团队”，以编创者、学习者、传播者身份，与各高校学生分享大讲堂制作、传播过程中的经验与感悟，进一步推进大讲堂进校园、进课堂、进头脑。目前，交流已覆盖浙江大学、云南大学、中华女子学院、浙江工商大学、湖北省教指委管辖的高校等院校，形成热烈反响。

四、打造有实践力、穿透力的“中国金课”

党的二十大报告指出，要加快建设高质量教育体系，发展素质教育，促进教育公平。大讲堂着眼于当代教育创新、技术变革、学习方式变革，推进教育数字化和产教融合，加快建设高质量教育体系和中国特色新闻传播教育模式，深入开展马克思主义新闻观教育，用中国特色新文学理论教育人、培养人，引导新闻学子向好记者、好作品学习，认识中国国情，触摸时代脉搏，树立新闻理想，提升专业素养，开拓国际视野。

（一）坚持实践问题导向

深刻总结新闻传播教育发展和人才培养的历史经验，深入研究分析新文科建设背景下专业教育面临的机遇和挑战，破解新闻传播人才培养过程中理

论和实践脱节的难点问题。

（二）推动传播模式创新

聚焦应用型人才培养，促进学界业界互补，推动新闻传播专业理论与实践更加紧密地结合。借助新技术和信息网络，创新数字教育资源的共建共享模式，实现“集群效应”。大讲堂制作推出宣传折页，通过扫描二维码即可进入课程资源库；将课程视频通过阿里云盘、百度网盘同步传播，便于下载学习；设计推广数字化大讲堂，海量课程资源一键送达，实现全国新闻传播类专业院校共上一门马克思主义新闻观课程。大讲堂课程在“学习强国”慕课频道、中国记协网等平台同步上线，拓展服务对象范围，拓宽成果覆盖面。

（三）加强校际研讨交流

通过课程推广与教学，帮助全国新闻学子深入挖掘所蕴含的专业价值、思政价值、研究价值。纳入高校新闻传播院系骨干教师马克思主义新闻观主题培训，并予以重点推进，助力师生用好用足大讲堂教学资源。

定期召开学术研讨会，收集整理教师教学反馈与学生学习反馈，加速教学经验及学习成果的汇集凝固，于2020年、2021年分别汇编成《回响》《笃行》两书，并由人民日报出版社、高等教育出版社出版，作为重要的成果和补充学习材料，与大讲堂视频内容构成完整的复合型课程资源。

2021年，讲堂基于已有成果建立虚拟教研室，充分运用信息技术突破时空限制，形成“线上+线下”的教师教研模式，协同打造精品教学资源库、优质教学案例库、优质教师培训资源库，形成基层教学组织建设管理的新思路、新方法、新范式。

（稿件来源：中国传媒大学、教育部高等学校
新闻传播类专业教学指导委员会）

南京大学：交叉　融合　创新
推动新文科本科人才培养改革创新

南京大学深入贯彻落实党的二十大精神，秉承“传承、发展、守正、创新”建设理念，统筹推进新文科建设，深入推动新文科本科人才培养改革创新，着力培养具有中国灵魂、世界眼光、堪当民族复兴重任的新时代文科拔尖创新人才。

一、坚持育教融合，做好新文科顶层设计

（一）优化人才培养体系

面对新时代社会发展变化的新要求，南京大学不断优化本科人才培养体系，在“三三制”本科人才培养模式基础上，围绕育教融合，构建“三元四维”人才培养新体系，将德、知、行作为优化人才培养体系的切入点，强调德为先、能为重、适为基，持续深化新文科改革创新，健全立德树人落实机制，整体建立和完善德智体美劳全面培养的教育体系。

（二）出台新文科建设方案

在“三元四维”人才培养体系的框架中，研究制定《南京大学新文科本科人才培养改革实施方案》，启动新文科研究与综合改革项目建设，修订 2021 版本科人才培养方案，制订教育教学计划，以建设一流课程、一流教材等新文科教育教学资源为主要抓手，探索新文科交叉复合型人才培养模式创新，努力培养新时代新文科拔尖创新人才。

（三）制定新版文科专业人才培养方案

按照将育人融入人才培养各个环节的思路，坚持育教融合、未来引领、结果导向、梯度衔接的原则，启动 2021 版文科专业人才培养方案制定工作，进一步优化文科专业课程体系，设置多模块的学科交叉项目，持续促进文科教育转型升级，推动新文科本科人才培养改革落实落地。

二、坚持标杆引领，打造一流新文科教育教学资源

（一）培育课程思政标杆课

按照遵循教书育人规律、尊重学科专业特点、服务学科发展需要的原则，挖掘文科各类课程中蕴含的育人元素，发挥文科教育的价值引领、品格培养、道德修炼作用。一是研究制定《南京大学全面加强课程思政建设行动方案》，发挥南京大学课程思政教学研究中心作用，全面推进课程思政工作。二是打造课程思政标杆课，例如建设“宇宙简史”课程，面向全校学生开放，以润物细无声的方式帮助学生树立正确的宇宙观，进而树立正确的人生观、价值观。三是组织课程思政研讨交流，持续开展课程思政进院系活动，让教师准确理解课程思政内涵，鼓励更多优秀教师参与课程思政建设。

（二）实施通识教育2.0改革

围绕古今、中外、文理多个维度，构建系统化、整合性、跨学科的通识教育课程2.0体系，引导学生正确认识世界和中国发展大势、中国特色和国际比较、时代责任和历史使命、远大抱负和脚踏实地。在通识课程基础上，着力打造特色通识育人项目。一是注重厚植文化底蕴，实施“悦读经典计划”，将经典阅读能力和习惯培养作为基本文科素养能力培养的重要内容，开展多样化的经典书籍师生研读与交流活动。二是注重培育科学精神，实施“科学之光”育人项目，开设“科学之光”系列通识课，由多位两院院士、长江学者等资深教授领衔开课，通过呈现科学家追求真理、勇攀高峰和提出新理论、开辟新领域、探寻新路径的历程，培养文科学生的科学精神和科学素养。三是注重提升学生审美智识，构建“二六三”美育育人体系，建设文学人文、视觉人文、音乐人文、戏剧人文、媒体人文、工艺人文等美育核心课程，熔铸“大美南大”美育文化，形塑“各美其美”审美格局。

（三）建设一流文科课程

一是以新文科学科建设支撑新文科人才培养改革。学校召开新时代文科发展大会，出台《南京大学新时代哲学社会科学行动计划》，提出21世纪马克思主义研究计划、马克思主义学院重点建设计划、高水平人才培养创新计划、“传世经典”教材建设计划等十八项重点实施计划。通过学科专业协同发

展，将强化中国特色、世界一流、南大风格的哲学社会科学学科体系建设与新文科人才培养紧密结合起来，将哲学社会科学学科优势转化为新文科人才培养优势。二是建设三层次文科“金课”群。结合“十百千”优质课程建设计划，以高阶性、创新性、挑战度为课程建设标准，大力提升课堂教学质量，建设通专融合的优质学科平台课、科教融合的优质文科专业核心课、交叉复合的优质小班研讨课，培养学生的问题意识和创新精神，引导学生自主发现问题、分析问题和解决问题。三是建设“马克思主义与当代中国”特色课程模块，开设“马克思主义与中国”“当代中国经济研究”“法治中国”等体现中国特色南大品牌的系列课程。

（四）打造一流文科教材

一是召开南京大学新时代本科教材工作会议，打造培根铸魂、启智增慧、适应时代要求、具有南大风格的一流本科教材，特别是要通过优势学科支撑、优质师资领衔、优质课程培育，新编、修订一批体现中国立场、中国智慧、中国价值的哲学社会科学教材。二是启动南大新时代文科“传世经典”教材计划，成立校级“传世经典”教材学术指导委员会，打造新时代南大文科系列精品教材。三是授牌建立中国经济学教材建设研究基地、外语教材建设研究基地，鼓励基地开展教材建设研究，编写一流文科教材，推动教材建设与人才培养改革相融合。

（五）拓展文科实践教育资源

一是探索设置全新的实践课程模块。建设“以项目为载体的课程”，如哲学系“科研创新能力培养与提升”，历史学院“史学实践”“考古实践与遗产调研”，新闻传播学院“未来编辑部”“X-space 营销创意工作坊”等，系统培养学生综合运用所学知识和技能，提升文科学生实践能力。二是深入开展文科国际科考与科研训练。开展“沿着马克思的足迹继续前进”“城市与遗产：保护艺术与建筑作为文化身份的核心价值”“拉贝和平日记与和平城市”“中俄历史记忆与红色精神的当代传承”“中德跨文化社会计算理论与应用研究”等本科生国际科考项目，鼓励文科学生“走出去”，拓展学生的视野和格局。三是举办首届“高教社”杯高等学校（本科）“用外语讲中国故事”优秀短视频作品征集大赛，以赛促学，大力弘扬中华优秀传统文化，引导全国各高校学生讲好中国故事，传播中国声音，将自己的责任使命与国家社会发展紧密联系在一起。

三、坚持交叉复合，创新文科人才培养模式

（一）设立双学士学位项目

面向国家发展需求，建立计算机与金融工程双学士学位项目、德语法学双学士学位项目。作为江苏省首个获批双学士学位项目，该项目聚焦计算机与金融深度融合，建设包括数据结构与金融算法、金融软件工程、金融大数据处理技术等多门融合课程，专门制定与打造体现金融科技（Fin-tech）特色的教学方案、教学团队，由一流金融机构和金融科技企业提供实践实训平台，培养具有扎实的计算机理论与系统基础、金融理论与系统基础的复合型、国际化计算机与金融交叉复合人才。德语法学双学士学位项目汇集德语专业和法学专业的一流师资，凝练两个专业的核心课程，开设法律德语、德国法导论、比较合同法、欧盟法导论、法律文本翻译实践等融合课程，培养具有家国情怀和国际视野、通晓德语语言文化、熟悉中德法律、法学理论功底扎实、跨学科融通能力突出、适应新时代国家社会发展需要的一流复合型人才。

（二）推进“数字人文”改革

在“数字人文”视域下，以点带面，推进人才培养模式改革。一是新增数字经济本科专业，将经济学前沿理论与中国经济社会发展的现实相结合，加速推动新一代人工智能、大数据等现代信息技术与经济学专业深入融合，推动经济学专业与其他学科的深度交叉融合，打造具有鲜明学科交叉融合特色的课程集群。二是在信息管理学院试点开展“数智人文”信息管理人才培养模式改革，设置专门针对新文科思维和能力锻造的“新—信”项目体系。三是开展“数字人文”教学研究活动，与其他高校合作成立虚拟教研中心；依托首批教育部哲学社会科学实验室“数据智能与交叉创新实验室”，推进数字人文专题数据库建设。

（三）开设本科生驻院研修项目

依托人文社会科学高级研究院，推行“导师+青年研修小组”的模式，倡导以学生为主体的跨学科学术体验，让兴趣相投、背景多元的青年学子组成学习小组，由导师带领开展人文社科跨学科学习。

（稿件来源：南京大学）

武汉大学：七新并举　全面推进
着力培养高端涉外法治人才

武汉大学高度重视新文科建设，紧紧围绕立德树人根本任务，以提高学生国际胜任力为己任，遵循新文科建设“需求导向、学校定位、资源整合”的原则，统筹规划高端涉外法治人才的培养路径，探索高端涉外法治人才培养的新理念和新模式，开设新专业与新课程，引入新团队与新平台，实践新模式与新教法。

一、新理念：“铸魂、塑人、聚才、举贤”

在教学实践中，秉承以“铸魂、塑人、聚才、举贤”为核心的涉外法治人才培养理念。“铸魂”是人才培养的总领基调，指铸造学生植根于爱国主义的精神内核，为培养堪当民族复兴大业的时代新人筑牢根基。“塑人”是通过科学的培养方案设计和课程规划，强化学生专业能力和综合素养，成为具有国际胜任力的新时代人才。“聚才”是面向全国吸收优质生源，引导青年才俊树立远大理想，建立涉外法治事业建设的人才预备库。“举贤”是与国际组织、跨国公司等高端国际化平台构建合作关系，为毕业生拓宽实习实践渠道，为实现高水平高质量就业赋能加码。

二、新模式：“闭环式”涉外法治人才培养模式

围绕“铸魂、塑人、聚才、举贤”的培养理念，构建“闭环式”涉外法治人才培养模式（见图 1），建立规范化、系统化、全流程的涉外法治人才培养机制，使人才培养的各个环节环环相扣，形成良性循环。“闭环式”主要包括两个方面：一方面，系统性设计人才培养各个环节，明确培养目标、优化培养方案、提升教学质量、深入开展实习实训、有效带动升学就业，将各个环节有序衔接形成“大闭环”；另一方面，“大闭环”中的每一个环节均实现

“设计—实践—反馈—再调整”四个流程，形成自身的“小闭环”链条。

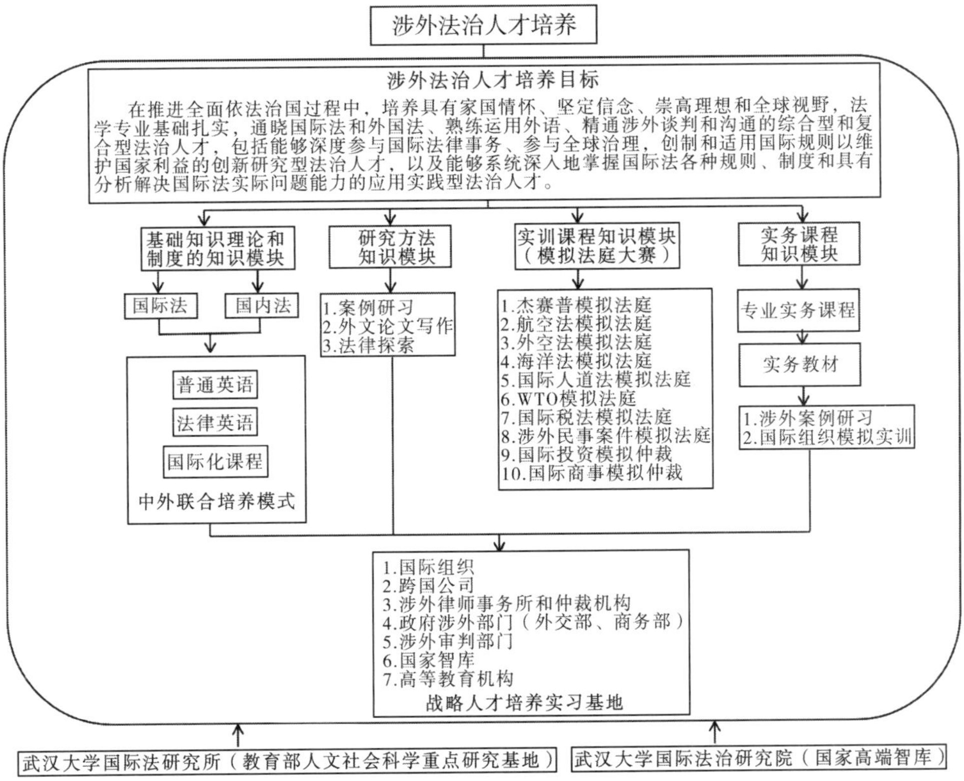

图 1 “闭环式”涉外法治人才培养模式

三、新专业：组建国际法专业试验班制定和优化教学培养方案

武汉大学认真落实教育部关于设立国际法一级学科的批复意见，于 2021 年率先组建“国际法人才培养试验班”，设计结构科学、内容合理的人才培养方案。方案注重学生国际法专业知识和国际胜任力的培养，提高国际法课程、全英文双语课程比重；强调跨学科能力培养，增加外交学、国际关系学、国际投资、国际贸易、国际金融等政治和经济学科领域的课程学分要求。同时，该方案还根据教师和同学的反馈进行动态优化调整，以更好地适应教学需求。

四、新课程：开设全英文国际化课程
举办“走进联合国”系列活动

学校先后为试验班学生开设“美国合同法”“跨文化交际技巧”“美国法概论”等国际化课程，邀请波士顿大学等世界一流大学外教对部分专业课进行全英文授课，采用“中教+外教”联合授课、“线上教学+线下辅导”的创新型教学模式，成功探索出一条助力中国学生学习外国法的新路径，实现“法律+英语”的专业交叉融通，既提升了学生的英语沟通能力，也强化了学生法律专业英语能力和英美法思维。为更好帮助学生零距离认识国际组织与全球治理，学校邀请联合国国际法委员会委员黄惠康、联合国大学驻澳门研究所所长黄京波、联合国驻华协调员办公室官员娄亚等多名国际组织官员开展系列讲座，从国际组织人才选拔的路径与技巧、专业能力与国际话语体系的培养等多个角度，全方位、多层次地拓展学生的国际视野。

五、新队伍：赓续红色教育基因 引育国际高水平师资队伍

爱国主义和家国情怀是武汉大学法学院自先贤前辈而起、薪火相继至今的血脉传承。回顾历史，梅汝璈先生作为中国代表参加东京审判，既为中国人民赢得了正义，也确立了国际法关于侵犯和平罪、反人道罪的司法准则，对国际法的发展和维护国际正常秩序起到了历史性的作用。正是梅汝璈、韩德培、梁西、姚梅镇、曾令良等一代代武汉大学国际法前辈，将中国民族精神、华夏气节和专业知识传承至今，汇聚吸引了许多国内外高素质高水平专家学者，为培养涉外法治人才奠定坚实基础。

近年来，在原有师资基础上，武汉大学法学院引育了一批国际高素质高水平师资队伍，成功引进多位国际组织官员、境外知名国际法专业学者、实务经验丰富的专家来担任导师或客座教授，共同组成了一支兼具家国情怀和国际视野的高素质高水平师资团队，为培养高端涉外法治人才提供强大动力支撑。

六、新平台：搭建国际化实习合作平台 培养学生法律实践应用能力

学校与联合国、世界银行、中国—东盟中心等国际组织驻华机构就国际组织实习平台搭建进行洽谈。与联合国大学国际软件技术研究所（The United Nations University International Institute for Software Technology）驻澳门的代表机构签订实习生项目合作备忘录，并已遴选派出三批实习生，为学生提供国际组织实习机会。设立“思明”涉外法律人才专项基金，为学生实习提供专项经费支持，并开展“走进跨国公司”系列活动，不断强化与国际组织及中国跨国公司的实习合作。

七、新教法：坚持以赛促学、以赛促教、以赛促创 提升学生科研能力与创新精神

武汉大学法学院以赛促学、以学强赛，鼓励并带领学生参与专业化模拟法庭竞赛，提升学生科研能力与创新精神。2021 年，学生先后参与 7 项国际法模拟法庭竞赛，先后斩获团体冠军、最佳辩手等荣誉，通过高水平赛事挖掘、激发学生的兴趣和潜能，培养学生的科研能力与创新精神。同时学校将竞赛融入专业教学过程，强化学科竞赛与课程建设的结合，围绕学科竞赛引导学生参加课题辅助研究，不断推动教学内容与方法的改革。武汉大学法学院及时归纳凝练教学改革心得，鼓励教师发表高质量教研论文，并在权威期刊、报纸上就涉外法治人才的师资队伍建设、课程体系设置、教材建设及教学方式改革等进行系列深入探讨，提出针对性、建设性意见，为涉外法治人才培养工作的推进提供扎实理论支撑。

（稿件来源：武汉大学）

山东大学：主动作为　积极谋划
扎实推动国际组织后备人才培养

山东大学深入践行为党育人、为国育贤初心使命，充分发挥综合性大学资源优势和育人特色，主动作为，积极谋划，从新机制、新模式、新课程和新实践四个方面展开探索与实践，扎实推动国际组织后备人才培养，为我国深度参与全球治理提供人才支撑。

一、新机制

山东大学高度重视国际组织后备人才培养，不断加强顶层设计，出台《山东大学关于加强国际组织人才培养和推送工作的实施办法》，成立“山东大学国际组织人才培养和推送工作领导小组”和“山东大学国际组织人才培养与推送咨询委员会”，设立国际组织人才培养与推送专项经费，建立济南、威海、青岛一校三地协同、多部门多学院联动的工作机制，推动工作快速稳步有序开展。将国际组织后备人才培养目标纳入《山东大学新文科建设工作方案（2019—2021 年）》，明确指出“对接国际组织人才培养国家战略需求，构建多层次、立体化的国际组织人才培养模式，在国内发挥引领和示范作用”。将学生赴国际组织实习和任职的成效纳入学校、学院和学生的考核评价体系，在全校范围内形成自上而下引导、自下而上助推的良性共促机制。出台鼓励支持学生赴国际组织实习工作细则，对本校在读学生赴国际组织实习给予保留学籍、学分置换、推免遴选、保留户档、就业升学等配套措施和资助政策支持。

二、新模式

山东大学通过校内交叉、国内合作、国外协同等多种方式深化国际组织后备人才培养模式改革与创新，加快培养“外语+专业”和“专业+外语”高素质复合型国际化人才。进一步升级改造原有的“英语+法学”“英语+国际政治”“英语+国际经济与贸易”三个五年制双学位班，并于2018年设立法英双语卓越创新国际组织人才新文科实验班。实验班对外语专业的培养目标进行重塑，旨在培养精通英语和法语两门外语，掌握国际组织和国际关系基础知识，具有国际视野与家国情怀，通晓国际规则和全球治理，具有出色的跨文化沟通和实践能力，富有创新合作精神和国际交往能力的国际组织后备人才。实验班实行小班化、个性化培养模式，每年招收15人，现已招收5届，学生毕业后具备进入国际组织实习或任职的素质和能力，能够胜任政府部门、跨国公司等高层次国际化工作。

2020年，学校设立国内首个“国际组织与跨文化交流”微专业，并以此为基础组建“山东大学国际组织人才领航计划实验班”，打造“主专业+微专业”的特色人才培养模式。微专业面向全校各个专业的本科生和研究生开放，生源广泛，每届共选拔来自20多个院系的70名学生。在充分总结近几年国际组织后备人才培养经验的基础上，学校于2022年向教育部申请设立“国际组织与全球治理”新文科本科专业，预计2023年9月正式招生，该专业探索建立“本硕连读、跨段培养、交叉融通、中外合作”的新型培养模式，进一步打造国际组织后备人才“蓄水池”。

新模式的开展离不开教研项目和国际合作的支撑。学校创新国际组织后备人才培养模式，先后获得校级综合教学改革重点项目、山东省本科教改项目和教育部首批新文科研究与改革实践项目的立项支持，获批教育部国际组织青年人才培训项目、教育部高层次国际化人才培养创新实践项目。突出国际合作与国际组织后备人才培养全过程结合，通过多种渠道“请进来”和“走出去”，充分利用国内外优质资源，构建中外协同培养体系。学校先后与法国雷恩政治学院、法国里尔政治学院、加拿大蒙特利尔大学等在国际组织人才培养方面具有丰富经验的高校建立深度合作关系，选派学生进行一个学期或一个学年的长期交流，提高人才培养的国际化水平。学校于2019年和2022年先后两次入选国家留学基金委“国际组织后备人才培养项目”支持单位，2021年获批国家留学基金委“国别和区域研究人才支持计划”，提升人才培养的支持保障力度。

三、新课程

秉承新文科要义，学校积极推进课程建设和教学改革，以问题和需求为驱动，围绕国际组织核心素养进行课程体系的整体设计。以国际组织与跨文化交流微专业为例，在新文科建设理念的指引下，教师团队充分整合集成分散在外国语、国际法、国际关系、国际传播等专业的校内优质教育资源，打破原有院系界限和学科壁垒，开发“批判性思维与国际公文写作”“国际公文阅读与翻译”“跨文化交际：磋商与合作”“国际组织胜任力与跨文化交流实践”“国际关系理论与案例分析”“国际法基础理论与实务”“外事礼仪与国际谈判”等十余门优质课程，将多语能力、跨文化交际能力、全球治理能力和实践能力等进行有机融合，突出多学科交叉性和多能力融合性。例如，“批判性思维与国际公文写作”课程聘请国际组织前官员和省级一流课程负责人共同对课程进行设计、授课，深受学生喜爱。“国际组织人才核心素养提升训练营”课程每年在暑期学校开课，打造“国际组织官员+学界知名学者+青年同辈分享+模拟实践工作坊”四位一体的授课模式，引领性、品牌性、创新性日益凸显。除对课程体系进行升级外，授课教师按照一流课程的要求，对教学设计和教学方法进行创新，实施探究式、讨论式和案例式教学，推进混合式教学改革，以课程的高阶性、交叉性和挑战度助力学生综合素质的提升。

课程教学离不开师资队伍的支撑，学校持续加强国际组织后备人才培养师资队伍建设。通过外语类与非外语类师资相结合、专业教师与业内实务专家相结合、国内教师与海外名校名师相结合，对国际组织后备人才师资团队进行重构升级，打造了一支横向集约、纵向挖潜、合作共赢、优势互补的优质高水平师资团队。

四、新实践

长期以来，文科专业普遍存在实践教学弱化、实践能力培养不足的短板。国际组织后备人才应特别注重应用和实践能力，提高学生在真实场景下解决问题的能力。学校不断优化实践育人方案，整合多方资源，全力打造服务国际组织后备人才培养的“第二课堂”体系，实现“第一课堂”和“第二课堂”的优势互补，全面提升学生全球胜任力。2019年和2022年先后成立学生全球治理与国际组织发展协会和学生区域国别与全球治理研究协会，集聚一批有志于从事国际组织相关研究与赴国际组织实习任职的优秀学子。积极打造“名家讲堂+知识学习+文化美育”创新型系列品牌讲座，举办“国际组织主题演讲比赛”“国际组织主题英语写作大赛”“MODEL APEC大赛”“第十八届中国模拟联合国大会”等定位高、覆盖广、内容实的高端赛事，实现以赛促学，提高学生实战能力和竞争力。实施“全球胜任力青年领军人才训练计划”，通过参访研学、外出参赛、海外研修等优质项目，帮助学生全方位学习、体会、内化国际组织环境适应与工作实践技能。学校还将信息化技术引入实践教学，建设高层次国际化人才全球胜任力虚拟仿真实验教学示范基地，打造“国际组织事务多语种磋商”虚拟仿真课程，结合“元宇宙+教学”前沿概念，实现“在地国际化”。为提高学生参与各类实践的主动性和积极性，学校把“第二课堂”素质拓展活动经历转换成必修学分融入学生培养方案，优化实践教学过程管理和考核评价，提升实践教学效果和质量。

在教学改革工作持续发力下，近几年学校国际组织后备人才培养工作取得较大进展，形成山东大学新文科建设特色品牌。学生家国情怀持续巩固，国际视野全面开阔，综合素质稳步提升，创新能力日益突出，众多学生在国际组织与外交外事类重要赛事中取得佳绩，先后获得“全国高校联合国知识竞赛”特等奖、“全国高校国际组织菁英人才大赛”一等奖、“国际刑事法院模拟法庭比赛”一等奖等。赴国际组织实习人数增速明显，实习平台层级逐年提升。下一步，学校将进一步完善体制机制，拓宽学生国际组织实习渠道，构建“全过程、多途径”的全球胜任力“第二课堂”体系，加快培养“一精多会、一专多能”的高素质复合型国际化人才。

国际组织后备人才培养是个系统工程，机遇与挑战并存，唯有把握高等教育发展大势，准确识变、科学应变、主动求变，在变局中破局，在守正中创新，才能实现系统突围、提质增效，在培养新时代国际组织后备人才之路上创造新理念、形成新模式、做出新作为。

（稿件来源：山东大学）

中山大学：推进政产学研协同培养数字化治理人才

中山大学积极回应国家战略需要、社会发展需求和数字时代要求，大力加强数字化治理人才培养，打造政产学研协同育人的高质量人才培养体系，推动建构中国治理体系。

一、聚焦中国之治，强化价值引领

中山大学积极回应新时代对学科建设与人才培养的根本要求，牢记立德树人根本任务，注重加强价值引领。

（一）创新课程思政形式

创立“中国之治：叙事·对话”项目，邀请政界、产业界的治理大家走进学院，向师生讲述具有代表性的治理故事，与师生深入交流，促进治理之学与治理实践的双向互动，师生反响良好。落实“为党育人，为国育才”的要求，通过多种渠道和平台让学生熟悉理解“中国之治”的鲜活经验，增强学生对于中国式现代化的体验与认知，提升学生通过调查研究讲好中国故事的能力。

（二）编写中国特色教材

夏书章教授主编的《行政管理学（第六版）》充分吸收党和国家治理的最新精神，体现中山大学公共管理学科历代学人的积累和传承，获全国优秀教材一等奖（高等教育类）。启动“比较视野·中国之治”系列教材的编写工作，强调以比较视野突出“中国之治”元素，结合中国实践，落实特色教学。

（三）注重学生调研实践

搭建师生专题调研、课外实践、支部建设等多维系列平台，结合相关课程组织学生开展“中国之治”专题调研，撰写调研报告，分主题集结出版

“青年中国说·理解系列”系列丛书，引导学生讲好中国故事。创办英文学术刊物 *Chinese Public Administration Review*，在世界讲好中国治理故事，传播中国治理声音。

二、促进政产学研协同，形成育人体系

聚焦国家治理中的重点问题和学科发展的新兴领域，多措并举建立政产学研协同人才培养体系。

（一）搭建协同平台

以人才培养目标为牵引，拓展和完善育人平台，与广东省、市党委部门联合打造“德才兼备、立德为先”的德育平台；与华为、腾讯等协同建立跨学科科研平台；汇集学校政治与公共事务管理学院、国家超级计算广州中心、计算机学院等联合打造治国理政实践教学平台；与省、市政务服务数据管理局和市场监管局、应急管理局等联合打造实习实践平台，让学生了解中国治理实践，引导学生在学习和科研的同时不断为国家治理现代化建设贡献智慧和力量。

（二）突出教学与科研融合

以科研反哺教学，将最新科研成果引入教学，推进课程内容更新，让学生在学习中发现国家治理实践所面对的真问题和新问题，验证基于本土情境的学科问题和研究命题，扩大学生学术视野，提升学生科研能力；坚持“学”“用”结合，推动科研和教学互动，让学生深度参与科研项目，真正成为知识的吸收者、使用者和创造者；推动教学与科研融合，构建教学育人、科研育人、合作育人的人才培养体系，全面提升学生的政策创制综合能力。

（三）推动成果转化

2017 级公共管理博士生王旭所主导团队秉持“融合交叉学科　响应国家战略　为党的建设与思想传播提供有力武器”的宗旨，自主研发了“基于人工智能的新时代移动党校”等系列成果，团队目前已在人工智能算法、党务信息推荐播报等领域获得数项国家专利，推动信息技术与党建工作深度融合，服务于新时代中国特色社会主义思想传播。2018 年 10 月 24 日，团队代表

2017 级公共管理博士生卜熙向习近平总书记汇报了“移动党校”相关情况，并获总书记肯定与鼓励。

三、着眼数字化未来，培养引领性人才

进入数字时代，数字化转型成为城市提升治理能力、推进治理现代化的重要抓手，数字治理已成为当下重要治理形式。中山大学着力探索数字治理学科方向建设，培养引领未来的数字治理人才。

（一）培育学科方向

培育数字治理学科方向，成立中山大学数字治理研究中心，推动移动互联网、大数据、人工智能等新技术在公共治理实践中的应用以及相关理论探讨，为数字治理研究打造学术交流的平台，推动数字治理学科建设。中心与数字领域的高新技术企业（如蚂蚁金服、阿里云、影子数据等机构）、政务数据部门合作，不断拓展研究领域，目前已形成以“12345”政务热线为中心的全国性研究网络；连续四年在北京、潍坊、北海、珠海举办全国性政务热线发展高峰论坛，并发布关于政务服务数字化、智能化转型方面的研究报告，吸引了中央人民政府门户网站、新华网、人民网等上百家重要媒体的专题报道与转载；创办《数字治理》半年刊，举办数字治理系列高品质学术会议，为全国数字治理研究者提供了高水平学术交流平台。

（二）搭建研究平台

学校与科大讯飞共建“中山大学—科大讯飞人工智能与政府治理创新联合实验室”，充分发挥学校多学科优势和企业产业优势，围绕人工智能与政府服务创新、数字政府、数字治理等领域开展科学研究及产学研合作，产出创新成果，培养一批人工智能与数字治理兼修的复合型人才，促进数字政府建设和政府治理能力的提升。

（三）打造赛事品牌

学校总结前期校级“公共治理数据分析大赛”举办经验，在粤港澳三方政府政务数据管理部门与科技发展部门的指导下，自 2021 年开始，每年与香港城市大学、澳门大学合作举办“政务关注·粤港澳大学生公共治理数据分析大赛”，并在竞赛中专门开设“大数据分析训练营”，按照专题形式为学生

讲解网络数据抓取、文本数据挖掘、Python 基础应用、地理信息系统运用、数据可视化等大数据分析方法，培养学生实践创新能力，为粤港澳大湾区建设培养更多适应、引领数字化未来的公共治理人才。

（稿件来源：中山大学）

西北大学：面向未来　交叉融合 构建高质量新文科人才培养体系

西北大学充分发挥学科门类齐全的优势，坚持面向未来，促进多学科交叉融合，推动新文科专业及课程建设，着力构建具有西北大学特色的新文科人才培养模式。

一、推进学分制改革，创新文科人才培养机制

西北大学将改革重心聚焦于学生，坚持“以本为本、以生为本”，以扩大学生学习自主权为核心，全面推进完全学分制改革，实现优质教育资源的有效配置，为新文科建设创设有利条件和环境。

（一）加快构建完全学分制培养体系

在完全学分制改革背景下，出台《西北大学关于修订本科专业人才培养方案的指导性意见》，坚持“压缩总修学分、开放课程体系、加强实践教学、丰富选课资源”的基本原则，将所有教学环节均纳入学分制管理体系，推动各专业形成与完全学分制相适应的本科人才培养模式与课程体系。同时，组织各院（系）制定《西北大学本科生学业指南》，引导学生做好学业规划。

（二）不断完善完全学分制教学机制

通过创新教育形态、丰富教学资源、重塑教学流程，充分发挥完全学分制优势特色。以全校通修课程改革为突破口，形成具体改革方案。持续加强课程资源建设，引入课程竞争机制，采用“挂牌上课、竞争上岗”等举措，敦促教师不断加强教学投入，提高教学质量。

（三）建立健全完全学分制管理制度

建立《西北大学普通全日制本科生“专业分流、准入准出”管理办法》等系列配套制度，全面推行选课制和导师制，按照“学生意愿与院系选留相结合、学生选择自由度与教学资源相匹配、优质生源培养与一流专业建设相促进”的

原则，实行“专业分流、准入准出”，进一步拓展学生自主选择的空间。

二、优化专业结构，推动文科专业融合发展

（一）着力培养基础学科拔尖人才

依托原有的7个国家基础学科人才培养基地，坚持“统筹规划、优先发展”的基地专业“特区”建设战略，在硬件设施、经费保障和政策激励等方面予以适当倾斜，在模式改革、机制创新等方面鼓励先试先行，逐步形成了办学基础扎实、在国内外有较大影响的基础学科拔尖人才培养“基地群”。2021年，“经济学拔尖学生培养基地”入选国家基础学科拔尖学生培养计划2.0基地，成为学校入选的三个基地之一，文科拔尖创新人才培养“高地”和“示范区”进一步扩大。“经济学拔尖学生培养基地”采取“3+1+X”的“本硕博”贯通培养模式，重塑课程体系、优化教学方法，着力培养具备强烈使命担当，立足中国实际，掌握扎实经济学基础、先进研究方法与工具的经济学家。

（二）着力培养卓越应用人才

主动把握并适应经济社会发展需求，用好多主体协同育人的“催化剂”，形成人才培养合力，走好人才自主培养之路。积极探索校地合作、校府合作、校企合作、校所合作，共同制定培养方案，共同建设满足教学需要的实训平台，打造产学研用人才培养的“试验田”。与故宫博物院、敦煌博物院等联合培养考古人才，与陕文投集团、西影集团三方共建西北大学电影学院。与开源证券联合创办“开源证券—西北大学”创新人才实验班，通过双方课程协同、师资协同、资源协同、平台协同的嵌入式合作，培养高素质专门人才。实验班已完成了三期招生，生源拓展到西安交通大学、陕西师范大学等省内高水平大学，实现了跨校跨专业招生。

（三）加强文科专业建设

1. 推动转型升级

建立健全动态调整机制，持续优化文科专业布局，并积极推动人工智能、大数据等现代信息技术与现有文科专业深入融合，提升专业建设内涵质量和时代特征。探索“考古+”的专业建设模式，将信息科学、数学与考古有机融合，利用大数据分析和3D扫描复原等技术手段，建设“文物保护技术”“数

字考古”等复合型专业方向，创建了国内首个“沉浸式”虚拟考古实验室。

2. 深化交叉融合

充分发挥综合性大学优势，打破学科专业壁垒，促进文科内部相近专业集群、文科与其他学科交叉融合，探索适应和引领时代发展以及国家和区域发展急需的新兴专业（方向）。以经济学、数学、计算机等专业为基础，设立数理经济实验班、金融数学等专业；推动多学科融合应用，设立应急管理专业，并成为19个国家应急管理学院首批试点学院之一。

三、聚焦核心环节，夯实文科教育“新基建”

（一）提升课程内涵质量

对标国家一流本科课程建设要求，全面提高文科课程的高阶性、创新性和挑战度，着力打造具有西北大学特色的高水平文科一流本科课程集群。持续推进课程教学改革创新，支持教师积极创新教学理念、教学设计和教学方式，注重启发式、互动式、研讨式教学，并鼓励开设跨学科专业的新型课程以及实践教学课程，培养学生的创新性思维、探究思考能力、跨领域知识融通能力和实践能力。不断深化课程改革与质量建设，组织开展“课程质量年”“教学学术研讨月”等活动，围绕课程建设和质量提升开展大讨论，形成“人人关心教学、人人服务教学、人人研究教学”的质量文化和浓厚氛围。

（二）打造特色鲜明的教材体系

以打造特色鲜明的高水平教材为导向，把牢方向、守好阵地、突出特色、强化优势，在教材编写中体现学科特点，注重思想内容与学科专业知识有机融合，重点加强科学精神培育和科学思维方法训练。发挥学校在中华优秀传统文化、思想史方面的研究特色，打造了《中国思想史》等一系列高水平教材；张岂之、谢阳举、张茂泽、黄民兴等先后担任“马克思主义理论研究与建设工程重点教材”编写首席专家，《中国思想史》等7部“马克思主义理论研究和建设工程”重点教材先后出版。近三年，西北大学百余部教材在高等教育出版社、科学出版社等高层次出版社出版。在首届全国教材建设奖评选中，3部教材荣获全国优秀教材奖，中国思想文化研究所获评“全国教材建设先进集体”。

（三）建立共建共享的综合性实习基地模式

发挥综合性多学科优势，探索优质资源共建共享的综合实习基地模式（见图 1），建设以鄂尔多斯盆地综合实习基地为代表的“综合实习基地群”，充分发挥院系积极性，共建共享，优势互补，形成“校内多学科融合—校外多学科实习”的实践教学格局。与政府、企业共建共享综合实习基地，明确建设主体，构建运行模式，探索发展路径，开辟学、研、产相结合的新途径，搭建多方合作的综合实习平台，破解地方高校资源约束的困境，提高高校服务地方经济社会发展的能力。

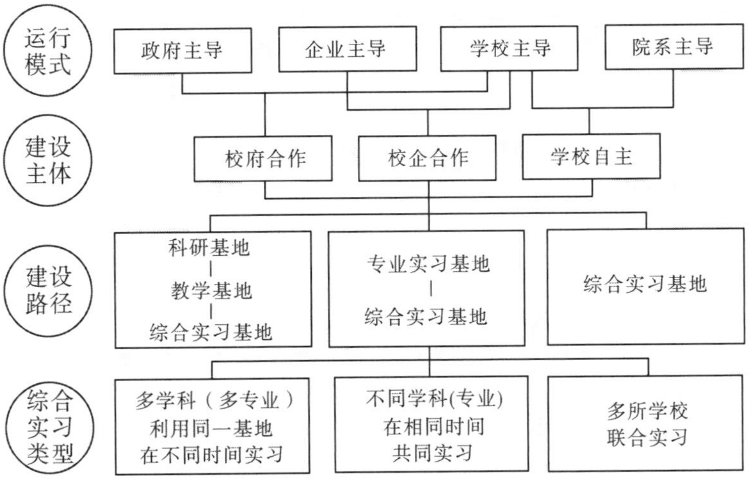

图 1　共建共享的综合实习基地模式

（稿件来源：西北大学）

中央财经大学："一核·四翼·六维驱动"培养中国特色财税精英人才

世界百年未有之大变局正加速演进，习近平总书记先后提出"推动构建人类命运共同体""共同完善全球经济治理"等重要论断。全球治理与国家治理紧密相连，财政是国家治理的基础和重要支柱，也是我国积极参与全球治理的财力保障。在全球财经治理变革的背景下，我国急需培养具有国际视野、家国情怀、专业担当、创新精神的中国特色财税精英人才。

学校秉承"为国而生、与国同行"的教育精神，怀揣"为党育人、为国育才，薪火相传、立德树人"的教育情怀，积极应对全球财经治理变革的机遇与挑战，乘势而上，锐意创新，不断推动国家级重点学科、国家级教学团队、国家财经应用型创新人才培养试点单位、国家级一流专业建设。2016年以来，学校构建"一核·四翼·六维驱动"一流财税本科人才培养体系（见图1），以"厚德铸魂、知行合一、追求卓越"为核心理念，深度实践"思政育人、环环育人"，明确厚德育智、铸魂树人本质，以知促行、

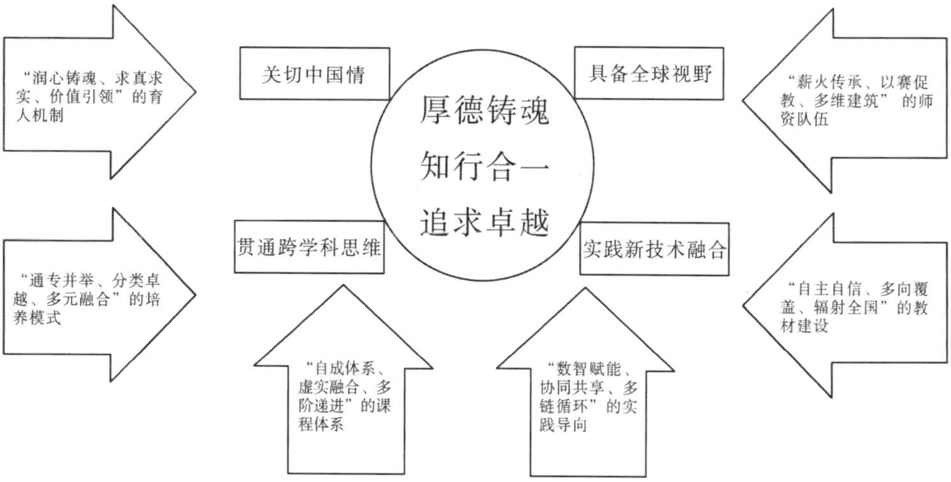

图1 "一核·四翼·六维驱动"一流财税本科人才培养体系

以行促知，在“知行合一”中追求卓越、创新发展；确立“关切中国国情、具备全球视野、贯通跨学科思维、实践新技术融合”的四翼人才培养方向；构建“德—智—师—课—教—行”六维一体的人才培养体系，实现财税精英人才多元发展路径，着力培养具有国际视野、家国情怀、专业担当、创新精神的中国特色财税精英人才。

一、以“四翼”推进一流财税本科精英人才培养

（一）聚焦中国：扎根中国大地，立足中国特色

坚持全专业开设中国财政史必修课，主办中国财税史师资培训，创建财政基础理论基地班，入选教育部首批新文科研究与改革实践项目，以中国财政基础理论为指导，引导学生关注中国实际财政问题，利用经济学、管理学、社会学的研究方法，从跨学科视角理解和解决问题，为培养具有中国气派的财政学者、构建中国特色的财政理论奠定人才基础。

（二）全球视野：贯通内外合作，面向全球治理

建立国际一流的人才培养平台。与联合国人才培训与科学研究中心、国际财税文献局、英国牛津大学、美国纽约大学、俄罗斯乌拉尔联邦大学等国际研究机构和著名高校建立合作伙伴关系，开展暑期国际夏令营，设立国际财税协会中国分部秘书处，开设外国财政、国际税收等全英文课程，为“一带一路”倡议等培养高端财税人才。

（三）协同一体：协同循环，融合一体

在师生之间、校内外部门之间、不同学科之间，全面推动深度协同育人，形成主体多元化、内外双循环的良性协同环境。依托校外导师和30多个实习实践基地，设立财税大数据实验室，鼓励和引导学生创新实践，学生在美国大学生数学建模竞赛、“互联网+”、大学生创新创业大赛中多次荣获一等奖和特等奖。

（四）科技融通：贯通文理，数字赋能

建立财税业务一体化仿真实验室，涵盖财税学科中所有的核心专业课程。开设“财税业务模拟”“数字税收”“机器学习在财税中的应用”等跨学科课程。构建数字化人才管理机制，建立学生数字化成长档案，当期进行线上评

估，提高辅导员、教务干事、班主任和专任教师的数字化管理能力。

二、全员育人，实现“德—智—师—课—教—行”六维驱动

（一）构筑“润心铸魂、求真求实、价值引领”的德育机制

深化课程思政建设，出台课程思政建设支持办法。建设多门课程思政“时雨微课”和示范课程，获评全国财政学类课程思政案例一等奖和北京市课程思政示范课程、课程思政教学名师和教学团队。

坚持开展读书月、贤达论坛，每年近千人次参与，通过朗诵、书信交流、知识竞赛、演讲等形式，引导同学树立多读书、读好书的人生理念。举办“担当起中华民族伟大复兴重任”“阻击新冠疫情，讲述中国故事”“疫情之下青年人成长之路的思考”等上百次讲座和交流。

（二）实施“通专并举、分类卓越、多元融合”的培养模式

财税学术精英培育计划。一是持续性学术训练。从大一开始分阶段、分层次增加论文写作、数据分析与文献阅读、专题研究等中英文学术课程和讲座，提升专业能力的厚度与深度。二是个性化学术指导。提供双向选择，本科阶段即可进入国家社科基金重大项目，外交部、财政部等部省共建研究团队参与项目研究，指导本科生在《经济研究》等学术期刊中发表论文，在“挑战杯”学生课外学术论文竞赛多次荣获一等奖和特等奖。

财税职场精英培育计划。一是邀请财政部、国家税务总局、基层财税部门和企业的专家进课堂、进教材，建立财税人才培养的产学研结合模式。二是组建专业教师指导团队，指导学生参加德勤税务精英挑战赛、首都税务案例大赛等各类专业赛事。三是组织模拟面试大赛、成长与求职交流会等，邀请企业高管、优秀校友参与。

财税国际化精英培育计划。一是对标世界一流大学，每年邀请世界知名大学的学者为学生开设全英文财税课程。二是组织学生到世界知名高校开展暑期夏令营研修交流。三是承办国家汉办“孔子新汉学计划——青年领袖中外财税对比来华研修项目”，引入全球27所高校共同参与的“AI for local value”跨境学习项目，连续三年协办全球能源转型高层论坛等国际高端会议，为学生提供国际交流平台。

（三）培育“薪火传承、以赛促教、多维建策”的师资队伍

通过机制化、动态化、多元化方式，培育了一支优秀的教师队伍。传承财税大师精神，先后设立“姜维壮教授教育基金”“董庆铮教授财税教育基金”，组织师生排演大师剧《姜维壮》，设计《姜维壮》主题展览，举办纪念姜维壮教授朗诵诗会等系列活动，激励教师成长。学校现有国家教材委委员两名、国家“万人计划”两名、国务院参事一名、全国首批税务领军人才一名、北京市教学名师五名、北京市教书育人先进个人一名、师德先进个人一名、教育部新世纪优秀人才三名，成功入选北京市优秀育人团队。学校鼓励青年教师积极参加各类教学比赛，在全国范围内取得青教赛最好成绩（连续三届北京市一等奖），教师社会服务成果获得多项国家领导人批示与现实应用。

（四）建设“自成体系、虚实融合、多阶递进”的课程体系

全面改革课程体系，打造“通识教育课程、学科平台课程、专业方向课程”互为支撑的课程群体系。学校统筹规划，开设新课，打造金课，全面开展中国特色财税理论研究和财税管理实践类课程建设。在专业核心课、专业进阶课和专业拓展课体系中，逐步开设“财政学”“中国税制”“中国财政专题”“诸子百家选讲”“《资本论》选读与研究”等课程，并在成长导师指导下开展实践型课程。

（五）实现“自主自信、多向覆盖、辐射全国”的教材建设

将中国特色教材建设作为人才培养的重要抓手，自主建成改革开放以来全国具有影响力的系列本土教材。所有专业必修课和选修课均由本院教师使用自主编制教材主讲。《中国税制》《政府预算管理》《国际税收》《税收筹划》等九本教材入选国家和教育部规划教材、精品教材，获评首届全国教材建设奖优秀教材二等奖、三等奖、教材建设优秀个人。《中国税制》《税法》《税收筹划》等教材累计印刷150万册，超过300所高校使用。

（六）推动“数智赋能、协同共享、多链循环”的实践育人

“政府—企业—高校”深度合作，共建多元化实践教学基地，建成涵盖政府财税部门、大型企业、知名事务所在内的30多个实习实践基地。每年学校组建学生实践团队70余支，开展老舍纪念馆志愿服务等十多项志愿项目，持

续实施大学生暑期“三下乡”“志愿服务西部计划”等活动。在支援西部、驻村帮扶、抗击疫情等国家急难险困领域都有财税学子的身影，扎根基层、干事创业，服务国家重大发展战略。学生满怀报国担当活跃在国际舞台，参加国际学术会议、担当大型国际活动志愿者，赴联合国粮农组织等实习、工作，遍布全球财税各行各业。

（稿件来源：中央财经大学）

新疆财经大学：立足区域特点
发挥财经优势 培养新时代财经人才

新疆财经大学认真贯彻落实新文科建设工作会议精神，立足新疆区域特点，发挥财经专业优势，印发《新疆财经大学新文科建设工作方案（2022—2025年）》，发起成立新疆新文科教育联盟，促进专业转型升级和人才培养质量提升，全面推进中国化、信息化、交叉化、实践性的新文科探索与实践。

一、开展“中国化”教育教学改革与实践

（一）课程思政建设展现“中国精神”

新疆财经大学牢牢把握习近平新时代中国特色社会主义思想“铸魂育人”这一主线，坚决落实“聚焦总目标 建设强财经”两大任务，以新文科的视野推进课程思政路径创新。围绕有形有感有效铸牢中华民族共同体意识、培育和践行社会主义核心价值观、弘扬兵团精神及胡杨精神等方面构建三大核心思政元素体系，对标示范课程，连续三年实施“解剖麻雀”工程，通过实施“五个重塑”——重塑课程目标、重塑课程内容、重塑教学设计、重塑教材及教辅内容、重塑教学评价体系，在全校范围内对公共基础课程、专业教育课程、实践类课程思政元素进行系统性挖掘，用中国声音讲好中国故事、新疆故事，用中国话语展现中国精神，培养爱国爱疆、担当奉献的社会主义建设者和接班人，引导学生做具有远大理想的爱国者。

以资源库建设、示范引领、培训交流、教改研究、评价激励为课程思政建设的“五个抓手”，成立课程思政研究中心，强化工作机制，优化管理制度，完善思政帮扶机制。召开以“推进高校课程思政建设高质量发展”为主题的自治区首届高校课程思政天山论坛，全疆2700余名教师参会，交流思学融合课程建设经验。评选出42门课程思政示范课程、教学名师及团队，其中高志刚教授负责的“产业经济学”课程获批教育部首批课程思政示范课程、

教学名师及团队；“‘1+345’课程思政育人体系探索与实践”获教育部高校思政精品项目；学校获批自治区课程思政教学研究示范中心、自治区课程思政试点高校。

（二）教材建设发出“中国声音”

大力推进“中国化”教材建设。高志刚教授主编的《产业经济学》教材作为国家精品课程（2010 年）建设教材，坚持问题导向，重视案例教学，突出课程育人，在 2022 年第三版的修订中进一步融入习近平新时代中国特色社会主义思想，初步构建了“基础理论+中国特色+前沿知识+中国实践”的产业经济学体系，体现了与时俱进和课程育人的要求。推出《创新创业管理》《智慧财务》等教材，结合中国近年来发展的理论和实践，在教材中发出中国声音，在教学中帮助学生塑造正确的世界观、人生观、价值观，培养具有强烈爱国情怀，靠得住、留得下、用得上，具有国际视野和创新思维的财经人才。

（三）课堂教学讲好“中国故事”

在各专业人才培养方案中将“中国特色社会主义政治经济学”课程设置为公共基础课程。课程坚持习近平新时代中国特色社会主义思想，在马克思主义政治经济学的基本原理上建构中国特色社会主义政治经济学，摆脱对西方经济学理论的过度依赖，扎根中国经济管理实践，充分利用改革开放四十多年来的伟大实践经验，构建具有原创性的经济管理新理论和新思想，创造具有中国特色的新方法和新范式。坚持扎根新疆大地，立足区域特色，2020—2022 年建设本科、研究生各 100 篇具有中国特色和区域特色的教学案例，形成本地化特色案例库，在课堂上讲好“中国故事”。

二、推进文科教育“信息化”发展

（一）教师信息化教学能力不断增强

积极探索混合式教学模式与翻转课堂实践教学。大力推进混合式教学，开展 10 余轮次有关信息化教学改革、在线开放课程建设等专题培训，千余教师参与培训。截至目前，获批国家级混合式一流本科课程 1 门，自治区级混合式一流课程 12 门，建设校级线上线下混合式“金课”42 门，在线开放课程 31 门，全校 50%以上教师能够熟练开展混合式教学，信息化教学能力不断增强。

（二）学校教学管理信息化水平不断提升

建设“质量工程项目管理平台”并完成本科质量工程项目的全过程管理工作，项目管理信息化水平不断提升。探索打造“本科智能质量评价系统”，建设一体化智慧教育教学平台，利用云计算、大数据技术，深度挖掘教学数据，实现对教学过程的智能巡检、教学质量精准监控和学生形成性评价，根据平台数据定期发布学校“两报一刊”，质量管理信息化水平不断提升。

三、推动学科专业“交叉化”改革

（一）积极调研论证，统一思想

先后赴江西财经大学、上海对外经贸大学等高校就新文科建设等问题进行深入交流探讨。召开2021版本科专业人才培养方案现场论证会，邀请中央财经大学副校长等17位教育部教指委专家和业界人士作为论证专家，对本科专业人才培养方案进行现场论证，进一步明确学科专业交叉化改革方向，为创新人才培养模式提供建设性意见建议。

（二）开设“新文科”人才培养创新班

秉承“新文科”建设理念，依托经管学科优势，以学科交叉融合为前提，设立“大数据营销”“涉外经贸法律”两批次共7个“新文科”人才培养创新班项目。开设跨专业跨学科的交叉课程，在“数字经济”人才培养创新班的培养方案中增设“互联网+运营管理”课程，在“智慧财税”人才培养创新班的培养方案中增设“人工智能概论”课程，进一步深化学科专业交叉化实践。

（三）主动布局新兴交叉专业

聚焦丝绸之路经济带核心区建设实际需求，立足区域特色，发挥财经专业优势，近年来，新设数据科学与大数据技术、金融科技、数字经济、网络与新媒体等新专业，积极培养适应国家战略需求、服务新疆经济发展的财经类复合型人才。

四、增强文科“实践性”探索与改革

（一）立足财经优势，探索专创融合改革

以“胡杨精神”为核心，探索具有新疆特色的创新创业教育体系。立足新疆区情，以大中企业技术创新需求项目和小微企业服务需求项目为驱动，以学科竞赛为抓手，积极发挥“第二课堂”育人功能，引导学生深入参与社会服务活动，运用专业知识助力脱贫攻坚、乡村振兴。近五年总计8600多位学生参加各类竞赛，获得国家级奖项400余人次，省部级奖项1200余人次，获批国家级双创项目159项。已建成跨专业创新创业实验教学中心、创新创业孵化基地、195个校企合作实习实践基地。2019年，“地方财经高校专创融合育人探索”项目获自治区教学成果奖一等奖，2022年，学校获批为全国创新创业教育实践基地。

（二）紧贴地区实际，深化知行合一

与中央驻疆媒体合作，推出“发现·记录大美新疆”社会实践课程，由讲授采访、写作、摄影摄像等实务类课程的新闻学专业老师带领学生到伊犁州察布查尔锡伯自治县、昌吉州奇台县、巴音郭楞蒙古自治州轮台县等州县，深入农村、边防连队、企业、油田生产一线等进行新闻采风报道，将课堂的理论知识真真切切的运用到新闻实务中，让学生接触社会，深入生活，增强学生服务国家、服务人民的社会责任感，培养学生爱国爱疆爱人民的家国情怀，并在人民网、新华网、中国日报网等中央驻疆媒体上发表多篇新闻作品。返乡大学生紧贴当地社会实际情况，借助当地农村夜校平台，利用寒暑假开设“红领巾小课堂”，深入“访惠聚”驻村工作队一线，为当地农牧民教授、讲解国家通用语言文字，在社会实践中深化知行合一。

（三）牵头成立新疆新文科教育联盟

在新疆维吾尔自治区教育厅的指导下，发起并成立新疆新文科教育联盟。于5月20日召开成立大会，教育部高教司人文社科教育处处长张庆国，教育部新文科建设工作组组长、山东大学原校长樊丽明教授，教育部科学技术与信息化司副司长、新疆维吾尔自治区教育厅党组成员、副厅长（援疆）李楠出席并作主题报告。新疆新文科教育联盟第一届联盟由新疆高校、行业企业、科研院所、社会组织的54个单位组成，新疆财经大学任第一届新文科联盟理事长单位，与其他联盟单位携手推动新疆新文科建设创新发展。

（稿件来源：新疆财经大学）

附录　大事记

▶ 习近平总书记在中国共产党第二十次全国代表大会上的报告

教育、科技、人才是全面建设社会主义现代化国家的基础性、战略性支撑。要坚持教育优先发展、科技自立自强、人才引领驱动，加快建设教育强国、科技强国、人才强国，坚持为党育人、为国育才，全面提高人才自主培养质量，着力造就拔尖创新人才，聚天下英才而用之。

▶ 习近平总书记在中国人民大学考察时发表重要讲话

加快构建中国特色哲学社会科学，归根结底是建构中国自主的知识体系。要以中国为观照、以时代为观照，立足中国实际，解决中国问题，不断推动中华优秀传统文化创造性转化和创新性发展，不断推进知识创新、理论创新、方法创新，使中国特色哲学社会科学真正屹立于世界学术之林。（资料来源：新华社）

▶ 1 月 7 日，北京航空航天大学召开新文科发展大会

会议以“聚共识、促融合、铸精品、谋新篇”为主题，旨在以习近平新时代中国特色社会主义思想为指导，深入贯彻落实党的十九届六中全会精神，立足中华民族伟大复兴战略全局和世界百年未有之大变局，面向新一轮科技革命和产业革命，站在建设世界一流大学的新起点，推动北航新文科高质量发展，打造北航“精品文科”。（资料来源：北京航空航天大学新闻网）

▶ 1月8日，河海大学举行文科发展大会

河海大学文科发展大会在贯彻落实习近平新时代中国特色社会主义思想、加快推进“双一流”建设的背景下召开，提出了加快推进文科发展的指导意见“三十条”和加强哲学社会科学育人工作“三大举措”。文科发展大会的召开，全面吹响了争创河海特色一流文科的号角。（资料来源：河海大学）

▶ 2月25日，2022年全国高教处长会在重庆召开

会议以“深化新教改 打造新形态 提高新质量”为主题，对高等教育相关工作进行了动员部署。会议系统总结了2021年高等教育在“四新”建设、课程思政建设、中西部高等教育振兴、优化学科专业结构、紧缺人才培养等方面的工作成效，强调要加快完善以“四新”建设为代表的高等教育发展中国范式，走好人才自主培养之路。（资料来源：教育部、《重庆日报》）

▶ 3月17日，“广西新文科教育研究中心”在广西师范大学揭牌

广西新文科教育研究中心于2022年1月由广西壮族自治区教育厅批准成立，挂靠广西师范大学。中心以服务国家发展战略和地方经济社会发展需求、全面推进广西新文科教育全面创新发展为目标，承担广西新文科教育研究与服务工作，指导广西新文科建设项目研究与实践，编制广西新文科建设年度发展报告，开展新文科建设研讨，探索人才培养新模式。（资料来源：广西师范大学新闻网）

▶ 3月19—20日，第六届全国高等学校外语教育改革与发展高端论坛在外研社举办

论坛由北京外国语大学、教育部高等学校外国语言文学类专业教学指导委员会、教育部高等学校大学外语教学指导委员会与中国高等教育学会外语教学研究分会联合主办，以“理解中国，沟通世界”为主题，开设九场专题论坛，92位发言人聚焦外语教育时代议题，共商中国高等外语教育新格局与新发展。（资料来源：人民网、北外新闻网）

▶ 4 月，《新文科建设年度发展报告（2021）》出版发行

由全国新文科教育研究中心编著的《新文科建设年度发展报告（2021）》一书，由山东大学出版社出版发行。报告设置“专题报告”“领航之声”“专家观点”“典型案例”“大事记”等栏目，全面系统地介绍了 2021 年全国新文科建设理论研究和实践探索进展，是全国新文科教育研究中心持续推出的第二期年度发展报告。（资料来源：全国新文科教育研究中心）

▶ 4 月 14 日，湖北省部省高校共建新文科“社会治理法学”专业启动会在武汉召开

部省高校共建新文科“社会治理法学”专业是湖北省深化教育体制机制改革，优化教育资源配置的有益尝试，由中南财经政法大学牵头，湖北大学、武汉科技大学、三峡大学、长江大学、江汉大学、黄冈师范学院等高校协作共建。会上，7 所高校的有关负责人共同签署《部省高校共建新文科“社会治理法学”专业合作协议》。（资料来源：中南财经政法大学、湖北新闻）

▶ 4 月 15 日，广西新文科建设论坛在广西师范大学召开

论坛由广西壮族自治区教育厅指导，广西师范大学主办，广西新文科教育研究中心承办，广西本科高校教学指导委员会协办。参会专家共商广西新文科建设大计，共议《广西新文科建设工作方案（2022—2026 年）》，各高校经过研讨，达成建设共识，共同发布了《桂林共识：广西新文科建设宣言》，开启了广西新文科建设的新篇章。（资料来源：桂视网、广西师范大学新闻网）

▶ 4 月 22 日，产学合作推进新文科建设专题研讨会在京成功召开

会议由教育部产学合作协同育人项目专家组主办，凤凰数字媒体产业教育集团承办。会议分为两个阶段，与会专家围绕“新文科建设的探索与实践”“产学合作推进新文科建设专题研讨”等主题展开热烈讨论，共同研讨如何发挥产学合作协同育人项目优势，集聚产业力量支持、促进新文科建设。（资料来源：凤凰新高教）

▶ 4 月，中共中央办公厅印发《国家“十四五”时期哲学社会科学发展规划》

《国家“十四五”时期哲学社会科学发展规划》围绕贯彻落实党中央提出的加快构建中国特色哲学社会科学的战略任务，对“十四五”时期哲学社会科学发展做出总体性规划。《规划》明确，哲学社会科学工作必须坚持党的全面领导，切实发挥马克思主义对哲学社会科学的引领作用，加快中国特色哲学社会科学学科体系、学术体系、话语体系建设，加强中国特色新型智库建设和新时代哲学社会科学人才队伍建设。（资料来源：新华社）

▶ 5 月 7 日，《新文科理论与实践》创刊号正式发布

由教育部主管、山东大学主办的专题刊物《新文科理论与实践》创刊号正式发布。该期刊为季刊，设置“中国特色哲学社会科学研究”“理论前沿”“学科探讨”“教育探索”“典型案例”“域外文科动态”“发展报告”等栏目，集中关注新文科建设的重点、热点、难点问题，刊载新文科理论研究与实践探索成果，促进学术交流与经验分享，推动新文科理论创新与实践创新。（资料来源：山东大学）

▶ **5 月 20 日，新疆新文科教育联盟成立大会在新疆财经大学顺利召开**

新疆新文科教育联盟由新疆财经大学在新疆维吾尔自治区教育厅的指导下发起，旨在高质量推进新文科建设，深化新疆高等文科教育改革，培养造就一批爱国爱疆、担当奉献、德才兼备的高素质文科人才。会上，新疆新文科教育联盟正式揭牌。新疆新文科教育联盟的成立，标志着新疆新文科建设工作迈入了新发展阶段。（资料来源：新疆财经大学）

▶ **5 月，中共中央宣传部、教育部联合印发《面向 2035 高校哲学社会科学高质量发展行动计划》**

《面向 2035 高校哲学社会科学高质量发展行动计划》围绕贯彻落实习近平总书记关于哲学社会科学工作的重要论述，贯彻落实党中央关于加快构建中国特色哲学社会科学的重大决策部署，充分发挥高校作为我国哲学社会科学“五路大军”中的重要力量作用，不断推进知识创新、理论创新、方法创新，建构中国自主的知识体系，更好地回答中国之问、世界之问、人民之问、时代之问，更好地彰显中国之路、中国之治、中国之理，为高校哲学社会科学事业高质量发展做出中长期规划。（资料来源：新华社客户端）

▶ 6 月 2 日，面向“新文科”时代的国际商务谈判学科发展研讨会在线上召开

会议由中国管理现代化研究会国际商务谈判专业委员会主办，北京外国语大学国际商学院和中央财经大学国际经济与贸易学院共同承办。会议邀请专家学者围绕国际商务谈判学科发展、人才培养和社会服务等问题，进行了专题研讨和深入交流。会议公布了首批国际商务谈判专业委员会教学科研实践基地名单，举行了国际商务谈判专委会顾问委员会和专家委员会聘任仪式。（资料来源：北京外国语大学国际商学院）

▶ 6 月 11 日，全国新文科教育研究中心举行聘任仪式

为进一步发挥好全国新文科教育研究中心公共服务平台作用，中心着力加强研究员队伍建设，聘任了 23 位来自清华大学、中国人民大学、山东大学等高校，涵盖文学、历史学、哲学、经济学、管理学、法学、教育学、艺术学八大学科领域的专家学者，以推动新文科理论创新和实践创新。教育部新文科建设工作组组长、全国新文科教育研究中心主任樊丽明教授为现场参会的受聘专家颁发聘书。（资料来源：山东大学）

▶ 6 月 26 日，吉林省新文科（电子商务类）“长白山大讲堂”在吉林长春举行

大讲堂由吉林省教育厅主办，长春光华学院承办。大讲堂立足吉林省“一主六双”产业布局和“六新产业”发展需求，邀请专家学者围绕“电子商务类学科建设和专业人才培养”做主旨报告，深入探讨电子商务人才培养的有效途径，着力推动吉林省应用型电子商务人才培养，服务吉林省电子商务行业高质量发展。（资料来源：长春光华学院）

▶ 7 月 4 日，南京大学召开新时代文科发展大会

会议深入贯彻落实习近平总书记在中国人民大学考察时的重要讲话和给南京大学留学归国青年学者的重要回信精神，全面推动南京大学文科高质量发展。大会举行了“南京大学文科发展基金”启动仪式。新时代文科发展大会是南京大学全面研讨文科建设发展的重要会议，吹响了南京大学新时代文科发展的“进军号”。（资料来源：南京大学）

▶ 7 月 15 日，北京师范大学举办新文科建设背景下数字经济与管理学科建设研讨会

会议围绕“数字经济时代新文科建设与经管学科创新发展”主题，共同探讨数字经济与管理学科的科学研究、课程体系、人才培养、社会服务等内容，交流分享新文科建设背景下数字经济与管理学科的新理论、新技术、新成果、新趋势，为推动人工智能、大数据等现代信息技术与经管学科深度融合，构建世界水平、中国特色的数字经济与管理学科人才培养体系贡献智慧。（资料来源：中国教育新闻网、北京师范大学经济与管理学院）

▶ 7 月 16 日，新文科背景下西部地区外语学科与专业建设研讨会在石河子大学举行

会议由教育部高等学校外国语言文学类专业教学指导委员会英语专业教学指导分委员会主办，石河子大学外国语学院承办，新疆高校外语教学研究会、外语教学与研究出版社协办。会议旨在落实新文科建设工作会议要求，提升西部地区高校外语学科建设水平，推动外语专业内涵建设，提升外语人才培养质量，更好地服务国家经济社会发展需求。（资料来源：石河子大学）

▶ 7 月 18—19 日，新文科建设高峰论坛 2022 在山东青岛召开

论坛由教育部高等教育司、山东省教育厅指导，山东大学主办，全国新文科教育研究中心和青岛大学共同承办。论坛邀请新文科领域的知名学者、业界专家，围绕不同领域不同层面的新文科建设作主旨报告和案例分享，推动新文科建设再深化、再出发、再突破。（资料来源：全国新文科教育研究中心、青岛大学）

▶ 8 月 4 日，第 57 届中国高等教育博览会“新文科”论坛在陕西西安召开

论坛由中国高等教育学会主办，陕西省教育厅支持，西北大学和国药励展共同承办。论坛以“面向未来 融合创新——构建新文科高质量发展新格局”为主题，推动成立了陕西省高校新文科建设联盟，汇聚陕西文科教育创新发展合力，共商新时代文科教育发展大计，推动陕西省新文科建设再出发、再突破，对于全国和陕西省新文科高质量建设具有重要意义。（资料来源：中国高等教育学会、西北大学）

▶ **8 月 14 日，新文科视域下思想政治教育学科创新发展高端论坛顺利召开**

论坛由山东大学主办，山东大学马克思主义学院、《新文科理论与实践》编辑部、山东大学大中小思政课一体化研究中心联合承办。论坛聚焦新文科视域下思想政治教育学科的创新发展，邀请知名专家学者共同探讨新文科背景下思想政治教育学科建设的机遇、挑战与路径，深化思想政治教育学科的交叉融合意识，提升思想政治教育学科的学理定位，推动新时代思想政治教育学科的高质量发展。（资料来源：山东大学）

▶ **8 月 24 日，广东省本科高校新文科建设指导委员会第一次会议暨新时代推进新文科建设的理论与实践专题研讨会在广东财经大学召开**

会议旨在深入贯彻落实习近平总书记关于教育教学的重要论述和全国新文科建设工作会议精神，本次会议的召开标志着广东省新文科建设工作正式全面启动。会上，与会人员结合学校发展和学科专业实际，交流分享了各高校新文科建设典型经验，为构建国内一流、广东特色的新文科人才培养新格局贡献力量。（资料来源：广东财经大学）

▶ 8 月 27 日，首届新文科背景下外语课程与教材建设高端论坛线上成功举办

论坛由中国高校外语学科发展联盟课程与教材建设委员会、上海外国语大学外语教材研究院联合主办，上海外语教育出版社协办。论坛邀请不同学科、不同领域的知名专家学者，共同探讨新文科背景下外语课程与教材建设的重要议题，深化外语课程与教材建设与研究，推动新文科外语教育的深入发展。（资料来源：上海外语教育出版社）

▶ 8 月 28 日，北京工商大学举办新文科建设及商科数字化转型论坛

论坛由北京工商大学主办，北京工商大学数字未来中心、相关学院和中国人工智能学会智能服务专委会承办。论坛旨在顺应数字经济发展趋势，加快推动商科数字化转型，与会专家以新文科建设和高等教育数字化转型为主题开展研讨，进一步明确了智慧教育的发展重点，梳理了新文科建设和商科数字化转型的发展战略和目标，为新商科人才培养提供了新思路。（资料来源：新华网）

▶ 8 月，高等学校“理解当代中国”系列教材出版

由中央宣传部、教育部组织编写的“理解当代中国”多语种系列教材正式出版。已出版教材共计 39 册，涵盖了英语、俄语、德语、法语、西班牙语、阿拉伯语、日语、意大利语、葡萄牙语等九个语种及国际中文，于 2022 年秋季学期面向全国普通本科高校外国语言文学类专业本科生、研究生和语言类留学生推广使用。（资料来源：外研社）

▶ 9 月 18 日，首届数字法学与数字司法高端论坛在山东科技大学召开

论坛由中国法学会法理学研究会、《华东政法大学学报》、华东政法大学数字法治研究院、山东科技大学文法学院联合举办。论坛以“数字法学：理论转型与实践回应”为主题，汇聚了国内学术界、期刊界、司法界、实业界知名理论专家和实务专家，围绕“数字法学与‘新文科’建设”“法学期刊与数字法学研究”“数字司法与数字社会治理”等主题进行专题研讨。会上，山东科技大学数字法治研究院宣告成立。（资料来源：山东科技大学）

▶ 9 月 24 日，2022 年人工智能与司法大数据国际研讨会在华中科技大学成功举办

研讨会由华中科技大学与湖北省高级人民法院联合主办，华中科技大学法学院与湖北司法大数据研究中心共同承办。研讨会设置校长、院长论坛和分论坛报告环节，来自国内外著名大学和研究机构、法院系统、实务界、产业界的多位专家学者，对人工智能与司法大数据治理问题展开深入研讨。人工智能与司法大数据国际研讨会由华中科技大学与湖北省高级人民法院于 2021 年联合发起，每年一届，旨在为智慧司法建设、人工智能与司法实践的融合提供一个研讨交流平台。（资料来源：华中科技大学）

▶ 9 月 29 日，教育部召开哲学社会科学知识体系建构和高校咨政服务能力提升工程推进会

会议对哲学社会科学知识体系建构和高校咨政服务能力提升工程实施做出全面部署，动员和凝聚高校社科界以新时代、新担当、新作为加快建构中国自主知识体系。教育部党组书记、部长、哲学社会科学工作领导小组组长怀进鹏出席会议，强调启动实施哲学社会科学知识体系建构和高校咨政服务能力提升工程，是应对世界百年未有之大变局和服务中华民族伟大复兴战略全局的现实需要，是加快教育现代化和建设教育强国的内在需要，是补齐高校哲学社会科学短板的客观需要，要提高政治站位，切实站在我们党治国理政和长期执政、中华民族实现伟大复兴的高度，充分认识能力提升工程的重大意义。（资料来源：教育部）

▶ 9 月，黑龙江省教育厅发布《黑龙江省新文科建设系列方案——高校商科教育改革创新实施方案》

为推动黑龙江省高校商科教育改革创新，培养满足“六个龙江”建设需要的新时代商科人才，黑龙江省教育厅发布《黑龙江省新文科建设系列方案——高校商科改革创新实施方案》，提出到 2025 年，构建德智体美劳全面发展的高质量商科教育体系，打造“新思维+新技术+新模式+新服务”的商科教育新格局。（资料来源：《黑龙江日报》）

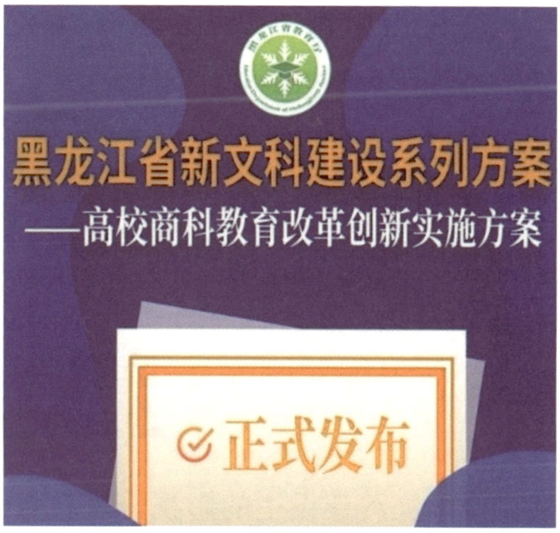

▶ 11 月 8 日，2022 中国新闻传播大讲堂在北京启动。

2022 中国新闻传播大讲堂启动仪式在中国传媒大学举行。大讲堂以“新时代 新征程：记者的使命与担当”为主题，邀请了来自 23 家媒体单位的 32 名优秀新闻工作者担任主讲人，录制了 32 讲系列课程视频，讲述与时代同向同行、立足国情民情的新闻实践，分享关于新时代记者使命与担当的感悟思考，为新闻学子提供了全员、全时段、全空间的全国大课堂。中国新闻传播大讲堂创设于 2020 年，目前已举办三年。（资料来源：《中国青年报》）

▶ 11 月 12 日，中国高等教育学会影视传媒专业委员会第 24 届年会暨 2022 中国影视传媒艺术高峰论坛在湖南长沙召开

会议由中国高等教育学会影视传媒专业委员会、湖南省文学艺术界联合会、湖南师范大学主办，湖南师范大学文学院、湖南省文艺评论家协会承办。与会专家学者围绕新文科建设中的影视传媒教育研究、跨媒介视域下影视传媒艺术研究、影视行业发展与影视理论批评研究、新主流电影与潇湘影视研究、“看中国外国青年影像计划”等话题进行深入研讨，深化影视传媒研究，推动影视艺术创作发展。（资料来源：中国高等教育学会）

▶ 11 月 26 日，新文科建设与拔尖创新人才培养研讨会在云端召开

会议由教育部成渝地区双城经济圈高校智能化教学改革虚拟教研室和西南大学教育学部联合主办。会议深入贯彻落实党的二十大报告提出的“全面提高人才自主培养质量，着力造就拔尖创新人才”要求，邀请专家学者围绕新文科建设与拔尖创新人才培养的理念创新、模式构建、实践经验、典型案例展开深入研讨，共同探索新文科建设与拔尖创新人才培养新路径、高校间跨学科交流协同新机制。（资料来源：西南大学教育学部）

▶ 12 月 6 日，教育部高等教育司启动首批新文科研究与改革实践项目中期检查工作

为深入学习贯彻党的二十大精神，全面推进新文科建设，加快推进首批新文科研究与改革实践项目的建设实施，实现文科教育真改、新改、深改、实改，教育部高等教育司启动《教育部办公厅关于公布首批新文科研究与改革实践项目的通知》（教高厅函〔2021〕31 号）认定的 1011 个新文科项目的中期检查工作，对项目实施效果开展阶段性总结，发掘典型经验，扎实推进项目实施。（资料来源：教育部高等教育司）

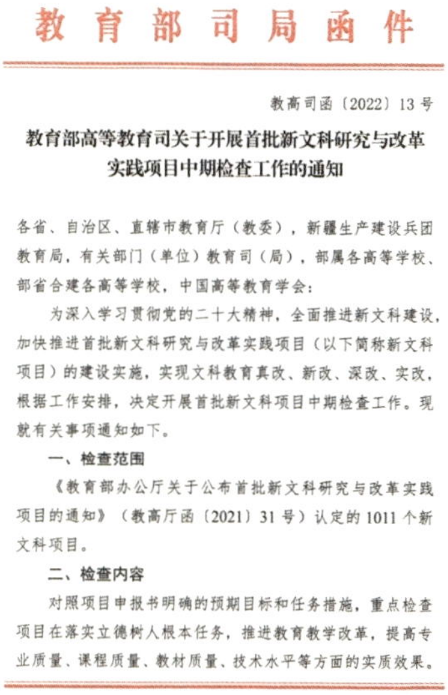

教育部司局函件

教高司函〔2022〕13 号

教育部高等教育司关于开展首批新文科研究与改革实践项目中期检查工作的通知

各省、自治区、直辖市教育厅（教委），新疆生产建设兵团教育局，有关部门（单位）教育司（局），部属各高等学校、部省合建各高等学校，中国高等教育学会：

为深入学习贯彻党的二十大精神，全面推进新文科建设，加快推进首批新文科研究与改革实践项目（以下简称新文科项目）的建设实施，实现文科教育真改、新改、深改、实改，根据工作安排，决定开展首批新文科项目中期检查工作。现就有关事项通知如下。

一、检查范围

《教育部办公厅关于公布首批新文科研究与改革实践项目的通知》（教高厅函〔2021〕31 号）认定的 1011 个新文科项目。

二、检查内容

对照项目申报书明确的预期目标和任务措施，重点检查项目在落实立德树人根本任务，推进教育教学改革，提高专业质量、课程质量、教材质量、技术水平等方面的实质效果。

▶ 12 月 14 日，江苏省社科界第十六届学术大会新文科建设专场在苏州举行

会议由江苏省委宣传部、省社科联主办，苏州大学承办。会议以“新文科建设与哲学社会科学高质量发展”为主题，举行了“新文科建设与交叉学科创新发展院长论坛”，邀请 11 所知名高校新闻传播学院的院长交流经验。会议设置“新文科建设与中国特色哲学社会科学体系建构”“新文科建设背景下数字传播与社会治理研究”“大数据、人工智能与平台算法相关研究”分论坛，深化新文科领域研讨，加快推动新文科建设。（资料来源：江苏省哲学社会科学界联合会）

▶ 12 月 15 日，浙江大学召开第五次文科大会

大会主题是：胸怀“国之大者”，奋力“走在前列”，着力推进哲学社会科学知识体系建构和咨政服务能力提升，开启哲学社会科学高质量发展新篇章。大会围绕文明交流互鉴、社会科学研究、自主知识体系建构、文化传承创新、青年教师成长、咨政服务能力提升等角度，进行了交流分享。大会研究讨论了《浙江大学关于推进哲学社会科学高质量发展的实施方案（2022—2027 年）》。（资料来源：浙大融媒体中心）

▶ 12 月 16 日，江西省普通本科高校“四新”建设暨教务处长会议在南昌召开

会上，江西省委教育工委委员、省教育厅副厅长刘小强从“四新”怎么看、“四新”新在哪、“四新”怎么干三个方面阐述了“四新”建设的重要性和内涵，并对下一步工作提出了明确要求。与会专家学者围绕如何深入推进“四新”建设，各高校教务处长围绕课程思政、专业结构优化调整、教师教学能力提升、应用型本科转型发展、产教融合等内容进行了交流探讨，推动江西省“四新”建设高质量发展。（资料来源：江西教育网）

▶ 全国新文科教育研究中心成功入选中国智库索引 CTTI

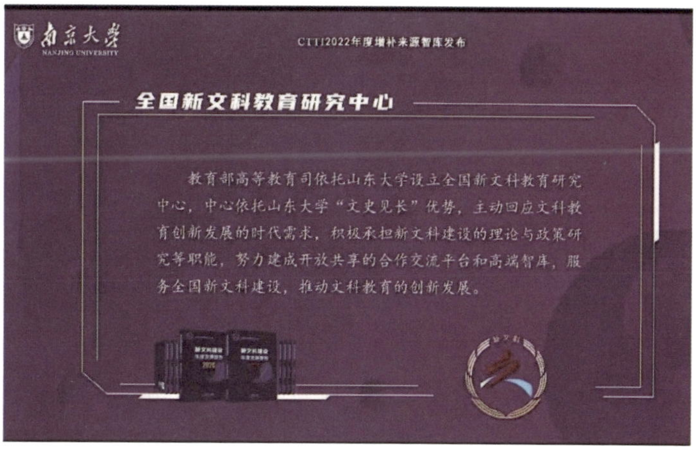

12 月 17 日，由南京大学与江苏省社会科学院主办，南京大学中国智库研究与评价中心承办的第五届新型智库治理论坛在南京大学举行。会上，CTTI2022 年度增补来源智库名单发布，全国新文科教育研究中心成功入选。此次入选是对全国新文科教育研究中心工作的高度肯定。（资料来源：全国新文科教育研究中心）

▶ 12 月 30 日，《新文科理论与实践》期刊编委会第一次会议在线上召开

会上，中宣部出版局局长冯士新，教育部社科司司长徐青森，教育部高教司副司长武世兴，山东大学党委常委、副校长吴臻出席会议并致辞。全国人大常委会常委、中国社会科学院学部委员李培林，中国人民大学原校长刘伟，中国社会科学院大学党委常务副书记、校长张政文等 30 余位编委深入学习贯彻党的二十大精神和习近平总书记关于高等教育的重要讲话和重要指示批示精神，围绕新文科建设和期刊高质量发展积极献计献策。（资料来源：《新文科理论与实践》编辑部）